图表总目

一、表目

表号	标题	页码
表1-1	宣统《陇西县丞地理调查表》局部	38
表1-2	宣统人口调查隆德县调查人员及聚落人口信息统计	43
表1-3	甘肃"地理调查表"现存信息汇总	51
表1-4	甘肃"地理调查表"现存数据与陈长蘅修正全省数据	55
表1-5	甘肃"地理调查表"分村户口数据5 000人以上乡村聚落	63
表1-6	三个不同年份化平县的户口数	67
表2-1	中华续行委办会调查特委会估计城市人口数与实际人口数	80
表2-2	宣统普查兰州城内、关厢及附城西川户口数	90
表2-3	宣统人口调查甘肃63个调查单元治城与辖区人口统计	95
表2-4	宣统甘肃行政治所类城市城内与城外人口统计	101
表2-5	甘肃"地理调查表"千人分组聚落人口统计	107
表2-6	三种数据来源的乡村、市镇、城市人口百分比	109
表3-1	四级行政等级下的城市户口统计	116
表3-2	省、府、县三级行政层级下城市户口统计	117
表4-1	1776—1953年间6个时间切面西北陕甘两省人口数	133
表4-2	1776—1953年间6个时间切面上8组分府人口数据	134
表4-3	1776—1953年间6个时间切面的陕甘人口重心	138
表5-1	2008年冬季至2009年春季黄河封冻河段基本情况统计表	208
表6-1	同治西北战争期间官方安置回族信息汇总	255
表8-1	宣统调查甘肃地理调查1 000人以上聚落分县统计	288
表8-2	宣统调查甘肃地理调查1 000人以上聚落分府统计	291
表8-3	1851—1880年甘肃分府人口	293

表 8-4　甘肃分府人口损失与千人以上大村分布统计 …………… 293
表 9-1　冀鲁豫区八年抗日战争人口损失统计 …………… 304

二、图目

图 0-1　宣统《化平川直隶厅地理调查表》与《巴燕戎格厅地理调查表》局部 …………… 14
图 0-2　宣统《秦安县地理调查表》局部 …………… 16
图 0-3　清代秦安县城图(局部) …………… 17
图 0-4　嘉庆二十五年(1820年)西北政区概图 …………… 20
图 1-1　宣统《秦州地理调查表》与《皋兰县地理调查表》封面 …………… 36
图 1-2　宣统《皋兰县地理调查表》首页与尾页 …………… 37
图 1-3　宣统《高台县地理调查表》局部 …………… 42
图 1-4　宣统《化平川直隶厅地理调查表》局部 …………… 45
图 1-5　宣统《抚彝厅地理调查表》舆图局部 …………… 48
图 1-6　宣统《张掖县地理调查表》舆图局部 …………… 48
图 1-7　宣统甘肃"地理调查表"现存数据空间分布 …………… 55
图 1-8　宣统甘肃"地理调查表"6 987个城乡聚落表户口分布 …………… 56
图 1-9　宣统《永昌县地理调查表》局部 …………… 57
图 1-10　宣统人口调查行政治所类城市人口数据分布 …………… 59
图 1-11　百人分组的宣统甘肃乡村聚落人口分布 …………… 61
图 1-12　甘肃"地理调查表"1 000人以下村落户口散点分布 …………… 62
图 1-13　千人分组的宣统甘肃千人以上乡村聚落人口分布 …………… 63
图 1-14　宣统《化平川直隶厅地理调查表》所载人口性别比 …………… 66
图 1-15　宣统《安西直隶州地理调查表》首页与尾页 …………… 71
图 1-16　甘肃"地理调查表"分村户口数据户均人口直方图和正态分布图 …………… 72
图 2-1　甘肃"地理调查表"5 000人以下聚落人口数量 …………… 86
图 2-2　清代陕西麟游县与郿县城池图 …………… 88
图 2-3　清代宁夏府城图 …………… 90
图 2-4　宣统《秦安县地理调查表》局部 …………… 92
图 2-5　宣统甘肃63个行政治所类城市人口占比 …………… 97

图 2-6	宣统甘肃行政治所城市城内与城外人口占比	103
图 2-7	甘肃"地理调查表"千人组距聚落人口分布	108
图 3-1	三级行政层级下二级和三级城市人口分布状态	118
图 3-2	各层级城市人口散点分布	120
图 3-3	晚清甘肃政区重心与人口重心	123
图 4-1	1776—1953年间西北陕甘两省人口规模变动	134
图 4-2	4个不同时间切面上的陕甘分府人口空间分布	136
图 4-3	1776—1953年间陕甘区域人口重心	138
图 4-4	同治西北战争陕甘分府人口损失与人口重心	140
图 4-5	1820年陕甘人口重心	143
图 4-6	1910年新政数和曹树基修正数人口重心移动趋势	145
图 5-1	高陵县通远坊天主教堂	159
图 5-2	兰州附近废弃的乡间避难堡城	164
图 5-3	循化厅高大的城墙	166
图 5-4	战后被焚毁的巨村八女井	171
图 5-5	兰州一带黄河上典型的2—3人小羊皮筏	204
图 5-6	高陵蔡家东西二村滩地碑	217
图 6-1	宁夏固原北部三营的阿訇与经学生们	224
图 6-2	大荔东门外的四轮"回回车"	225
图 6-3	骑马的回族女人	227
图 6-4	同治十年二月左宗棠谕回告示	240
图 7-1	清军抬枪及发射方法	275
图 8-1	宣统调查甘肃地理调查686个1 000人以上聚落分布	292
图 8-2	同治战时甘肃人口损失数量与大村数量	294
图 8-3	同治战时分府人口损失与宣统大村分布	295

绪　论

本书研究以宣统人口调查甘肃"地理调查表"为起点,关注晚清五十年间西北人口问题,是一部城市与乡村聚落视角下的区域人口史专著。绪论部分,主要交代与本书内容直接相关的选题宗旨、研究源起、学术研究现状、基本概念、学术定位,以及所使用的主要研究资料、方法与论述框架等,以便读者从整体上比较快速准确地了解和把握本书研究的前期基础、研究框架和努力方向。

第一节　选题宗旨与研究源起

本节交代本书的选题宗旨和研究源起,主要从三个方面进行论述,即:回顾传统中国人口史研究的范式与叙事方法,检讨已取得的成绩与存在的问题;论述聚落在传统人口史研究的指标意义;概略介绍宣统人口调查甘肃分村户口数据的基本概况,以及这一原始数据为聚落尺度的人口史研究提供的可能。

一、传统中国人口史的研究范式与叙事方法

从20世纪30年代初谭其骧先生发表《湖南人由来考》《晋永嘉丧乱后之民族迁徙》[①]等专篇学术论文开始,到21世纪初葛剑雄先生主编的多卷本《中国移民史》和《中国人口史》全部出齐为止[②],经过几代人数十年的共同努力,中国人口史已经逐渐发展成为一个专门的学科,不但拥有坚实的理论基础和完善的研

[①] 谭其骧:《长水集》(上),北京:人民出版社,1987年,第199、300页。
[②] 葛剑雄主编:《中国移民史》(六卷本),福州:福建人民出版社,1997年;葛剑雄主编:《中国人口史》(六卷本),上海:复旦大学出版社,2001年。

究方法,而且还有众多优秀的研究成果①。所有这些由前辈学者以及同辈学人共同推进的传统中国人口史研究,有自己独特的研究范式和工作理路,那就是:从体量宏富的描述性的文字史料入手,主要采用历史文献学的方法,辅之以简单的数学统计,对历史时期重大人口事件的时代背景、发生的原因、发展的过程、最终的结果以及由此引发一系列相关要素的变动,进行历史的重建和复原、系统的梳理和分析,并进行规律的总结与概括。从具体的研究内容上来看,传统中国人口史的研究大都采用宏大的结构性的叙事方式。究其原因,首先应该和这一学科的发展阶段有关。对于目前仍然处于初创阶段的中国人口史来说,尽管有诸多高水平的研究成果,但仍然有太多重要的纲领式、框架式问题需要解决;另外,这种研究现状,也与中国人口史这一个学科所使用和依赖的主要史料和基本数据有关。

从数据方面来讲,人口数据是人口史研究的基础,但在中国人口史的研究时段内,所依赖的绝大多数人口数据都是以收税为目的的人口登记资料,而非严格的人口普查意义上的真正高质量的人口数据。晚清及民国时期的人口统计,虽然有些在形式上符合现代人口普查的标准和要求,但是,数据的质量参差不齐,而且其中大多数据质量较差。同时,在时间和空间分布上也残缺不全。至于民国以前那些以收税为目的的纳税户口登记,与真正的人口登记有本质的区别。虽然总体数量极为庞大,但数据质量更是堪忧。因此,在使用之前,首先需要对这些基本的史料和户口数据进行分析、考辨。这是中国人口史研究的首要工作,甚至,有时是主要的工作。因为只有在这样一个数据考证的基础之上才能对历史人口的基本要素,比如历史时期的人口制度、人口结构、人口再生产、人口规模、人口空间分布以及人口迁移等,展开下一步研究。

从史料方面讲,人口史研究中主要依赖和使用的描述式的文字史料,大多带

---

① 作为目前国内外最完整、最系统的中国人口史专著,葛剑雄主编的六卷本《中国移民史》和《中国人口史》对数千年来的中国历史人口问题进行了全面、系统的梳理、分析和研究,这两套书是奠定中国人口史这门学科的重要基础。除此之外,通史性的人口史专著还有赵文林、谢淑君合著的《中国人口史》,王育民的《中国人口史》以及路遇、滕泽之合著的《中国人口通史》等。在区域断代人口史方面,目前也有许多极其重要的研究成果,比如何炳棣的《1368—1953年中国人口研究》,姜涛的《中国近代人口史》,安介生的《山西移民史》,薛平栓的《陕西历史人口地理》,张根福的《抗战时期浙江省人口迁移与社会影响》,葛庆华的《近代苏浙皖交界地区人口迁移研究》,王卫东的《融会与建构:1648—1937年绥远地区移民与社会变迁研究》,方荣、张蕊兰合著的《甘肃人口史》,郑发展的《民国时期河南省人口研究》以及笔者本人所著的《清代陕甘人口专题研究》等,都对各自研究区域、时段内的历史人口问题进行了更为全面深入的分析。这些论著在不断丰富、完善中国区域、断代人口史研究的同时,也为我们后续的研究提供了诸多可资借鉴的研究理论与方法。

有记录者本人的主观色彩。在具体的研究实践中,我们经常可以看到,不同人对同一事件的记述和认知,往往存在诸多差异,有时甚至完全相反。显然,对于这类文本史料的客观性与真实性需要研究者仔细考证,认真分析。另外,更为重要的是,人口是典型的具有时间序列特征的空间数据,因此,历史人口研究的诸多方面,尤其是人口分布、人口结构等,需要在统一的空间尺度里,讨论某一个特定时间切面上或者某一时间序列中的不同时间切面之间的人口变化状况。但描述式的文字史料,所记内容要么过于具体而细微,可以精细到村东头张家父母妻女的所有户口信息;要么过于概要和粗略,只能大概了解某一特定区域内的某一特定人群的规模和分布情况。显然,单纯依赖这类史料,我们很难在统一的时间和空间精度上讨论问题。

因为数据、史料等方面的原因,一般情况下,传统人口史的最小研究单元大都只精确到"厅""县"这样一个层级。在这种宏大的结构性的叙事方式中,作为最小研究单元的"厅""县"变成了一个或一组简单的户口数据代表的抽象的点,这样一个点的内部细节则往往被忽略了。更重要的是,在这样宏大的结构性的叙事方式中,人口史研究的真正主体和最小单元,也就是那些有血有肉的社会"人",也几乎被完全忽略掉,我们最终看到,只有抽象的人以及人们的群体。绝大部分情况下,研究、复原、分析和总结的,也都是群体性的人口行为。实际上,对于构成群体的众多个体而言,他们分布在什么样的地理空间里面?他们聚居在什么样的城乡聚落之中?这些不同的地理空间和城乡聚落对他们有什么不同的或相同的影响?在重大历史人口事件之中,每一个个体,或者每一类个体,有什么差异?这种差异会导致什么样的不同结果?等等诸如此类的问题,都需要在、也应该在今后的人口史研究中给予足够的关注。

二、聚落在人口史研究中的指标意义

聚落是人类生产、居住、休息以及社会交往等各种活动形式的场所,在地图上通常被称为居民点。作为一种客观存在的地理实体,聚落是最典型的地表人文景观。它不但是人类活动的中心,也是人类活动的产物。同时,它更是一种复杂的社会政治、经济以及文化的载体①。从这一层面来讲,我们可以把聚落抽象地理解为"在一定地域内发生的地域活动和社会关系,特定的生活方式,并且由

---

① 金其铭:《农村聚落地理》,北京:科学出版社,1988年,第1页。

共同的人群所组成的相对独立的地域生活空间和领域"①。聚落不仅仅是房屋的集合体,还包括与居住地直接相关的其他生活和生产设施。实际上,无论从哪个角度来进行定义,聚落最核心的要素都是人口,没有人口的聚落只能称为遗迹。因此,聚落本身虽然不是人口史研究的直接对象,但却是人口史研究重要的切入点。

聚落的产生、发展与消亡,实际上是人口流动与增长的结果。在现代地理学中,人口规模是衡量聚落规模的核心指标,也是划分城市与乡村的基本要素。人口在城市与乡村不同聚落中的分布状态,是探讨人口城市化水平的重要基础,也是研究人口地域结构的重要组成部分。聚落与人口一样,都是具有时间序列特征的空间数据,聚落兴衰是人口迁徙流动的结果,聚落的分布与人口的分布直接相关。因此,聚落对于研究人口空间分布具有重要的指标意义。

聚落名称作为文化的载体,具有非常鲜明的地域特色。历史上,因移民活动产生的移民地名大都明显地保留有移民迁出地的浓重色彩。随着岁月的流逝,这些经过历史沉淀的移民地名,逐渐演变成移民后裔对于祖辈、故土的全部记忆;同时,这些带有强烈历史烙印的移民地名,又包含有诸多被历史尘封的移民史实的蛛丝马迹。因此,通过对移民地名的研究,我们可以对其背后所蕴含的特定的移民过程进行一定程度的复原与再现。比如敦煌众多以甘肃各州县名称命名的街巷是雍正移民的产物,陇东一带众多与关中同名的村落,也是同治战乱人口迁徙的结果。相对于传统人口史的研究问题、方法以及叙事方式等,聚落尺度的人口史研究,可以在相对较为统一的地理空间里讨论问题,对于人口史研究具有重要的指标意义。

三、宣统甘肃"地理调查表"的价值与整理

清末推行宪政,为筹备立宪各项事宜,清政府于宣统年间,在全国除西藏以外的地区进行了一次大规模的人口调查活动,后世把这次人口调查称为"宣统人口调查"。"地理调查表"就是这次人口调查基层调查信息登记汇总的简表。宣统人口调查不但包括的空间范围广,耗费的时间长,而且调查办法与执行者也有显著不同。更重要的是,这次人口调查的主要目的是根据人口分配议员名额,进行全国选举。因此,与此前历代以征收赋税为首要目的的户口登

---

① 余英:《中国东南系建筑区系类型研究》,北京:中国建筑工业出版社,2001年,第16页。

记有本质的区别。美国统计学家沃尔特·威尔科克斯①认为这是清代最精确的一次人口调查②。民国王士达认为,这是一次深入民间的真正普查,绝非凭空捏造。但也有不少著名学者持完全不同的意见,比如何炳棣就认为,与其说这次户口数据是普查的,不如说是编造的③。曹树基显然受到了何炳棣的影响,研究中放弃了对宣统人口调查数据的讨论④。侯杨方则认为,这次人口调查在全国范围内确实得到了有效的执行,是中国历史上第一次现代人口普查,在中国人口史上具有划时代的意义。何、曹等人的错误结论,缘于不熟悉此次人口普查的制度⑤。

在此之前,所有这些顶尖学者的讨论,都是基于民国王士达、陈长蘅等人汇总之后的分省统计数据,而非最原始的调查文献。对于一场历时数年、在全国范围内的人口普查来讲,极端的个案如此之多,每个研究者都可以找到诸多支持自己观点的例证,那些被有意无意忽视的反面例证,则又成为对方立论的依据。因此,仅仅从制度角度简单地否定或肯定这次普查数据的真实性几同盲人摸象。"地理调查表"的发现,为我们近距离地观察和触摸这次人口调查提供可能,也为在省区这样一个级别上对此次人口普查进行个案研究,提供了可能,同时更为在聚落的尺度上观察和研究晚清西北社会提供了一个绝佳的窗口。

"地理调查表"表式以城乡聚落为经,名称、方向、里数、户数、口数、附记及承办绅董项目为纬,每个聚落一行,依次排列。所查事项,先由地方绅董分投详确考察,再由各地方主管官员复核,将调查内容及承办者姓名、职衔等,汇填表内,连同原表,一并上呈省督抚。表第一页第一行"地理调查表"等字之上,填注有某厅及某州县等字,其下录承办官职名,表册封面则题有"某省及府厅州县地理调查表"等字样⑥。"地理调查表"全国多地均有发现,但以甘肃图书馆西北地方文献部所藏最为完整和系统。实际上,早在1997年,甘肃省档案馆方荣等人就整理并出版了这批珍贵的户口数据文献,但可惜篇目并不完整,内容缺漏讹误之处

---

① Walter Francis Willcox, Ph.D., LL.D. (March 22, 1861-October 12, 1964).
② 陈长蘅:《清末民政部户口调查之新研究》,见中国统计学社编:《统计论丛》,上海:黎明书局,1934年,第67—94页。
③ [美]何炳棣:《1368—1953年中国人口研究》,葛剑雄译,上海古籍出版社,1989年,第71—78页。
④ 葛剑雄主编,曹树基著:《中国人口史》第五卷《清时期》,上海:复旦大学出版社,2001年,第705页。
⑤ 葛剑雄主编,侯杨方著:《中国人口史》第六卷《1910—1953年》,上海:复旦大学出版社,2001年,第22—26页;侯杨方:《宣统年间的人口调查——兼评米红等人论文及其他有关研究》,《历史研究》1998年第6期。
⑥ (清)杨丙荣编:《泾州直隶州地理调查表》卷首《地理调查办法》,甘肃省图书馆藏,索书号:671.65/321.791。

较多,并没有引起学界足够的重视①。2007年,方荣在与张蕊兰合著的《甘肃人口史》②一书中,又引用了前书的内容,并对调查表中的户口数据进行了汇总、统计,但缺漏讹误之处如旧,且未做深入研究和分析。2011年,笔者出版专著《清代陕甘人口专题研究》③,在其中部分章节,对调查表的来源、数据质量进行了初步考证分析,对城乡户口数据也进行了简单汇总统计。但是,由于该书研究时段主要集中在同治西北战争以前,对"地理调查表"的研究,现在来看还是相当肤浅的,收集的数据亦不完整。此后数年间,为收集和整理这批原始的调查档案和珍贵的地方文献,笔者曾前后多次前往甘肃图书馆、档案馆及相关州县进行实地调查。经过反复核对,现存甘肃"地理调查表"分布在65个府、州、县、厅之中,共包括6920个城乡聚落。

宣统甘肃"地理调查表",是目前为止已知的唯一一份记录20世纪初城乡聚落户口信息的官方原始调查档案。除了户口信息,附录中还记载了各城乡聚落中学校、庙堂、祠寺、井泉、沟渠等诸多地理信息,内容比较翔实,且多为其他文献所未载,具有很高的史料价值。然而,长期以来,这批珍贵的原始档案并不为人口史学界所知,即使学界最顶尖的学者也武断地认为,"20世纪上半期历次官方的全国人口统计中,缺少城市人口与乡村人口的统计,除了少数特殊的城市如宣统人口调查中的京师、商埠,民国人口统计中的京师和随后的特别市、直辖市或特别行政区的人口有所统计外,其他城市人口均无统计,即当时城市人口的大部分都没有统计"④。

与以往人口史研究中主要使用的总志、方志人口数据,或其他借代指标数据相比,一方面,这批原始文献中的城乡聚落户口数据,不但精度高,质量优,而且更加系统、全面;另一方面,这批数据覆盖的区域比较大,在西北五省区之中的三个省区,即甘肃、宁夏及青海,均有分布。依靠这批珍贵数据,至少在晚清西北人口史的研究中,可以在相当程度上解决数据缺失的困难和障碍,从而把研究的空间精度从厅、县这样一个层级提升到聚落这一层级。

聚落是人口史研究的重要切入点,而宣统人口调查甘肃"地理调查表",则提

---

① 甘肃省档案馆编:《甘肃历史人口资料汇编》(第一辑,先秦至1911年),兰州:甘肃人民出版社,1997年,第224—349页。
② 方荣、张蕊兰:《甘肃人口史》,兰州:甘肃人民出版社,2007年,第401—404页。
③ 路伟东:《清代陕甘人口专题研究》,上海:上海书店出版社,2011年。
④ 葛剑雄主编,侯杨方著:《中国人口史》第六卷《1910—1953年》,第477页。

供了系统完整、数量庞大的城乡聚落基础数据,从而为这样的研究提供了可能。到目前为止,对于甘肃宣统"地理调查表"分村户口数据,学术界尚未给予足够的重视,基于此的研究成果亦很少。基于此种研究现状和数据准备,笔者打算从城市与乡村聚落的视角切入晚清五十年西北地区人口史的研究,这是本书选题的宗旨与最初研究的源起。

第二节 本书的基本概念

对著作所关注的学术命题,进行基本概念的界定,是从事科学研究的必要和基本前提。本书涉及的概念很多,如"城市""乡村""城市化水平"等,皆属于学界迄今众说纷纭、歧义丛生而又无法避开、必须面对的基本词汇。故而,笔者需要在此进行必要的说明。

一、聚落

聚落是人类生活居住的处所,《汉书》卷二九《沟洫志》载:"(河)时至而去,则填淤肥美,民耕田之。或久无害,稍筑室宅,遂成聚落。"单就字面意思来讲,"聚"是聚集之意,"落"则是落成,就是居所建设完成后的祭礼,引申为定居之意。《广雅》卷二《释诂》记曰:"聚落,凥也。"凥,处也。从尸得几而止。由此可见,一个聚落的真正形成,是从可居之所建设完成开始的。故,《尔雅》卷上《释诂第一》记曰:"落,始也。"《辞源》称,"聚,谓村落也,为人所聚居"。而落则是"所居之处,如部落、墟落、村落"。《辞海》称,"聚,有村落、会集、积聚的意思"。落是"人聚居的地方"。由此可见,"聚落"一词中的"聚"字主要强调的是社会属性,为人聚之处。而聚落中的"落"字则偏重于其环境属性,是人居之处。从这一视角出发,"聚落"一词的概念,有狭义与广义之分。

狭义的聚落是指作为人居之所的房屋建筑,是构成聚落的物质形态在地理空间中的聚居集合体。在现代汉语语境里,狭义的聚落一般是指那些散布乡间、规模较小且彼此孤立的社区及村庄,其本意与英文的"settlement"类似。广义的聚落则是与聚居相关的各类自然及社会要素的总称,除了居住用的房屋建筑的集合体,与居住直接有关的道路、水源等生活和生产设施,还包括社会秩序、教育以及医疗卫生体系等非物质的社会形态。显然,聚落作为人类居住、生活、休息和进行各种社会活动的场所,具有高度集中的形态,在区域体系中呈点状分布,是最典型的地表人文景观。

每个聚落都是自然要素与社会要素高度集中的处所,不同的聚落,其形态与职能不同,造成这种差异的最重要因素是聚落的规模。而衡量聚落规模的核心指标,是聚落人口。不同聚落,人口规模相差悬殊,小的村落仅一户或数户,较大的核心聚落,人口则多至数千,甚至数以万计。这种人口规模上的差异,不但使不同的聚落处在同一区域体系中的不同层级之上,而且,也使得它们在相同的空间尺度里面,呈现出不同的形态。由此出发,聚落常常被人为地划分成乡村聚落与城市聚落两大类。在聚落尺度的人口史研究中,城乡人口结构、城市化水平、聚落层级以及不同层级聚落之间的人口集聚等,都是需要重点关注和解决的问题。因此,有必要对城市聚落与乡村聚落的概念进行辨析。

二、城市

研究历史城市人口,首先应该从人口史的角度明确历史城市的概念。简单地讲,就是,什么样的聚落可以定义为历史上的城市?

这个问题看似非常简单,众所周知,城市是与乡村相对应的概念,通常两者区别非常明确,城市是人口、生产、工具、资本、享乐和需求的集中,而在乡村所呈现的却是完全相反的情况,即孤立和分散。更概括地讲,城市是经济、政治和人民精神生活的中心,是前进的主要动力。然而,实际上,城市作为最典型的地表人文景观,它"既是一个景观、一片经济空间、一种人口密度;也是一个生活中心和劳动中心;更具体点说,也可能是一种气氛、一种特征或者一个灵魂"[1]。面对如此多维的研究对象,要明确什么是城市,并不容易。主要困难主要体现在概念和边界两个方面。

1. 城市的概念

西方的"城市"(city)一词,来自拉丁文"*civitas*",最初指的是欧洲那些拥有教堂且为主教任职之处的聚落[2],与现代意义上的"城市"几乎完全不同。欧美学者对现代城市概念的研究大概始于19世纪末20世纪初,对城市的界定,最初着眼于城市的空间形态,继而着眼于城市的分工与职能[3],又或强调是城市内部

---

[1] [法]菲利普·潘什梅尔:《法国》(下册),叶闻法、漆竹生译,上海:上海译文出版社,1980年,第183页。

[2] Susan Mayhew, *Oxford Dictionary of Geography*, The Second Edition, Oxford New York Oxford University Press, 1997, p.77.

[3] 洪俊、宁越敏:《城市地理概论》,合肥:安徽科学技术出版社,1983年,第16页。

的差异性与外部的中央性(centrality)①。《韦氏大字典》则把城市定义为是一个比较有永久性和高度有组织的中心,包括有各种技能的人口集团,在粮食的生产方面缺少自足,而通常主要依赖制造工业和商业以满足居民的需要。除此之外,还有学者从人群生态系统、生物生产分配空间以及独特历史进程等方面对城市进行了定义。不论何种定义,这种理论性的、概念化的城市,因为没有真正可操作性的标准,对于具体的城市人口史研究,并没有太多的实际意义。总之,各种观点层出不穷,但对于什么是城市这一核心问题,欧美学界至今也未有一致认可的共识。

在中文语境里,从词源角度讲,"城"者,"以盛民也";"市"者,"买卖所之也",而且"有垣"。可见,"城"与"市"最初是两个完全不同的概念,分别表示两个完全独立的含义。"城"指城墙环绕的权利场所,"市"指人口汇集的交易场所②。随着社会经济的发展,城市逐渐成为那种具有一定人口规模、集政治权力与商品贸易为一体的聚落点的泛称③。因此,中文里的城市一词,尤其强调其行政功能。在国人的传统观念中,城市也总是与衙门和城墙紧密联系,代表行政权力所在的有形的高大城墙是城市的典型标志④,于是,"真正的"城市便成了那些建有城墙的县治、府治或省治。牟复礼指出中国的城市,"通常指的是定为中央政府下属政权机关所在地的约莫1 500到2 000个城市的集中点,即都城、省城与府州、县城。……这些通常所指的城市因为在行政上的重要性,于是也就有了筑城的资格和需要"⑤。这一观点,在学界相当有代表性,专业的研究者往往视其为固然,对于中国城市人口的估计,也大都以行政中心的县城、州城、府城、省城及京城为标准。

但是,行政职能并非城市的唯一职能,城墙亦非行政治所的专有标志,将城市限定于筑有城墙的行政等级类治所,这一标准过于狭隘。宋元以来,尤其是明

---

① Derek Gregory, Ron Johnston, Geraldine Pratt, Michael Watts, Sarah Whatmore, *The Dictionary of Human Geography*, The 5th Edition, John Wiley and Sons Ltd., 2009, p.85.
② (东汉)许慎:《说文解字》卷一三下"土部"、卷五下"冂部",北京:中华书局影印本,1963年,第288、110页。
③ 马克斯·韦伯(Max Weber, 1864—1920)在对欧洲和中东地区的历史城市与印度和中国的历史城市进行了比较研究之后提出,中国历史上从来就没有过城市。这种观点显然是错误的,李孝聪对此进行了全面的分析和批驳。见李孝聪:《中国历史城市地理》,济南:山东教育出版社,2007年,第2、6页。
④ [美]施坚雅:《中国农村的市场和社会结构》,史建云、徐秀丽译,北京:中国社会科学出版社,1998年,第8页。
⑤ [美]牟复礼:《元末明初时期南京的变迁》,见施坚雅主编:《中华帝国晚期的城市》,叶光庭等译,北京:中华书局,2000年,第119页。

清以来,随着市镇的兴起与发展,乡村逐步"都市化"①。市镇开始成为城市体系的一个组成部分,在城市发展过程中扮演了越来越重要的角色②。当我们估计都市化的程度时,这些重要的市镇是应该包括在内的。

现代城市的含义,主要包括人口规模、产业结构以及行政管辖三重含义。基于现代人口普查数据的支撑,从社会统计和国民经济计划的角度出发,世界各国对于各自国家的城市,都有明确的界定。中国官方正式明确划分城市与乡村的具体标准,开始于1955年。根据当年国务院颁布的文件:中央、地方直辖市以及常住人口在20 000人以上的县以上行政机关所在地和工商业区为城市。县级以上政府所在地以及常住人口超过2 000且半数以上为非农业人口的居民区等都属于城镇。其他地区为乡村③。这一标准,虽然之后经过多次调整④,并直接导致20世纪50年代以后统计上的中国城市化水平发生跳跃和突变,前后无法比较⑤,但划分城市与乡村的三个最重要原则却始终未变,那就是:行政等级、人口规模和非农人口比例。

将县及以上行政治城划入城市符合中国的历史传统和一般民众的普遍共识;虽然县以下市镇仍是行政区划的范畴,与国外某一特定人口界线以上的居民点不完全相同,但也有经济、人口等方面的综合考量,符合市镇发展的现实状况,也符合国际上划分城镇的一般原则和做法。笔者认为,虽然这一具有鲜明中国特色的城市划分原则,对于我们界定清末城市与乡村具有重要参考价值,但是,从上述汇总信息可以看到,不论中外城市还是古今城市,其内涵与外延均有较大差别。宣统以前,中国历代的户口登记数据或人口调查数据都没有农业与非农

---

① 马正林认为中国历史上城市数量少,谈不上都市化过程,但这一观点似乎并不被学界所认同。参见马正林编著:《中国历史城市地理》,济南:山东教育出版社,1998年,第15—16页;樊树志:《明清江南市镇探微》,上海:复旦大学出版社,1990年,第5、12页。

② 对于这部分城市,不同的学者有不同的表述,傅衣凌使用了较笼统的词"城镇",山鹿诚次称其为"地方城市"(Local City),王卫平则称其为"新型经济城市"。见傅衣凌:《明代江南市民经济试探》,上海:上海人民出版社,1957年,第104页;[日]山鹿诚次:《城市地理学》,朱德泽译,武汉:湖北教育出版社,1986年,第158页;王卫平:《明清时期江南城市史研究:以苏州为中心》,北京:人民出版社,1999年,第97—123页。

③ 该年国务院颁布的文件规定得相当详细,除了一般居民区外,工矿企业、铁路站、工商中心、交通要口、中等以上学校、科学研究机关的所在地和职工住宅区以及疗养区等特殊区域,都有具体规定。详见中华人民共和国国务院编:《关于城乡划分标准的规定》,国秘字(1955)第203号,1955年11月7日。

④ 国家统计局1999年《关于统计上划分城乡的暂行规定(试行)》(第五次人口普查参用的标准);2006年《关于统计上划分城乡的暂行规定》;国家统计局2008年《统计上划分城乡的规定》,国函(2008)60号,2008年7月12日。

⑤ 张庆五:《中国城乡划分与城镇人口统计问题》,《人口与经济》1989年第3期。

业人口的分类。因此,就目前数据准备和研究水平而言,讨论20世纪中期以前的中国非农业人口比例,困难太大,可行性不高。用现代意义上的"城市"概念,去描述和界定古代的"城市",本身就存在很大的问题。

2. 城市的边界

城市有不同的空间尺度,也有不同的空间范围和边界。对于历史人口学家来说,由于史料所限,历史城市往往只是一个人口数字代表的点。但当史料足够支撑把这个点推展成一个面来考察时,我们首先需要做的是界定城市的边界在哪里,这是因为,城市的边界大小直接决定了城市在地理空间上所占的实际面积有多大,也直接决定了城市人口有多少。

城市边界是指在地理空间上,可以将城市实际占地面积围绕起来的地理界线,或者说,是城市人口分布区域的最大外围边界,这条边界以内的区域与现代地理学中"城市建成区"相似。现代地理学中又有"城市空间增长边界"(UGB)和"城市规模"(city size)。UGB涵盖了城市建成区、人口实际居住区和未来发展储备区等几部分[1],其面积比本文所指的城市边界要大。"城市规模"包括城市的人口规模、用地规模、经济规模等,是用来衡量城市大小的数量概念,通常人口规模是衡量城市规模的决定性指标。如果把城乡之间的城乡人口分界线看作是城市的规模边界,是否就可以比较明确、清晰地划分城市与乡村了呢?答案仍然是否定的。

在具有分形性质的物体上任选某一局部区域,由于其自身具有自相似性,对它进行放大后,得到的放大图形会显示出原图的形态特性,即它的形态、内在的复杂程度、不规则性等各种特性,与原图相比均不会发生变化,这种特性被称为无标度性。城市就是这种无标度性(scaling invariance)的地理实体,它只能主观定义,而无法客观测量。简单地讲,城市的无标度性,就是没有特征尺度[2]。既然城市本身无法测量,城市的占地规模就无法确定,由此导致城市的人口规模亦无法确定。最终,人口规模这条看似明确的城乡分界线,实际上只存在于理论中。具体工作中,研究者根本无法客观确定城市聚落与乡村聚落的界线,因而也无法客观统计一个区域的城市数目。

---

[1] UGB最早由美国的塞勒姆市提出,从政府管理角度出发,表述为:被政府所采用并在地图上标示,以区分城市化地区与周边生态开敞空间的地理界限。
[2] 陈彦光:《城市化:相变与自组织临界性》,《地理研究》2004年第3期。

三、乡村

乡村是与城市相对应的概念。与城市聚落相比,乡村聚落人口较少,功能亦较单一。在现代汉语语境中,很多情况下,"聚落"一词,往往指的就是乡村聚落。在现代国家统计层面,乡村是法定城镇以外的居民点,划分的主要依据是行政建制。而在现代地理学中,乡村更多被看作是一种以乡村居民点为中心的综合地域系统。R.J.约翰斯顿主编的《人文地理学词典》关于乡村的解释是:"乡村是指具有大面积的农业或林业土地利用,或有大量的各种未开发的土地的地区;乡村包含小规模的、无秩序分布的村落,其建筑物与周围广阔的景观有强烈的依存关系,并且多数居民也将其视为乡村;同时,乡村也产生了一种以基于对环境的尊敬和作为广阔景观的一部分的一致认同为特征的生活方式。"① 可见,乡村与城市相比,在生活方式、土地利用、经济结构、地理景观以及社会组织等诸多方面都有明显差异。然而,实际上,不论在相关的学术研究还是在大多数乡村社会的研究中,"乡村"的概念却常常是含糊不清的。

传统中国社会,以县统乡,早在秦汉时代,就有"乡部"之称,或直接简称作"部",这种都、乡、邑的名称及组织,其实是国家的行政乡治和乡断②,这与后世仅作为一个地理或方位概念的"乡"有较大不同。明清州县以下的乡村社会,一般以乡村绅士和耆老等社会精英为代表,是以乡人治其乡之事。乡村中的这种社会结构,往往指州县政权之下、村庄之上的半官方机构或组织,在国家政权与乡村社会之间起中介作用③。萧公权认为"县城四门之外各为一乡",大多数县都划作4乡,这种乡虽然不是一个行政单位,但其划分和组织一般都得到了官方的认可,在乡村生活中占有重要的地位④。自清末地方自治以来,提倡"乡政",也有学者认为"乡"似乎已经成为一级行政单位⑤。总之,不论何种理解,学者一般都将县以下的地方视为"乡村"。"乡村"是与"城市"相对应,是一个包括了许多村庄、市集,一个或多个市镇的地方单位。

---

① [英] R.J.约翰斯顿主编:《人文地理学辞典》,柴彦威等译,北京:商务印书馆,2004年,第622页。
② 张金光:《秦乡官制度及乡、亭、里关系》,《历史研究》1997年第6期。
③ 从翰香主编:《近代冀鲁豫乡村》,北京:中国社会科学出版社,1995年,第3、11页。
④ Hsiao Kung-chuan, *Rural China: Imperial Control in the nineteenth Century*, University of Washington Press, Seattle, 1960, pp.12-15, 546.
⑤ [美] 杜赞奇:《文化、权力与国家——1900—1942年的华北农村》,王福明译,南京:江苏人民出版社,1995年,第37—49页。

绪 论

西方汉学家对于中国传统乡村社会的研究,比较明显地受到施坚雅"市场体系"学说的影响。施坚雅认为,集市是界定传统乡村社会的最佳基本单位,从核心要素出发,他对市场体系下的中国乡村社会进行了结构化的解读[1]。但这一学说,过分强调和突出了乡村集市在乡民社会生活中的作用,对乡村聚落其他功能与要素,则没有给予足够的关注。日本学者鹤见尚弘给乡村一个更为宽泛的定义,他认为,乡村不应该完全指行政村落,而应该是自然村落,是由历史、社会所形成的"现实的村落",对应的基层社会组织是里甲制[2]。

20 世纪中期以来,随着市镇研究的兴起与深入,越来越多的学者认为,原本处于县以下乡村之中的市镇,在城市发展过程中扮演了重要的角色,也应该是城市体系的一个组成部分。由此来看,乡村不再是与城市完全对立的二元存在,两者逐渐杂糅在一起,界线也变得越来越模糊。现代地理学中乡村的概念,虽然仍是相对于城市而言,但具体划分,亦往往是城镇并称。如前所引 1955 年中国国务院关于城乡划分标准的规定,就是如此。

与之相反,也有学者认为,县城作为一个县的政治、经济中心,具有乡村的某些特征,是乡村之首、城市之尾,"如果考虑到县城对乡村的领导及县城直接和间接为乡村提供服务,县城也应该划在乡村范围之内"[3]。有的学者甚至认为,历史时期乡村的范围可以扩大到少数中心城市圈范围外的广大地域,以明清时期而论,"包括全部的县城及部分的府城"[4]。虽然县城及以上行政治所,历来都毫无疑问地属于城市的范畴,但从乡村地理研究的视角看,这种观点有其合理的一面。

从上面所列各家论述来看,用孤立的、完全二元的观点看待历史时期中国的城市与乡村,并试图把两者进行绝对区分,既不符合历史的实际状况,也是不可能的。在缺少现代人口普查数据和明确城市界定的情况下,用现代"城市"与"乡村"的概念来描述历史时期的"城市"和"乡村",并近而探讨历史时期中国的"人口结构""城市化水平"等一系列相关的话题,本身就是个伪命题,没有实际意义。

---

[1] 罗志田、葛小佳:《东风与西风》,北京:生活·读书·新知三联书店,1998 年,第 285 页。
[2] [日]鹤见尚弘:《明代乡村支配》,见《岩波讲座·世界历史》第 12 卷,1971 年,第 57—92 页。
[3] 郭焕成主编:《黄淮海地区乡村地理》,石家庄:河北科学技术出版社,1991 年,第 4 页。
[4] 王社教:《论历史乡村地理学研究》,见王社教主编:《黄土高原地区乡村地理研究(1368—1949)》,西安:三秦出版社,2009 年,第 2 页。

晚清西北人口五十年(1861—1911)

四、"地理调查表"里的城市与乡村

"地理调查表"的最小调查单位是自然村落，也就是在地理空间和分布形态上具有相对的独立性、与其他聚落不相连属的完全自然形态的居民聚落。自然村是一个或多个家族聚居的居民点，是村民日常生活和交往的单位，但不是一个社会管理单位。现存"地理调查表"中，有大量仅有数户，甚或一两户的小村。而仅留村名、没有人居的空村亦不遗漏，均有记载。从具体的行文格式来看，各级行政治所，在地理空间的划分上与自然村落的划分标准类似，并没有太大不同。一般的"地理调查表"都是首先从城内记起，把城墙包围的空间作为一个独立的单元，由此向外依次为关厢，再次是附城，最后才是各乡村聚落。关厢及附城外，其他村落皆注明距城里数及方位。具体如图 0-1 所示。

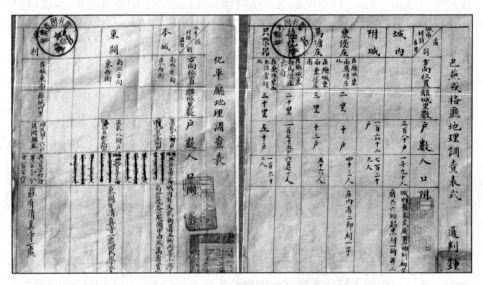

图 0-1　宣统《化平川直隶厅地理调查表》与《巴燕戎格厅地理调查表》局部
（资料来源：本图根据笔者本人在甘肃省图书馆拍摄的照片合并而成）

对于乡村聚落的区划，有少数州县做了明确记载，比如化平厅，除了城内关厢以外，乡村聚落划分为化临、圣谕、北面及香水四里。敦煌县则分为东南、西北、东北、中南、西南以及中北六隅。渭源县分为城关、锹甲、五竹、南川、官堡、庆平及马连七区。皋兰县兰省关厢和附城西川外，则分为东、东北、西、西北、南、北六乡。至于其他绝大多数没有记载乡村聚落区划的调查单元，从行文方式来看，应该也是有一定规则的,一般都是某一方位上的聚落按距城里数由近及远依次排列,全部记完之后再跳转开始记载下一方位上的聚落。

虽然各级行政治所被理所当然地视为城市,但调查者对于城市空间的划分及认同,却相当有意思。在调查单元的划分上,皆以城墙为界,城内的区域及城外关厢等处,均各自分别记载。修筑城墙,需要耗费大量的人力、物力和财力。出于经济方面的考虑,一般而言,如无特殊原因和需要,城墙会比较短窄,城墙包围的部分也比较狭促。这其中需要修建衙署、坛庙、书院、仓库及监狱等大量必备的权力机构和公共设施,真正可供普通民众居住的地方不宽裕[①];从另一方面来看,一般的治城大都地处交通要冲,为所辖区域的政治、商业、文化中心,聚居了较多的人口。城内往往不敷居住,于是突破城墙的约束,依城而居,日久依城筑墙,以利保护,于是乃有关厢之制。附城者,则更是在关厢以外,傍依环居者。以省城兰州为例,宣统调查城内、关厢及附城人口总共 59 147 人,其中城内人口仅 9 163 口,所占比例不过 15.5%。从有些附城聚落离城里数较远的情况来看,所谓附城聚落,有可能不仅仅是地理空间上的相对位置,更多的可能是某种行政上的依附关系。无论哪种关系和方式,至少有一点极为清楚,那就是,对晚清西北很多人口聚居的核心聚落来讲,人口聚居的空间范围早已远远超出了城墙所能包围的区域。

然而,城内的区域与城外的关厢以及附城,在地理空间上,往往是连接为一体的地理实体。距城里数一项中,凡关厢、附城皆无填写。这一情况,就表明了三者在地理上相互连接的这种客观事实。除此之外,也可能表明,在自我认同上,对调查者以及本地居民来讲,城、关厢及附城三者也是同一个聚落。

在《皋兰县地理调查表》中还有一个现象也很有意思,那就是:东乡、东北乡、西乡、西北乡、南乡以及北乡之外,还有兰省关厢和附城西川两个区域。这其中,兰省关厢包括城内、东关、新关、南关、西关、附城及附北城外、拱兰门外、五泉山、镇远关、金城关等其他 15 个聚落,最远的安宁堡,距城要 30 里远。附城西川则包括 19 个聚落,最近的西园距城 4 里,最远的夹家山距城亦远至 30 里。之所以有这种划分方式,说明在当时的调查者来看,四乡与城的界线应该是很明确的。而这种明确的界线应该不是基于某些人的主观臆断,也不是约定俗成的民

[①] 有关西北清代黄土高原地区城市形态及内部空间布局,请参阅刘景纯:《清代黄土高原地区城镇地理研究》,北京:中华书局,2005 年,第 287—333 页。

间共识，而是某种既定的制度。关厢、附城的明确标注，除了表明这些聚落与城墙的距离远近和空间方位外，更表明了这些聚落在制度层面上可能归属于城市的事实。因此，判断某一近城聚落是否属于城市，除距城远近这一重要指标外，更重要的指标可能是经济的或者行政的，比如同属于某一个纳税单位或者同属于某一保甲。

除了大城市外，那些没有关厢、附城，或者"地理调查表"中关厢、附城没有单列的一般治城，也有自己的辐射范围，这些城市的范围同样不仅仅局限于城墙以内。比如秦安县治城以下就未有关厢，仅列各聚落名称。但是，其中从先农坛至十字路的10个聚落，距城里数均留白，且被人用小括号围了起来，并标注"附城"二字。如图0-2所示。

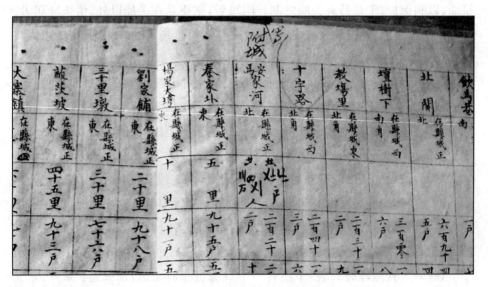

图 0-2　宣统《秦安县地理调查表》局部
(资料来源：秦安县地图调查表，由笔者本人拍摄于甘肃省图书馆)

图0-2涂改添加的内容，与原调查表内容差异明显。而其他各州县"地理调查表"也多有用毛笔涂改添删的痕迹。综合来看，这些后改动之处，很可能是调查结束之后，在正式誊抄上报之前，调查信息汇总者对调查内容进行的修改。所以，图0-2中用毛笔手写"附城"二字，应该是调查者自行添加的备注。而用铅笔在先农坛至十字路这10个聚落间勾画的括号，当为后世读史者所添，因为现代标点符号的推广使用远在宣统之后，而铅笔的使用还

要更晚。

对比清代秦安县城地图(见图0-3),可以很清楚地看到,以上10个被划入附城的聚落,除了东山街在东门以东、十字路紧邻北廓城之外,其他8个聚落都在南、北廓城之内。由此来看,批注虽系后加,但划分结果极为正确的,当系熟悉秦安情况者所为。

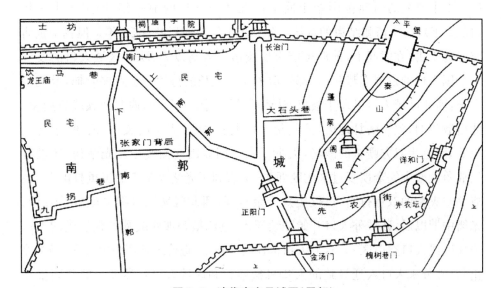

图 0-3　清代秦安县城图(局部)
(资料来源:秦安县志编纂委员会编纂:《秦安县志》,北京:方志出版社,2001年,卷首附图)

以上对宣统甘肃"地理调查表"的行文格式进行了简单说明,相比之前人口史研究所主要依赖的官方志书数据,利用这样一批档案,我们可以在聚落的层面,而非"城市"与"乡村"的层面,来讨论历史时期的中国人口问题。本书对晚清五十年西北地区城市与乡村聚落的研究,将统一在聚落这样一个尺度上进行讨论。

第三节　本书研究的时间与空间范围

任何历史事件、文化元素的发生、发展与演变,都是在特定的时间和空间之中。谭其骧先生对此有过经典的表述,他说:"历史好比演剧,地理就是舞台;如果找不到舞台,哪里看得到戏剧。"①历史人口是典型的具体时间序列特征的空间数据,所以对研究对象所涉及的空间和时间范围进行界定,是本书首要的基础性工作。

一、研究的时间范围

本书研究的时间范围始于同治西北战争开始的前一年,即咸丰十一年(1861年),迄于清朝结束的宣统三年(1911年),前后共计50年。但就个别研究专题来讲,在时间上,前后可能有所突破。入清以来,陕甘区域人口的发展与全国人口的发展态势相似,都经历了一个较长的持续稳定发展时期,及至咸丰末,西北区域人口已臻于极盛,达到峰值。同治元年初,西北回族战争爆发,此后数年间,整个陕甘地区,尤其是人口稠密、富甲天下的关中、河西、宁夏平原等处,沦为双方厮杀的战场,大批汉人与回族因此而丧生。光绪初,还没有从战争废墟中完全恢复过来的陕西省,又遭到了光绪大旱灾的沉重打击②。在战争与灾荒的双重打击下,仅短短十余年间,西北区域人口损失就以千万计。光绪中期以后,区域外人口开始陆续迁入,逐渐填补那些战乱灾荒造成的人口稀疏区或人口空白区③。这一人口入迁的趋势,一直持续至新中国成立,仍未停止④。在外来人口入迁导致的人口机械增长和区域人口自然增长的共同推动下,从光绪中至宣统末年,虽然不时仍有战乱灾荒,但区域人口一直处于缓慢恢复之中。

笔者本人自攻读博士学位开始,就一直关注这一区域清代以来历史人口问题,在此前出版的专著中,曾把研究的时段主要聚焦于同治战争以前。对其后的诸多问题,涉及不多。实际上,自同治西北战争开始至清末宣统这五十年时间,对西北人口来讲是一个比较完整的发展阶段,有自己独特的发展脉络和发展特色。而宣统人口调查甘肃"地理调查表"分村户口数据,正好为这样一个时段的西北人口研究,提供了坚实的数据支撑。同时,也为新的研究视角、研究问题和

---

① 谭其骧:《发刊词》,见《禹贡》半月刊创刊号。
② 这次旱灾,因光绪丁丑(1877年)、戊寅(1878年)两年灾情最重,史称"丁戊奇荒",又因晋、豫两省被灾最烈,亦称"晋豫奇荒"。在所有被灾省份中,陕西旱灾开始晚而结束早,灾情亦不如晋、豫两省严重。
③ 钞晓鸿:《晚清时期陕西移民入迁与土客融合》,《中国社会经济史研究》1998年第1期。
④ 张颖:《抗战时期人口内迁对陕西民众社会生活的影响》,《西安社会科学(哲学社会科学版)》2008年第4期。

研究方法的引入,提供了可能。基于此种原因,笔者将本书的研究时段,界定为咸丰十一年至宣统末年,前后共约半个世纪。

二、研究的空间范围

本书研究的空间范围是清代西北陕、甘、新三省,笔者以《大清一统志》所载嘉庆二十五年(1820年)西北政区,也就是谭其骧先生主编的《中国历史地图集》第八册《清时期》中"陕西""甘肃"和"新疆"三幅地图所划定的区域,作为本书研究的基础区域。具体研究中,根据实际需要或略作调整,在此不一一列举。其中陕甘两省总共包括了15个府10个州,分别是:西安府、同州府、凤翔府、汉中府、兴安府、延安府、榆林府、邠州、鄜州、乾州、商州、绥德州(以上属陕西)、兰州府、凉州府、甘州府、西宁府、巩昌府、宁夏府、平凉府、庆阳府、肃州、安西州、阶州、秦州、泾州(以上属甘肃)。新疆包括哈密、巴里坤、古城、乌鲁木齐、塔尔巴哈台、喀喇乌苏、伊犁、喀什噶尔、乌什、阿克苏、库车、喀喇沙尔、吐鲁番、和阗以及叶尔羌15个政区。从地图上看,清代西北两省的辖区范围与今天的西北两省辖区有很大的区别,其中清代的甘肃省不但几乎包括今天甘肃省、宁夏回族自治区全部区域,还包括青海省青海湖以东的部分地区。而新疆则比现在的新疆维吾尔自治区要大很多。

选择这一区域作为研究的基础区域,主要基于以下三点考虑:其一,清初较长一段时间内,西北地区一直属于同一个大的行政区,即使在分设巡抚和布政使司之后,三省在相当长的一个时期内也同属一个总督管辖。其二,清代西北地区是回族人口最多的聚居区,其人口的分布主要集中在一纵一横两条线上。横的一条是从自河西走廊最西端东行,经兰州,越陇州,穿关中平原,直达潼关。纵的一条是从河湟谷地沿黄河向北行,经兰州直达宁夏平原及平庆一带。这两条线正好在我们界定的西北区域范围内。其三,清代西北政区变动相当频繁,不同时期的辖区存在很大差异,因此,我们需要确定一个研究的标准区域。嘉庆二十五年政区代表的是清代政区沿革过程中最成熟、最稳定的一个阶段,谭其骧先生主编的《中国历史地图集》即以此年作为清代图组的标准年代。因此,选择嘉庆二十五年西北政区作为研究的基础区域比较合适。具体范围可参见图0-4。

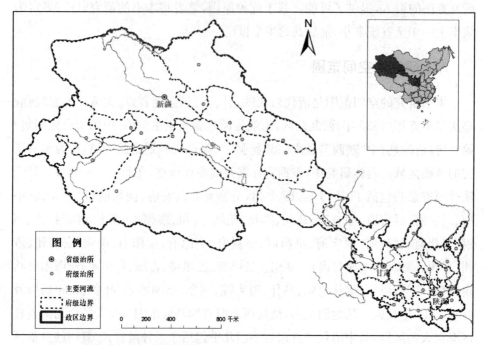

图0-4 嘉庆二十五年(1820年)西北政区概图
(数据来源：中国历史地理信息系统(CHGIS) V4 1820年数据)

第四节 学术史回顾

　　同治西北战争，是近代史上重要的历史事件之一，更是近代西北人口发展史上的重大历史事件。这场战争，不但造成了极其严重的人口损失，完全打断了区域人口发展的历史进程，也彻底改变了区域人口的民族结构。光绪初年，左宗棠收复新疆的战争与同治西北战争前后衔接，颇有渊源。自晚清以来，西北地区的边疆危机是近代中国所遭受的沉重灾难的一个缩影。而新中国成立后，农民起义史观又在相当长的一段时间内成为史学界的热点。在这样的大背影下，中外学者对同治以来的西北人口给予了足够的关注，研究成果非常丰硕。笔者在此选择一些原创性的论著，一是为了给读者提供与本书研究相关的学术背景；同时，也可以夯实本书的学理基础。限于篇幅，学术史回顾部分只能选择其中与本书相关性最高者，略加说明。具体行文，以专著为主，论文为辅。

绪　论

一、历史聚落地理学层面的研究

历史聚落地理学作为历史地理学的一个研究分支,顾名思义,主要以历史时期人类居住和活动中心的聚落为主要研究对象,一般可分为历史城市地理学和历史乡村地理学两部分。

相对于历史地理学的其他研究分支,历史聚落地理学的起步较晚,以最早发轫的历史城市地理学来讲,历史地理学界一般认为,直到20世纪70年代末,才逐渐开始有所发展。但是,此时恰逢改革开放后中国迅猛发展的城市化运动引发了追寻城市源流的兴趣,对历史时期城市的研究,有助于当下城市的规划、改造、建设与开发,具有极强的现实性,学界开始关注历史城市这样一个研究对象。城市化成了历史城市地理研究的原动力。至20世纪90年代末,相关研究已经有了较大的发展,不但论著数量可观,质量也有了很大的提高,甚至一跃成为历史地理各分支学科中的翘楚。尤其是关于七大古都的讨论,众多名家参与其间,一时盛况空前,更是成为学界的热点[1]。这其中,1993年出版的杨宽的《中国都城制度史研究》围绕都城起源、发展和宋以后都城制度的变革两个方面,进行了系统而深入的研究,是一部权威性著作。1998年,史念海先生所著的《中国古都和文化》与马正林编著的《中国城市历史地理》相继出版。次年,王妙发所撰的《黄河流域聚落论稿》出版。众多经典论著的出版和发表,是中国历史城市地理这样一个学科开始走向成熟的重要标志。2007年,李孝聪、唐晓峰、成一农等数位学者合作撰写的《历史城市地理》出版,该书全面梳理和总结了以往的历史城市研究,在此基础上,对中国王朝时代前中期、变革时期以及后期的城市进行了深入的研究,是近年来历史城市研究少有的力作之一。

马克斯·韦伯关于中国城市的研究,曾经在相当长的一段时间内,主导了西方学者对中国城市的认识。他在对中西城市进行对比研究后,提出一个理想的"城市共同体"应该具备贸易、军事、法律、社交和自治的功能。在亚洲,除了某些极为零星的例子外,几乎没有城市能完全适合这一标准[2]。城市是具有显明地域特征的人文景观,简单地用西方的城市标准生硬嵌套中国的城市,会存在很多

---

[1] 华林甫著《中国历史地理学·综述》和王晓伟等人撰《中国历史聚落地理研究综述》(《热带地理》2012年第1期)两篇论著,对中国历史聚落地理研究的学术史进行过详细的回顾。
[2] [德]马克斯·韦伯:《非正当性的支配——城市的类型学》,康乐、简惠美译,桂林:广西师范大学出版社,2005年,第22—23页。

问题,不少学者都对韦伯的论断提出过质疑与反思。施坚雅主编的《中国封建社会晚期城市研究——施坚雅模式》收录了近二十篇论文,内容涉及城市形态、结构、层级、市场、书院、家族、城隍以及行会等方面,集中展示了国外主流学者研究中国古代城市的成果。

与历史城市地理学相比,中国的历史乡村地理学研究则要薄弱很多。明清市镇研究作为资本主义萌芽这个假问题带出来的真学问[①],既是历史城市地理研究的一部分,也是历史乡村地理研究的一部分。相关研究,日本学者起步较早[②],国内学者则以樊树志、刘石吉、陈学文等人的研究最有代表性。总体来看,这一研究成果众多,水平相当高。但研究区域主要集中于江南,研究内容则较偏重于社会和市场[③]。王社教对国内目前定期连续出版的两大历史地理专业性学术刊物《历史地理》和《中国历史地理论丛》所刊有的历史乡村地理方面的论文进行统计后认为,目前中国历史乡村地理的研究还处于初始阶段,不论基础理论还是具体研究,都有许多问题还未进行深入探讨,甚至还未正式提出"历史乡村地理学"这一学术概念。基于此,他认为,历史乡村地理学应该着重从较长时段分析"乡村地域综合体"演变的过程和规律,主要研究内容应该包括历史时期乡村经济结构、社会结构、聚落结构的变化、乡村地域系统内部诸要素之间以及与外部地域系统之间的关系和作用规律等[④]。

西北地区的城乡聚落研究,虽然是在中国历史聚落地理研究这一大的学科背景下开展和推进的,但也有自己鲜明的特色。从自然环境看,西北地处中国内陆,面积广大,地形复杂。并且由于绝大部分地区位于中国大陆第二阶梯之上,区域自然环境呈现明显的过渡性特征;从人文环境看,西北地区历史上曾是中华民族的发源地之一。自史前时期开始,就孕育了灿烂丰富的聚落文化。同时,该区域也是农耕文化与游牧文化、汉民族与其他少数民族共同混杂聚居的区域。聚落形态及人口结构不但繁杂多样,也有明显的过渡性。

晚清以来,在西北边疆危机和西北开发的时代大背景下,区域的社会、人口与聚落问题开始引起学界的关注。民国时期,众多的西北考察笔记,都有相当笔

---

① 王学典:《20世纪中国史学评论》,济南:山东人民出版社,2002年,第170、317页。
② [日]加藤繁:《中国经济史考证》(上,第一卷),吴杰译,北京:商务印书馆,1959年。
③ 任放:《二十世纪明清市镇经济研究》,《历史研究》2001年第5期;范毅军:《明清江南市场聚落史研究的回顾与展望》,《新史学》1998年9卷第3期。
④ 王社教:《论历史乡村地理学研究》,见王社教主编:《黄土高原地区乡村地理研究(1368—1949)》,西安:三秦出版社,2009年,第4—6页。

墨进行记述。明驼在《河西见闻记》中对敦煌县城内街道均以甘肃各县名称命名进行了考查,由此引出雍正沙州移民的史实①。汪公亮《西北地理》、王金绂《西北之地文与人文》以及范长江《中国的西北角》等,都用不同的形式记述了西北地区的城市与乡村聚落众多方面。这些著作,大都偏于史实的记述,缺少真正的学术研究。20 世纪 80 年代以来,随着中国历史聚落地理学的发展,与西北聚落人口有关的高水平的论著也不断出现。2004 年出版的刘景纯的《清代黄土高原地区城镇地理研究》,是其中比较有代表性的学术专著。该书比较系统地探讨了清代黄土高原地区的城镇化与城镇化过程中的近代化特征、城镇分布与空间格局的变化、城镇体系空间组织结构、城镇等级规模与人口、城镇功能组合与主要功能城镇以及城镇形态与城镇内部空间结构等重要议题。与以往宏观的概略研究或细微的个案研究相比,该书在一个特定的空间尺度和精度上,分析并揭示了城镇化运动的基本特征和其中存在的必然的地理联系,很多结论都具有原创性。除此之外,王绚的《传统堡寨聚落研究:兼以秦晋地区为例》、张雪梅的《中国西部民族地区乡村聚落形态和信仰社区研究》等专著也都是这一时期的力作。

  相关论文更多,如张晓虹的《陕西历史聚落地理研究》②、李艳的《清末民初甘肃的城市近代化》③、李建国的《论近代西北地区城市的特点及其影响》④、张萍的《城市经济发展与景观变迁——以明清陕西三原为例》⑤、张萍与杨蕊的《制度与空间:明清西北城镇体系的多元建构与经济中心的成长——以西安、三原、泾阳为中心的考察》⑥、赵珍的《清代河湟地区城市格局》⑦等。这些文章也都从城市源起、形态、景观、城市化以及城镇体系等各个方面,分别对清以来的西北城乡聚落进行了系统的研究。

  总的来看,目前国内历史聚落地理学研究主要集中在聚落起源及发展、聚落

---

① 明驼:《河西见闻记》,上海:中华书局,1933 年,第 12—24 页;路伟东:《农坊制度与雍正敦煌移民》,见《历史地理》第 22 辑,上海:上海人民出版社,2007 年,第 310—330 页。
② 张晓虹:《陕西历史聚落地理研究》,见《历史地理》第 16 辑,上海:上海人民出版社,2000 年,第 75—88 页。
③ 李艳:《清末民初甘肃的城市近代化》,《兰州学刊》2004 年第 6 期。
④ 李建国:《论近代西北地区城市的特点及其影响》,《西北民族大学学报(哲学社会科学版)》2004 年第 1 期。
⑤ 张萍:《城市经济发展与景观变迁——以明清陕西三原为例》,见常建华主编:《中国社会历史评论》第 7 卷,天津:天津古籍出版社,2006 年,第 185—198 页。
⑥ 张萍、杨蕊:《制度与空间:明清西北城镇体系的多元建构与经济中心的成长——以西安、三原、泾阳为中心的考察》,《人文杂志》2013 年第 8 期。
⑦ 赵珍:《清代河湟地区城市格局》,《中国历史地理论丛》2015 年第 1 期。

地域空间结构、聚落形态及内部结构等方面,并且在空间维度上和时间维度上,具有鲜明的特征①。但是,对于人口这一历史聚落最核心的要素,则用力不多,鲜有关注。历史聚落人口是人口史的研究重点,同时,更应该是历史聚落地理的研究重点。历史聚落的分布是历史人口分布的重要借代指标,聚落名称演变也是人口迁移和移民史研究的重要切入点。而聚落的人口规模、人口构成(包括职业构成、城乡构成、性别构成、民族构成等)以及人口流动(包括人口迁移、劳动力转移)等,是一切聚落活动的载体。从这一角度讲,聚落人口史的研究,是历史聚落研究的重要基础。

二、人口史层面的研究

人口史层面的中国城乡聚落研究,毫无疑问,应该从施坚雅(G. William Skinner)的研究谈起。20世纪60年代中期,施坚雅先后发表了3篇有关中国近代社会经济史研究的专论,对中国市场体系初步提出了一种新的分析模式,即:运用"中心地理论"和"巨区理论",把不同的基层市场视为层级性的连续体,将农村集市网络概括为"市场共同体说"以及地理学的正六边形结构。学界称之为"施坚雅模式"。这一分析模式突破了原有地方史研究囿于行政区域的局限,创立了以市场为基础的区域体系理论②。施坚雅模式一经提出就产生了广泛的影响,在中国学者中获得了广泛赞誉,被称为是研究中国社会的重要范式之一③。

施坚雅的人口史研究从属于其市场史研究和城市史研究,尽管如此,人口史研究却是其市场史、城市史研究的基础。为了分析19世纪末期中国的城市,施坚雅自称,"准备了一个逾2 500张资料卡片的综合材料档,其内容包括下列范围的每一个城镇:1. 在1893年至1953年这60年间的任何时期曾起过县或较高级城市作用者或被定为自治市者;2. 在这60年间的任何时期发挥地方或更高一级城市的经济中心性功能者;3. 在清末20年间人口达到4 000或4 000以上者;1953年时人口在50 000以上者。毋庸置疑,第1类和第4类城市比第2、3类城市更易准确地规定下来。但是把每一个中心地——共1 190个——都包括进来,很可能具有某种经济功能的非行政性市镇在这套材料档中占居了多数"④。

---

① 王晓伟、何小芊、戈大专、龚胜生:《中国历史聚落地理研究综述》,《热带地理》2012年第1期。
② 任放:《施坚雅模式与中国近代史研究》,《近代史研究》2004年第4期。
③ 兰林友:《华北村落的人类学研究方法》,《中央民族大学学报》2002年第6期。
④ [美]施坚雅:《19世纪中国的区域城市化》,见施坚雅主编:《中国封建社会晚期城市研究——施坚雅模式》,王旭等译,沈阳:辽宁教育出版社,1991年,第65页。

施坚雅在收集了大量城市人口统计数据后,通过纵横比较、空间模式和人文地理的比较,在区域的框架中,对城市人口进行深入、扎实、打井式地探讨。这一工作范式得到中国人口史学者的高度评价,不少学者在相关研究中都直接引用施坚雅的观点和数据①。尤其是关于清代四川人口史的研究,通过人口密度、人口增长、家庭规模和性别比四方面对人口数据进行全面分析和鉴伪,为其他的类似研究提供了范例,堪称经典②。

聚落人口数据是中国人口史和城市史研究的最大障碍,中国人口史的研究实践表明,各种数据来源的19世纪末期的城市人口极不可靠,而且数量有限。在这一前提下,如何能够通过包括人口数量在内的多重指标来确定多达1 190个中心地是一件相当困难的事情。对于施坚雅声称2 500张秘不示人的资料卡片档,不少人口史学者也提出了质疑。这其中,曹树基的批评尤为尖锐。他认为,施坚雅按照地理的而非行政的区划的研究,值得肯定。但各区域人口必须用府一级的人口数据进行加总,府一级人口数据的求证,是一项非常复杂的工作,施坚雅的研究,缺乏这一必备的前提。他应用的分区人口数据,大多是不太可靠的,他所划定的区域破坏了省级政区的完整性。就全国情况而言,施坚雅估计的中国城市人口数,比同时实际的城市人口数要少得多③。

从1997年到2002年,曹树基先后发表了一系列论著,对清代城市人口④问题进行了系统的考证和深入的研究。在全面批判已有研究的基础上,曹树基的清代城市人口史研究工作的核心是,力图构建一套新的城市人口等级模式。曹树基认为,建构这一模式有两个首要的前提:第一,对城市人口等级模式的推算,必须在区域的框架中进行,全国统一的城市人口等级模式是不存在的;第二,构建历史城市人口等级模式应该采用实证的方法,即,在各行政等级城市中,寻找尽可能多的样本,以个别推求整体,这种研究是基于经验的、个案归

---

① 朱政惠:《方兴未艾的中国人口史研究——当代中国史学趋势研究之一》,《历史教学问题》1995年第2期;张利民:《近代华北城市人口发展及其不平衡性》,《近代史研究》1998年第1期;龚关:《明清至民国时期华北集市的数量分析》,《中国社会经济史研究》1999年第3期。

② 葛剑雄、曹树基:《是学术创新,还是低水平的资料编纂?——评杨子慧主编〈中国历代人口统计资料研究〉》,《历史研究》1998年第1期。

③ 曹树基:《清代北方城市人口研究——兼与施坚雅商榷》,《中国人口科学》2001年第4期。

④ 关于什么是城市,学界颇多争议,研究20世纪上半期中国城市与乡村人口分布最大的障碍之一,就是城市与乡村的定义不统一[侯杨方:《20世纪上半期中国的城市人口:定义及估计》,《上海师范大学学报(哲学社会科学版)》2010年第1期]。在对城市人口等级模式的研究中,曹树基先生虽然对什么是城市进行了非常详细的讨论,但具体论证时,他所指的城市实际上仅是传统的行政等级类治所。本文针对曹先生的论点进行商榷,因此,如无特别说明,下文所指城市与其定义的城市相同,皆为行政等级类治所。

纳式的①。在此基础上,曹先生的结论是：在区域的框架中,存在着与城市行政等级相吻合的城市人口等级模式。简单地讲,就是在特定的区域中,城市的行政等级与城市的人口规模存在着正相关性,行政等级高的城市人口多,行政等级低的城市人口少,不同行政等级城市的人口规模呈现出明显的层级特征。

单从府县这个层面来看,曹树基所构建的那个在特定区域中与城市行政等级相吻合的城市人口等级模式似乎是正确的。但是,当我们将视野放大到更高一级的行政区域时,辖区内自然的或经济的差异性就呈现出来,他所构建的那个与城市行政等级相吻合的城市人口等级模式就面临诸多的问题。这是因为,决定城市人口规模的关键因素不是城市的行政等级,而是城市自然的、经济的或各种因素的综合作用。在曹树基的整个论证逻辑中,他一直试图把一个本来应该在自然区划或经济区域范畴内讨论的问题,重新拉回到行政区划的范畴里来,事实证明这样做可能是错误的。

通过实证的方法,以个案推求整体,构建城市人口等级模式。然后根据构建的模式再反推一般城市的人口状况,进而建立完整的历史城市人口序列。这一研究思路,在逻辑上是正确的,但前提是必须有足够数量且准确可靠的研究个案。样本数过少,犹如盲人摸象,缺乏对整体的认识,很难通过个案归纳式的研究,以个别推求整体,得出规律性的结论。而缺乏真实可靠的数据,则有可能失之毫厘,谬之千里,缺乏实证的意义。

施坚雅、曹树基之外,还有相当多的学者研究历史城市人口相关问题,比如在确定城市人口规模阈值时,就有很多的争论,也有很多的标准。实际上,学界对中国城市人口规模问题关注与探讨的时段始于清末民初,究其原因,主要是,自19世纪末期以来,部分民间团队、个人或官方陆续发布了一些基于实际调查或主观感受的中国城市人口数据,以及基于此类数据的统计、分析与估计。其中,以中华续行委办会②、厄尔曼(Morris B. Ulman)、珀金斯(Dwight H. Perkins)③、诺斯坦

---

① 曹树基对清代城市人口史的研究主要体现在两篇论文和两本专著中,分别是：《中国移民史》第六卷《清民国时期》第十四章"城市化移民"(第583—613页);《中国人口史》第五卷《清时期》第十七章"清代中期城市人口"、第十八章"清代末年城市人口"(第723—799页);《清代北方城市人口研究——兼与施坚雅商榷》(《中国人口科学》2001年第4期);《清代江苏城市人口研究》[《杭州师范学院学报(社会科学版)》2002年第4期]。

② 中华续行委办会调查特委会编:《1901—1920年基督教调查资料》,蔡永春、文庸、段琦、杨周怀译,北京：中国社会科学出版社,1987年,第1507—1511页。

③ [美]珀金斯：《中国农业的发展(19368—1968)》,宋海文等译,上海：上海译文出版社,1984年,第386—395页。

(Frank Notestein)、乔启明①以及饶济凡(G. Rozman)②、赵冈③等团体或个人的工作,比较有代表性。以上学者主持的调查或研究工作,无一例外,都面临城市人口样本数量及数据本身是否可靠的问题。

与其他研究者使用聚落人口数来定义城市与乡村不同,姜涛曾从士、农、工、商四民的角度探讨中国传统城乡人口结构问题④。然而,四民的概念与农业和非农业人口的概念并不同步,这一研究在逻辑上存在问题,其论证方法与最终结论都值得商榷。1953年以前,中国历代的户口登记数据或人口调查数据都没有城市与乡村的划分,更遑论农业与非农业人口的区别。因此,就目前研究水平而言,讨论20世纪中期以前的中国非农业人口比例,困难太大,基本没有可行性。

除了城乡聚落人口数据的搜集、整理、考证与研究外,还有部分学者从聚落本身这样一个视角作为切入口,间接进行人口史的相关研究工作。就晚清西北地区这样一个研究时空范围而言,以马长寿先生20世纪50年代的同治西北战争调查最有代表性。1956年2月至1957年3月,在马长寿的领导下,调查小组先后对西北回族起义的发动区、扩大区、撤退区、安插区以及凤翔府等地区进行过深入而细致的田野调查,搜集、整理了大批珍贵的民间史料,并在此基础上撰写成了《同治年间陕西回民起义历史调查记录》一书。根据调查研究的成果,马长寿对清代陕甘回族尤其是西安回族人口及聚落分布状况进行过初步分析,这些工作为后续的聚落视角的人口史研究奠定了坚实可靠的基础。虽然,由于种种原因,相关的研究未能继续下去,并且,根据调查资料整理完成的书稿,也直到36年后的1993年才得以正式出版⑤,但该调查记录了大量同治以前西北回族聚落信息,同时,对于同治以后,陕甘回族西迁之后,在迁民移入地建立的新的移民聚落也有较多的记载。

---

① [美]卜凯(J. Lossing Buck)主编:《中国土地利用》,金陵大学农业经济系译,南京:金陵大学农学院农业经济系,1941年,第505页。该书英文版于1937年出版,书名为 *Land Utilization in China: a study of 16 786 farms in 168 localities and 38 256 farm families in Twenty-two provinces in China, 1929—1933*。后经乔启明翻译,由金陵大学农学院农经系于1941年出版中文版。除特别说明,本文引用该书资料皆出自1941年中文版。实际上,诺斯坦、乔启明两人在该书中并未给出乡村、市镇及城市划分标准,本文所用标准乃引自乔启明稍后出版的《中国农村社会经济学》一书。

② Gilbert Rozman, *Urban Networks in Ch'ing China and Tokugawa Japan*, Princeton University Press, 1973, pp.218, 273.

③ 赵冈:《中国城市发展史论集》,北京:新星出版社,2006年,第83页。

④ 姜涛:《传统人口的城乡结构——立足于清代的考察》,《中国社会经济史研究》1998年第3期。

⑤ 在此次调查的基础之上,由马长寿先生执笔于1957年撰写完成《同治年间陕西回民起义历史调查记录》一书。由于种种原因,直到1993年才得以陕西文史资料的方式公开出版(《陕西文史资料》第26辑),该书是研究同治西北战争及战争前后陕西回族人口分布的重要史料。

周伟洲的《陕西通史·民族卷》中用较大的篇幅亦对清代同治以前陕西回族人口及聚落分布逐县进行过简略的概述①。相较之下,韩敏先生的《清代乾隆年间西安城四乡回民六十四坊考》一文,则是从更加微观的角度,对清代同治以前陕西回族聚落的分布,尤其是西安及其周边地区的回族聚落的分布状况,进行了深入的考证②,而在 2006 年出版的《清代同治年间陕西回民起义史》一书中,韩敏又用整整一节的篇幅对战前陕西全省回族聚落分布情况逐县进行了较为系统的梳理和考证③。笔者在 2011 年出版的个人专著《清代陕甘人口专题研究》中,用较多的篇幅,在厅县一级空间精度上,对同治以前陕甘两省的回族聚落进行了逐一考证,最后共得 1 034 余个回族聚落。虽然目前所能考证的千余回族聚落只不过是同治以前陕甘地区全部回族聚落中很小的一部分,但这一工作的价值不在于比前人多考证了几个回族聚落、几处礼拜寺,而在于试图在府县这一级的精度上,去尽量完善或补充大家对这一问题的了解和认识,并从中探寻对同治以前陕甘回族人口聚落分布的规律性认识。从已复原的回族聚落的分布上来看,已复原的这些回族聚落又主要集中在关中地区泾渭流域、河西走廊、黄河上游的兰巩及宁夏平原及其迤东平庆一带,这和同治以前陕甘人口分布是相吻合的。而从其规模来看,战前各府州县比较大的或比较重要的回族聚落我们基本上也都已经涉及。因此,从这一点来讲,尽管存在上述的诸多困难,我们对战前陕甘回族人口聚落分布的整体状况,还是可以有一个比较系统和整体的把握。

以上脉络清晰、并不断深入的清代西北回族聚落研究表明,聚落视角的人口史研究,对于探讨过去某一特定时间切面上某一特定人群的空间分布,具有很大价值。同时,这也是本书立论的重要基础。

第五节 本书研究的重点与解决的主要问题

在晚清五十年西北地区城乡聚落人口研究中,有很多重要的学术问题都需要解决。如前节所述,其中有相当多的问题,前辈与同仁都已经有过相当深入的研究。这些问题之所以成为学术难点,无外乎缺少足够的史料、数据支撑,缺少

---

① 周伟洲:《陕西通史·民族卷》,西安:陕西师范大学出版社,1998 年,第 271—277 页。
② 韩敏、李希哲:《清代乾隆年间西安城四乡回民六十四坊考》,《伊斯兰文化研究》2001 年第 3 期。
③ 韩敏:《清代同治年间陕西回民起义史》,西安:陕西人民出版社,2006 年,第 1—14 页。

新的研究方法或研究视角。因此,如果这几个方面没有突破,所谓系统、全面、深入的研究,不过是简单重复已有的工作。因此,笔者认为,在既定的研究时间和空间范围内,围绕着晚清五十年西北地区城乡聚落人口这一研究主题,选择一些前人关注不多或者前人关注虽多但仍有研究必要,或者有新的资料、研究手段或研究视角来进行研究,比写一本面面俱到、篇章结构看似完美、实际仅是教科书式的所谓"专著"要有意思得多。基于以上考虑,本书的研究重点与解决的主要问题,主要集中在以下几个方面。

一、基于"地理调查表"分村户口数据的晚清西北地区城市与城市化水平的重新解读

城市化水平是现代地理学中用来度量城市发展程度的重要指标,一般用城市人口在总人口中的占比来表示。人口史学家和城市史学家常常把这一现代概念用来表述历史时期城市与乡村的人口结构。但是,城市作为最复杂、最典型的地表人文景观,虽然是真实存在的地理实体,但因为无标度性特征,城市的空间边界与规模边界无法客观测量,只能主观定义。在这样一个矛盾的语境里,什么是城市以及城市人口规模有多大等看似简单明确的问题,实际上都相当模糊不清。另外,从数据本身来看,对于城市化水平这样一个超大空间尺度的研究对象来讲,真实有效的全样本数据或科学系统的抽样数据是研究的基础。现代地理学中,对于城市有非常明确的界定,而现代人口普查的数据,也支撑这样的概念界定。

但是,对于历史城市来讲,因为数据和城市发展水平等诸多原因,现代地理学中界定城市的诸多参数和要素,历史上没有统计,或者根本就无法统计。传统文献无法提供这样符合范式的数据。概念模糊与数据缺失,使得几乎所有的研究者在讨论清末民初中国城市化水平时,往往纠结于城市、城市化水平这些实际上无法客观界定的学术时髦概念,沉溺于自说自话、自我循环式的复杂论证过程,并最终导致充满了个人想象与猜测并可能与实际完全不符的结论。

显然,对于历史城市人口研究来讲,如果没有严格的限定和说明,比如特指行政治所类城市,城市与城市化水平其实是个伪命题。本书所讨论的,是在现存宣统甘肃"地理调查表"近7 000个聚落序列里,聚落人口分布的真实状态。"地理调查表"是目前已知唯一一批民国以前具有现代人口普查意义的原始户口档案。它把中国人口史研究的精度第一次提升到村落这样一个级别。以这批档案

为基础的个案研究,可以为以往那种简单的、未加权的平均数就代表的笼统研究提供一个坚实的支点。通过对这份文献7 000余个聚落人口数据的统计分析可以发现,不同尺度和不同概念的城市人口规模和城市化水平,都与既有研究有相当大的出入。在清末民初的甘肃,仅就聚落频数所占比例而言,1 000人是一个很重要的聚落人口分界线,这条分界线以下的聚落个数接近总数的九成;但就聚落人数所占比例而言,4 000人是一个很重要的分界线,规模在这条线以上的聚落人口接近总人口的八成,而10 000人以上聚落人口占比不超过总数的一成。与卜凯、乔启明20世纪30年代的北方小麦区实地调查数据相对照,可以肯定,以这批官方人口调查数据为基础的研究结论,在研究清末民初西北乃至北方聚落人口结构时,仍具有重要的指标意义。同时,对窥探中国传统农业社会城乡聚落人口结构也具有一定的参考价值。

二、"地理调查表"数据支撑的晚清西北城市人口等级模式的商榷

曹树基先生是国内顶尖的中国城市人口史专家,其清代城市人口史研究工作的核心是构建了新的城市人口等级模式。他在批判施坚雅城市人口等级模型的基础上,采用实证的,实际上是基于经验的、个案归纳式的研究方法,即,在各行政等级城市中,寻找尽可能多的样本,以个别推求整体,在区域的框架内对中国历史城市的人口等级模式进行了研究。他认为:在区域的框架中,存在着与城市行政等级相吻合的城市人口等级模式。简单地讲,就是,在特定的区域中,城市的行政等级与城市的人口规模存在着正相关性,行政等级高的城市人口多,行政等级低的城市人口少,不同行政等级城市的人口规模呈现出明显的层级特征。

从一般人最直观、最朴素的认识出发,各区域首位度第一的城市人口肯定是最多的。但是,影响或决定一个治所城郭规模、形制的因素有很多。影响或决定城市行政等级高低的因素也可能有很多。或者,不同城市影响或决定其行政等级高下的因素存在差异。不论是何种情况,有一点可以肯定,那就是,就大多数城市而言,影响城市行政等级高下的决定性因素并不是,或者并不仅仅是城市的人口有多少。既然决定城市行政等级高下的不是,至少不仅仅是城市人口,那么,我们怎么可能归纳总结出与城市行政等级相吻合的城市人口等级模式来呢?很显然,这在逻辑上是讲不通的。

在西北地区,曹树基先生提出了陕甘城市人口等级模式,支撑这一研究结论

的样本城市相当有限,总共只有12个,其中甘肃只有4个。另外,有限的城市人口数据多为个人估计数,可靠性值得商榷。从以上两点来看,无疑,曹先生所构建的陕甘城市人口等级模式是值得商榷的,可能需要更多的检验和论证。通过对宣统人口调查原始档案"地理调查表"中63个行政等级类治所城市的人口数据进行了统计分析,笔者发现,在晚清甘肃省,曹树基先生所声称的与城市行政等级相吻合的城市人口等级模式并不存在。

三、宣统人口调查与学界关于清末人口分歧的再认识

对宣统人口调查数据的评价,学界存在两种截然相反的观点。王士达认为,这是一次深入民间的真正普查,绝非凭空捏造。何炳棣则认为,与其说户口数据是普查的,不如说是编造的。曹树基显然受到了何炳棣的影响,研究中放弃了对宣统人口调查数据的讨论。侯杨方认为宣统人口调查在全国范围内确实得到了有效的执行,何、曹等人的结论,缘于不熟悉此次人口普查的制度。

对于一场全国性人口普查来讲,极端的个案如此之多,每个研究者都可以找到诸多支持自己观点的例证,那些被有意无意忽视的反面例证,则又成为对方立论的依据。因此,仅仅从制度角度简单地否定或肯定这次普查数据的真实性,几同盲人摸象。实际上,学界对于这一问题的争论,远不仅仅限于一个普遍学术问题,而是涉及学界对于清及民国以来中国人口史的基本认识。

人口的发展如同河中奔腾向前的流水,既有方向性,也有连续性,前后不应该有中断之处。葛剑雄主编的六卷本《中国人口史》是构建中国人口史这一学科的重要基石,在这样一部重要著作中,因为曹树基著第五卷《清时期》与侯杨方著第六卷《1910—1953年》对清末宣统人口调查的历史评价、修正方法与修正结果都存在明显不同,直接导致了该书对于清以来整个中国人口发展进程的理解与表述出现了分歧,前后无法衔接。

曹树基与侯杨方都是顶尖的人口史专家,因为以下两方面准备,笔者对他们的研究进行重新探讨。其一,研究数据:宣统人口调查"地理调查表"甘肃省分村户口数据,为我们在省区这样一个级别上对此次人口普查进行个案分析提供了可能,这有助于我们更加清晰、客观地了解和评价这次人口普查;其二,研究方法:历史人口这类空间数据通常具有非独立性,不符合经典统计学的基本假设,因此,以GIS为代表的专门的空间分析理论和技术在过去的二三十年间迅速发展,日益成为社会科学研究中的重要研究方法和手段。研究表明:曹树基对于

陕甘地区1910年新政人口数的判断出现了错误,他对新政人口数的修正是不可靠的。GIS提供的人口重心模型,是我们实现对这一研究数据进行校验并证伪的重要手段。宣统人口调查是中国现代人口普查的萌芽,其普查目的、登记方法及人口数据等,较之以前的户口数有本质区别。在此之前的户口数据,不论出于总志、方志,还是清册、通典,抑或是其他官私文献,实际上都属于同一个系统,来源都是一样的,那就是以收税为目的的、依托保甲体系逐层汇总的、最终记录于户部清册中的户口数。在这样一个数据体系里面,用方志的数据去校验总志的数据,用汇总的地方数据去检验更高层级的区域或全国数据,不论在什么样的精度上进行讨论和分析,最后的结论都应该是相同或相近的。但当用同样的方法去检验宣统普查人口这样一个系统外的数据时,问题就出现了。

四、不同空间尺度下战时人口迁移的特征与规律

战争时不同空间尺度下,人口迁移的模式与特征有较大不同。而这种不同,往往又直接导致战时人口损失的程度和战后人口空间分布的状态产生诸多差异。人口迁移是典型的具有时间属性的空间行为。在不同空间尺度下对同一研究对象进行分析和研究,会发现不同的行为方式和规律。在系统爬梳督抚奏折、地方史志、时人文集以及调查记录等传统文献的基础上,结合新发现的宣统人口调查"地理调查表"甘肃分村户口数据,以同治年间西北回族战争为例,深入探讨战争状态下聚落尺度的西北人口迁移问题。这一工作,除了可以更加形象生动地展现战争状态下小民避祸逃生的真实场景,增加历史叙事的维度外,也能够打开一扇窥视中国人口发展历程的窗户,从而对历史时期中国人口发展"大起大落"的阶段性特征产生更加深刻的认识。

战争往往事起突然,发展迅速。西北战争期间,官军本不足恃,民团一触即溃,对于升斗小民来讲,唯一的选择就是逃命。然事前既无筹谋,遇事亦无良策。兵从东方来则西行,兵从北方来则南突;兵从陆地来则下水,兵从平原来则上山。总之,如何逃,往哪逃,逃多久,全无计划。从村落空间尺度看,战争初起之时,受波及地区村落尺度的汉民人口迁移几乎就是一种毫无规则的布朗运动,没任何计划性和前瞻性。而县域空间尺度下的人口迁移,则明显地显示出一定的集聚性。以治城为中心零星散布有坚固围墙的堡寨,不但数量众多,而且趋于离散,空间可达性较好,遇到警情比较容易躲避。从省域空间尺度讲,举家远徙,逃离

危险境地,是保全性命的最佳途径,同时,也是后世观史者想象中的战时小民最自然和最理想的选择。但真实的历史,远比文字描述的历史要复杂得多。实际上,整个战争期间,虽然兵火波及之处,几乎所有人都处在不停的运动之中,奔徙逃命,但其中真正选择及时有效地远离战争区域这样一个正确途径,并最终成功避祸者并不多。

整个战争期间,堡寨实际上成了团练这一官军与回军之外的第三支重要武装力量的主要地理依托。战争来临时,乡居人口大都麇集于堡寨之中,趋之若鹜,而不知远行避祸。同时,作为团练依托的堡寨把枢纽型治所城市与散点型的乡村聚落串联起来,成为战时官方防卫体系中的重要一环。躲避其间只求自保的小民,在地方团练的怂恿和裹挟下,在君臣正统观念和价值标准的洗脑和误导下,主动或被动地卷入战争的泥潭,最终死于非命,沦为战争的牺牲品。

五、甘肃"地理调查表"大村分布与西北区域人口迁移的规律

同治战争导致的西北人口迁移持续时间长,影响范围广。在这样一个人口迁移的过程中,以及在这样一个过程结束后的某一特定时段内,整个区域的人口在空间分布上究竟发生了哪些变化,并且如果可以更进一步,由此反观,这种空间分布上的变化又能反映出哪些人口迁移的空间特征与规律。比如,在这样一个特定时段的人口迁徙过程中,人口空间分布的变化趋势是逐渐离散的还是逐渐聚集的?人口最终的空间分布状态,其集中度是增加的还是减少的?对于诸如此类的问题,前人关注不多。笔者利用宣统调查分村户口数据中千人以上大村数据,结合其他相关史料,进行了比较粗浅的分析。

研究表明,战后人口在空间上趋向于集聚在人口损失惨重和人口损失较小的两个极端区域。前者主要是战时人口从一般乡村聚落向较大核心的聚落集中的结果。人口的这一流动趋势,在统计数据上就是村落数量减少,村均人户增多。后者则显示了,从战争结束一直到清朝末年的三四十年间,整个西北地区的人口仍然相当有限,远没有恢复到战前的状态,诸多战前沃野之区,并没有足够的人口迁入。在区域人口增长主要来自内部自然增长的情况下,人口增加相当有限,不足以在较短时间内遍及那些曾经人口繁盛的沃野之区。

综上所述,仅从篇章结构上来讲,本书实际上还不是一本完整的区域聚落人口史研究的专著,有关晚清五十年西北地区城乡聚落人口的其他学术问题,不是

不重要,也不是笔者没有给予认真考虑,而是限于时间、精力、能力以及史料等原因,暂时没有涉及。另外,也有部分专题,比如清西北外来人口入迁过程中的土客冲突与融合等,已经有极高水平的研究成果,继续研究很难有所突破。在今后的时间里,笔者将会把这一研究继续深入下去,以求能够不断补充、完善和丰富这一课题。

第一章 宣统甘肃"地理调查表"与晚清西北城乡聚落

"地理调查表"是清末宣统人口调查基层调查数据填报汇总的简表,也是目前已知有关这次调查的最基础、最原始的文献之一。本章主要回溯宣统人口调查"地理调查表"的缘由,梳理现存甘肃调查表数据保存情况,对现有数据进行分类汇总,并对数据质量进行初步分析。通过这些原始的调查表单和数据了解更多细部的节点和信息,近距离触摸这次人口调查。

第一节 宣统人口调查甘肃"地理调查表"缘由

清末推行宪政。为筹备立宪各项事宜,在全国除西藏以外的区域内开展了一次大规模的户口调查。光绪三十四年(1908年)十二月初十日的《民政部奏调查户口章程折》对此做了详细说明:"立宪政体以建设议院为成效,而采用两院制度之国其议员必有半数以上出于民间之公选,额数分配不可不以人口之多寡为衡,而选举权及被选举权之限制不可不以年龄、职业、籍贯、住址等资格为准。"① 基于此种现实需要,清政府于当年开始在全国范围内开展户口调查。具体调查分前后两次办理,第一次先调查户数,第二次调查口数。调查后的户口数据应按照所定年限一律报齐,分期汇报民政部,田部奏明立案。其中"人户总数应自本年起于第二年十月前汇报一次,至第三年十月前一律报齐;人口总数应自本年起

---

① (清)民政部:《民政部奏调查户口章程折并章程》,见上海商务印书馆编译所编纂:《大清新法令1901—1911》第一卷,北京:商务印书馆,2010年,第130页。

于第三年及第四年十月前各汇报一次,至第五年十月前一径报齐。其人户总数业已查明地方,应将调查人口事宜提前办理"。宣统二年(1910年)十月,因清政府宣布提前立宪,原定九年立宪筹备期缩短为六年,户口调查工作亦随之由原定宣统五年十月报齐改为宣统三年办理完结。宣统三年八月十九日,武昌起义爆发,同年十二月二十五日,清帝退位,清朝随之灭亡,调查工作亦随之草草了结。因为这次人口调查工作在宣统朝进行,后世称之为宣统人口调查。"地理调查表"就是这次人口调查的原始底稿。

《民政部奏调查户口章程折》载:"臣部……又于三十三年三月奏请清查各省户口,颁发表式,各在案,试办年余尚无阻碍。嗣复钦奉谕旨饬订专章,谨参考东西各国之良规,并依据叠次奏办之成案,督饬员司详细编订,计章程十一章四十条,表式五件。""地理调查表"可能就是该奏所称的五种表式之一。宣统人口调查中上报的调查数据,除了户、口两个总数外,应该还有男、女、学童、壮丁等各类人口统计,但"地理调查表"所载仅有户数与口数,因此,现在看到的"地理调查表"很可能仅是宣统人口调查中地方调查信息汇总的一个简表。更详细的人口调查信息应该记录于"册"中,也就是"户数册"和"口数册"。

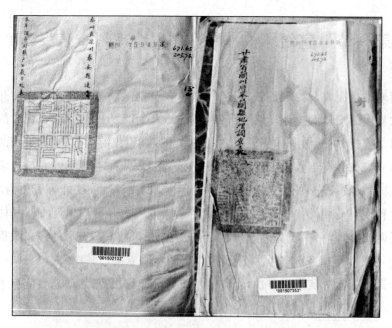

图1-1 宣统《秦州地理调查表》与《皋兰县地理调查表》封面
(数据来源:本图根据笔者在甘肃省图书馆所拍照片合并而成)

第一章　宣统甘肃"地理调查表"与晚清西北城乡聚落

"地理调查表"亦称"地舆调查表"或"地理户口调查表",目前全国多地均有发现,但以甘肃省图书馆所藏清甘肃省辖区"地理调查表"保存最为完整。调查表以州县为基本调查单元,每个调查单元一册,各自单独装订。外有硬皮包裹,为图书馆人员所后加,起保护作用。调查表的基本形制为册页体式,为四眼或多眼线装。开本大小不一,但基本以 16 开本为主。亦有开本较大者,比如庄浪茶马厅调查表开本即明显大于其他州县。所用纸张,大多为较劣质的棉连纸,也有用较劣质的白麻纸,比如《凉州府永昌县地理调查表》所用即为此纸,白色硬纸,切割、装订整齐。仅从调查表所用纸张来看,具有明显的晚清民国过渡色彩。书衣多采用着色的硬纸,书签则多为长方竖形双丝或单丝宣纸条,亦有部分为纯白纸条者。调查表一般多书以某某省府州厅县地理(或地舆)调查表,如皋兰县的格式为《甘肃省兰州府皋兰县地理调查表》、陇西县的格式为《甘肃省巩昌府陇西县地舆调查表》,亦有书以某某府州县厅造赍者,然后另起一行书写本年调查各村镇户口数目总表等。书签下一般都钤有本州县官方朱印。除此之外,在封面的右上部,有不少表册还钤有红色繁体单字"对"字章,或又有毛笔手写黑色繁体

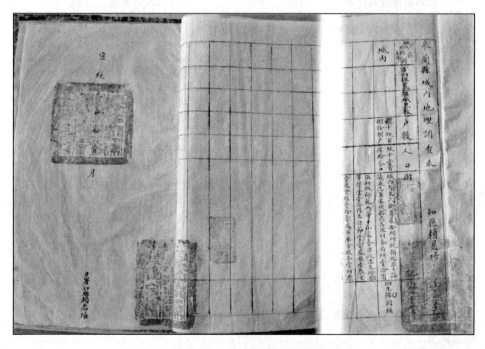

图 1-2　宣统《皋兰县地理调查表》首页与尾页

(数据来源:本图根据笔者在甘肃省图书馆所拍照片合并而成)

"已留"两字。这些印迹和文字估计是调查结束后,数据核对的标记,应该为调查者原始记录的一部分。封面右上角注有手写阿拉伯数字的甘肃省图的图书编号,下方有图书馆条码,显系后世不同年代收藏者甘肃图书馆的索书标记。调查表外包牛皮纸书衣和硬壳,当为图书馆人员所后加,起保护作用。

"地理调查表"最小的调查单位是自然村落。调查表式以城市村镇为经,方向、里数、户数、口数、附记以及调查绅董姓名六项为纬。每村一行,挨次排列。记录顺序,先从城内开始,次则关厢、附城,最后为四乡聚落。每页齐中封钤有地方官府朱印,首页之上又钤有甘肃图书馆方形和圆形红色藏书章两枚。另外,册末页有中封钤官方朱印但内容留白者,册底亦有标注调查时间和提交者,其形式多为页底中间竖行注明"宣统某年某元某日某某知县同知"。一般中钤官方朱印,其中时间中的月日两项,多有留白者。不少调查单元的表册末一页正文部分亦有留表的情况存在,如图1-2左侧部分。由此可见,"地理调查表"当为预先制备的格式文本,钤印后交由具体操办者填写。

表1-1 宣统《陇西县丞地理调查表》局部

陇西县地理调查表					署知县黄家模　谨呈	
城市村镇名目	区别	方向位置	离城里数	户数	人口	附记	承办绅董姓名
大城内				728户	3 602人	城内有文武衙署八所,高等学堂一所,初等学堂六所,庵观寺庙十二所,沼三井十,巡警一所,汪家洞一所,南门外南山寺、大碑院、师范学堂一所。	军功侯应峋
东关				95户	460人	土城内佛慧寺一所,先农坛一所、东关外春场石家寺一所。	李忠
西关				77户	361人	土城内东岳庙一所,义院一所,养济院一所,沼一井一、西关外仁寿山。	军功任秉忠
北关				522户	2 700人	土城内庵观寺庙共八所,初等学堂四所,沼二井六,北关外行宫、八腊庙、祁宫寺、教场、雷祖庙、天宁寺各一所。	贡生蔡承周
春场		在县正东	3里	52户	208人	村内南河一道。	唐福
七里铺		在县正东	7里	45户	180人	村内水泉一个。	生员刘怀清
......							

[资料来源:(清)周裕杭编:《陇西县丞地理调查表》,甘肃省图书馆藏,索书号:671.65/131.792]

表1-1是整理后的《陇西县调查表》局部内容。"地理调查表"第一页第一行"地理调查表"等字之上，一般会填注某厅及某州县等字，其下录承办官职名如表式。表册面"地理调查表"等字之上，一般都填注某省及府厅州县等字。"地理调查表"内容虽然包括各城乡聚落的方位、学校、庙堂、祠寺、井泉、沟渠等诸多信息，但对户数、人口两项要求最严，必须确查实报。由于宣统人口调查工作尚未完成清朝就已经灭亡，很多省份最终上报数据中仅有户数，而无口数。从甘肃"地理调查表"来看，甘肃的人口调查工作进展比较快，清亡以前已经完成户数和口数的调查和填报。

实际调查过程中，地方上总共上报了三批调查数据，即宣统元年底、宣统二年底和宣统三年中。"甘肃地方辽阔，山岭崎岖，穷乡僻壤，烟户零星，或岩栖穴处，或古戍荒村，畸零小户，远近不齐；加以循化、洮州、贵德、巴燕戎革、丹噶尔等厅，皆与番族错居，好则人，怒则兽，剽掠时闻；且有撒拉回子介处其间；其性犷猂……又如河州、狄道、清水、固原、海城、灵州、平凉、泾州、化平、宁灵、平番、碾伯、大通多厅，皆回民居多，宗教不同，风俗各异，而庆阳所属各县又有川陕游民，时来时去，迁徙靡定。是区域有所难分，而选举亦属不易，兼因边鄙各厅州县距省笃远，文报往返需经旬累月，其造报合格者固已属难望迅速，其不能合格者一经驳查，尤易致迟延。"①因此，在实际的调查奏报过程中，各地进度并不一致，有些地区可能已经上报了第二批数据，但另一些地区第一批的数据才开始上报。现存的"地理调查表"上报时间主要集中在宣统元年底和宣统二年初，估计这批"地理调查表"极有可能是多次上报的"地理调查表"累计叠加之后残留的部分，这其中包括第一次、第二次上报的数据，甚至有可能包括部分第三次上报的数据。至于残存"地理调查表"中的数据到底属于哪一批上报的数据，目前已经无法搞清楚了。

从"地理调查表"的表式及内容来看，宣统人口调查中，以户为单位的人口调查数据，首先是以城乡聚落为单位汇总的，在城乡聚落汇总的基础之上，调查数据又以州县为单位进行再汇总，并逐层上报。所谓城乡聚落实际上是城市、关厢和自然村等实际的人口聚居点。甘肃省更大范围内的"地理调查表"汇总数据显示，那些仅有十几户、几户，甚至无户的自然村落与城市、关厢、市镇及区域行政中心或中心村镇是并行排列的。这一点说明，至少从调查的范围上来讲，甘肃省的这次人口调查还是比较全面细致的。

---

① 王士达：《民政部户口调查及各家估计》，《社会科学杂志》1935年第6卷第2期。

第二节　甘肃"地理调查表"里的调查者

对于宣统人口调查的实际执行者,学者颇有争论,并由此引发对这一次人口调查数据的不同见解。比如著名学者何炳棣就完全否认这次人口调查,认为:"警察应是1908—1911年普查的惟一承担者,但实际上不少省份由于缺乏经费,还没有建立警察部门。……由于警察是从不知警察为何物的中下阶层中召募而来,因而新创立的警察系统素质的低劣不足就更加严重。……警察所能达到的最大范围也不过是县城或一些人口较多的市集和村镇。"为了证明自己的观点,何炳棣又引用了《安徽通志稿》中关于警察数据,称:"在一个面积超过150 000平方公里的省里仅有1 939名警察作为1908—1911年人口普查的主要承担者,更何况这些警察缺乏适当的训练和报酬。"基于此,何炳棣认为:"在保甲体系解体之后,全国已经没有任何行政机构来沟通地方政府和广大民众了,训练有素的普查机构当然更不存在。因此,所谓1908—1911年普查和民国初期的普查在大多数地方是由县政府和乡绅进行的,或者不如说是由他们随意编制的。"①一方面,何炳棣认为警察是这次调查的唯一承担者;另一方面又认为调查在大多数地方是由县政府和乡绅进行的。这种前后自相矛盾的论述让人无所适从。

《民政部调查户口章程》第二章《调查职员》,共四条,对此次户口调查的具体组织者和实际承担者作了详细的规定和明确的说明,具体条文为:"第四条　京师内外城以巡警总厅厅丞,顺天府以府尹,各省以巡警道为总监督。其未设巡警道各省,暂以布政使司为总监督。第五条　下列各官员,为调查户口监督:京师各巡警,分厅知事,顺天府各属知州、知县,各省、厅、州、县同知、通判、知州、知县。其有本管地方之各府,及直隶、厅、州以各该知府、同知、通判、知州为监督。第六条　调查户口事务,归下级地方自治董事会或乡长办理,以总董或乡长为调查长,董事或乡董为调查员。其自治尚未成立地方,由各该监督督率所属巡警,并遴派本地方公正绅董会同办理。第七条　各地方所有巡警、官长,均有协助调查户口之责。"②简单地讲,地方行政一把手总督办人口调查事宜,具体经办由各

---

① [美]何炳棣:《1368—1953年中国人口研究》,葛剑雄译,上海:上海古籍出版社,1989年,第71—78页。

② (清)民政部:《民政部奏调查户口章程折并章程》,《大清新法令1901—1911》第一卷,第133页。

地乡长等地方上的头人负责,由各绅董及相关人员调查登记。侯杨方据此认为:"各地警察不仅不是普查的'惟一承担者',而且仅仅是协助者。这种错误明显是由于不熟悉此次人口普查的制度而导致的。"①

但是《民政部调查户口章程》中关于调查职员的这种纸面上原则性的规定是否在实际的调查活动中得到了认真贯彻?警察究竟在调查中发挥了什么样的作用?在保甲制度趋于崩塌的晚清社会中,究竟什么样的基层体制和运作方式使得这次人口调查在大部分地区得到执行,并且在部分地区得以顺利完成?所有诸如此类的问题,原来均不清楚。甘肃"地理调查表"的发现为回答这些问题打开了一扇窗户。

甘肃警政始于光绪三十一年(1905年)十一月,最初仅是将省城旧有保甲局改为甘肃全省巡警总局,由臬司督办②。由于经费、人员等因素掣肘,进展较为缓慢。宣统二年是清廷定为厅、州、县(不含乡镇)巡警一律完备之期。但据甘肃全省巡警总局造赍的《甘肃警务宣统二年第一次统计书》统计,至该年十一月底全省84个厅州县中,仍有24个没有开办巡警③。而在60个已经开办巡警的厅、州、县中,真正有常年警政经费者也仅有1州1厅6县而已④。这与何炳棣转引的安徽省情况其实基本相同。从甘肃"地理调查表"现有数据来看,在6 987个调查单位(即城乡聚落)中,设有巡警局、巡警分局者仅有183处。其中约1/3分布在各调查单元的行政治所城内或关厢之中,一般每处至少一所。其他约2/3警局或巡警分局分布在乡村聚落之中。以人口规模来分,有130个巡警局分布在500人以上聚落中,超过总数的70%。其中又有77处分布在1 000人以上聚落中的,超过总数的40%。但也有10处分布在不足200人的聚落之中,其中更有2处分布在不足100人的聚落中。总体来看,宣统甘肃巡警局数量极为有限,且绝大部分都分布在比较核心的城乡聚落之中。晚清保甲体系趋于崩溃,地方巡警局的职责主要是承袭保甲地方治安职能。法无明文规定即为无责,《民政部调查户口章程》中规定巡警仅为协助,在甘肃人口调查的实际工作中,巡警基本上没有起到任何作用。

---

① 侯杨方:《中国人口史研究的几个关键性问题及前瞻——兼评何炳棣的中国人口史研究》,《历史地理》第27辑,上海:上海人民出版社,2013年,第172—177页。
② 《陕甘总督升允咨送奏定创办甘肃警务章程》,见中国第一历史档案馆藏:《巡警部档案》,全宗1501—24。
③ 甘肃省地方志编纂委员会编纂:《甘肃省志·公安志》,兰州:甘肃文化出版社,1995年,第36—41页。
④ 张立荣:《清末民初甘肃的警政建设》,广州:暨南大学,博士论文,2007年,第81页。

真正承办人口调查工作的是地方绅董,这些人大都是举人、监生、附生、礼生、贡生、生员以及武生等有功名之人,也有相当一部分耆老,这些人都是乡村中的头面人物。在大部分调查单元(州、厅、县等)之中,每一个调查单位(城乡聚落)一般均由一名人员专司其职,即如图1-3所示。

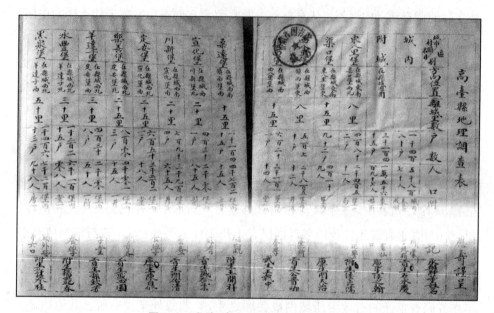

图1-3　宣统《高台县地理调查表》局部
(数据来源:本图根据笔者在甘肃省图书馆所拍照片合并而成)

但不同的调查单位之间,人户规模差别很大,少者仅区区数十人,或者一两百人,多者却有数千。全省范围内的调查数据汇总显示,不同调查单位之间的这种人户差别更为惊人。比如宁夏府灵州东路共有1 123户,6 252人,但标注的调查者仅贡生宋儒一人。该州吴忠堡规模更大,有2 122户,10 221人,但调查者也不过只有贡生吕振声、职员马玉书两人①。实际上,对于那些人户众多的调查单位,即使安排两名,乃至有限多名绅董共同承办,也很难做到详确核查,逐一登记。比如平凉府隆德县有494个调查单位,超7 500户,约41 000人,但调查者仅有19个小组,共35人。每组平均需要调查近400户,超2 100人。其中,由廪生唐金铺、武生王维藩两人组成的第14组,人均调查多达536户,2 941人。详情参见表1-2。

---

① 宣统《灵州地理调查表》,见光绪《宁灵厅志》附录,第168—174页。

表 1-2　宣统人口调查隆德县调查人员及聚落人口信息统计

组别	调查者	聚落数	户数	口数	人均调查户	人均调查口
1	贡生张维烈	1	327	1 732	327	1 732
2	附生任铎	4	117	579	117	579
3	附生赵献廷、堡头杨翠	7	300	273	150	137
4	廪生曹步廷、勤农任克万	8	230	1 360	115	680
5	乡约古生林	9	327	1 885	327	1 885
6	廪生吴松年	26	388	2 096	388	2 096
7	堡头马有成、马万镒、勤农马建寅、冯生有	30	375	2 151	94	538
8	堡头马翻云、马国昌	6	40	208	20	104
9	附生谢邦杰	32	474	2 649	474	2 649
10	武举王贯、薛步江、堡头刘廷顺、韩昌德	37	410	2 321	103	580
11	监生吕俊锡、附生王倾文、堡头高作山、陈进福	45	856	4 745	214	1 186
12	军功张芳魁、马正兴	31	301	1 687	151	844
13	廪生李来东	29	481	2 701	481	2 701
14	廪生唐金镛、武生王维藩	83	1 071	5 882	536	2 941
15	附生薛步元	25	307	1 834	307	1 834
16	贡生薛技英、监生刘彦彪	22	506	2 826	253	1 413
17	廪生赵监、附生翟翼翔	52	365	2 037	183	1 019
18	监生王得仁	17	348	1 990	348	1 990
19	附生李廷栋	30	329	1 777	329	1 777
合计	19组,35人	494	7 552	40 733	216	1 164

(数据来源：宣统人口调查《隆德县地理调查表》)

西宁县的情况更为极端,155个城乡聚落共有3.1万户,约15万人口,调查绅董姓名仅署"优贡生徐永"一人。由此推测,在人口数量较少,且分布比较分散的地区,比如远离城镇的自然村,登记在册的承办绅董可能就是调查工作的实际承担者。但在人户数完全相反的调查单元中,登记在册的绅董很可能就不是调查工作的真正执行者,而仅仅是督办者,或者是那些地方上有名望、有资格把名字登记在"地理调查表"中的人。因此,实际调查工作,可能主要是由各地方绅董以及由地方绅董们督责的其他相关人员来共同承担的。

从上面的个案来看,实际执行过程中调查员、调查长的人选与《民政部调查户口章程》中规定的人选基本是一致的。这些乡村中的头面人物,不但有较高的威望和有较强的执行能力,也有一定的维新思想,在地方上具有相当强的影响力。《民政部调查户口章程》第七章《调查经费》规定:"调查经费,应由各地方自筹。其从前所有保甲经费,应一律移作此次调查之用。"[①]正是以此次人口调查为契机,在清末民初的朝代更迭过程中,这批人逐渐取代了原来的乡村管理者,即保甲长们的地位,成为乡村权力的实际掌控者。如敦煌农坊制向区村制转变的过程中,区村长的人选大部分是出身于学校而地方上认为有能力的新兴人物[②]。更为重要的是,这批新兴人物实际上是宪政运动的直接受益者,因此,对关乎两院选举的人口调查工作当然会用心尽力。这是宣统人口调查有别于以往人口登记的重要体现,同时,这或许也是在保甲制趋于崩溃的情况下,此次人口调查工作在基层仍然得到较为认真执行,人口数据具有较高质量的重要原因之一。

第三节　甘肃"地理调查表"的内容填写与地图绘制

宣统人口调查的具体办法,在调查开始之初,即有详细的说明。根据《民政部调查户口程章》第三章《调查区域》、第四章《调查户数》以及第五章《调查口数》等内容,汇总具体调查过程和规则如下:

一、划分调查区:由各调查监督在本管地方按照地方自治区域划定调查户口区域。没有自治区域的地方,由各调查监督根据实际情况,酌量地面广狭,自行划分区域。调查长在划定的区域内,再行区分地段。每段设立调查处,由调查员分别调查。

二、开展户数调查:由各调查员在分管地段内,按照部定门牌、格式,按户依号编钉,每户编门票一号。凡两户以上同住者,以先移住者为正户。同时移住者以人口多者为正户。其他为附户。附户别列号数,并标明附户字样,别钉门牌。

[①] (清)民政部:《民政部奏调查户口章程折并章程》,见上海商务印书馆编译所编纂:《大清新法令1901—1911》第一卷,北京:商务印书馆,2010年,第136页。

[②] 路伟东:《农坊制度与雍正敦煌移民》,见《历史地理》第22辑,上海:上海人民出版社,2007年,第310—330页。

门牌编齐后,调查员需造具本区段户数册两份,详细记录本管区段内的户号和户主姓名,一份存调查处,一份交调查长。然后按部定表式,逐级汇总上报,最终汇报至民政部。编定各户门牌后,凡有迁移事宜,责令户主在三日内自赴调查处或巡警派出所呈报。

三、开展口数调查:由调查员编定户数,按照部定查口票格式,交每户户主限期十日内自行填报本户内各人口姓名、年岁、职业、籍贯、住所等项。查口票填好上缴后,发给各户主调查证以为收执,调查员需亲赴各户抽查。核验无误后造具口数册两份,一份存调查处,一份交调查长。然后按部定表式,逐级汇总上报,最终汇报至民政部。同时,应将册内年届七岁之学童及年届十六岁之壮丁另计总数,附记该册之后。自查口票填报之日起,凡有生死、婚嫁、承继、来往等事,责令户主在三日内自赴调查处或巡警派出所呈报。一家死亡无人呈报者,由该亲族近邻代报。①

除此之外,《民政部调查户口程章》第八章《调查要则》对调查督责人员提出要求:如调查时,需出示晓谕,详叙调查宗皆,严禁借端需索造言生事,力除从保甲虚行积习。对于户主不识文字无人书写者,调查员需亲往或派员前往,当面询

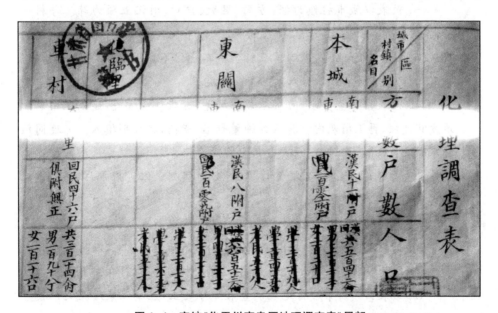

图 1-4 宣统《化平川直隶厅地理调查表》局部
(数据来源:本图根据笔者在甘肃省图书馆所拍照片合并而成)

---

① (清)民政部:《民政部奏调查户口章程折并章程》,《大清新法令 1901—1911》第一卷,第 134—135 页。

明填写。第十章《特别调查》则对船户、旅居外洋等特殊人户情况，以及内外蒙古、青海、西藏等未设行省特殊地方的调查，亦作了详细说明。这一条目完备的人口调查办法，不但十分科学合理，而且极具可操作性。细节考虑之周全，辐射范围之广泛，即使与现代人口普查规章相比，亦毫不逊色。

《化平川直隶厅地理调查表》是甘肃现存"地理调查表"中唯一记录正附户与学童、壮丁等分类人口者。该调查表末页记称："俱系兵燹以后安插回民附户，惟厅属北乡香水里关庄汉民数家，原系承平之老户，故填为正，合并声明。"可见，其所谓正户是土著户，附户是外来客户。这一定义与《民政部调查户口程章》中定义的正附户完全不同。而对于应该在口数册后附记的学童与壮丁部分，《化平川直隶厅地理调查表》又加列了耆民一项。可见，甘肃人口调查在具体执行过程中，根据本地实际情况，多有变通。

实际上，在《泾州地理调查表》的卷首，记载有甘肃此次人口调查更详细的规定，共有八款，具体如下：

一、此表以城市村镇为经，方向、里数、户口、附记五项为纬。每村一行，挨次排列。如附记一项，字数过多，一行不能写完。即在第二行接写。将第二行应列村镇名目，移入第三行。第二行仍不敷用，再在第三行接写。将第三行应列村镇名目，移入第四行。余类推。

二、此表中应查事项，可酌派该县绅董，分投详确考查，造表呈由该管地方官复核，再汇填表内。其承办绅董姓名、职衔，亦分别填入。并连同该绅等原表，一并呈由该省督抚，咨部备核。

三、表中离城里数，可据俗称填注，勿庸实测。但实测亦无不可，惟应注明实测二字，以便区别。

四、户、口两项，均应切实查明，不准沿用向来所查数目，敷衍填注。

五、此表共十页，如不敷用，可照式画格，附后接连填写，以足用为止。

六、该州县所辖区域，应绘具详图一纸，将村名目，分别填注，附入表后。

七、此表第一页第一行地理调查表等字之上，应填注某厅及某州县等字，其下录承办官职名如表式。

八、此表册面地理调查表等字之上，应填注某省及府厅州县等字。①

---

① 宣统人口调查办法，见（清）杨丙荣编：《泾州地理调查表》卷首。

从上述八条调查规则来看，还是比较严格的，除距城里数一项如地方不便测量可据俗称填注外，其他如户数、口数各项，均要求认真查报，并且有具体而明确的调查者。此八条规定虽然是完全针对"地理调查表"的查报和填写，但是，人口调查是一件相当烦琐的工作，需要极高的社会成本。《民政部户口调查章程》所要求的户数与口数分开调查的方法，极不符合实际。很多地方在具体执行过程中大都是一次性地把需要调查的内容查报完毕，分别填具册、填表上报。很有可能是在省这一级，把本省上报数据汇总后，再根据民政部的要求，把相应的数据分类上报的。

又从上述第二条可知，"地理调查表"并非本各绅董分投详确考查后所造表单，而是由各管地方官在绅董查造表单基础上，按格式表单汇总填写的。一同上报的，除了"地理调查表"，还有各绅董填造的原始表单。可惜相关表册目前已不知所踪，无处找寻。

除此之外，规定还要求各调查单元对于所辖区域，绘具详图，将村名目，分别填注，附入表后的规定。据此，有的调查表也写为户口舆图表册，比如《玉门县地理调查表》全称即为《安西直隶州玉门县造赍卑县境内村镇户口舆图表册》。但现存"地理调查表"中，仅有10个州县附有地图，即：抚彝厅、高台县、古浪县、贵德厅、花马池、毛目县丞、宁远县、渭源县、张掖县、靖远县以及华亭县。另外，个别州县的附图亦有明显人为撕扯的痕迹，比如玉门、华亭两县地图就是这样亡佚的。除此之外，其他绝大部分州县"地理调查表"均没有附图，具体原因未知。可能当时就没有绘图，也可能被甘肃图书馆收藏之前就已亡佚。

图1-5是抚彝厅地理舆图局部图，左侧有对各种地理要素的符号说明，类似于现代地图的图例。右侧图中河流、道路、边界、沙漠、村庄等要素均采用不同的符号进行表达，尤其河流的干支流和上游下游用线条宽度的渐变来进行区分，相当自然流畅。具体走向和空间位置也比较接近于实际状态。其中部分地图，比如古浪、张掖等县舆图，也出现了指北针、比例尺、图例等现代地图必备元素。从中可以深刻感受到近代西方测绘技术对于中国地图绘制的影响（见图1-6）。

但是，从目前现存九幅地图总体来看，所有地图都仍然全部采用计里画方的传统绘图方式。现代地图绘制建立在科学的基础之上，首先需要考虑确定比例尺和投影方式，然后把一定地区重要地物的地理位置标示出来，这种地图才具有科学的价值和意义。而中国古代地图绘制以陆地为中心，受到"天圆地方"这一

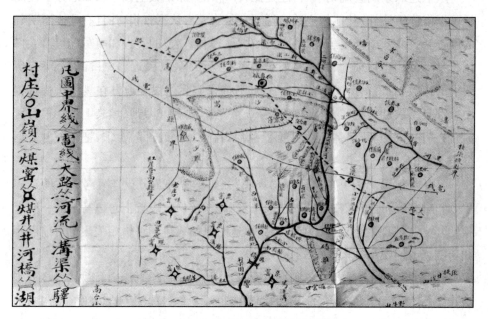

图 1-5 宣统《抚彝厅地理调查表》舆图局部

（数据来源：本图由笔者在甘肃图书馆拍摄）

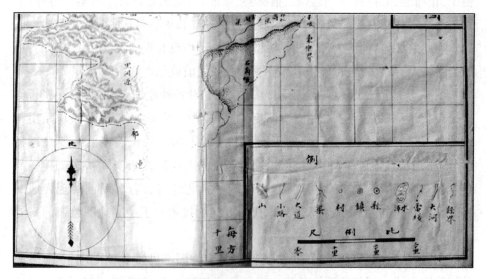

图 1-6 宣统《张掖县地理调查表》舆图局部

（数据来源：本图由笔者在甘肃省图书馆拍摄）

根深蒂固的思想影响,理所当然地认为大地是平坦的。因此,没有以球面为基础发展起来的地图投影意识和概念。"计里画方"是传统地图绘制中刻画距离的最主要方式。在客观上类似"方格投影"的效果。方格投影作为最简单的地图投影方式之一,具有容易画、在面积较小区域变形不大的特点。因此,只适用于城市、村镇等处大比例尺制图。

因此,宣统年间绘制的这些写景法与符号法同时并存,至少表面上看起来形似西方测绘地图的舆图,虽然与清代志书中大量存在的山水画式的写意地图相比,已经有了非常用明显的区别,但是,其实质仍然是中国传统山水画式的地图,并不具有真正科学的意义和价值。

中国的地图制图技术自明代罗洪先编制的《广舆图》和利玛窦带来西方精确地图测绘技术开始,已经迈入了近代地图学的门槛,但中国近代地图学从雏形走向成熟的阶段是极其漫长的。宣统年间这些貌似而实则神离的舆图就是最好的例证。实际上,即使是这样的地图,对于绝大多数调查地方来讲,可能也没有多少人了解,自然也就没有绘制地图的能力,这可能是宣统地理调查大部分地方地图缺失的一个重要原因。无论如何,如同地图上出现的电线这种极具时代特色新兴的事物,时代的进步任何人无法阻挡,社会的变革也不可避免地已经来临;另一方面,宣统人口调查原因、调查人员、调查方式方法等方面,以及这种具有鲜明时代特色地图的出现表明,在晚清中国从封建往共和迈进的过程中,社会的变革是体现在方方面面,这种变革是整体结构性的和完全颠覆性的。

第四节 甘肃"地理调查表"分村户口数据概略汇总

本节对宣统人口调查甘肃现存"地理调查表"分村户口数据进行概略汇总,主要分为三个部分,即:现有数据空间分布及基本信息汇总,行政治所类城市分类统计和非行政治所类聚落分类统计。目的是想在数据层面对此次人口调查甘肃数据作一系统梳理,从而为后续研究提供支撑。

一、现有数据基本信息与空间分布

宣统人口调查以辖有实土的基层行政区划为基本调查单元,以在地理空间上相对独立的城乡自然聚落为最小调查单位。汇总数据显示,甘肃省图书馆现存"地理调查表"共包括66个县及县以上调查单元,约6 987个调查单位①。其中调查单元信息如下:

8个府附廓县,即:皋兰县(兰州府附廓县)、张掖县(甘州府附廓县)、平凉县(平凉府附廓县)、陇西县(巩昌府附廓县)、安化县(庆阳府附廓县)、宁夏县(宁夏府附廓县)、宁朔县(宁夏府附廓县)、西宁县(西宁府附廓县)。

3个直隶州本州,即:泾州直隶州、安西州直隶州、肃州直隶州。

1个直隶厅,即:化平川直隶厅。

5个县级州,即:河州、狄道州、静宁州、灵州、宁州。

31个县,即:渭源县、金县、靖远县、安定县、会宁县、通渭县、宁远县、伏羌县、华亭县、隆德县、环县、正宁县、大通县、碾伯县、永昌县、平番县、古浪县、山丹县、玉门县、敦煌县、秦安县、清水县、礼县、两当县、高台县、灵台县、镇原县、崇信县、平远县、海城县、平罗县。

7个县级厅,即:洮州厅、循化厅、贵德厅、宁灵厅、巴燕戎格厅、丹噶尔厅、抚彝厅。

11个县级分征佐贰辖区,即:肃州王子庄分州、皋兰县红水分县、海城县打拉池分县、陇西县陇西分县、隆德县庄浪分县、高台县毛目分县、固原州硝河城分州、狄道州沙泥分州、秦州三岔分州、灵州花马池厅、隆德庄浪茶马分县。②

宣统年间,甘肃辖有二级政区共8个府、6个直隶州1个直隶厅。其下辖三级政区数目,牛平汉著《清代政区沿革综表》与傅林祥、林涓等著《中国行政区划通史·清代卷》等书,以及中国历史地理信息系(CHGIS)③等均记称,至清末年,

---

① 方荣等早在1997年出版的《甘肃历史人口资料汇编》(第1辑先秦至1911年)一书中就对"地理调查表"户口部分进行了初步整理。在其后出版的《甘肃人口史》一书中,又对这批数据进行了汇总,但可惜缺漏较多,亦未做深入研究和分析。至今,这批宝贵的原始档案,学界未给予应有的重视。经笔者在甘肃图书馆认真核对,现存甘肃"地理调查表"共包括65个府、州、县、厅,1997年出版的《甘肃历史人口资料汇编》(第1辑先秦至1911年)仅记载有47个府、州、厅、县的调查数据。前此出版的拙著《清代陕甘人口专题研究》及拙稿《宣统人口调查"地理调查表"甘肃分村户口数据分析》(见《历史地理》第25辑,上海:上海人民出版社,2011年,第402—412页)统计数据并不完整,在此致歉。

② 清代甘肃州县分辖体制独具特色,但传统行政区划论著中多对此语焉不详,胡恒对此有详细考证。见胡恒撰《清代甘肃分征佐贰与州县分辖》(《史学月刊》2013年第6期)。从现存"地理调查表"登记数据来看,清末各分州分县,皆有实土民户,与其他州县无异,此可作为一原始档案佐证。

③ 中国历史地理信息系统(CHGIS),复旦大学历史地理研究中心,2003年6月。

甘肃省领8府(兰州、巩昌、甘州、凉州、平凉、庆阳、宁夏、西宁)、1直隶厅(化平)、6直隶州(泾、秦、阶、肃、安西、固原)、8厅、6州、47县①。以上合计,二级政区15个,三级政区共61个。因8府9个附廓县已计入47县之内,去除重复,合直隶州与直录厅,独立的行政单元共67个。

但实际上,清末甘肃实际存在的独立行政单元远不止这67个。甘肃地域辽阔,部分县域因辖区过大、废县管理以及政治变迁等因素,出现过一类独具特色的分征佐贰辖区。这是清代甘肃特有的行政建置。这些分征佐贰在其辖区内拥有官方正式授权的极广泛行政职能,尤其在钱粮与刑名方面,已初步具备准县级政权性质。宣统人口调查时,分征佐贰辖区是独立的人口调查单元。胡恒系统梳理后认为,清代甘肃这样的分征佐贰辖区共13处,分别是:灵州花马池分州、皋兰县红水分县、阶州西固分州、秦州三岔分州、隆德县庄浪分县、固原州硝河城分州、海城县打拉池分县、高台县毛目分县、张掖县东乐分县、狄道州沙泥分州、肃州王子庄分州、陇西县漳县分县(更确切的称谓应该是陇西县陇西分县)、安化县董志原分县②。其数实际不止这13处,其他至少还有河州太子寺分州、阶州白马关分州、西大通分县以及固原州同心城巡检4处。合而计之,清末甘肃地方独立行政单位已达84个。

宣统二年,清廷定为厅、州、县(不含乡镇)巡警一律完备之期。宣统二年十一月,甘肃全省巡警总局造赍《甘肃警务宣统二年第一次统计书》,次年又统计奏报一次。现根据宣统三年《甘肃警务宣统二年下届统计书》及《各厅州县巡警一律完备表》两份原始表单汇总,将清末甘肃84个州、厅、县具体名目及"地理调查表"存佚情况整理如表1-3。

表1-3 甘肃"地理调查表"现存信息汇总

序号	属府	名称	亡佚	主持者	调查时间	地图	索书号
1	兰州府	皋兰县		赖恩培	宣统元年十一月		671.65/103.78
2		皋兰红水分县		刘秀石	宣统二年二月初四日		671.65/105.78
3		渭源县		张金镶	宣统元年十一月	⊙	671.65/113.78
4		金县		余重寅			671.65/109.79

---

① 牛平汉:《清代政区沿革综表》,北京:中国地图出版社,1990年,第462—477页;傅林祥、林涓、任玉雪、王卫东:《中国行政区划通史·清代卷》,上海:复旦大学出版社,2009年,第382页。
② 胡恒:《清代甘肃分征佐贰与州县分辖》,《史学月刊》2013年第6期。

续 表

序号	属府	名 称	亡佚	主持者	调查时间	地图	索书号
5	兰州府	靖远县		沈潮云		⊙	671.65/107.78
6		狄道州		联 瑛			671.65/115.791
7		狄道沙泥分州		李少棠			671.65/119.78
8		河州		张庭武			671.65/123.79
9		河州太子寺分州	○				
10	平凉府	平凉县		廖元佶	宣统二年二月		671.65/301.79
11		华亭县		汪宗翰	宣统二年二月	⊙	671.65/303.78
12		隆德县		张时熙			671.65/307.78
13		隆德庄浪分县		沈廷彦	宣统元年十二月		671.65/309.79
14		静宁州		李支芳	宣统二年正月		671.65/305.79
15	庆阳府	安化县		陈源滉			671.65/311.781
16		安化董志塬分县	○				
17		环县		易 襄	宣统元年十二月		671.65/319.78
18		正宁县		谢祖植	宣统元年十二月		671.65/315.78
19		宁州		阮士惠			671.65/313.78
20		合水县	○				
21	泾州	泾州		杨丙荣			671.65/321.791
22		灵台县		万庆昌	宣统二年二月		671.65/327.78
23		镇原县		宋运员			671.65/325.79
24		崇信县		张文泉			671.65/323.791
25	固原州	平远县		秦瑞珍	宣统二年二月		675.75/119.79
26		海城县		姚 钧			671.65/331.79
27		海城打拉池分县		噜增荣			671.65/107.781
28		固原硝河城分州		杨修德			671.65/329.791
29		固原同心城巡检	○				
30	巩昌府	陇西县		黄家模	宣统元年十二月		671.65/131.791
31		陇西县陇西分县		周裕杭			671.65/131.792
32		安定县		刘春堂			671.65/111.795
33		会宁县		帷 康			671.65/139.78
34		通渭县		张孝慈	宣统元年十一月		671.65/213.785
35		宁远县		吴通权	宣统无日期	⊙	671.65/215.78
36		伏羌县		雷光旬	宣统元年十二月		671.65/217.79
37		西和县	○				
38		洮州厅		张彦笃			671.65/137.79
39		岷州	○				

第一章 宣统甘肃"地理调查表"与晚清西北城乡聚落

续 表

序号	属府	名 称	亡佚	主持者	调查时间	地图	索书号
40		秦州	○				
41		三岔厅①		陈 谨	宣统元年十一月		671.65/133.79
42	秦州	秦安县		黄国琦			671.65/203.78
43		清水县		刘炳堃			671.65/205.79
44		礼县		黄万春	宣统元年十二月		671.65/211.785
45		徽县	○				
46		两当县		张其霖	二年正月		671.65/209.79
47		阶州	○				
48		阶州西固分州	○				
49	阶州	阶州白马关分州	○				
50		文县	○				
51		成县	○				
52		宁夏县		朱秉仁	宣统元年十二月二十三日		675.75/101.79
53		宁朔县		张鉴渊			675.75/103.79
54		平罗县②					K293.34/212/：14
55	宁夏府	灵州		曾麟绶	宣统元年十二月二十七日		675.75/105.783
56		中卫县	○				
57		宁灵厅		饶守谦	宣统元年十二月十二日		675.75/117.79
58		花马池厅③		胡炳勳		⊙	675.75/107.79
59		西宁县		陈问泾	宣统元年十一月		676.55/101.79
60		大通县		单忠贤			676.55/105.79
61		碾伯县		林寿钧			676.55/109.79
62	西宁府	巴燕戎格厅		钟文海	宣统元年十二月初七日		676.55/119.79
63		贵德厅		余承曾	宣统元年	⊙	676.55/117.79
64		循化厅		任肇新	宣统元年十一月		676.55/113.79
65		丹噶尔厅		孚 慧	宣统元年		676.55/121.791
66		武威县	○				
67	凉州府	镇番县	○				
68		永昌县		冯卓英			671.65/403.76

53

续 表

序号	属府	名 称	亡佚	主持者	调查时间	地图	索书号
69	凉州府	平番县		陈长龄			671.65/409.781
70		平番西大通分县	○				
71		古浪县		李九波	宣统元年十一月	⊙	671.65/407.79
72		庄浪茶马厅		刘秉权			671.65/409.78
73	甘州府	张掖县		朱远缮	宣统元年十一月	⊙	671.65/411.78
74		张掖东乐分县	○				
75		山丹县		张瀛学			671.65/415.78
76		抚彝厅		姚 钧	宣统元年三月	⊙	671.65/417.79
77	肃州	肃州		恩 光			671.65/501.79
78		肃州王子庄分州		张秉倬			671.65/503.78
79		高台县		李应寿		⊙	671.65/505.79
80		高台毛目分县		萧德元	宣统元年	⊙	671.65/507.79
81	安西州	安西州		侯葆文			671.65/509.78
82		玉门县		周彝章			671.65/513.78
83		敦煌县		陈泽藩			671.65/511.791
84	化平	化平川直隶厅		崔纯祖			671.65/333.79

(数据来源：笔者根据甘肃图书馆藏宣统"地理调查表"及相关文献汇总；数据说明：○表示"地理调查表"经亡佚的调查单元；⊙表示附有地图的调查单元；① 三岔厅即秦州三岔分州，乾隆二十二年置，因三岔地势低洼，建厅于吴砦，即今之甘肃天水麦积区吴砦故城。详见缑良忠：《吴砦"三岔厅"的建置》，见政协天水市委员会文史资料委员会编：《天水文史资料》第2辑，第59—63页；② 甘肃省图书馆所藏《平罗县地理调查表》原始表册已经散佚，仅存书目，现数据系根据叶光杰的辑录内容转抄而来，详见平罗县志办公室编：《平罗县志资料》第14辑，第23—29页；③ 花马池厅即灵州花马池分州，雍正八年置，即今之宁夏回族自治区盐池县)

为了更直观地展示现存"地理调查表"的分布情况，笔者以中国历史地理信息系统(CHGIS)V4版1911年数据为底图，绘制"地理调查表"空间分布图，见图1-7。

从图1-7可以看到，缺失的"地理调查表"主要集中在甘肃西南部和北部与蒙古交界的人口稀少区域，东部、北部及中西部等甘肃人口分布核心区域调查单元的"地理调查表"缺失较少，基本保存完整。

现存甘肃"地理调查表"共约6 987个调查单位(城乡聚落)，按户口汇总，共约626 903.5户，3 295 175口。平均每户约5.3口，平均每个聚落大约有89.7户，471.6人。这一户数和人数在宣统人口调查甘肃总户数和总人数中所占的比例，均在70%左右。详见表1-4。

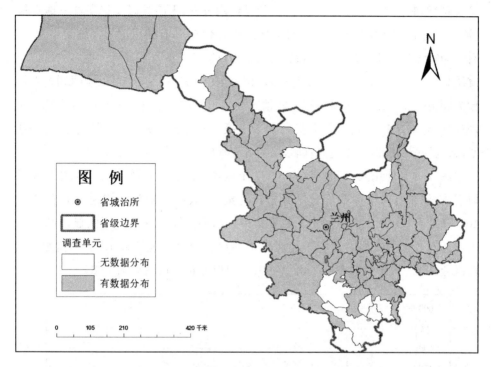

图 1-7 宣统甘肃"地理调查表"现存数据空间分布

(数据说明：地图引自中国历史地理信息系统（CHGIS）V4 版 1911 年数据。因为该数据地理单元同样为 67 个，与实际调查单元相比，缺漏较多。为制图需要，将调查单元的户口数据作如下调整：红水县丞并入皋兰县，打拉池县丞即海城县，狄道沙泥州判并入狄道州，陇西县丞并入陇西县，三岔厅并入秦州，庄浪县丞即隆德县，化平厅即化平川厅，庄浪茶马厅并入平番县，毛目县丞并入高台县，王子庄州同并入肃州等)

表 1-4 甘肃"地理调查表"现存数据与陈长蘅修正全省数据

数 据 来 源	户 数	口 数	户均人口
"地理调查表"现存数据	626 903.5	3 295 175	5.26
陈长蘅修正全省数据	907 940	4 700 058	5.18
调查表数据占比	69.05%	70.11%	

(数据来源：陈长蘅修正数据见陈长蘅：《人口》，民国实业部《中国经济年鉴》，上海：商务印书馆，1934 年，表一)

现存 66 个调查单元的"地理调查表"大都（镇原县、静宁州两处除外）仅存分村信息，没有注明调查区内累加的户、口及村落总数信息。其中注明具体上报时间者仅有 18 个州、县、厅，尚不及 1/3，已注明的奏报时间主要集中在宣统元年十一、十二两个月份之中，少部分在宣统二年的正月和二月。其中，最早奏报的是抚彝厅,时间为宣统元年三月。皋兰县红水分县、平凉县以及华亭县三地奏报较晚,均在宣统二年二月。上报日期格式亦极不统一,有的只记为宣统某年者,也有记为宣统某年某月者,更有精确到日,记为宣统某年某月某日者。更多的虽记为宣统某年某月某日,但某月和某日处,均留为空白。从这一点也可以说明调查表是预为制备完成后,由当事者根据实际情况后来填写的。信息不完整则可能是因为现存"地理调查表"为地方备份表,不需要上报。调查表注明的上报者或为知县、县丞,或为知州、州判,不论是何官职,均为各调查单元中最高行政长官。

图1-8是使用人口和户数为6 987个城乡聚落建立的散点图。从图1-8可以看出,清末甘肃城乡聚落户口分布较为集中,大部分聚落的规模都处在0至400户、0至2 000人的区间中。数据集中性与离散性的双重特征明显,同时,在人口相对较大的变程内对应着相对较小的户数变化。统计显示,户中位数36,标准差188。口中位数198,标准差901。户口分布散点图见图1-8。

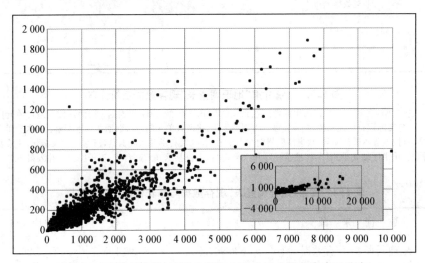

图1-8　宣统甘肃"地理调查表"6 987个城乡聚落表户口分布

各州县调查单元数(城乡聚落数)差别很大,其中超过100的仅有15个州县,超过300的仅有4个州县,镇原县最多,有600个调查单元,最少的打拉池县丞(即海城县)仅有9个调查单元。其中原因,除了各州县城乡聚落数目原本存在差异外,可能也存在调查数据丢失的情况。这一点可以从汇总数据看出一些端倪。如仅以调查单元计算,现存66份"地理调查表"分布的调查单元大约占全部调查单元的79%。但甘肃现存66份"地理调查表"分村户口汇总结果显示,不论户数还是口数,在全省调查总数中所占的比例均在70%左右。这一看起来自相矛盾的统计结果表明,现存"地理调查表"分布的各调查单元内部,很有可能存在着一定程度的调查数据缺失的情况。并且,在部分调查单元中,这种数据缺失的情况可能还比较严重。这一点从 0 户村的记录上可以看到些许端倪。现存"地理调查表"共 68 个 0 户村,其中有些的确是有村无人,有堡空置,比如宁朔县的平羌、镇北两堡均系如此。平羌堡在县城西南 40 里,"无户",附录称:"堡无,有民数家在此牧放牛羊,均系各堡居民,每年春去冬归。系通阿拉善大道。"镇北堡在县城西北 45 里,"无户",附录称:"堡墙颓坏,有民二家,开设小店,系通阿拉善小道。"①但有些就可能是没有调查,数据缺漏,而非聚落无人。68 个 0 户村中,永昌一县就占了 39 个,其行文见图 1-9。

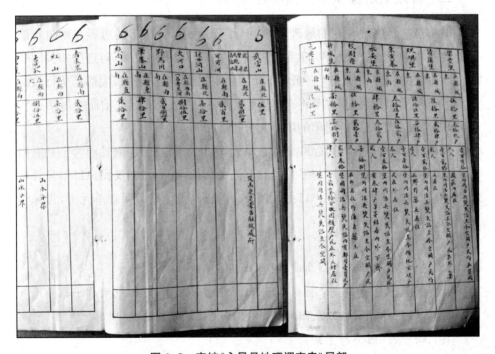

图 1-9　宣统《永昌县地理调查表》局部
(数据来源:本图根据笔者在甘肃图书馆所拍照片合并而成)

永昌县一共有 85 个调查单位,但调查绅董姓名一栏未署一人姓名。调查内容的详略呈两个极端,有约半数的聚落方位、户口以及附录记载极详,但有一半记载内容几乎为空白。0 户村者,有个注明"因同治兵燹失陷,至今空关无户",

---

① (清)张鉴渊编:《宁朔县地理调查表》,甘肃省图书馆藏,索号号:675.75/103.79。

但更多的则是没有只言片语。推测其中可能有相当一部分是因为没有调查，从而也没有数据可以记录。按"地理调查表"既定表式，表尾应注明上报时间及上报者姓名，如永昌县一样，那些未注明上报时间及上报者的调查单元，很有可能就是丢失包括上报时间及上报者信息在内的部分"地理调查表"表单。

"地理调查表"对城乡聚落的记载有其规则，一般以行政治所类城市为中心，先城内，后关厢，次附城，最后为四乡聚落。在四乡聚落的记载方面，则是在某特定方位上的聚落全部记录完成后，才转入下一方位上的聚落。根据这一原始数据记录规则，可以对行政治所类城市与四乡的户口数据分别进行汇总统计。

二、行政治所类城市分类统计

城市虽然是客观存在的地理实体，但什么是城市？城市的边界在哪里？诸如此类基本的概念歧义丛生，学界历来颇多争议。本书第二章，对这些相关问题有专门系统的梳理和研究。一般情况下，历来中国城市史研究，大都是从行政治所类城市入手的。因此，本节将对"地理调查表"中记录的行政治所类城市进行汇总，并对相关信息进行简单的统计和分析。

现存"地理调查表"总共 66 个调查单元，其中，宁夏、宁朔两县均为宁夏府附廓，一城两县。庄浪茶马厅与平番县共驻同一城内，所有城内汉民户口归县管辖查报，厅辖境惟三十六番族户口由厅调查。合而计之，66 个调查单元中，实际行政治所类城市共有 64 座，即：

1 座省城，即：兰州省城，附廓皋兰县。

6 座府城，分别是：甘州府城（附廓张掖县）、平凉府城（附廓平凉县）、巩昌府城（附廓陇西县）、庆阳府城（附廓安化县）、宁夏府城（附廓宁夏县、宁朔县）、西宁府（附廓西宁县）。

3 座直隶州城，分别是：泾州直隶州城、安西州直隶州城、肃州直隶州城。

1 座直隶厅城，即：化平川厅城。

5 座州城，分别是：河州城、狄道州城、静宁州城、灵州城、宁州城。

31 座普通县城，分别是：渭源县城、金县城、靖远县城、安定县城、会宁县城、通渭县城、宁远县城、伏羌县城、华亭县城、隆德县城、环县城、正宁县城、大通县城、碾伯县城、永昌县城、平番县城（庄浪茶马厅城）、古浪县城、山丹县城、玉门县城、敦煌县城、秦安县城、清水县城、礼县城、两当县城、高台县城、灵台县城、镇原县城、崇信县城、平远县城、海城县城、平罗县城。

9座厅城,分别是:洮州厅城、循化厅城、贵德厅城、宁灵厅城、巴燕戎格厅城、丹格尔厅城、三岔厅城、抚彝厅城、花马池厅城。

8个分州、分县城,分别是:王子庄州同城、红水县丞城、打拉池县丞城、陇西县丞城、庄浪县丞城、毛目县丞城、硝河城判城、狄道沙泥州判城。

宣统甘肃实有治所类城市共计82座,"地理调查表"所记64城约占甘肃行政治所类城市总数的78%。数据分布详见图1-10。

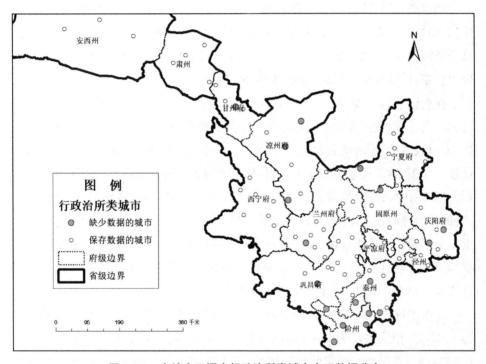

图1-10　宣统人口调查行政治所类城市人口数据分布

现存"地理调查表"比较翔实地记载了以上64座行政中心城市城内、关厢及附城的户数和口数。汇总统计,宣统年间,这64座城市总共有79 516户,374 546口,户均人口约4.7,城均约1 204.8户,5 674.9余人。在现存调查表总人口中所占比例,以户数计大概为12.7%,以人数计大概为11.4%。

三、非行政治所类聚落分类统计

宣统人口调查甘肃现存"地理调查表"中,城内、关厢以及附城之外的其他非治城类聚落共有6 802余处。其中,既有人口上千的巨村大堡,也有仅数人的单户村,甚至无户村。所有这些乡村聚落,调查者都做了非常详细的记录。如泾州岳家庄,1户6人;敦煌县月牙泉,"无户口";玉门县大坝,无居民;崇信县界牌沟村,无户,崇灵陇三界;灵台县西坡嘴村,地属灵、麟,无户。汇总数据显示,6 802个乡村聚落中,10人以下(包含10人)的聚落有92处,10户以下(包括10户)的聚落更是多达1 029处。其中,无户村有68处。

对于多村一名或一村多名的情况,调查者亦多于村名之后加以标注,以示区别。比如秦安县有两个神明川村,分别位于县城正南和县城正西;又如会宁县腰井村即黑虎岔村,四方吴家村即中滩堡村。对于部分聚落无法注明户数和口的原因,多数调查表亦有详细说明。比如山丹县的阜昌堡,无户,是因为居民全部移于新河驿;灵州兴武营和安定堡两处,没有记录户口,是因为这两地属花马池分州管辖,户口等信息全部由该州同查报。

在登记内容方面,除了常规的户数和口数之外,部分厅县调查表亦记录了男、女、老、幼等项分类数据。如化平厅的调查数据中除分别详细标注了回、汉户数、人口数之外,还分类详细记录了城乡各聚落男、女、壮丁、学童以及老民的人口数。壮丁、学童及老民的年龄界限,化平厅调查表没有注明。原因大概是这种划分标准对时人来说是常识,不需要特别说明。但后世读史者则混沌不清,所幸《崇信县地理调查表》卷末有相关记载:"男大小丁一万三千五十二丁,内五十岁至八十岁老丁三千八百九十九丁,一岁至六岁孩童三千三百四十丁,七岁至十六岁学童二千八百五十五丁,十六岁至四十岁壮厅三千九百五十八丁。"据此可知宣统人口调查时各分类人群年龄划分标准。

仔细校对,"地理调查表"所载户口数据讹误之处也非常多,如伏羌县城内记为1 227户,但人数仅为637口,仅及其半。张掖县附城的情况类似,443户仅146口,尚不及半数。静宁州的表尾称,以上共41村镇,15 640户,男女老幼大小共94 662丁口。实际汇总结果是,41个村落,15 604户,89 486人。除村落数目正确外,15 604户讹为15 640户,口数则完全不对。镇原县的情况亦是如此,表尾称"合计559村镇,12 112户,73 551人",实际汇总结果为600个村镇(县城及城关计算在内),12 266户,72 939口,村、户、口三个数字全部汇总错误。又如化平厅犁树庄村"35户,20人,内男63人,女38人,壮丁101人,学童45人,老民17人",稍加核对,就会发现其中错误百出,所计之数完全不对。人数少于户数,男女人数相差悬殊,性别比高达166。男女合计之数又少于壮丁、学童、老民之数。究其原因,显然大多应该是调查过程中人手不足、行事仓促或校核不仔细等,而非凭空杜撰、完全胡乱编造。

6 802个乡村聚落人口共有547 357.5户,2 920 629口,平均每户约5.3人,平均每个聚落约有80.5户,429.4人。这一聚落平均人口规模,以人数计仅有治所城市的7.6%,以户数计内仅有6.7%,两者均远逊于行政治所类城市。由此可见,行政治所类城市在其所处区域的首位度相当高。这一情况表明,直至20世纪初在广大西北地区聚落发展的主要推动力仍然是国家或地方政治因素,相比之下,经济因素对聚落发展的影响较弱。乡村聚落规模之所以远逊于行政治所类城市,主要是有大量人户极少的聚落存在。统计显示,乡村聚落户数的中位数是35,人数的中位数是191。这表明宣统年间,甘肃有一半的乡村聚落户数不足35户,人数不足191人。

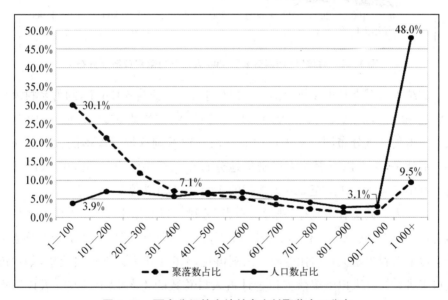

图1-11 百人分组的宣统甘肃乡村聚落人口分布

图1-11是百人分组的乡村聚落人口占比分布。从图上可以见到,6 802个千人以下乡村聚落中,有超过半数者人口都在200人以下,300人以下的乡村聚落更是占到总数的63.2%。500人以下的乡村聚落占76.6%,超过总数的3/4。总之,仅就聚落频数而言,1 000人是一个极重要的分界线,这一人数以下的村落占村落总数的九成以上。而人数在1 000以上的聚落仅占总数的9.5%。然就人口数量所占比来看,却有极不相同的走势,千人以下聚落虽然数量极众,但人

口总数在总人口中占比却并不高,仅稍过半数。而总量不足 1/10 的千人以上聚落,人口数却占了总人口的 48%。

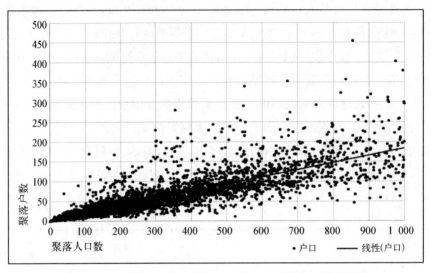

图 1-12　甘肃"地理调查表"1 000 人以下村落户口散点分布

宣统人口调查甘肃乡村聚落中人口少于 1 000 的共 6 156 个,约占乡村聚落总数的 90.5%,汇总共 292 359.5 户,1 519 815 人,户均约 5.2 人。图 1-12 是千人以下聚落散点分布图。从中可以非常清楚地看到这部分聚落的大体分布趋势。那就是,千人以下聚落人口密集地分布在 0 至 100 户、0 至 500 人的区间内。其中,0 至 50 户、0 至 300 人之间的区间,分布尤为密集。

宣统人口调查甘肃现存"地理调查表"分村户口数据中 1 000 人以上乡村聚落总计 646 个,共 254 998 户,1 400 814 人,户均 5.5 口。图 1-13 是千人分组的千人以上乡村聚落人口占比分布。由图可见,646 个千人以上乡村聚落,如单就人口来讲,2 000 人以下聚落人口合计占人口总数的 40% 以上,5 000 人以下聚落人口合计更是超过人口总数的 86%。以聚落频数统计,有超过 60% 的聚落人数在 2 000 人以下,5 000 人以下聚落也高达 96%。由此可见,5 000 人是乡村聚落一个重要的分界线,但这一人数尚不及行政治所类城市的人口规模平均数。总体来看,广大乡村聚落人口规模较小。

5 000 人以上的乡村聚落总共 25 个,分散于巩昌、凉州、宁夏、平凉、秦州、肃州以及西宁 7 个府州的 11 个厅、县、州中。其中秦州直隶州所属礼县有 6 个,平凉府静宁州有 5 个,分布最为集中。甘州府高台县和宁夏府灵州各有 3 个,分布

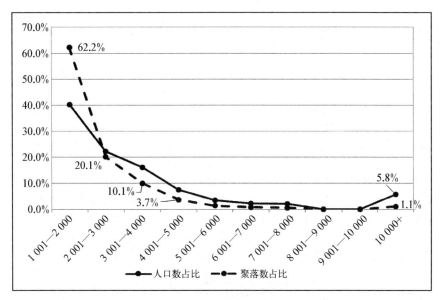

图 1-13　千人分组的宣统甘肃千人以上乡村聚落人口分布

亦比较集中。从地理位置上来看,这些大村巨堡主要分布于三个区域,即:渭水上游的秦州和巩昌府属地区,黄河沿线的河湟、兰州以及宁夏等处,河西走廊的甘、凉府以及肃州等府州。

表 1-5　甘肃"地理调查表"分村户口数据 5 000 人以上乡村聚落

聚落名称	属府	属县	户数	口数	户均	今地所指
旧洮堡	巩昌府	洮州厅	1 130	12 400	10.97	甘肃临潭县城关区
者达铺	巩昌府	通渭县	731	6 751	9.24	甘肃通渭县第三铺乡席家川
大靖堡	凉州府	古浪县	1 723	7 717	4.48	甘肃古浪县大靖镇
苦水堡	凉州府	平番县	1 206	10 741	8.91	甘肃永登县苦水镇苦水街村
西大通堡	凉州府	平番县	1 203	5 905	4.91	甘肃永登县河桥镇河桥村
吴忠堡	宁夏府	灵州	2 122	10 221	4.82	宁夏吴忠市西湖菜市场附近
东路	宁夏府	灵州	1 123	6 252	5.57	宁夏灵武市城区东,待考
胡家堡	宁夏府	灵州	985	5 621	5.71	宁夏灵武市郝家桥镇胡家堡
董营方	宁夏府	宁灵厅	847	5 763	6.80	宁夏吴忠市利通区董营村
朱家店	平凉府	静宁州	2 038	11 778	5.78	甘肃庄浪县朱店镇驻地
治平川	平凉府	静宁州	850	6 222	7.32	甘肃静宁县治平川
焦韩店	平凉府	静宁州	1 235	5 854	4.74	甘肃庄浪县韩店镇驻地
仁当川	平凉府	静宁州	993	5 751	5.79	甘肃静宁县仁大乡
阳三川	平凉府	静宁州	824	5 447	6.61	甘肃静宁仁大乡,待考

续表

聚落名称	属府	属县	户数	口数	户均	今 地 所 指
雷家坝	秦州	礼县	3 198	15 672	4.90	甘肃礼县雷家坝乡驻地
永兴镇	秦州	礼县	2 600	10 402	4.00	甘肃礼县永兴乡驻地
页河子	秦州	礼县	1 803	10 003	5.55	甘肃礼县罗坝乡,置待考
横河镇	秦州	礼县	1 787	7 891	4.42	甘肃礼县红河乡驻地
固城镇	秦州	礼县	1 057	5 479	5.18	甘肃礼县固城乡驻地
崖城镇	秦州	礼县	1 001	5 003	5.00	甘肃礼县崖城乡驻
恭门镇	秦州	清水县	1 230	5 823	4.73	甘肃张家川县恭门镇驻地
黑泉堡	肃州	高台县	1 463	7 298	4.99	甘肃高台县黑泉乡驻地
六坝堡	肃州	高台县	1 450	7 189	4.96	甘肃高台县合黎乡六三村
永丰堡	肃州	高台县	1 225	6 108	4.99	甘肃高台县黑泉乡永丰村
上川口镇	西宁府	碾伯县	1 613	6 453	4.00	青海省民和川口镇驻地
合 计			35 437	193 744	5.47	

25 个 5 000 人以上乡村聚落中有少数沦为一般乡村聚落,个别则跻身于县级行政治所,其他绝大部分,今天仍然是各区域内重要的集镇。仅就其户均人口来讲,25 个聚落的总户均人口 5.5,其中最高者是巩昌府洮州厅的旧洮堡,户均人口为 11.0,最低者是秦州直隶州礼县永兴镇与西宁府碾伯县上川口镇,户均人口为 4。旧洮堡的调查者是武生魏学文,该村附记称"堡内有武衙门一所,劝学所一,蒙养小学堂一,巡警分局一,邮政分局一,庵观寺庙共十所,回民礼拜寺二所,井五口。堡外有福音堂一所"。所记之详,远超一般聚落。由此可见,当年调查是相当认真的。该堡户均人口较多,主要原因应该是户的定义与其他聚落不同。总体而言,这些大村巨堡,因为具有重要的地位,为调查者所重视,数据登记抄录大都比较细心,人为讹误较少。这也是户口调查中人口操作的特点之一。

第五节　甘肃"地理调查表"分村户口数据质量

学界对宣统人口调查数据质量评价存在不同意见,本节基于"地理调查表"具体数据,从人口性别比、纳税户与保甲户等方面入手,概要分析甘肃人口调查数据质量。

一、甘肃"地理调查表"中的人口性别结构

性别结构是人口结构的重要组成部分,一般用性别比来量化。性别比是一定人口总体中男性人数与女性人数的比例。统计上以100个女性人口对多少个男性人口的比例来表示。性别比是反映人口性别构成的指标。中国历代以收税为目的的人口数据中,非纳税人口,比如女性、孩童及老年人口等,漏报极为严重。宣统人口调查的目的为宪政选举,这与此前人口登记有本质不同。理论上,女性人口及非纳税人口均在调查之列。而由聚落尺度的户口数据汇总而来的总户口数据,在男女性别比上造假的可能性较低。因此,性别比是检验这次人口调查数据质量的最好指标。

宣统人口调查有男女人口分类统计数据,学界此前引用的数据都来自民国陈长蘅汇总的分省男女人口数据。从这一汇总数据来看,全国总人口性别比明显偏高,达121.7[①],侯杨方修正之后的数值也高达121.6[②]。较高的性别比说明,宣统人口调查中,女性人口的遗漏较多[③]。但是,如果就甘肃一省来讲,陈长蘅与侯杨方的修正值均为109.8,基本接近人口性别比的正常值。这表明,宣统人口调查中甘肃数据总体质量较高。

现存"地理调查表"分村户口数据,仅极少数有男女人口分类记载,其中《化平川直隶厅地理调查表》所载最为详确完备。通过这一数据,我们可在更细的节点来近距离观察宣统人口调查甘户口数据的质量。根据这份"地理调查表"记载:宣统年间化平共设有化临、香水、圣谕及白面4里。本城及东关在内67个聚落调查单位(城乡聚落)总共2 928户,16 582口,其中男性人口10 511人、女性人口6 071人、壮丁7 019人、学童2 347名、老民1 270人。汉民51户,杂居于本城、东关、北面镇及关庄四处,其余尽为回族,共2 877户[④]。

化平川直隶厅67个调查单位(城乡聚落)中,人口性别比最高值出现在城西南30里圣谕里的梨树庄,为428.9。人口栏则记称"共二百零一人,内男一百六十三丁,女三十八口。壮丁一百要零一人,学童四十五名,老民十七人"。壮丁、学童与老民合计等于男性人口数,与之相比,女性人口数过低。怀疑此数据可能

---

① 陈长蘅:《人口》,民国实业部《中国经济年鉴》,上海:商务印书馆,1934年表一。
② 葛剑雄主编,侯杨方著:《中国人口史》第六卷(1910—1953),上海:复旦大学出版社,2001年,第246页。
③ 女性人口遗漏较多是中国人口统计历史上的常例,即使在现代的历次人口普查中也不可避免,尤其是出生性别比。
④ (清)崔纯祖编:《化平川直隶厅地理调查表》,甘肃省图书馆藏,索书号:671.65/333.79。

有误。全厅性别比最低值出现在城东南 30 里北面里的西沟庄,为 111.7,全厅性别比平均值为 174.3。

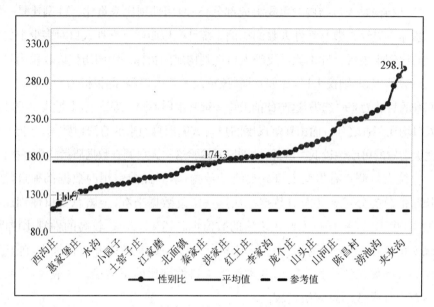

图 1-14　宣统《化平川直隶厅地理调查表》所载人口性别比

(数据说明:陈长蘅与侯杨方修正宣统甘肃全省性别比均为 109.8,故以此值为参考值)

图 1-14 是去除圣谕里梨树庄这一极端个案之后的性别比分布图。从图上可见,除少数几个聚落外,其他绝大多数聚落的性别比都在 130 以上,远高于正常水平。而对壮丁、学童与老民三项合计数值显示,除高家堡一处外,其他均与男性人口数一致。很显然,壮丁、学童与老民三项数据仅包括男性人口,没有统计女性人口。壮丁与学童尽为男性可以理解,但老民中不可能只有男性。因此,宣统化平人口性别比严重偏离正常水平的主要原因是人口数据中有大量女性人口漏报。如果按 109.8 全省平均性别比进行修正,宣统年间,化平女性人口数量应该为 9 596 人,比登记人口多了 3 550 人,漏报率高达 37%。修正之后的宣统化平川厅男女合计共 20 131 人,2 928 户,户均人口大约为 6.9 口。

尽管宣统人口调查甘肃调查数据质量总体相对较高,但是从化平川县的个案情况来看,不同厅、县之间调查数据的质量差别还是比较大的。而这种系统性的数据偏差,应该源于调查标准的不统一,而非刻意编造或者隐瞒。这一点从玉门县的数据看得更清楚。宣统调查玉门县共有 9 个聚落的户数记为半户,比如:西大渠 18 户半;川北镇 26 户半等,也有记为"几个户"者,如赤金上东坝 64 个户。这种"户"显然不是人口统计意义上的"户",而是清初移民之时每户分地百亩的历史遗存,户与百亩所纳粮赋相等,后期逐渐演化成为一种以"户"为名的纳税单位。半户的出现则是因为土地交易,每户所承担的赋税发生变化①。光绪三十四年编纂的《化平直隶抚民厅遵章采访编辑全帙》记载称全厅户口数和男女人数,详见表1-6中的"1908年采访值"一行。

表1-6 三个不同年份化平县的户口数

数据年份	户 数	人 数	男	女	性别比	户均人口
1908年采访值[1]	3 185	16 590	9 043	7 548	119.8	5.2
1909年调查值[2]	2 928	16 582	10 511	6 071	173.1	5.7
1909年修正值[3]	2 928	20 107	10 511	9 596	109.8	6.9
1953年普查值[4]	5 519	30 788	16 250	14 538	111.8	5.6

(数据来源：1. 光绪《化平直隶抚民厅遵章采访编辑全帙·户口》；2. 宣统《化平川直隶厅地理调查表》；3. 笔者本人修正值；4. 1953年第一次全国人口普查数据,见泾源县志编纂委员会编:《泾源县志》,第75页)

1908年采访值与1909年调查值两组数据在时间上仅相差一年,人口总数也几乎一致,但总户数、男性人口数和女性人口数三项数值却有较大差别。其中户数前多后少,减少了257户,一年之间户数不可能有这么大的波动,这应该是两个"户"的统计口径不一致造成的；女性人口前多后少,可能是后者刻意遗漏所致；男人口前少后多,应该是出于实际调查,可能更接近于实际的人数；而总人口数前后几乎一致,则说明这一人口总数可能是在实际调查男性人口数基础上人为编造女性人口数之后合并而来的。尽管当事者为什么这么做,目前尚不知道具体原因,但很显然,为了保证人口数前后基本一致,当时的调查者刻意遗漏了大量女性人口。修正后的人口数与1953年第一次人口普查数据相比较,44年间,化平人口增加了10 681人,增长了53.1%,年均增长率为9.73‰。如果考虑到宣统人口调查中男性人口漏报,这一时期化平人口年均增长率可能还要低一些。千分之九点几这一较低人口年均增长率大概反映了同时期西北地区在没有外来移民迁入的情况下实际的人口增长状态。

二、甘肃"地理调查表"中的纳税户与调查户

现存宣统人口调查甘肃"地理调查表"分村户口数据总共约6 987组,除化

---

① 路伟东:《宣统人口调查"地理调查表"甘肃分村户口数据分析》,见《历史地理》第25辑,上海:上海人民出版社,2011年,第402—412页。

平川直隶厅一处包括户、口、男、女、壮丁、学童以及老民等分类数据外,其他地区只有户数与口数两个统计数值。对这 6 987 组数据的户均人口,可以通过众数、中位数及算术平均数等指标来测量数据分布集中的趋势,即测量该组数据向它的中心值靠拢的情况。

通过计算,该组数据户均人口算术平均数 $\bar{X}=5.77$,众数 $M_o=5.00$,中位数 $M_e=5.35$。$M_o<M_e<\bar{X}$ 这表明,全体数据整体分布呈右偏。英国统计学家卡尔·皮尔逊认为,当分布呈适当偏态时,M_o、M_e、$\bar{X}$ 三者之间的关系是:中位数 M_e 与算术平均数 $\bar{X}$ 的距离是众数 M_o 与算术平均数 $\bar{X}$ 距离的三分之一,即关系式为:$|\bar{X}-M_o|=3|\bar{X}-M_e|$。本案例中,$|\bar{X}-M_o|=|5.77-5.00|=0.77$,$|\bar{X}-M_e|=|5.77-5.35|=0.42$,$|\bar{X}-M_o|=1.8|\bar{X}-M_e|$。由此来看,数据总体分布右偏比较严重,这并不符合卡尔·皮尔逊的经验值。

四分位差的方法对调查数据进行的检验也很有代表性。四分位差法即舍去数列中最低的 1/4 和最高的 1/4 数值,仅用中间部分的标志值的极差来反映集中于数列中间数值的差异程度。通过计算,第三个四分位数 $Q_3=6.67$,第一个四分位数 $Q_1=4.43$。四分位差 $Q.D.=Q_3-Q_1=6.67-4.43=2.23$ 计算结果表明:该组数据有一半的户均人口在 4.43—6.67 之间,且它们之间最大差异为 2.23。历史人口的研究表明,史料中记载的户口数据,正常合理的户均口数应该在 5 左右,对于太高或太低的数值,需要认真对待,并查找背后可能的原因。对全部 5 216 组数据按户均人口从小到大排序,通过观察,可以看到户均人口最大值 $X_{\max}=45.33$,最小值 $X_{\min}=0$。全距 $R=X_{\max}-X_{\min}=45.33-0=45.33$。45.33 的巨大全距是由调查数据中存在的奇异值造成的,严重右偏的分布形态亦源于此。

户均人口小于 1,也就是说调查数据中各聚落点的人数小于户数,这种情况在实际调查中根本不可能存在,应该是数据统计汇总过程中的人为错误所致,比如张掖县附城 443 户 146 口、镇原县高家原 70 户 39 人、静宁州仁当川 993 户 575 人、皋兰县贡马井六社 90 户 79 人。户均人口等于 1,即调查数据中各聚落的人数与户数相等,虽然极端情况下有可能存在,如独户独人村等,但绝大部分情况下也是人为原因造成的错误数据,比如皋兰县后营堡 113 户 113 人,就是这种情况。一方面,按照现代测量学的分类,这些误差值属于粗差,是人为因素造成的。对于一个在全省范围内全部以个人手工处理的庞大数据来讲,出现这样的粗差,是可以理解的;从另一方面来讲,这种粗差在一定程度上也恰恰说明,这次人口调查的数据是经过了层层调查、汇总才得到的,而不是人为凭空编造的。

户均人口过多,有可能是调查过程中各府州县厅对调查"户"的定义不同造成的,也有可能是调查数据存在错误造成的。比如张掖县的巴吉渠有 85 户,1 888 人,户均人口高达 22.2,但全县 51 个调查单位户均人口仅 5.5,推测巴吉渠户数可能系抄写错误。又如前所述玉门县调查数据中的半户就不是人口统计意义上的户,而是一种纳税单位。抚彝厅的情况也比较特殊,该厅户口数据上报于宣统元年三月,共 6 684 户,69 877 人,户均人口 10.5,在全部 39 个聚落点中,户均人口超过 10 的有 26 个。宣统《甘肃新通志》载抚彝厅光绪三十四年户口为 6 732 户,83 517 人,户均 12.4。这两组前后相差一年的数据户数基本接近,但口数相差较多。其中有一组数据的口数可能有误。但无论哪一组数据都显示该厅户均人口比其他地区高很多,估计应该是"户"的定义与其他州县不同。

安西直隶州一州二县(即安西直隶州、敦煌县、玉门县)"户"的情况更有意思。清初用兵西北,安西诸地均为移民实边之所。如敦煌一县人口,大都是雍正年间从甘肃各处迁徙而来。移民之初,总计有 2 400 余户,由于户均人口相差无几,且自迁户以来,每户种田一分,即 50 亩。所以,不论建房、分田还是纳粮、徭役,皆以户为单位进行摊派。"户"除了人口统计意义上的单位外,还是每户所承担税赋的等价单位。嗣后田亩增加有限,户数亦增加无多,但实际人口却增加较多,作为纳税单位的"户"也逐渐与实际人口数脱离。根据道光《敦煌县志》记载,至道光十年(1830 年)六隅共计 2 458 户,人口约为 20 840 口[①]。与移民之初相比较,户数只增加了 53,但人口却增加了八千多,年平均增长率约为 5.25‰。以户均 5 口计算,道光十年敦煌应该有 4 200 户左右,每户下面平均约有 1.7 家。明驼在民国初年曾到访敦煌,调查发现,每户下面实际多达 3 家以上[②]。

随着贫富分化的出现与加剧,乾隆以后,敦煌开始出现土地买卖的现象。土地交易,直接导致了各户实际占有的土地发生变化。初时每户种田一分,即 50 亩。至道光年间,"富者种至十余分地及五六分地不等,贫者或一分而析为五厘,或析为七厘五毫,或析为二厘五毫,甚至一厘之地而无之为人雇工,日计其值以养妻子,每日侵晨,无业贫民皆集东关外,候人佣雇,谓之人市"。原本无地的外

---

① 道光《敦煌县志》关于道光十年户数的记载,前后讹误颇多,如卷二《地理志·田赋》中记载有 2 418 户,但根据各隅田亩数统计实际应为 2 458 户,但《户口乡农坊甲附》中的记载又为 2 448 户,今以实际田亩数推测数据为准。

② 明驼:《河西见闻记》,上海:中华书局,1933 年,第 20 页。

籍商人亦"渐入土著,置田起屋,均列户民"①。在这种情况下,敦煌的"户"不但和实际的人口数脱离,也和实际的土地占有量完全脱离,变成了一个纳税单位。随着土地占有不均,原来50亩为一个纳税单位的"户",也出现了以小数计量的户。前文所引玉门县的"半个户"应该就是这种情况。

宣统《敦煌县地理调查表》记载的宣统元年全县户口数为：5 248户,18 019口,户均5.5。宣统《甘肃新通志》所载敦煌县光绪三十四年户口数据为：2 940户,14 403人,户均4.9。两组数据相差仅一年,但"地理调查表"的户数、口数及户均人口均增加较多。"地理调查表"记载敦煌城乡共81个聚落,户均人口在6以下的有50个,但户均人口超过10的有7个,尤其是东安化、安化及新岷州三坊,户均人口均接近或超过15,每户基本上相当于正常3户的人口规模。这些坊的"户"有可能仍旧是作为纳税单位的"户"。

安西直隶州的情况更有意思,该州与敦煌、玉门两县的情况类似,民间一直以户为纳税单位,其历史渊源应该都是清初移民分田。这种习惯性的说法一直延续到民国,并在官方的调查数据中有所体现。比如民国《安西县各项调查表》中的《水利调查表》就记载称:"查安西田地所浇之水每六十亩为一户,每户摊浇水八小时,亦有一户二小时或四小时者,以水泽盈绌为准,按时点香。如多浇或偷溉,公议处罚。所罚之款归修渠公用。合并声明!"②此处是六十亩地为一户,户显然是一个纳税单位。

但该表中的《保甲调查表》又记载称:"查安西县保甲编制系民国十八年五月县长曹馥遵奉省令划全县为一城区、四乡区,每一区段设保甲公所一处,十户为牌,十牌为甲,十甲为保,各置长,由邻闾村长兼任。编查户口,发给门牌环簿,稽查匪类、军火、娼妓、赌博、酗酒、打架等事,悉遵定章办理,并各集所属壮丁编为民团,各守城堡,以资捍御。本年六月肃州变兵攻陷县城,多亏甲保得力,四乡赖以稍安。合并声明!"从这两份声明来看,在安西县所属地方同时存在"纳税户"与"保甲户"两种"户",至少地方上对于这两种户的区别,是相当清楚的。

图1-15所示为《安西直隶州地理调查表》局部,由图可见该调查表卷面清晰,书写规范,毫无涂抹修改之处,城乡共31个调查单位(城乡聚落),每个调查单位均有一位调查绅董,总共31位。附记中的每个调查单位记载均极为翔实。

---

① 道光《敦煌县志》卷七《杂类·风俗》;光绪《敦煌乡土志·杂类·风俗》。
② 民国《安西县各项调查表》,甘肃省图书馆藏,索书号：671.65/509.81。

第一章 宣统甘肃"地理调查表"与晚清西北城乡聚落

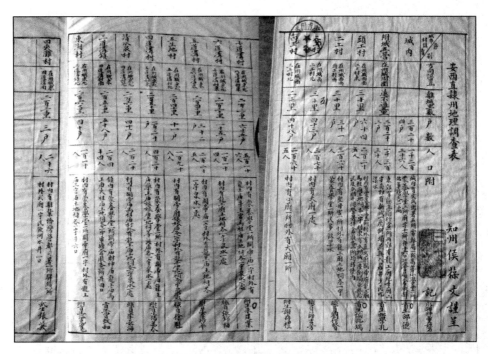

图 1-15 宣统《安西直隶州地理调查表》首页与尾页
（数据来源：本图由笔者在甘肃图书馆拍摄）

在现存甘肃所有"地理调查表"中，像安西州调查表这样标准、详细者并不多见。由此可以看出，当年调查者对于人口调查一事是相当认真的。31个调查单位总共2 006户，10 844人，户均人口5.4。其中户均人口在总户均人口5.7以下的有17个，户均人口超过10的有5个，五生地、八道沟、十工村户均人口均超过15，每户基本上相当于正常3户的人口规模。这些坊的"户"和敦煌超大户均人口村一样，也有可能仍旧是作为纳税单位的"户"。就整体而言，在宣统人口调查中，敦煌县与安西州的"户"已经突破了作为纳税单位"户"的局限，而是更强调人口统计意义上的"户"。但是，从这一点也可以看出，当年的人口调查工作虽然在大部分区村中都进行得比较严格，但似乎不同区村关于"户"的标准并不统一。

这一点，玉门县的情况最为典型。玉门县与敦煌县和安西州同处一个直隶州之中，也都存在把户当成纳税单位的情况。但与敦煌、安西两地相比较，玉门县的调查者则完全忽略了人口统计的户，直接把纳税单位的户填写在了户口调查的登记表上。"半个户"这种明显不符合人口调查的数据表明，玉门县的调查者似乎并不是有意欺瞒，而是因为此次调查对于"户"没有明确约定，从而自认为填报纳税亦无不可。

总之,尽管标准不相统一,但就整体而言,宣统人口调查时,在安西直隶州大部分地区,"户"已经突破了作为纳税单位"户"的局限,更强调人口统计意义上的"户"。这至少从一个侧面可以看出,当年甘肃的人口调查,很多地方是进行了实际的调查,而非完全人为捏造的。

调查数据中户均人口为0的数据共有68组,户均人口在大于0小于1的数据共有3组,小于1的数据合计占全部数据的0.1%。户均人口在10以上的数据共有288组,约占全部数据的4.1%。户均人口为0与大于10的数据合计总共356组,约占数据总量的5.1%,将这356组数据排除不计,用剩余6 631数据的户均人口绘制直方图和正态分布图,见图1-16。

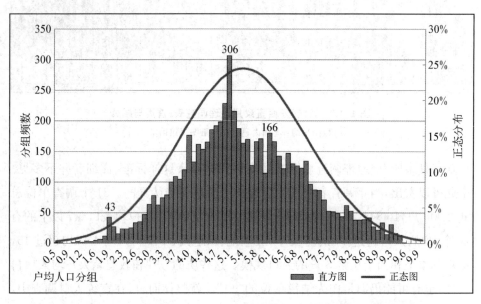

图1-16　甘肃"地理调查表"分村户口数据户均人口直方图和正态分布图

统计数据显示,6 631个户均人口10以下的聚落户均人口平均值为5.4,众数为5.0,中位数为5.2。这表明,直方图峰度为-0.09,偏度0.26。与正态分布相比较,表明该户均人口总体数据分布与正态分布相比较为平坦,为平顶峰,户均人口值大量集聚在户均5口这一经验值左右。从0.26的偏度来看,数据分布形态与正态分布相比为负偏或左偏,即有一条长尾拖在左边,数据左端有较多的极端值,即户均人口在5口以下者要多于5口以上者。但是,统计绘图之前,因为人为去除了户均人口小于0和等于0的样本,这一偏度和峰度计算结果与实际有较大偏离。总体来讲,宣统人口调查甘肃分村户口数据户均人口直方图整体呈钟形,属于略带折齿的稍左偏的正常型直方图。

这一统计结果可以说明,尽管宣统人口调查中,各地关于户的标准不完全统一,存在诸多非户口统计意义的户存在。但是,就总体而言,这次人口调查绝大部分地区对于户的定义还是以户口统计意义的户为准。而户均人口分布相对比较均匀的状态也说明,宣统人口调查工作总体处于比较稳定的状态,数据是经过认真调查之后得来的,并非人为杜撰或者编造。

第六节 本章小节

晚清民国是中国人口从传统向现代转变的重要发展期,处在这一关键时间节点上的宣统人口调查是中国历史上第一次真正具有现代人口普查意义的人口调查,全面梳理和系统研究这次人口调查的相关文献和数据对于深入了解和把握中国人口发展的历史脉络具有重要意义。甘肃省图书馆藏"地理调查表"是目前已知有关这次人口调查最系统、最基础,也最原始的文献之一。通过分析"地理调查表"的基本形制、原由与性质、调查者、附图以及人口调查数据所反映的传统城乡结构、人口性别结构、纳税户和统计户等,可以获取当年人口调查的更多细部的节点和信息,以便更近距离触摸这次人口调查。

综合来看,"地理调查表"并未包含所有的调查信息,它只是地方调查信息汇总的一个简表。从表的基本形制和记载内容看,调查数据首先以自然村落为单位进行汇总,然后再逐层上报。至少在甘肃省,警察没有承担任何的调查工作,真正的执行者是举生、监生、武生以及耆老等地方头面人物以及由这些地方头面人物督责的相关人员。调查工作和数据存在较多的问题,主要体现在两个方面:其一,调查标准各地不统一,上报数据的时间断限参差不齐,尤其对调查"户"的界定存在较大差异,人口统计意义上的"户"与作为纳税单位的"户"混杂在一起,这导致了局部地区户均人口波动较大。其二,调查数据中的讹误之处较多,不少调查单元甚至存在户数大于口数的异常数据,这主要是由调查数据汇总上报过程中人为错误造成的。总而言之,对调查数据不同侧面的研究表明,宣统人口调查在甘肃省得到了切实有效的执行,调查工作非常细致,调查的户口数据质量相对较高。

甘肃省图书馆藏"地理调查表"数量庞大，数据相对完整，对于研究宣统人口调查、晚清甘肃人口问题、聚落名称及分布有非常重要的价值。分村汇总的人口调查数据，为微观角度的晚清甘肃人口问题研究提供了绝佳的样本数据。而附记中有关村落中学校、祠、寺、庙、井、泉的记载，也为相关的研究，提供了极为宝贵的史料。除了甘肃省图书馆集中保存的这批"地理调查表"外，还有相当数量的"地理调查表"散落于甘肃及全国其他省份的民间，这有待于今后不断地去搜集、整理、研究。

第二章　晚清西北城市与城市化水平

城市化水平(urbanization level)是度量城市发展程度的数量值标,一般用城市人口在总人口中所占的比重来表示①。清末民初是中国传统城市向近代城市转变的窗口期,这一时期的城市人口研究对中国传统城市人口研究具有重要的参考意义。本章利用新发现的宣统人口调查原始档案"地理调查表"中的户口数据,在一个较大且相对完整的自然和行政区域内,在自然聚落的精度上,基于官方正式的人口调查数据,对20世纪初西北地区的城市人口进行了细致分析。笔者希望这一工作,除了可以提供一个有一定规模的近代中国区域城市人口统计样本外,还可以打开一扇窥探中国传统城市人口状况的窗口,为探讨中国传统城乡结构问题提供些许帮助。

第一节　清末民初以来中国的城市人口调查估计

清末民初,中国城市人口有多少,城市化水平有多高,一直是学界探讨的热点话题,也一直存在诸多争论②。究其原因,无外乎两点:其一,概念不统一。城市作为最典型的地表人文景观,是客观存在的地理实体。但是,因为具有无标度

---

① 城市化水平,又称城市化率,一般使用人口统计学的指标,即:城市人口占总人口的百分比。当代地理学用城市化水平来反映人口向城市聚集的过程和聚集程度。[英]梅休:《牛津地理学词典》,上海:上海外语教育出版社,2001年,第435页。

② 相关学术史回顾请参见以下两篇文章:行龙:《人口流动与近代中国城市化研究述评》,《清史研究》1998年第4期;罗翠芳:《西方学者论20世纪上半期中国城市化与城市现代化》,《西南大学学报(社会科学版)》2011年第4期。

性(scaling invariance),城市只能主观定义,无法客观测量①。不同的研究者往往根据自己的主观理解和研究内容来定义。这种概念上的不统一是导致很多相关研究结论相左的重要原因。其二,缺少有效数据。对城市化水平的研究和评估,应该是基于科学、系统的城市人口统计数据,但传统文献中恰恰缺少这种完整、可靠的城市人口数据,这是以往研究中几乎不可逾越的障碍。侯杨方在厘定城市概念、梳理既有研究成果的基础上,重新评估了整个 20 世纪上半期中国城市人口的规模,认为:依据不同的定义和估计,这一时期中国城市人口比例为 10%—20%②。这一研究比较有新意,研究结论也有一定的参考意义。但城市具有鲜明的地域特征,对于中国历史城市这样一个超大空间尺度内的地理对象来讲,这种全国范围内的长时段研究忽略了地域间的城市差异。10%—20%的城市人口占比区间也过于粗疏,无法反映数据内部的细化节点。因此,开展局部区域性的历史城市人口研究很有必要,也更有针对性。

学界关注和探讨中国城市人口规模的问题,大都始于清末民初。究其原因,主要是自 19 世纪中晚期以来,部分个人、民间团体或官方机构陆续发布了一些基于主观感受或者有限实际调查的中国城市人口数据,以及基于此类数据的统计、分析与估计。其中,以中华续行委办会、厄尔曼(Morris B. Ulman)、珀金斯(Dwight H. Perkins)、诺斯坦(Frank Notestein)、乔启明以及施坚雅(G. W. Skinner)、饶济凡(G. Rozman)、赵冈、曹树基等团体或个人的工作,比较有代表性。

为了获取真实的传教情况,中国各基督教会委派中华续行委办会③于 1918 年至 1922 年间在全国范围内进行了一次较大规模的实际调查。根据寄往全国各差会总堂宣教师的调查表,并参照各类公开发表的资料,该委员会对 20 世纪 20 年代前后的中国城市人口进行过审慎的估计,认为:1918 年中国人口数量在 10 万人以上的城市有 50 个,人口共 1 687 万;人口数量在 2.5 万至 10 万人间的城市有 288 个,人口为 1 398 万;合而计之,1918 年时中国城市人口(2.5 万人以

---

① 在具有分形性质的物体上任选某一局部区域,由于其自身具有自相似性,对它进行放大后,得到的放大图形会显示出原图的形态特性,即它的形态、内在的复杂程度、不规则性等各种特性,与原图相比均不会发生变化,这种特性称为无标度性。简单地讲,城市的无标度性,就是没有特征尺度。相关论文请参见陈彦光:《城市化:相变与自组织临界性》,《地理研究》2004 年第 3 期。

② 侯杨方:《20 世纪上半期中国的城市人口:定义及估计》,《上海师范大学学报(哲学社会科学版)》2010 年第 1 期。

③ 舒新城:《"中华归主"(The Christian Occupation of China)——中国近代史资料简介》,《学术月刊》1958 年第 2 期。

上)总共约3 885万①。这一人数大约可以占到当时全国人口总数的7.3%②。其中10万人以上城市人口占比大概在4.0%。

珀金斯在《中国农业的发展(1368—1968)》一书中引用了厄尔曼的中国城市人口研究,在此基础上,他对1900—1958年间中国城市人口重新进行了校订和估计,认为:1900—1910年,中国城市人口(1958年时人口达到10万人及以上者,不包括香港)有1 685万③,大约占当时全国人口总数的4.3%④。

诺斯坦、乔启明两人根据卜凯主持的中国土地利用调查数据及同时代李景汉、陈翰生、行政院农村复兴委员会等的调查资料,对1929—1933年的中国城乡人口进行了综合估计,认为:20世纪30年代初,在中国小麦区与水稻区的19个省份之中,城市(人口在1万人以上者)户数占比约为10%,包括部分乡村人口在内的市镇户数占比为11%⑤。

乔启明在稍后出版的《中国农村社会经济学》一书中,对20世纪40年代的中国城市人口与农村人口进行了深入的探讨,认为:20世纪40年代初,住在小城市(人口在1万—5万人之间者)和大城市(5万人以上者)的人口各约2 300万,各占全国人口总数的6%。两者合计,当时城市人口(1万人以上者)共4 600万,约占全国人口总数的12%⑥。

施坚雅系统汇总了各类相关资料,对农业中国(不包括满洲和台湾地区)1843年与1893年的中国地区城市化进行了比较研究,认为:辛亥革命前,中国东南沿海、长江下游、岭南、东南沿海、西北、长江中游、华北、长江上游以及西南云贵等8个区域的城市化率从10.6%至4.5%不等。合计,19世纪90年代初,中国城市(人口在2 000以上者)共约1 779个,人口总数2 351万人,约占同期全国人口总数的6.0%⑦。

饶济凡在《清代中国与德川时代日本的城市网络》一文中对清代中国与日本的城市进行了比较研究。他首先按照人口数量把1820年前后的中国城市分为

---

① 中华续行委办会调查特委会编:《1901—1920年基督教调查资料》,蔡永春、文庸、段琦、杨周怀译,北京:中国社会科学出版社,1987年,第1507—1511页。
② 葛剑雄主编,侯杨方著:《中国人口史》第六卷《1910—1953》,上海:复旦大学出版社,2001年,第482页。
③ [美]珀金斯:《中国农业的发展(1936—1968)》,宋海文等译,上海:上海译文出版社,1984年,第386—395页。
④ 葛剑雄主编,侯杨方著:《中国人口史》第六卷《1910—1953》,第484页。
⑤ [美]卜凯(J. Lossing Buck)主编:《中国土地利用》,金陵大学农业经济系译,南京:金陵大学农学院农业经济系,1941年,第505页。
⑥ 乔启明:《中国农村社会经济学》,上海:商务印书馆,1945年,第19—20页。
⑦ [美]施坚雅主编:《中华帝国晚期的城市》,叶光庭等译,北京:中华书局,2000年,第264页。

7个等级,其中第7级(最低一级)人口数为500人,第6级人口数在500—3 000人之间,认为:清初中国城市(人口在500人以上者)人口大约占当时总人口的6%—7%。到19世纪中叶,江苏城市人口比重仅7%,城市化水平最高的直隶地区也仅有8.8%,远低于当时日本城市化水平(城市人口比重为12.6%)最低的地区①。

赵冈对中国城市人口进行了长时段的研究,他认为:自南宋以来,中国城市人口比重经历了一个很长的下降阶段,这种下降大约到19世纪中叶达到最低点。自五口通商后,都市化过程开始了,城市人口比重又逐渐回升。至19世纪90年代初,中国城镇(人口在2 000人以上者)人口总约3 266万人,占该年全国总人口的7.7%②。

曹树基主要使用方志资料,通过实证的方法建构城市人口等级模式,并用于推论。基于此,曹树基分府汇总了全国城市人口数据,认为:清代末年(具体指的是1893年)中国19个省城市(实际上指的是传统各级行政类治所,与其他各研究者以人口规模定义的城市含义不同)人口为2 685万,各省城市人口所占比从3.4%至14.2%不等。合而计之,该年全国城市人口占比约为7.1%③。

从以上罗列的较有代表性的诸家论点来看,到目前为止,学界对于清末民初的中国城市人口规模和城市化水平,并没有统一的认识和令人信服的结论。不同观点之间相互矛盾,完全无法进行比较。究其原因,主要是城市定义的不统一和缺乏系统可靠的城市人口调查数据。但城市定义的不统一只是表象,其背后仍然是数据,因为,如何定义城市往往来取决于研究者掌握有什么样的数据。比如曹树基的研究中,就对什么是城市进行过非常全面的汇总和分析④,但是,在实际工作中,其所讨论的城市仍然仅仅局限于传统的行政等级类治所。

以上诸家之中,诺斯坦、乔启明两人使用的资料主要来源于金陵农大卜凯等人从20世纪20年代初就开始的中国农村经济调查数据,尤其是20世纪20年代末至30年代初历经5年时间覆盖我国22个省168个地区、16 786个田场、38 256个农家的大型农村土地利用调查资料。除此之外,其他人研究中使用的

---

① Gilbert Rozman, *Urban Networks in Ch'ing China and Tokugawa Japan*, Princeton University Press, 1973, pp.218, 273.
② 赵冈:《中国城市发展史论集》,北京:新星出版社,2006年,第83页。
③ 葛剑雄主编,曹树基著:《中国人口史》第五卷《清时期》,上海:复旦大学出版社,2001年,第828—829页。
④ 葛剑雄主编,曹树基著:《中国移民史》第六卷《清、民国时期》,福州:福建人民出版社,1997年,第583—588页。

数据来源均较为相似,即:首先,都是通过各类可能的渠道尽可能广泛地收集各种精度的城市人口数据;然后,对收集的数据进行自认为审慎的、合理的叠加和校核,并形成较为完整的序列数据;最后,以这些序列数据为基础进行再研究,并得出自己的结论。简单回顾一下中华续行委办会的城市人口数据的获取手段及过程,可以比较直观地展示这类数据的真实情况。

为了全面了解中国国情,更好地开展传教工作,中国各基督教会1913年召开全国会议,决定展开一次全国性的传教情况调查,并委托中华续行委办会具体承担。但调查工作迟至1918年才真正开始。调查伊始,中华续行委办会调查特委会先向全国各宣教师驻在地的某些精心挑选的传教士发出特别询问卡片,根据反馈的表单,得出一般城市人口估计。然后与已经发表的海关统计报告、各种指南手册、地理书、地图册、各大公司的城市人口统计、各差会本部报告、各地警务长官报告等资料进行了对比,并做了一些修改,最终获得较为完整的大样本全国城市人口数据。

对于这些来源不一、存在讹误,甚或相互矛盾的人口数据,委办会只"从中挑选最保守的和一般公认的数字"。凡是与这一原则相悖的数据,比如那些警察局曾仔细调查过的几个大城市的人口数,不但调查的城市太少,人口数据也比一般公认的数字小,都被舍弃①。

这一看似稳妥可行的做法,实际上存在很大的风险,因为很多公认的人口数字往往并不可靠。比如,在整个20世纪前半期,对全国人口数量一个最流行的宽泛共识就是"四万万"或"四万万五千万",国民政府内政部在抗战前后发布的全国人口统计数据均是4亿多。直至1949年9月,毛泽东在全国政协第一届全体会议上的开幕致辞中仍称中国人口总数为4.75亿。但1953年第一次人口普查结果表明,该年全国人口总数高达5.8亿,两者相去甚远。真实可靠的人口数据,不论是一个城市还是某一省域或全国,只有通过官方组织的、科学全面的人口普查,才最有可能获得。相对于各种来源的民间社会组织或个人的估计数,那些被中华续行委办会刻意舍弃的官方警局通过仔细调查得到的比一般公认数字小的城市人口数字,可能恰恰是相对最为可靠的。从这一点推测,中华续行委办会调查特委会估计的20世纪20年代初全国城市人口数据应该是比实际人口数要偏高一些。

与现有档案文献和研究成果相互校对,可以证明笔者的上述推断。在有确切

---

① 中华续行委办会调查特委会编:《1901—1920年基督教调查资料》,第67页。

数据支撑的北京、西安以及兰州等7个城市中,中华续行委办会的估计数没有一个与实际的城市人口相符,甚至是较为接近,全部数据都严重高估,7个城市人口总计高估了55万多人,约超出城市实际人口数的60%。其中估值偏差最小的北京城,比实际人口高估了近30%;最离谱的平凉府城,估计人口5.5万,实际人口还不到0.3万人,竟然高估了近1900%。7个城市人口数据详情见下表2-1:

表2-1 中华续行委办会调查特委会估计城市人口数与实际人口数

序号	城 市	实际人口数	估计人口数	差 值	相差百分比
1	北京城	660 000①	850 000	190 000	28.8%
2	西安府城	150 000②	250 000	100 000	66.7%
3	兰州府城	59 147③	110 000	50 853	86.0%
4	平凉府城	2 784④	55 000	52 216	1 875.6%
5	洮州厅城	11 144⑤	62 000	50 856	456.4%
6	宁夏府城	13 065⑥	85 000	71 935	550.6%
7	狄道州城	4 998⑦	40 000	35 002	700.3%
	合 计	901 138	1 452 000	550 862	61.1%

(资料来源:① 王均:《1900—1937年北京城市人口研究》,《地域研究与开发》1996年第1期;② 史红帅:《明清时期西安城市地理研究》,北京:中国社会科学出版社,2008年,第412页;③ (清)赖恩培编:《皋兰县地理调查表》;④ (清)廖元佶编:《平凉县地理调查表》;⑤ (清)张彦笃编:《洮州厅地理调查表》;⑥ (清)朱秉仁编:《宁夏县地理调查表》、(清)张鉴渊编:《宁朔县地理调查表》;⑦ (清)联瑛编:《狄道州地理调查表》)

北京、西安、兰州等城市,均是中国近代重要的枢纽城市,中华续行委办会对这些城市的人口估计都出现了较大误差。很显然,这份城市人口数据的准确性值得怀疑。

总体而言,自晚清以来这些民间团体、社会组织或者个人调查估计的中国城市人口数据,真实性和可靠性都无法得到有效保证。以此为基础的研究,也大都具有较多个人主观臆断与猜测的成分,缺乏实证的意义。因此,清末民初,中国城市人口数量有多少,城市化水平到底多高,仍然是中国人口史学界和城市史学界悬而未决的问题。而要重新研究这一问题,必须要有新的数据支撑,宣统"地理调查表"甘肃分村户口数据,正好可以弥补这一数据方面的缺漏。

第二节 城市概念与晚清甘肃城市规模边界

城市定义和标准不统一,与缺乏历史城市人口数据一样,是研究中国历史城市人口问题难以逾越的障碍,同时,这也是各家观点相互矛盾、彼此冲突的重要原因。前文所列较有代表性的诸家观点中,对于城市的定义,皆不相同。如曹树基的研究默认以行政治所为城市。其他完全按人口划分者,城市人口的最低起算人数也各不相同。因此,研究历史城市人口与城市化水平,首先应该从人口史的角度明确历史城市的概念。那什么是城市呢?

西方的"城市"(city)一词,来自拉丁文"*civitas*",最初指的是欧洲那些拥有教堂且为主教任职之处的聚落[1],与现代意义上的"城市"几乎完全不同。欧美学者对现代城市概念的相关研究大概始于19世纪末20世纪初。对城市的界定,最初主要着眼于城市的空间形态,继而着眼于城市的分工与职能[2],又或强调是城市内部的差异性与外部的中央性(centrality)[3]。总之,各种概念和观点层出不穷,但是,对于什么是城市这样一个核心问题,欧美学界至今也未有一致认可的共识。

在中文的语境里,如果从词源上来看,"城"与"市"最初是两个完全不同的概念,分别表示两个完全独立的含义。"城"指城墙环绕的权力场所;"市"指人口汇集的交易场所。随着社会经济的发展,城市逐渐成为那种具有一定人口规模,集政治权力、商品贸易以及文化、交通等要素为一体的重要聚落点的一种泛称。从历史渊源看,中文里的"城市"一词,尤其强调其行政功能。

在国人的传统观念中,城市也总是与衙门和城墙紧密联系,代表行政权力所在的有形的高大城墙是城市的典型标志[4],于是,"真正的"城市便成了那些建有城墙的县治、府治或省治。牟复礼指出中国的城市,"通常指的是定为中央政府下属政权机关所在地的约莫1 500到2 000个城市的集中点,即都城、省城与府州、县城。……这些通常所指的城市因为在行政上的重要性,于是也就有了筑城的资格和需要"[5]。这一观点,在学界相当有代表性。而专业的研究者往往视其为固然,对于中国城市人口的估计,也大都以行政中心的县城、州城、府城、省城

---

[1] Susan Mayhew, *Oxford Dictionary of Geography*, The Second Edition, Oxford University Press, 1997, p.77.
[2] 洪俊、宁越敏:《城市地理概论》,合肥:安徽科学技术出版社,1983年,第16页。
[3] Derek Gregory, Ron Johnston, Geraldine Pratt, Michael Watts, Sarah Whatmore, *The Dictionary of Human Geography*, The 5th Edition, John Wiley and Sons Ltd. 2009, p.85.
[4] [美]施坚雅:《中国农村的市场和社会结构》,史建云、徐秀丽译,北京:中国社会科学出版社,1998年,第8页。
[5] [美]牟复礼:《元末明初时期南京的变迁》,见[美]施坚雅主编:《中华帝国晚期的城市》,叶光庭等译,北京:中华书局,2000年,第119页。

及京城为标准。

但是,行政职能并非城市的唯一职能,城墙亦非行政治所的专有标志,将城市限定于筑有城墙的行政等级类治所,这一标准过于狭隘。宋元以来,尤其是明清以来,随着市镇的兴起与发展,乡村逐步"城镇化"。市镇开始成为城市体系的一个组成部分,在城市发展过程中扮演了越来越重要的角色。刘石吉认为,当我们从事估计都市化的程度时,这些重要的市镇是应该包括在内①。这一观点具有相当的代表性。

多大聚落才算城市是城市的规模边界,即城市规模的门槛值②。目前世界很多国家都有城市规模下限的主观而明确的界定,即规定一个聚落的人口规模达到某个门槛值才能成为城市。然而,到目前为止,没有哪一个国家找到了客观的城市边界定义,也没有哪一个国家找到了城市规模下限的公认标准③。学界对历史城市规模边界的定义同样如此。如前文所列的代表性诸家之中,饶济凡将1820年前后的中国城市分为七级,最低一级人口数是500人④,赵冈认为饶氏的标准太低,应以2 000人为断⑤。刘石吉则把部分人口少于2 000,甚至1 000的聚落也统计为城市⑥。曹树基不同意刘氏的观点,认为对清末江南地区城市的研究应该排除"大批人口不多的小型市镇"⑦。

施坚雅将城市分成中心地、高级治所、低级治所、中间市镇、标准市镇等不同的层级,根据不同层级的城市及城市组合,给出了从1 000到4 000不等的划分城乡的人口界线。即:1. 所有人口在4 000以上的中心地;2. 所有高级治所,所有中心市镇或城市低级治所,以及所有城市非行政中心;3. 所有人口在2 000以上的中心地;4. 所有城市以及所有高级治所;所有人口为1 000以上又是中心市镇的低级治所,以及所有人口为2 000以上又是中间市镇或标准市镇的低级治所;人口为2 000以上又是中心市镇的非行政中心,以及人口为4 000以上,又是

---

① 刘石吉:《明清时代江南市镇研究》,北京:中国社会科学出版社,1987年,第138页。
② 陈彦光:《中国城市化水平统计数据的问题分析》,《现代城市研究》2012年第7期。
③ 国际上界定城市的一般标准亦是如此,使用人口数量指标。但不同国家之间差别很大。就20世纪70年代中期而言,这一界线最低是200人,最高的10 000人,而采用2 000人或2 500人的国家数量比较多。此外,有些国家还兼顾人口的职业构成,其中最基本的指标就是"非农业人口比重"。参见胡焕庸、张善余主编:《中国人口地理》(上册),上海:华东师范大学出版社,1984年,第267—268页。
④ Gilbert Rozman, *Urban Networks in Ch'ing China and Tokugawa Japan*, Princeton University Press, 1973, p.102.
⑤ 赵冈:《中国城市发展史论集》,第81页。
⑥ 刘石吉:《明清时代江南市镇研究》,第138页。
⑦ 葛剑雄主编,曹树基著:《中国移民史》第六卷《清、民国时期》,第588页。

中间市镇或标准市镇的非行政中心;5. 除开人口估计在2 000以下的那些非行政中间市镇外的所有中心地①。这一看似无懈可击的完美城乡划分标准,在缺少真实城市人口数据的情况下,实际只体现在理论层面上,具体研究中根本就没有实用性。

除了大多数纠结于如何划分城市与乡村的人口分界线的学者之外,也有部分学者独辟蹊径,采取了完全不同的研究思路和研究方法。比如刘翠溶就指出:"就中国历史资料而言,都市化程度之衡量实在不是一件容易的工作。一方面,采用人口数更为标准来分类各级城市,从而估计都市化程度,难免是有问题的,因为各级城市的确实人口数目往往不得而知;另一方面,从地方志爬梳出来的资料,品质参差不齐,定义也不一致,故也难以据作正确的推测。再者,最近发表的一项有关中国历史上都市化程度之估计,已有人评论指出,至少对长江下游地区而言,并不合历史事实。因此,本文不再企图使用有问题的户口数字来估计都市化的程度。"②基于此种考虑,刘翠溶从家谱入手,对不同家族的城居人口进行了细致的分析。刘翠溶研究的江南地区族谱众多,这为其个案研究提供了足够的数据支撑。但这种研究方法,很难推广到更大的区域。

相较于其他学者,李伯重的历史城市观点更有意思,他认为:从居民点的人数来判断到底是否属于城市,颇为困难。与其划定一条充满争议、得不到普遍认可的城乡人口分界线,不如使用最普遍意义上的"城市"概念。"简言之,城市之不同于农村,一是与单个农村相比,城市居民人口较多,二是城市中居民的'非农业化程度'较高。上述定义虽然简单,却包含了城市之一概念最基本的要素。……比起其他许多定义来说,这个定义显得比较笼统,但是正是这种笼统,才使得它能够跨越时空,放之古今中外而皆准。"③这一笼统的"城市"概念,虽然看似包容性较强,实则似是而非,不知所云。在具体研究的框架中,城市是被统计的对象,一定要极为明确地界定才能进行下一步的工作。而这种笼统的概念使城市这一本来现实存在的地理实体变得虚无缥缈,最终导致城市人口的研究脱离统计的层面,重新退到个案举例式的老路上去。

城市与乡村之间的这条城乡人口分界线,实际就是城市的规模边界,由于城

---

① [美]施坚雅主编:《中华帝国晚期的城市》,第260页。
② 刘翠溶:《明清时期长江下游地区都市化之发展与人口特征》,见梁庚尧、刘淑芬主编:《城市与乡村》,见梁庚尧、刘淑芬主编:《城市与乡村》,北京:中国大百科全书出版社,2005年,第247—285页。
③ 李伯重:《多视角看江南经济史(1250—1840)》,北京:生活·读书·新知三联书店,2003年,第387—389页。

市的无标度性,这条城乡分界线,实际上只存在于理论中。具体工作中,研究者根本无法客观确定城市聚落与乡村聚落的界线,因而也无法客观统计一个区域的城市数目。

中国官方正式明确划分城市与乡村的具体标准,开始于1955年。根据当年国务院颁布的文件,规定城乡划分标准如下:

(一)凡符合以下标准之一的地区,都是城镇:

甲、设置市人民委员会的地区和县(旗)以上人民委员会所在地(游牧区行政领导机关流动的除外)。

乙、常住人口在二千人以上,居民50%以上是非农民人口的居民区。

(二)工矿企业、铁路站、工商中心、交通要口、中等以上学校、科学研究机关的所在地和职工住宅区等,常住人口虽然不足二千,但是在一千以上,而且非农业人口超过75%的地区,列为城镇型居民区。具有疗养条件,而且每年来疗养或休息的人数超过当地常住人口50%的疗养区,也可以列为城镇型居民区。

(三)以上城镇和城镇型居民区以外的地区列为乡村。

(四)为了适应某些业务部分工作上的需要,城镇可以再区分为城市和集镇。凡中央直辖市、省辖市都列为城市,常住人口在二万以上的县以上人民委员会所在地和工商业地区也可以列为城市,其他地区都列为集镇。

(五)市的郊区中,凡和市区毗邻的近郊居民区,无论它的农业人口所占比例的大小,一律列为城镇区,郊区的其他地区可按第(一)(二)(三)条标准,分别列为城镇、城镇型居民区或乡村。近郊区的范围由市人民委员会根据实际情况确定[①]。

这一划分标准虽然之后经过多次调整,如国家统计局1999年颁布《关于统计上划分城乡的暂行规定(试行)》(第五次人口普查参用的标准),2006年《关于统计上划分城乡的暂行规定》,以及2008年《统计上划分城乡的规定》等,并直接导致20世纪50年代以后官方统计上的中国城市化水平发生跳跃和突变,前后无法比较[②],但是,划分城市与乡村的三个最重要原则却始终未变,那就是:行政等级、人口规模和非农人口比例。

---

① 该年国务院颁发的文件规定得相当详细,除了一般居民区外,工矿企业、铁路站、工商中心、交通要口、中等以上学校、科学研究机关的所在地和职工住宅区以及疗养区等特殊区域,都有具体规定。详见中华人民共和国国务院编:《关于城乡划分标准的规定》,国秘字(1955)第203号,1955年11月7日。

② 张庆五:《中国城乡划分与城镇人口统计问题》,《人口与经济》1989年第3期。

将县及以上行政治所划入城市之中,符合中国的历史传统和一般民众的普遍共识;县以下市镇虽然仍是行政区划的范畴,但也有经济、人口等方面的综合考量,这与国外单纯将某一特定人口界线以上的居民点视为城市的做法,不完全相同。这一划分标准,既符合市镇发展的现实状况,也符合国际上划分城镇的一般原则和做法。笔者认为,这一具有鲜明中国特色的城市划分原则,对于我们界定清末城市与乡村具有重要参考价值。

1955年以前,中国历代的户口登记数据或人口调查数据都没有城市与乡村的划分,更遑论农业与非农业人口的区别。虽然个别学者亦试图从不同的视角切入,探讨中国传统城市人口规模与城乡人口结构问题,但研究方法与研究结论尚有待商榷[①]。总之,就目前研究水平而言,讨论20世纪中期以前的中国非农业人口比例,困难太大,基本没有可行性。

城市具有鲜明的地域特色,在中国传统社会中,行政治所一般都是辖区内的首位城市,中央性机能显著。因其在政治上的特殊性,相较其他聚落,具有虹吸效应和交通便捷的优势,拥有更多的商业和公共设施,在偏远地区尤其如此,所以行政等级是界定城市的重要指标。对于清末甘肃城市来讲,笔者认为,不论人口多少,县及以上行政治所都应列为城市。

城市作为最重要的地表人文景观,其核心是人口。相对于乡村,城市人口较多,并拥有较多的商业和公共设施。人口多少在一定程度上反映了城市的商业发展水平、经济等级和在所处区域中的中央性机能。理论上,城市最低人口规模的标准线应该与国家经济发展水平和人口总量有关。清末民初的全国人口,相对于1955年全国人口来讲,总数大概少了近三分之一[②]。另外,甘肃深居内陆,城市发展水平较低,不但远远落后于东部沿海各省,即使与全国平均水平相比,也有较大差距[③]。因此,1955年城镇划分标准线,相对于清末民初的甘肃来讲,是偏高的。

图2-1是"地理调查表"甘肃5 000人以下聚落人口折线,从图上看,折线在1 000人以后拉升角度明显。这表明,清末民初甘肃聚落人口主体在1 000人以下,超过这一界线,数据间隔拉长,离散度明显增大。基于以上几点考量,笔者不

[①] 姜涛就曾从士、农、工、商四民的角度探讨中国传统城乡人口结构问题。请参见姜涛:《传统人口的城乡结构——立足于清代的考察》,《中国社会经济史研究》1998年第3期。

[②] 1953年第一次全国人口普查中国大陆人口超过5.8亿,1911年宣统人口调查侯杨方修正数4.1亿。见葛剑雄主编,侯杨方著:《中国人口史》第六卷《1910—1953年》,第248页。

[③] 李辉:《甘肃人口城镇化问题研究》,《西北民族大学学报(哲学社会科学版)》2006年第1期。

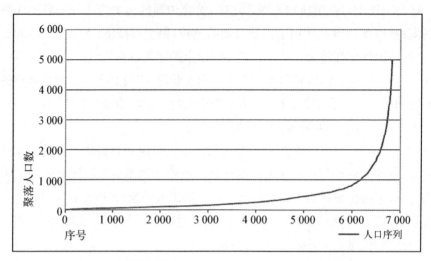

图 2-1　甘肃"地理调查表"5 000 人以下聚落人口数量

划分城市与乡村的人口分界线,仅将 1 000 人以上的聚落作为重点研究的对象。在拥有官方翔实人口调查数据的前提下,对现有研究中城乡划分界线的问题进行分析和检验。

第三节　城市空间边界与晚清甘肃城市人口

城市的空间边界,即一个城市与周边腹地的分界线。城市有不同的空间尺度和形态,也有不同的空间范围和边界。在历史人口学者的研究视域里,历史城市往往只是一个人口数字代表的抽象的点,而不是一个具象的面。当史料足够支撑把这个点状的城市铺展成一个面状的城市来考察时,我们首先需要做的,就是要明确城市的空间边界在哪里,因为,城市空间边界决定了城市在地理空间上所占的实际区域,也决定了城市的人口规模。

现代地理学中,用城区(city proper,简称"CP")、城市化地区(urbanized areas,简称"UA")和都市区(metropolitan areas,简称"MA")等不同的概念,来描述不同尺度的城市空间及其边界。CP 侧重于城市结构意义,不包含郊区,空间尺度最小;MA 强调城市的功能意义,指的是人口众多的地区,包括一个大城市(large city)或者大都市(metropolis)及在其周围受其直接影响并相互间有共同利益、从事共同经济与社会活动的城镇和郊区,空间尺度最大;UA 的概念性质介于 CP 与 MA 之间,更多地强调城市的空间形态或地理景观意义[①]。从城市理论研究的角度讲,UA 作为景观意义的地域概念更具有客观性,也更能体现城市研究最基本的地域概念,即:"城市化地区反映了城市作为人口和各种非农业活动高度密集的地域而区别于乡村,它不是行政意义上的城市,而是实际景观上的城市。"[②]

然而,在具体研究实践中,因为城市空间的无标度性,不论使用哪一个概念,合理界定城市的空间边界都存在诸多困难。对于历史城市研究来讲,不但数据有限,精度也较差,使用这些仅仅理论上似乎清晰的当代城市空间概念,来定义城市的空间边界,更加困难。或许正是在这种背景下,城市人口史学者往往使用记载更为丰富、更容易获取、也更直观并且容易量化的借代指标,比如城墙,来定义城市的空间边界。如斯波义信[③]、周长山[④]、李健才[⑤]、王永祥、王宏北[⑥]、章生道[⑦]等人,都使用城墙周长,来直接或间接描述古代城市的空间范围[⑧]。

周长为 1 000 米的圆形,其所占面积是 79 578 m^2,同样周长但高度为 0 的长方形,其面积为 0 m^2。现实中,城墙形状虽然不可能会是如此绝对的标准几何圆形,也不可能会是两条彼此平行且完全重合的直线,长度相同或相近但形状不同的城墙包围区域的面积更不可能有如此巨大的反差。但是,现实中,这种面积上的差异的确是存在的,有时可能还很大。如图 2-2 凤翔府麟游县三角形的城

[①] 陈彦光:《三个城市地域概念辨析》,《城市发展研究》2008 年第 2 期。
[②] 周一星:《城市地理学》,北京:商务印书馆,1999 年,第 41 页。
[③] 斯波义信在研究城市化水平与城市行政等级之间的关系时,将城墙长度作为城市化的重要指标。见[日]斯波义信:《宋代江南经济史研究》,方健等译,南京:江苏人民出版社,2001 年,第 307 页。
[④] 周长山:《汉代城市研究》,北京:人民出版社,2001 年,第 36 页。
[⑤] 李健才:《东北地区金代古城的调查研究》,见孙进己主编:《中国考古集成》东北卷《金》(一),北京:北京出版社,1995 年,第 1 页。
[⑥] 王永祥、王宏北:《黑龙江金代古城述略》,见孙进己主编:《中国考古集成》东北卷《金》(二),北京:北京出版社,1995 年,第 866 页。
[⑦] 章生道在对府、县两级城市的大小进行比较研究时,根据多种不同来源的大比例尺测绘地图,计算了多个城市的占地面积。章氏计算的城市占地面积,是城墙围起来的城市区域,其实质还是用城墙长度来界定城市的空间范围。章生道:《城治的形态与结构研究》,见施坚雅主编:《中华帝国晚期的城市》,叶光庭等译,中华书局,2000 年,第 84—111 页。
[⑧] 具体表述中,研究者大都使用"城市规模"这一术语,城市规模是衡量城市大小的数量概念,包括人口规模、地域规模等不同指标,通常,人口规模是衡量城市规模的决定性指标。作为城市的基本测度,城市规模却是一个难以具体确定的概念,因为计算城市规模的前提是界定城市的地域范围,而城市的地域范围又存在诸多的争议,没有定论。

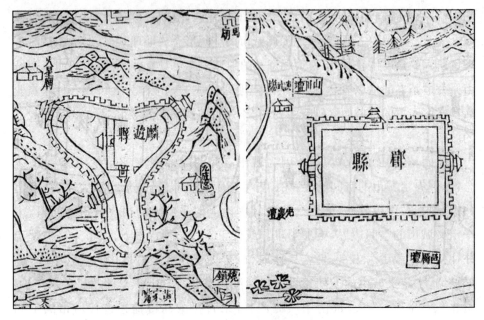

图 2-2　清代陕西麟游县与郿县城池图

（资料来源：乾隆《凤翔府志》卷首附图）

池与郿县矩形城池对比明显，这种不规则城池与城墙长度相同的传统圆形或者矩形城池相比，其城内面积显然要小很多。

成一农也使用城墙长度来界定城市空间边界，在对清代近 1 500 座城市的城墙长度进行了汇总统计后，他认为，城市规模（即城墙包围的城市空间）与城市行政等级之间的相关性很低。尽管笔者赞同这一结论，但对其使用城墙长度来定义城市的空间做法，却不敢苟同[①]。实际上，之所以不能用城墙长度来界定城市空间边界，究其原因，更重要的还不在于这种因城墙形状导致的面积差异，而在于，多数情况下，城墙所围绕的区域并不是城市的全部。实际上，对于晚清西北大部分行政治所城市来讲，城墙包围起来的区域要远比城市实际的区域小得多，有时甚至可能只是其中很小的一部分，城墙并不是城市的真实的空间边界。

在中国传统农业集权社会中，各级行政治所类城市在所辖区域内占有绝对

---

① 成一农自己也意识到城墙作为界定城市空间边界的局限性，但具体研究中仍然使用了这一借代指标，并对于如何降低或消除这种局限性的影响，没有进行全面的论证分析，而只进行了选择性的忽略和回避。见成一农：《古代城市形态研究方法新探》，北京：社科文献出版社，2009 年，第 127、136 页。

的政治地位,也因此具有极强的中央性机能,而城市内部空间结构和功能区划分与布局,则几乎完全服从于行政权力职能的展开,建筑的目的性极强。这一点从诸多记志的记述中可以非常清晰地看到,如乾隆《凤翔府志》中就记称:"郡邑既列,疆域攸分,则诸凡建设次第举焉。故金汤以固封也,公府以出政教也。禁奸诘暴则戍守关塞重焉,旌善惩恶则坊表刑狱具焉。他如驿传以资递运,养济以恤孤穷,国家之所以为斯土斯民计者,法至密矣。"从城市内部空间结构来看,在这些为数众多的行政治所类城市之中,最基本的建置设施大致可以归纳为四种类型:"一是直接行使政权的职能机构官署;二是进行文化统治和教化等的文化教育机构和设施、神权宗教设施;三是其他各种辅助设施和服务性建置;四是居民住宅和工商业店铺。"[①]

实际上,修城筑墙需要耗费大量的人力、物力和财力,出于经济等方面的考虑,一般而言,如无特殊原因和需要,城墙会比较短窄,城墙包围的部分也比较狭促,其中需要修建大量权力机构和公共设施,比如衙署、军署、司狱署、捕厅、监狱等政权机构,书院、义学、社学以及考院等文教机构,除此之外,还有文庙、武庙、城隍、先农坛、社稷坛等制度性建置。因此,城中真正可供普通民众居住的地方不宽裕。以宁夏府城为例(见图 2-3),乾隆三年毁于地震水火后,官府于五年五月发帑重修时,在明代宁夏镇城的旧址上,向内收进二十八建筑,城垣规模较明代已大为缩小,周长仅 2 754 丈,东西长 4 里 5 分,南北宽 3 里 1 分。尽管如此,仍然耗费了 31.5 万两库银。至乾隆中后期,府城之内建有宁夏府署、宁夏和宁朔县署以及所属司院部局等官衙署所 40 余处,学宫、书院和社学等 7 所。城内外的坛庙祠阁、寺宫庵院、堂台殿观等 80 余所,此外还有石坊、牌楼 50 多座[②]。

凭借独享的政治角色,行政治所类城市又占有区域内几乎所有的文化和经济资源;另外,一般的治城又大都地处水陆交通要冲,汇聚所辖区域的商业和人口,成为辖区内首位度特征极其鲜明的政治、经济和文化中心。人口众多,城内往往不敷居住,只能突破城墙的约束,依城而居,日久则依城筑墙,以资保护拱卫,于是乃有关厢之制。而附城者,则更是在关厢以外,傍依环居者。

以省城兰州为例,宣统普查清末城市人口总数共 15 000 余户,近 60 000 人,其中城墙包裹的城内人口只不过 9 000 多人,所占比例仅 15.5%,关厢及附城人

[①] 刘景纯:《清代黄土高原地区城镇地理研究》,北京:中华书局,2005 年,第 305 页。
[②] 贺吉德:《清代及民国的宁夏城》,见政协银川市委员会文史和学习委员会编:《银川文史资料》第 12 辑,第 309—316 页。

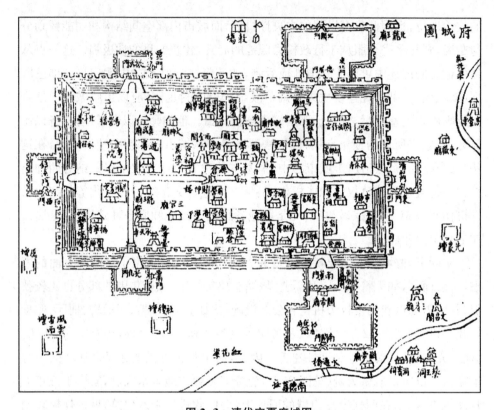

图 2-3　清代宁夏府城图
(资料来源：乾隆《宁夏府志》卷首《图考》)

口则有接近 50 000，所占比例高达 84.5%。显然，城市人口聚居的空间范围，已远远超出了城墙所能包围的空间范围(见表 2-2)。

表 2-2　宣统普查兰州城内、关厢及附城西川户口数

区　域	调查单元	户　数	口　数	户均人口	人口占比
城　内	1	2 988	9 163	3.01	15.5%
城　厢	21	11 255	46 845	4.16	79.2%
附城西川	19	912	3 139	3.44	5.3%
合　计	41	15 155	59 147	3.90	100%

[数据来源：(清)赖恩培编：《皋兰县地理调查表》，甘肃省图书馆藏，索书号：671.65/103.78]

宣统普查"地理调查表"，以自然村为最小的调查单元，兰州省城城内、关厢及附城西川总共包括了 41 个调查单元。除城墙围绕的城内区域外，其他 40 个调查单元都是散落城墙周边彼此分割又有联系的自然村落。

赵冈的研究中曾就人口密度与城市之间的关系进行探讨,他认为:假定以2 000人为城市人,这2 000人分散在一个很大的居民区时,就与农村无异了①。实际上,这种假设不但在实际研究中很难实现,逻辑上也本不成立,因为对历史城市的界定,总是以地理上实际独立的居民点,而非面状居民区为标准。在空间形态上,聚落是人口以群体的方式聚居在一起的相对独立的地理实体,而非人口以个体或家庭散布在一个较大地理空间里的散离点。李伯重认为:"如果几个各有数百人口的居民点彼此之间相距仅1—2里,那么从某种意义上来说,这几个居民点也可以被视为一个较大居民点的组成部分而非独立的居民点。倘若这个较大居民点的人口总数超过2 000人,那么也就有理由划为城市而非农村了。"②从兰州城的个案来看,的确如李伯重所言。所谓城市,其实是以特定居民点为中心的聚落群。

聚落群的大小,或者说城市人口的多少,与城市的中央性(在区域中的重要性地位,不论是政治方面的、经济方面的还是其他方面)存在一定的相关性。而这个以特定居民点为中心的聚落群的最大外围边界,才是一个城市的真正边界。所有在这个边界内聚居的人口都应是这个城市的人口。这一城市空间边界的范围,不但与中国官方颁布的统计上的城市边界范围在原则上是相同的③,也与前文所讲的城市化地区(urbanized areas,UA)的范围非常相近。

那么,接下来的问题是,这些近城的聚落哪些应该归入城市呢?或者说,应该如何正确界定这类城市空间边界呢?是否如李伯重所称的以1—2这样的单纯空间距离为标准?如果真的可以这样,那确定晚清西北城市倒是个极为简单的问题,因为"地理调查表"中对此有极为详细而明确的记载。调查表中行政治所的行文格式首列城内,其次为关厢、附城,最后是四乡各聚落。四乡之中,所有聚落距离里数标注极为明确。但是,在如何划分某一聚落是否属于某一特定行政治所这些核心聚落上,并不完全按距离来界定。很多距只有一两里或者两三里的聚落都被视为单独的调查单位。有些离城较远的聚落,反而被归为城的一部分。

许檀在从事明清山东商品经济研究时,对山东城市人口的研究就涉及这一点,她的做法是:将近城地名中有"关""街""里""巷"等者视为城关街巷,计为城市人口。而称为"庄""沟""营"等者,则作为"近城之村"处理,不计作城市

---

① 赵冈:《中国城市发展史论集》,第2页。
② 李伯重:《多视角看江南经济史(1250—1840)》,第387页。
③ 中国官方定义的城区主要是指由市政府划定的城市中心部分与周围地区,但不包括郊区在内。参见中华人民共和国城乡建设环境保护部和美利坚合众国住房与城市发展部编:《英汉住房、城市规划与建筑管理词汇》,北京:商务印书馆,1996年,第81页。

人口①。曹树基对此做法颇为推崇,认为:"纳入城关的村庄已经属于城市人口的一部分。"因为即便是根据现代城市人口统计原则,城市居民也可以含有部分农业人口。只是非农人口的数量应多于农业人口②。在做城市个案研究时,这一方式具有较强的可操作性。

宣统甘肃"地理调查表"中,对于城市、乡村的界定和记录相当明确,除前引省城兰州之外,几乎所有行政治所类城市的关厢都被视为独立的调查单位,并详细注明了户数、人口等调查信息。除此之外,部分行政治所城市和几乎所有非治城的核心聚落,虽然没有关厢、附城,但其城市的范围同样可能不仅仅局限于城墙以内。对于这部分城市的空间边界,"地理调查表"亦有极为详确的界定和说明。比如秦州府秦安县治城以下就没有注明关厢,仅列各聚落名称。但从先农坛开始,包括金汤门、东山街、南上关、南下关、引马巷、北关、坛树下、教场里、十字路以及安(马)家河在内的 11 个聚落,离城里数一项均被留空,没有填写,并且安(马)家河上并标注"附城"二字(见图 2-4)。

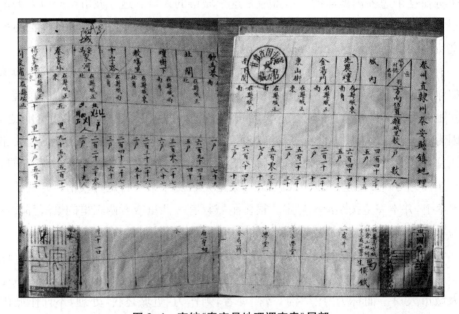

图 2-4　宣统《秦安县地理调查表》局部
(数据来源:本图根据笔者在甘肃图书馆所拍照片合并而成)

---

① 许檀:《明清时期山东商品经济的发展》,北京:中国社会科学出版社,1998 年,第 170 页。
② 葛剑雄主编,曹树基著:《中国人口史》第五卷《清时期》,上海:复旦大学出版社,2001 年,第 726—727 页。

从整个"地理调查表"的修改痕迹来看,用毛笔书写的"附城"二字,应该是秦安县宣统人口调查的具体操办者在最后汇总时添加的。但用铅笔涂画括号,似乎是后世读史者添加。因为现代标点符号的推广使用远在宣统之后,此显非原调查者所写。从调查表行文格式与添加文字来看,秦安县的县城范围,应该到安(马)家河为止,而非到铅笔所括的十字路为止。很显然,在当时的调查者看来,四乡与城的界线是很明确的。这种明确的界线应该不是基于某些人的主观臆断,也不太像是约定俗成的民间共识,而应该是某种既定的制度。关厢、附城的明确标注,除了表明这些聚落与城墙的距离远近和空间方位外,更表明了这些聚落在制度层面上可能归属于中央核心聚落的事实。因此,判断某一近城聚落是否属于城市,除距城远近这一重要指标外,更重要的指标可能是经济的或者行政的,比如同属于某一个纳税单位或者同属于某一保甲。

从清代清安县城图看,"地理调查表"里从先农坛到安(马)家河的这11个聚落,除东山街在东门以东、十字路则紧邻北廓城外,其他8个聚落都在南、北廓城之内①。由此来看,铅笔括号的批注虽系后人添加,但划分结果倒是基本正确的,当系熟悉秦安情况者所为。这也说明,许檀的工作思路具有借鉴意义,在研究清末甘肃城市人口时,同样适用。

如上所述,本书所定义的城市空间边界是指在地理空间上,可以将城市实际占有区域即是以特定居民点为中心的聚落群围绕起来的地理边界,或者说,是城市人口分布区域的最大外围边界,而所有在这个边界内的人口,都应该算做城市人口。

第四节 晚清甘肃行政治所类城市人口结构

人口地域结构是人口结构的重要组成部分,包括人口的自然地域结构、行政区域结构以及城乡结构等。本节主要从两个方面探讨晚清甘肃行政治所类城市的人口地域结构,即:其一,各治所城市在所属辖区之内的人口结构,这一问题也就是传统的城乡结构问题;其二,各治所城市本身城墙内外的人口结构问题。

---

① 张忠尚主编,秦安县志编纂委员会编纂:《秦安县志》,兰州:甘肃人民出版社,2001年书前附图。

一、行政辖区内城乡人口结构

人口城乡结构是一个国家或地区中城镇人口与乡村人口占总人口的比重及其相互关系。城乡结构具有鲜明的地域性特色,是区域社会经济发展的产物。在绝大多数中国传统城乡人口结构的研究中,"城市"一般都被默认为不同层级的行政治所。姜涛在对相关研究进行了系统的梳理和分析后,提出可以根据四民分野来估测中国传统社会中的农业与非农业人口规模,认为:"中国传统社会的城市人口在正常情形下,基本维持在总人口的10%左右,而非农业人口维持在总人口的16.7%左右。也就是说,中国传统人口的城市结构具有其内在的稳定性。正是这种相当稳定的人口城乡结构,使得中国城市的发展于古代曾长期居于世界的前列。而在近代以来却一直落在后面,并进而成为世界上城市化程度最差的国家之一。"[①]虽然,通过四分民野估测农业人口与非农业人口的研究方法存在逻辑错误,论证过程难以让人信服,但是,中国传统社会中城市(各层次行政治所类城市)人口占10%左右的结论却很有代表性,这几乎是学界对传统中国城乡结构和城市化水平的普遍认知。

这些数量众多的行政治所类城市因为处于国家管理体系的序列之中,在辖区内拥有独一无二的政治权力和地位,并排他性地占有绝大多数的经济、文化等一切社会资源。相较一般聚落,这些治所城市是官方和民间历史书写的中心,保留下来的文献也最为丰富和系统。即便如此,因为传统文献中关于治所城市人口数量的相关记载实在有限,且准确性无法保证,历来对中国传统城乡结构的研究,大都停留在研究者个人主观估计的层面上,即便是部分看似实证的个案举例式研究,因为可供使用的治城人口样本数据实在有限,最终结论的可信度也无法保证。

甘肃现存"地理调查表"详细记载了66个调查单元城内、关厢及附城以及四乡聚落户口数据。按上节对于城市的界定,66个调查单元中行政治所类城市共包含185个调查单位(独立的调查聚落,城内、关厢以及附城等),对这185个调查单位的户数和口数进行汇总,最终得到66个行政治所类城市最终的户数和口数。这批治所城市数据提供了一个较大行政区域内一定数量的统计样本,为重新研究中国传统城乡人口结构问题提供了可能。

---

① 姜涛:《传统人口的城乡结构——立足于清代的考察》,《中国社会经济史研究》1998年第3期。

66个行政治所类城市中,庄浪茶马厅与平番县共治一城,城内所有汉民户口及其他相关调查信息均由平番县负责管辖查报,故厅调查表中厅城城内及关厢的户口等信息均留为空。统计城乡人口结构,应将庄浪茶马厅乡村聚落户口数据归并到平番县中统一计算。狄道沙泥州分州城内户口缺失,仅保留有附城户口数据,共12户56人。因无法补齐城内数据,该治城属于无效样本,只能排除在统计之外。除此之外,宁夏、宁朔两县同为宁夏府附廓县,宁夏县分辖府城东部、北部及相应方位城外乡村聚落。宁朔分辖府城南部、西部及相应方位城外乡村聚落。数据统计中,笔者将两县治城人口合为一城,四乡人口合为一县。以上信息合计,66个治所城市实际有效样本仅63个。汇总信息详见表2-3。

表2-3 宣统人口调查甘肃63个调查单元治城与辖区人口统计

序号	调查单元	总人口	治城户数	治城人口	户均	人口占比
1	灵台县	62 192	141	616	4.4	1.0%
2	宁州	68 195	332	1 084	3.3	1.6%
3	环县	14 835	57	328	5.8	2.2%
4	礼县	195 742	972	5 376	5.5	2.7%
5	通渭县	90 401	445	2 820	6.3	3.1%
6	正宁县	19 825	146	655	4.5	3.3%
7	陇西分县	10 627	96	354	3.7	3.3%
8	红水县	14 780	102	518	5.1	3.5%
9	镇原县	73 023	530	2 902	5.5	4.0%
10	隆德县	42 084	327	1 732	5.3	4.1%
11	大通县	46 303	451	1 966	4.4	4.2%
12	平远县	21 292	160	930	5.8	4.4%
13	循化厅	59 550	893	2 663	3.0	4.5%
14	毛目分县	4 356	56	196	3.5	4.5%
15	平凉县	60 853	1 141	2 784	2.4	4.6%
16	碾伯县	61 399	699	2 999	4.3	4.9%
17	古浪县	19 500	320	1 027	3.2	5.3%
18	静宁州	94 662	1 007	5 191	5.2	5.5%
19	宁远县	63 302	682	3 482	5.1	5.5%
20	金县	38 991	462	2 148	4.6	5.5%
21	伏羌县	98 196	2 178	5 765	2.6	5.9%
22	泾州	56 892	683	3 538	5.2	6.2%
23	庄浪分县	26 291	336	1 761	5.2	6.7%
24	清水县	41 043	508	2 754	5.4	6.7%
25	安化县	28 743	346	2 030	5.9	7.1%
26	化平厅	16 577	229	1 195	5.2	7.2%

续表

序号	调查单元	总人口	治城户数	治城人口	户均	人口占比
27	抚彝厅	72 417	576	5 222	9.1	7.2%
28	安定县	48 601	634	3 576	5.6	7.4%
29	玉门县	15 463	460	1 152	2.5	7.5%
30	靖远县	61 805	876	4 851	5.5	7.8%
31	华亭县	20 579	577	1 658	2.9	8.1%
32	河州	209 061	4 265	17 285	4.1	8.3%
33	两当县	16 896	237	1 505	6.4	8.9%
34	渭源县	32 572	615	3 022	4.9	9.3%
35	山丹县	78 613	1 953	7 466	3.8	9.5%
36	海城县	38 794	460	3 805	8.3	9.8%
37	狄道州	47 008	1 135	4 998	4.4	10.6%
38	巴燕戎格厅	16 837	542	1 819	3.4	10.8%
39	陇西县	64 670	1 422	7 123	5.0	11.0%
40	会宁县	39 898	664	4 576	6.9	11.5%
41	西宁县	150 881	4 236	18 048	4.3	12.0%
42	贵德厅	9 715	272	1 242	4.6	12.8%
43	宁夏/宁朔县	96 874	3 149	13 065	4.1	13.5%
44	三岔厅	13 840	294	1 891	6.4	13.7%
45	硝河城分州	5 753	273	892	3.3	15.5%
46	灵州	41 636	985	6 694	6.8	16.1%
47	花马池厅	7 052	123	1 185	9.6	16.8%
48	平番县	35 554	1 170	6 114	5.2	17.2%
49	秦安县	177 421	5 212	32 126	6.2	18.1%
50	洮州厅	60 830	1 050	11 144	10.6	18.3%
51	宁灵厅	41 735	1 165	8 064	6.9	19.3%
52	平罗县	51 332	1 237	10 171	8.2	19.8%
53	崇信县	13 677	391	2 716	6.9	19.9%
54	打拉池分县	3 076	196	640	3.3	20.8%
55	永昌县	15 835	1 363	3 345	2.5	21.1%
56	王子庄分州	5 608	363	1 221	3.4	21.8%
57	高台县	98 538	4 625	21 567	4.7	21.9%
58	肃州	74 095	2 472	16 977	6.9	22.9%
59	安西州	10 844	546	2 566	4.7	23.7%
60	敦煌县	18 129	740	4 448	6.0	24.5%
61	张掖县	75 446	5 472	20 516	3.7	27.2%
62	皋兰县	168 942	15 155	59 147	3.9	35.0%
63	丹噶尔厅	16 203	1 300	5 839	4.5	36.0%
	合　计	3 285 884	79 504	374 490	4.7	11.4%

以上63个行政治所类城市户口合计,总共79 516户,374 546口,户均人口4.7,平均每个治城约1 261户,5 944人。以户计,约占总户数的6.3%。如以人口计,则约占总人数的11.4%。这一人口占比与中国传统社会中城市(行政治所城市)人口在总人口所占比例约10%的普遍认识极为接近。但是,如果认真审视每一个样本数据及整个数据序列,就会发现,这种比例上的接近只不过是一种统计上的假象,单纯的一个算数平均数并不能反映样本数据的总体趋势。

在以上63个治城的人口占比中,数据最大值出现在丹噶尔厅,为0.36;数据最小值出现在灵台县,为0.01,两者相差了36倍,数据极差R高达0.35。统计显示,数据标准偏差SD为0.081,变异系数CV高达71.2%。以平均值为断划分为高低两组,其中高于平均值的共有24组,标准偏差SD为0.063,变异系数CV为22.9%;低于平均值的共有39组,标准偏差SD为0.026,变异系数CV为55.4%。由此可见,这63组数据的离散度较大。图2-5展示了以上63座治所城市人口占比的分布,从图上可以比较直观地看到数据散离的状态。

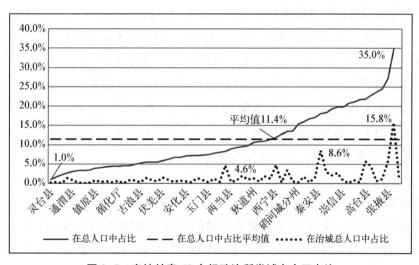

图2-5　宣统甘肃63个行政治所类城市人口占比

相对于离散度较大的治城人口在总人口中的占比,各城治人口在治城总人口中的占比,统计数据显示似乎离散程度更大。63组治城人口在治城总人口中的占比平均值为0.015 9,标准偏差SD为0.024 4,但变异系数CV高达153.7%。其中占比高于平均值的16个治城,标准偏差SD为0.036 1,变异系数CV更是达到惊人的227.6%。但是,占比低于平均值的治城有47个,占总数据74.6%,标准偏差SD为0.004 1,变异系数CV仅26.1%。由此可见,大部分治城人口规模是比较接近的,只治城中的部分极端数据严重影响了数据的最终统计结果。

两组数据的回归统计结果显示:相关系数 $r=0.5479$,$r^2=0.3003$,调整后 $r^2=0.2888$。这表明晚清甘肃行政治所类城市人口在其辖区总人口中的占比与其城市人口数量之间有一定的相关性,但并不显著。尤其是调整后的 r^2 仅有 0.2888,这说明自变量 x(治城人口在总人口中的占比)只能说明因变量 y(治城人口在治城总人口中的占比)中 28.88% 的数据,因变量 y 中另外 61.12% 的数据都要由其他因素来解释。对这一回归统计结果更为通俗的解释是:清末宣统年间,甘肃 63 个调查单元(即厅、州、县一级基本行政区划)中,各治所城市在各自辖区人口中所占的比例,也就是传统的城乡人口结构或者城市化水平与各治所城市本身的人口规模并没有太大关系,决定各调查单元城市化水平高低的主要因素很大程度上来源于其他方面。

曹树基对清代乾隆四十一年(1776 年)和光绪十九年(1893 年)两个时间切面上的全国行政治所类城市进行了对比研究,发现:虽然中国城市人口从 1776 年至 1893 年的 117 年间增加了 400 多万,但由于全国人口总数增加,城市人口比例反而从 7.4% 下降到 7.1%。基于此他认为:"在传统时代,中国城市化水平并不完全由城市人口的多少来决定,在很大程度上,反而是由全国人口总数来决定。这一事实从更深的层次上体现了中国社会某种难以变更的结构性停滞:没有现代化的工业和商业作支撑的大多数行政城市和市镇,所能提供的就业机会是有限的,所能容纳的人口也是有限的。"[①]

城市化水平并不完全由城市人口多少来决定,这是毫无疑问的,因为城市化水平是指城市人口在总人口中所占的比例。在总人口不变的情况下,城市化水平由城市人口多少决定;反之亦然。问题的关键是,城市人口与城市化水平具有鲜明的地域特色,忽视这一点,在全国范围来谈论人口总量决定城市化水平并没有太多实际意义。

在样本数据极少,且几乎完全不可靠的情况下,根据自己构建的城市人口模型,曹树基估计 1776 年甘肃城市(行政治所类城市)人口有 43 万,约占全省人口的 2.7%。历经同治西北战争打击,晚清城市人口的绝对数量已较清代前期大大减少,1893 年全省仅 27 万,但在全省人口中占比提高至 4.6%。而这两个时间

[①] 葛剑雄主编,曹树基著:《中国人口史》第五卷《清时期》,第 828—829 页。

切面上,全国的城市化水平分别是 7.4％和 7.1％[①]。实际上,甘肃现存"地理调查表"中,仅 63 个现存治所城市人口就已经有 37.5 万,占人口总数的 11.4％。如果按这一比例推算,宣统年间,整个甘肃行政治所类城市人口总数应有 53.6 万。由此可见,晚清甘肃省不论城市人口总量还是城市人口占比,都远高于曹树基的估计数。至少在甘肃一省,曹树基关于清代甘肃行政治所类城市人口总量和占比的估计都是偏低的。由甘肃个案进一步推论,曹树基对 1776 年和 1893 年两个时间切面上中国城市人口规模的估计数,以及以此估计数为基础得出的中国城市水平略有下降的结论是否正确,值得重新探讨。

宣统甘肃"地理调查表"现存 63 个治所城市中,有 24 个城市人口占比超过平均值 11.4％。而在 10 个人口占比超过 20％的城市中,城市人口规模和行政等级差别极大。其中既有人口接近 6 万的兰州省城,有人口过万的甘州、安西州、肃州等府州城和丹噶尔、敦煌、高台、永昌等普通厅县城,也有仅千人,甚至不足千人的分征佐贰辖区,如肃州王子庄分州和海城县打拉池分县城等。省城及府州城因为拥有绝对的行政地位,在辖区中首位度最高,具有极强的中央性机能,城市人口数量多,且在辖区总人口中占有较高比例,比较容易理解。各分征佐贰所辖地方多为偏僻荒远所在,治城人口虽然很少,但在其辖区中的首位度可能更高,城市化水平并不见得就很低,逻辑上亦讲得通。统计数据中,除了王子庄与打拉池两处,秦州三岔分州、固原州硝河城分州、灵州花马池分州等处,人口占比均超过平均值。

如何解释其他普通厅县也具有如此高的城市化水平呢？如果放在晚清西北战乱的大背景下重新审视这些人口占比超过平均值的治城,很容易发现,这些城市及其辖区人口大都受战争影响较大,比如河西走廊的张掖县、高台县、肃州、王子庄分州、河湟谷地丹噶尔厅、洮州厅、西宁县、贵德厅等,宁夏及平庆泾固一带的打拉池分县、平罗县、宁灵厅、灵州、花马池、硝河城等。这些地区因为战时打斗激烈,乡村人口损失较多,治城又因大批人口逃入避难,人口激增,导致战后城市人口占比处于较高水平。但也有一些例外情况,比如秦安县,战时人口损失不多,治城人口占比较高可能和外来人口避难逃生有关。但更主要的因素可能和当地自然与人文环境有关,秦安地属秦州直隶州,是甘肃典型的地狭人稠之区,县城占据水土条件最好的地区,又处于水陆要冲,人口集聚于此,原本就是如此。

[①] 葛剑雄主编,曹树基著:《中国人口史》第五卷《清时期》,第 747—748、797 页。

嘉峪关外的敦煌县、安西州等处,同治战时受影响较小,人口损失不多。这些州县地广人稀,治城的中央性机能极强,治城人口占比较高,显然和自然环境有关。

甘肃地处西北内陆边疆,经济落后,地广人稀,1851年全省人口数量在内地18省中排名第十四位,人口密度排名倒数第二位①。历经同光西北战争及灾荒蹂躏,人口遭到重创之后,全省人口数量及人口密度在18省中的排名均跌至倒数第一位。在这样的省份之中,其城市化水平,相对于其他内地各省区,是否真的较低,以及各省区或者各自然区划之间的城市化水平,彼此之间是否具有可比性,值得认真反思。

曹树基通过以行政治所城市人口为对象的城市化水平研究,归纳出中国社会某种难以变更的结构性停滞,不管到底是哪种难以变更的结构性停滞,实际上存在逻辑上的错误。因为,大多数行政治所类城市设置不是或者至少不是唯一或主要以工业和商业作为支撑的,而是以行政治所类城市所拥有的国家赋予的行政权力和由此在辖区内所占有的几乎所有的经济、文化等资源为支撑的。这些社会资源的汇集,使得人口大量集聚在治城之中。这样的治城能集聚多少人口,显然与现代工商业无关。因为,即使在传统工商业支撑下,地处亚洲内陆的晚清甘肃省,也有人口近6万的省城和人口超3万的县城。而同时代的东部其他特大城市,人口更远甚于甘肃各相同等级的城市。

实际上,在现实的地理空间和社会空间中,不同地区之间的自然和人文环境千差万别,不存在理想中均质的平原。而人口总是喜欢集聚在那些自然和人文环境适宜的区域,厌弃那些相反的区域。因此,人口在空间分布上天然就是不均衡的。而战争及与之相伴而来的灾荒、瘟疫等是人口在短时间内急剧减少和剧烈波动的最主要原因。所有这些因素与晚清甘肃所面临的实际情况没什么不同。或者,从另一个方面来看,宣统"地理调查表"里所记载的那种历经同治西北战乱灾荒打击之后的晚清甘肃人口,是历史时期中国人口的常态。基于此种史实,离开区域在全国范围内讨论城市化水平,与在一个非封闭的区域内讨论区域人口承载力一样,没有太多实际意义。

二、城墙内外的人口结构

在传统人口史研究范式中,因为数据空间精度等原因,历史城市几乎从来都

---

① 此为1851年人口数据,详见葛剑雄主编,曹树基著:《中国人口史》第五卷《清时期》,第703—704、708—718页。

是由一个个数字代表的点。在中国城市史的研究中,虽然诸多研究个案把城市从一个点扩展成一个面,并开始关注到城市内部的信息,但是,研究中关注最多的仍然是城市的整体空间形态、内部建筑形制、空间结构、功能分区以及其他相关内容。关于城市的人口,则因为同样的数据缺漏,似乎与人口史中的城市人口研究类似。宣统调查甘肃"地理调查表"以空间上相对独立的聚落为调查单位,分为城内、关厢、附城、四乡聚落等进行记录,这种调查、登记及上报的方式,为我们在更高的空间精度上观察晚清西北城市人口分布提供了可能。

宣统"地理调查表"现存66个调查单元,共包括城内、关厢以及附城在内,总共185个调查单位(独立的调查聚落),其中,城墙以外的调查单位共119个,城墙以内的调查单位共66个。对这66个调查单元治城数据汇总并去除无效样本后,共得到63个治城城内与城外人口信息。见表2-4。

表2-4 宣统甘肃行政治所类城市城内与城外人口统计

序号	治所	城内人口	城外人口	总人口	城内占比	城外占比	城内累积
1	秦安县城	2 165	29 961	32 126	6.7%	93.3%	8.6%
2	伏羌县城	637	5 128	5 765	11.0%	89.0%	10.1%
3	兰州省城	9 163	49 984	59 147	15.5%	84.5%	25.9%
4	抚彝厅城	827	4 395	5 222	15.8%	84.2%	27.3%
5	敦煌县城	861	3 587	4 448	19.4%	80.6%	28.5%
6	高台县城	5 870	15 697	21 567	27.2%	72.8%	34.3%
7	平远县城	270	660	930	29.0%	71.0%	34.5%
8	渭源县城	878	2 144	3 022	29.1%	70.9%	35.3%
9	安定县城	1 110	2 466	3 576	31.0%	69.0%	36.3%
10	金县县城	830	1 318	2 148	38.6%	61.4%	36.8%
11	镇原县城	1 282	1 620	2 902	44.2%	55.8%	37.6%
12	化平川厅城	542	653	1 195	45.4%	54.6%	37.9%
13	碾伯县城	1 389	1 610	2 999	46.3%	53.7%	38.7%
14	贵德厅城	594	648	1 242	47.8%	52.2%	39.1%
15	大通县城	941	1 025	1 966	47.9%	52.1%	39.6%
16	安西州城	1 236	1 330	2 566	48.2%	51.8%	40.3%
17	泾州州城	1 708	1 830	3 538	48.3%	51.7%	41.2%
18	巩昌府城	3 602	3 521	7 123	50.6%	49.4%	43.1%
19	环县县城	166	162	328	50.6%	49.4%	43.2%
20	宁州州城	554	530	1 084	51.1%	48.9%	43.5%
21	灵州州城	3 632	3 062	6 694	54.3%	45.7%	45.3%
22	宁灵厅城	4 389	3 675	8 064	54.4%	45.6%	47.4%

续表

序号	治所	城内人口	城外人口	总人口	城内占比	城外占比	城内累积
23	红水分县城	299	219	518	57.7%	42.3%	47.6%
24	华亭县城	964	694	1 658	58.1%	41.9%	48.0%
25	循化厅城	1 565	1 098	2 663	58.8%	41.2%	48.7%
26	平罗县城	6 045	4 126	10 171	59.4%	40.6%	51.4%
27	巴燕戎格厅城	1 090	729	1 819	59.9%	40.1%	51.9%
28	正宁县城	394	261	655	60.2%	39.8%	52.1%
29	海城县城	2 312	1 493	3 805	60.8%	39.2%	53.1%
30	崇信县城	1 686	1 030	2 716	62.1%	37.9%	53.8%
31	灵台县城	383	233	616	62.2%	37.8%	54.0%
32	古浪县城	668	359	1 027	65.0%	35.0%	54.3%
33	靖远县城	3 167	1 684	4 851	65.3%	34.7%	55.6%
34	礼县县城	3 632	1 744	5 376	67.6%	32.4%	57.0%
35	岷州州城	1 892	892	2 784	68.0%	32.0%	57.8%
36	庄浪县城	1 197	564	1 761	68.0%	32.0%	58.2%
37	河州州城	12 099	5 186	17 285	70.0%	30.0%	62.8%
38	两当县城	1 137	368	1 505	75.5%	24.5%	63.2%
39	静宁州城	3 946	1 245	5 191	76.0%	24.0%	64.6%
40	山丹县城	5 684	1 782	7 466	76.1%	23.9%	66.6%
41	狄道州城	3 878	1 120	4 998	77.6%	22.4%	68.0%
42	硝河城分州城	706	186	892	79.1%	20.9%	68.2%
43	丹噶尔厅城	4 671	1 168	5 839	80.0%	20.0%	69.8%
44	清水县城	2 223	531	2 754	80.7%	19.3%	70.5%
45	会宁县城	3 701	875	4 576	80.9%	19.1%	71.7%
46	宁远县城	2 833	649	3 482	81.4%	18.6%	72.6%
47	西宁府城	15 079	2 969	18 048	83.5%	16.5%	77.5%
48	王子庄州同城	1 024	197	1 221	83.9%	16.1%	77.8%
49	平番县城	5 319	795	6 114	87.0%	13.0%	79.4%
50	肃州州城	14 872	2 105	16 977	87.6%	12.4%	84.0%
51	西和县城	9 960	1 184	11 144	89.4%	10.6%	86.9%
52	通渭县城	2 567	253	2 820	91.0%	9.0%	87.7%
53	甘州府城	19 048	1 468	20 516	92.8%	7.2%	93.2%
54	花马池厅城	1 103	82	1 185	93.1%	6.9%	93.5%
55	安化县城	1 918	112	2 030	94.5%	5.5%	94.0%
56	永昌县城	3 218	127	3 345	96.2%	3.8%	94.9%
57	陇西分县县城	354	—	354	100.0%	0.0%	95.0%
58	隆德县城	1 732	—	1 732	100.0%	0.0%	95.5%

续 表

序号	治 所	城内人口	城外人口	总人口	城内占比	城外占比	城内累积
59	玉门县城	1 152	—	1 152	100.0%	0.0%	95.8%
60	三岔厅城	1 891	—	1 891	100.0%	0.0%	96.3%
61	毛目分县城	196	—	196	100.0%	0.0%	96.3%
62	打拉池分县城	640	—	640	100.0%	0.0%	96.5%
63	宁夏府城	13 065	—	13 065	100.0%	0.0%	100.0%
	合 计	201 956	172 534	374 490			

从表2-4可以看到,晚清甘肃63个有效行政治所类样本城市中,各治城间城内人口与城外人口相差极大。其中城内人口少于城外人口者有17个,仅占总数的27%,但其人口要占到总人口的40.9%。城内人口超过90%者有12个,其中有7个人口全部集中于城墙之内。总体来看,晚清甘肃大部分行政治所类城市人口仍然集中于城墙内部。对此63个治城按城内人口占比从小到大排序后绘制成图可以更直观地看到这种人口分布的趋势(见图2-6)。

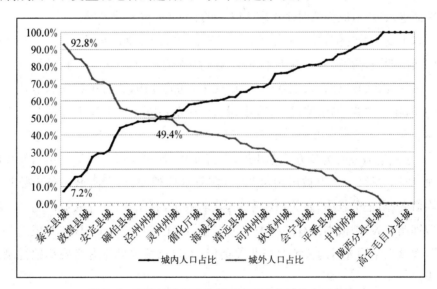

图2-6 宣统甘肃行政治所城市城内与城外人口占比

认真分析居于城内城外人口占比两端的极端数据可以看到更多细节问题。比如在12个城内人口占比超过90%的治城中,包括3个府级治城(甘州府城、庆阳府城、宁夏府城)、4个县级治城(通渭县城、永昌县城、隆德县城和玉门县城)、5个分县分州等佐贰辖区(花马池厅城、陇西分县城、三岔厅城、高台毛目分县城、打拉池分县城)。这些治城从行政等级上看,即有府级治城,也有普通县级治城,略低于县的分征佐贰辖区数量更多,彼此间存在很大差异;从人口数量上看,亦存在较大不同,最多的甘州府城超过2万,宁夏府城也有1.3万余口。少的如打海城县拉池分县城和陇西分县城,仅有数百人。高台毛目分县城更是少得可怜,尚不足200人。初看起来,这些治城几乎是杂乱无章,没有任何规律可循。但如果放在西北地区特定的人文和自然环境中,很容易就会发现,这些城内人口占比超高的治城基本上可以划分为两类:其一是位置偏远、人口较少的小城;其二是人口众多,处于同治西北战争核心区域、战时人口损失惨重的核心大城。前者如玉门县和5个分县、分州等分征佐贰治城,多为撮而小城,本城人口较少,且多处交通不便的偏远之地,辖区内地广人稀,商业较不发达,人口汇聚效应不明显,治城人口全聚于城内,合乎情理,相当正常;后者如甘州府城、庆阳府城以及宁夏府城等,同治战时处于战争核心区域,受害最烈,不但人口损失惨重,商业也遭到重创。战争状态下,治所城市是各方争夺的战略节点,往往反复拉锯,多次易手。而城墙之外的关厢首当其冲,最先遭到破坏,原本集聚其中的人口转而逃入城中,成为战时避难求生唯一的、也是最重要的选择。

以宁夏府城为例,乾隆五年重修后共有南北两个关厢(见图2-3),同治战前府城通衢四达,街道井然,城内集市17处,百货杂陈,商贾云集。其所处宁夏平原一带"同治兵燹以前,人烟辐辏,商旅往来,塞北江南,为甘肃第一繁盛地。自经兵劫,化为邱墟,周余黎民,靡有孑遗。……前后列难官绅民人等约有三十多万"①。由于没有统计女性、孩童与回族人口,实际死亡人数远不止这三十多万②。宁夏府城战时为各方争夺要地,受害尤烈,损失尤惨。同治二年回族攻陷城池,史称"汉民十余万被屠殆尽"③。《宁夏县地理调查表》附城一条户数和口数均留空,附记中载称"北关在城东北,城墙败圮,有民数户,并入城内"。《宁朔县地理调查表》则根本没有把南关单独记录,仅在城内一条中记称"本城内并南关",大概当年调查时南关情况与北关类似,人口已稀少到没有必要单独记录的地步。

其他诸如西宁府城与肃州城和宁夏府城一样,同治战时也都处于战争的核心区域,这两处虽然城内人口占比低于90%,但也均在80%以上。在战争结束

---

① 慕寿祺:《甘宁青史略·正编》卷二三。
② 葛剑雄主编,曹树基著:《中国人口史》第五卷《清时期》,第618页。
③ 宣统《甘肃新通志》卷四七《回变》。

四十余年后，甘肃行政治所城市人口仍然主要集聚于城内，关厢仍未完全恢复，由此可见当年战争之惨烈。另外，这一现象也反映出，这些战时饱受摧残的区域，在战后数十年间外来人口迁入数量比较有限，人口规模与商业都远没有恢复到战前的水平。

与这些人口主要集聚于城内的治城相比，处于统计数据另一端的治城，也就是那些绝大部分人口集聚在城外者，情况则完全不同。在63个治所城市中，有5个治城（即秦安县城、伏羌县城、兰州省城、抚彝厅城和敦煌县城）的城内人口占比低于20%，这一比例数据意味着有超过80%的人口集聚在城墙以外的关厢或者附城之中。其中城内人口占比最低的秦州直隶州秦安县（即今之甘肃天水市秦安县），仅有6.7%，其余高达93.3%的人口均集聚在关厢之中。宣统调查秦安县城约5 200户，共3.2万口，在甘肃全省治所城市之中，仅次于省城兰州，远高于其他所有府城与县城。

秦安县城人口众多，首先与其商贸发达有关。秦安县位于秦州的北部，人稠地狭，干旱缺水，自然条件较差。但是，因扼守关陇要道，为道路通衢之地，历来商贸繁盛，是陇右地区行商坐贾重要的集散地。清代秦安境内集镇密布，每月逢集日多至176个。县城作为区域中心，更是日日逢集，商户有600多家，行业有20多个[①]，大量人口因之集聚于县城之中。此外，秦安城人口众多也与同治年间的西北战争有关。同治战时，秦安县所处的甘肃西南部秦州一带受战争影响较小，不但区域内人口损失有限，而且区域外人口亦有部分迁居于此避难者，同时还有官府组织的大批安置难民。战争爆发前的1851年秦州人口93.9万，战后的1880年人口93.3万，仅减少了0.6%。而与秦州相邻的阶州人口则从战前的41.0万增加到战后的47.1万，经历十余年战乱，人口非但没减少，反而增加了14.9%[②]。以1910年人口统计，秦、阶两州的人口密度分别是每平方千米65.9、35.9，居整个甘肃各府州的前两位[③]。相对于其他饱受战火蹂躏之区，这些区域战后人口相对比较稠密，有能力向人口更为稀少的地区输送人口，从而成为重要的移民迁出地。

稍加汇总，很容易发现，其他城内人口占比较小的治所城市，大都与秦安县

---

① 张尚忠主编，秦安县志编纂委员会编纂：《秦安县志》，兰州：甘肃人民出版社，2001年，第399—400页。
② 葛剑雄主编，曹树基著：《中国人口史》第五卷《清时期》，第622—624页。
③ 葛剑雄主编，曹树基著：《中国人口史》第五卷《清时期》，第718页。

情况类似,比如省城兰州城中汇集的大批各处难民及土著人口均得以保全。而其外围区域,即附廓皋兰四乡,所受影响亦较小,地方志书中对此有相关记载。曹树基更以慕寿祺《甘宁青史略》辑录史料中有关皋兰县战争记载较少为依据,推断战时兰州城之保全与皋兰县人口大部得以存活①。巩昌府伏羌县(即今之甘肃天水市甘谷县)与秦安县相邻,战时人口变动情况与秦安县相似。敦煌偏居口外,战争基本没有波及此处。

类似同治战争受影响较小的区域,治城人口财产损失有限,关厢、附城得以保留。又或可能有部分外来避难人口迁居其间,人口聚集,故相对于城内占有较高的比例。这与战时饱受战火摧残的治城大量人口集聚于城内相比,明显不同。但是,也有不少研究个案,并不符合这一推理,比如甘州府抚彝厅(治城位置即今之甘肃张掖市临泽县蓼泉镇)、高台县等都处于战争中心区,但城内人口占比均较低。秦州三岔厅、清水县以及礼县等处于战争非中心区,城内人口占比反而较高。究其原因,可能这就是西北治城人口正常的分布状态。治城是否建有关厢、附城,以及关厢、附城大小,人口多少,与各城所处的地理环境、人口规模、中央性强弱及其他实际的状态有关,战争只是导致治城人口在城内与关厢分布上发生变化并产生差异的一个原因。

第五节　晚清甘肃千人以上聚落与近代西北地区城市化水平

根据前文定义的城市及城市空间边界划分原则,笔者对宣统甘肃"地理调查表"中6 987个城乡聚落户口数据重新进行了合并、汇总,总共得到6 868个城乡聚落数据。其中聚落人口最大值是59 147,为省城兰州,最小值是0,共55处,多为仅留村名的无人聚落,亦有部分属于户口缺漏者。甘肃现有"地理调查表"统计数据显示,清末民初甘肃聚落人口的规模较小,平均仅约有91户,480人。其中聚落规模在1 000人以上者,虽仅有701个,约占聚落总数的10.2%,但其人口数量却占了总人口的53.7%。在63个行政治所类城市之中,人口大于1 000者共有54个,合计共78 277户,369 361人。聚落频数、户数和人数所占

---

① 葛剑雄主编,曹树基著:《中国人口史》第五卷《清时期》,第628页。

比例分别为85.7%、98.5%和98.6%。可见,晚清甘肃1 000人治所城市占有绝对重要的地位。

总之,晚清西北城乡聚落,如仅从聚落频数上来讲,1 000人是一个极其重要的分界线。在这条线以下的聚落,人数虽然不及总人口的半数,但却占了全部聚落总数的近90%。1 000人以上聚落,则仅占总数的10%强。同时,超过85%行政治所类城市人口也都在1 000人以上。这一集合基本上包含了晚清甘肃城乡聚落中最核心、最重要的部分。

表2-5　甘肃"地理调查表"千人分组聚落人口统计

千人分组	频数	口数	频数占比	人数占比	频数累积	人口累积	变异系数
1 001—2 000	416	584 451	59.3%	33.0%	59.3%	33.0%	19.8%
2 001—3 000	140	338 639	20.0%	19.1%	79.3%	52.1%	11.2%
3 001—4 000	71	245 472	10.1%	13.9%	89.4%	66.0%	7.9%
4 001—5 000	28	124 969	4.0%	7.1%	93.4%	73.1%	6.0%
5 001—6 000	14	78 039	2.0%	4.4%	95.4%	77.5%	5.2%
6 001—7 000	9	57 659	1.3%	3.3%	96.7%	80.7%	4.1%
7 001—8 000	6	44 684	0.9%	2.5%	97.6%	83.3%	4.1%
8 001—9 000	1	8 064	0.1%	0.5%	97.7%	83.7%	—
9 001—10 000	0	0	—	—	97.7%	83.7%	—
10 000+	16	288 198	2.3%	16.3%	100.0%	100.0%	69.2%
总　计	701	1 770 175	100.0%	100.0%	—	—	128.4%

从表2-5上可以清楚看到,清末民初,甘肃1 000人以上聚落人口所占比例在0.5%到33%区间内波动。其中从4 000到10 000这6组内,聚落人口所占比例波动较小,极差仅7个百分点。究其原因,主要是这一人口区间内聚落数量较少,聚落增加导致的聚落人口规模增长比较有限,从变异系数的变动也可以看到这一点;1 000到3 000这3个组,随着组人口阈限降低,聚落数量的增加比较快,各组人口占比波动亦随之增大,变异系数的显示结果同样如此。以上10个分组之中,10 000人以上组,是一个特殊的存在。该组聚落仅16个,频数占比不过2.3%,但人口占比却高达16.3%。人口超大规模的存在是造成这一现象的最主要原因。各组中最大的变异系数也说明,10 000人以上聚落人口波动幅度较大。

总之,就1 000人以上聚落来讲,如果仅从人数上来看,4 000人是一个重要的分界线。位于该线以下的聚落数量接近聚落总数的90%,人口数量则占到了

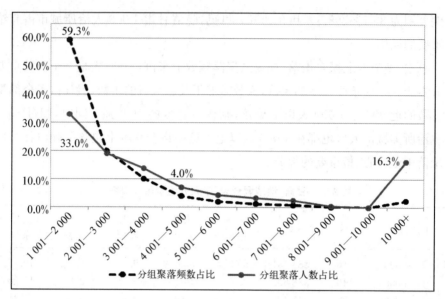

图 2-7 甘肃"地理调查表"千人组距聚落人口分布

总人口的 66%。从图 2-7 中可以直观地看到清末民初甘肃城乡聚落人口分布的大势。

对照前文所述学界较有代表性的诸家关于清末民初中国城市化水平研究,可以发现,几乎所有的结论,都和甘肃的统计数据相悖,有的差距还相当大。比如饶济凡声称 19 世纪中叶江苏 500 人以上聚落人口比重为 7%,即使城市化水平最高的直隶地区也仅为 8.8%。但在甘肃,清末民初 500 人以上聚落人口占比高达 73.5%,比饶氏的估计高出 9 倍以上;赵冈声称 19 世纪 90 年代中国 2 000 人以上聚落人口占 7.7%。施坚雅持不同意见,认为,这一比例应该是 6.0%。在甘肃,清末民初 2 000 人以上聚落人口占比高达 36.0%,是施氏估计的 6 倍,赵氏估计的约 4.6 倍。曹树基把传统行政等级类治所作为城市,认为 19 世纪 90 年代初,此类城市全国平均是 7.1%,其中甘肃是 4.6%①。"地理调查表"汇总统计数据显示,20 世纪初甘肃 63 座行政治所的人口总数为 374 490,约占调查人口总数的 11.4%,这一比值比曹树基的估计值高出 2.5 倍。

甘肃深居内陆,相较中东部各省,社会经济发展水平较低,人口总量相对较少,聚落平均人口规模亦较小。如以东部诸省相论,其各层级聚落人口占比当比

---

① 葛剑雄主编,曹树基著:《中国人口史》第五卷《清时期》,第 828—829 页。

甘肃要高,即以全国平均水平相对照,甘肃各层级聚落人口占比亦属较低①。很显然,以上诸位专家划定的清末民初时期中国城市最低人口规模边界以及城市化水平的估计,大都与实际状况相去甚远,无法使人信服。

从20世纪20年代初开始,金陵大学农学院卜凯教授和他的研究团队着手调查中国土地利用情况,这一工作前后持续了十余年②,调查范围包括当时中国22个省168个地区的近4万个家庭,调查成果最终汇集在1937年出版的《中国土地利用》一书中。诺斯坦、乔启明两人以这批调查资料为基础,撰写了该书的人口部分。他们的研究显示,20世纪30年代初北方小麦地带约有80%的人口生活在2 500人以下的乡村聚落中,约10%的人口聚居在10 000人以上的城市里,另10%的人口生活在城与乡之间的市镇中(简称卜凯数据)③。

按照这一城乡划分标准对"地理调查表"户口数据进行汇总,可以发现,两者城市人口所占比例较为接近,但市镇、乡村两级人口占比相差较大,尤其是市镇人口占比,卜凯数据尚不及"地理调查表"数据的一半。详见表2-6:

表2-6 三种数据来源的乡村、市镇、城市人口百分比

类 别	城市人口占比	市镇人口占比	乡村人口占比	合 计
卜凯数据	10%	10%	80%	100%
乔启明数据	12%	22%	66%	100%
"地理调查表"数据	9%	22%	69%	100%

北方小麦地带指的是秦岭、淮河以北,农牧分界线以南,自西部河西走廊至东部华北平原的广大地区④。其中,卜凯数据覆盖的陕西及其以东各省⑤人口发展水平应该比甘肃要高,但统计数据显示其市镇人口占比却远低于甘肃。显然,即使这个被称为"可能20世纪上半期最为真实可靠统计"的卜凯数据⑥,其质量仍然存在较大问题。

---

① 王蕾:《甘肃城镇化问题分析及思考》,《兰州交通大学学报》2011年第4期。
② 乔启明在该书中文版序言中称,1937年英文版出版时,历时九载,费金五十余万,工作者半百。实际上,调查工作的时间远比乔启明说的要长。见岱峻:《卜凯和他的农经学派》,《书屋》2012年第2期。
③ [美]卜凯主编:《中国土地利用》,金陵大学农业经济系译,南京:金陵大学农学院农业经济系,1941年,第505页。
④ [美]卜凯主编:《中国土地利用》,第28页。
⑤ [美]卜凯主编:《中国土地利用》,第500页。
⑥ 侯杨方:《20世纪上半期中国的城市人口定义及估计》,《上海师范大学学报(哲学社会科学版)》2010年第1期。

卜凯数据中对城市、市镇及乡村三级人口占比的划分，一方面，可能受到当时社会普遍观点的影响①；另一方面，也与实际的调查工作有关。虽然，调查之初，卜凯及其团队就坚持使用抽样的方法进行实地调查，但实际上，卜凯数据的来源相当复杂，调查地区的选择带有一定的随意性，并不真正具备代表性，许多合适的地区并未成为具体研究的对象②。此外，调查人员仅有半百，数量过少，也难以承担这样一个全国性的调查工作。种种原因使得调查团队在面对10 000人以上显著性较强的聚落时，由于数量较少，调查数据质量较高。但随着聚落人口降低，聚落数量呈几何倍数增长，调查工作远远超出个人和小团队能力范围，调查数据的质量也越来越偏离实际数值。

实际上，诺斯坦和乔启明两位作者也意识到这一调查数据的局限，在1945年出版的《中国农村社会经济学》一书中，乔启明根据自己亲自参加主持以及卜凯、李景汉、陈翰生、行政院农村复兴委员会等各种不同来源的实地调查结果，对先前的研究结论进行了修正，给出了不同的结论。他认为，20世纪40年代左右，农村和小村人口约占全国人口的66%，市镇人口约占全国人口的22%，城市人口约占全国人口的12%（简称乔启明数据）③。与"地理调查表"数据相对照，与乔启明数据中的市镇人口占比完全一致，唯乡村和城市人口占比略有差异。甘肃没有人口超过10万的城市，最多者省城兰州，亦不过6万人，"地理调查表"数据中城市人口占比较低，应该是由地区差异造成的，这一点符合逻辑。

综上所述，以往学者对清末民初中国城市化水平的研究，充满了较多的个人主观想象与猜测，大都与实际相距较远。之所以出现这样的情况，究其原因，主要有以下几点。

一、城市的概念与边界

城市是无标度性的地表人文景观，城市与乡村之间并不存在一条明确的分界线，这导致城市的空间边界和规模边界都无法客观测量，只能主观界定；另一方面，城市远不只是单纯的地理空间实体，它有多种的尺度和维度，也拥有不同的职能和属性。因此，认为使用"统一划分的城乡人口分界线"或"传统行政等级

---

① [美]卜凯主编：《中国土地利用》，第501页。
② 梁方仲：《卜凯〈中国土地的利用〉评介》，《社会科学杂志》第9卷第2期，1947年12月。
③ 乔启明：《中国农村社会经济学》，上海：商务印书馆，1945年，第15—20页。

治所"这样单一的指标,就能够清晰地界定城市是不现实的,也是不科学的。城市边界无法客观界定,城市人口也就无法度量,城市化水平也就无从谈起。

实际上,即使是当代拥有详尽普查数据的情况下,不同的国家和地区之间,甚至同一国家和地区的不同时间切面之间,进行城市化水平的比较往往也是一件非常困难的事情[①]。历史时期城市化水平的研究更是如此。客观地讲,"城市"与"城市化水平"两个词都是充满歧义的地理学概念,无法完整表达聚落的空间形态与人口规模。

二、城市人口数据的获取与误差

官方组织的人口普查或人口抽样调查,是现代国家获取人口和聚落这种大数据最可靠、也几乎是唯一的途径。其他任何组织或个人都没有能力从事这样的工作。这样一个系统之外的相关数据,准确性和真实性也无法得到证实。历史时期的人口数据获取手段与获取过程亦是如此。前文笔者对中华续行委办会、珀金斯、厄尔曼以及施坚雅等组织或个人发布的中国城市人口数据,进行了分析,读者从中可以很直观地看到,这些来源不一、精度各异的聚落人口数据,误差完全是随机的,不可控的。任何对这类数据进行系统检验和校正的尝试,都存在着极大的不确定性。以此为基础的研究,也很有可能失之毫厘,谬以千里。

即使是"20世纪上半期最可靠"的卜凯数据,其存在的误差也是相当惊人的,而且无法进行系统修正。乔启明数据与卜凯数据的研究基础相似,主体都是20世纪20年代开始的实地调查数据,虽然其结论与卜凯数据不同,但是,实际上,这可能更多出于学者个人的学术自觉或猜测,而又恰巧与"地理调查表"数据较为吻合而已。

三、研究对象的规模与认知

研究中国的城市化水平,哪怕空间范围仅仅局限于一个特定的自然区域或行政区域,所需要面对和筛选的样本都是海量的。以甘肃为例,现存"地理调查表"6 987个聚落人口总共324万,约占宣统甘肃人口总数的65%。按此比例估算,宣统年间甘肃全省聚落总规模当超过10 000个,估计同时期全国聚落规模

[①] 白先春、凌亢、郭存芝、金志云:《中国城市化:水平测算与国际比较》,《城市问题》2004年第2期。

高达数十万个。

　　研究这样一个超大样本的地理对象,要么拥有全样本的普查数据,要么拥有符合规定范式的抽样数据。但是,传统史料中记载的聚落人口数据,具有极强的随机性,不但不符合抽样规范,而且样本数量也极其有限。既往研究者,试图利用这样残缺不全的随机数据,来探讨城市化水平这样一个区域内在规律性的问题,首先,在研究逻辑上就是有问题的。而基于经验的个案归纳式的研究方法,看似具有实证性质,实际上犹如盲人摸象,往往以偏概全,根本就看不清研究对象的全貌和本质,研究过程充满了个人主观的想象与猜测,不但缺乏实证的本质,也探究不到表层之下真正的本质规律。

第六节　本　章　小　节

　　城市是最复杂、最典型的地表人文景观,作为真实存在的地理实体,因为无标度性,城市的空间边界与规模边界反而无法客观测量,只能主观定义。在这样一个矛盾的语境里,什么是城市以及城市人口规模有多大等原本应该简单明确的问题,最终都变得模糊起来;另一方面,对于中国历史城市城市化水平这样一个超大空间尺度研究对象来讲,真实有效的全样本数据或科学系统的抽样数据是研究的基础,但传统文献无法提供这样符合范式的数据。

　　宣统甘肃"地理调查表"是目前已知唯一一批民国以前具有现代人口普查意义的原始户口档案。它把中国人口史研究的精度第一次提升到村落这样一个级别。以这批档案为基础的个案研究,可以为以往那种一个简单、未加权平均数就代表的笼统研究,提供一个坚实的支点。通过对这份档案中 6 987 个聚落人口数据的统计分析,可以发现,城市人口的规模和城市化水平的高低,与研究者本人主观界定的城市的边界大小有直接关系。在清末民初的甘肃:仅就聚落频数所占比例而言,1 000 人是一个很重要的聚落人口分界线,这条分界线以下的聚落个数接近总数的 90%,而规模在 4 000 人以上的聚落,仅占总数的 1%;但就聚落人数所占比例而言,4 000 人是一个很重要的分界线,规模在这条线以上的聚落人口接近总人口的 20%,5 000 人以上的聚落人口占比不及 15%,而 10 000 人以上聚落人口占比不超过总数的 10%。

　　甘肃深处内陆,人口总规模较小,人口聚集程度亦较低。并且,甘肃人口受同光年间西北战乱重创,至宣统时仍未完全恢复。因此,"地理调查表"里的户口数据无法反映常态下的甘肃人口状况,也无法反映西北及北方其他省份人口的实际状况。但是,与卜凯、乔启明于20世纪30年代的北方小麦区实地调查数据相对照,可以肯定,以这批官方人口调查数据为基础的研究结论,在研究清末民初西北乃至北方聚落人口结构时,仍具有重要的指标意义。同时,对窥探中国传统农业社会城乡聚落人口结构也具有一定的参考价值。

第三章　晚清甘肃城市人口与近代
北方城市人口等级模式

本章主要探讨城市人口等级模式问题,即:晚清西北城市人口是否存在与城市行政等级相吻合的城市人口等级模式?如果存在,这一模式与曹树基先生所构建的城市人口模式是否相同?如果不存在,城市人口等级模式是否存在于其他的地理空间和城市维度里?

第一节　城市人口等级模式问题的源起

从1997年到2002年,曹树基先生先后发表了一系列论著,对清代城市[①]人口问题进行了系统考证和深入研究,成绩斐然,影响卓著。其清代城市人口史研究工作的核心是构建了新的城市人口等级模式。曹树基先生认为,建构这一模式有两个首要的前提:其一,对城市人口等级模式的推算必须在区域的框架中进行,全国统一的城市人口等级模式是不存在的;其二,构建历史城市人口等级模式应该采用实证的方法,即:在各类行政等级城市中,寻找尽可能多的样本,以个别推求整体。简单地讲,就是把一般的府城和县城分为不同的两类。"这是因为,一般来说,府治城市人口要比县治城市为多,它们之间的人口差距反映了不同级别的行政性城市对于周边地区影响力的大小以及相应的经济能力的强弱……另外,根据不同地区的实际情况将市镇分为不同的级别,然后根据人口

---

① 在对城市人口等级模式的研究中,曹树基先生虽然对什么是城市进行了非常详细的讨论,但具体论证时,他所指的城市实际上仅是传统的行政等级类治所。笔者针对这一论点进行商榷,因此,如无特别说明,下文所指城市与其定义的城市相同,皆为行政等级类治所城市。

数,将不同的市镇与不同的府、县级城市并成一类,从而构建完整和统一的区域城市人口等级模式。根据这种模式,就可以进行区域城市人口的推测了。"①这种研究是基于经验的、以文献记载为依据的归纳式研究,而不是先验的,即简单地套用西方模式进行推理的演绎式研究。在此基础上,曹树基先生的结论是:在区域的框架中,存在着与城市行政等级相吻合的城市人口等级模式。简单地讲,就是在特定的区域中,城市的行政等级与城市的人口规模存在着正相关性,行政等级高的城市人口多,行政等级低的城市人口少,不同行政等级城市的人口规模呈现出明显的层级特征。

在西北地区,曹树基先生提出了陕甘地区城市人口等级模式,认为:清中期西北地区的城市可以划分为四级,即:"县城及镇为 2 000 人,州城和直隶州城为 12 000 人,府城为 25 000 人,省城为 55 000 人。"②清晚期陕西全省县城平均人口约 2 500 人,甘肃县城人口定为 2 000 人,大县、州、府城定为 5 000 人,"在回民战争中,大多数府均遭残破,人口大量损失,故府城人口也只能定在 5 000 人左右"③。认真研读曹树基先生的整个论证过程,可以发现,支撑构建这一城市人口等级模式的城市人口样本相当有限,合计仅有 24 个,其中清中期和清晚期各有 12 个样本。如按省统计,甘肃城市样本更是少得可怜,清中期和晚期各有 4 个,仅占全省城市总数的 5%④。另外,这些极有限的样本城市人口数据多为个人估计数,可靠性值得商榷。以西安为例,曹树基先生认为同治初城中"总户数可能达到 6 万户,合计人口约 30 万。如果更多,则可能达到 40 万。同治战争中,西安城数次被围,却未破,其人口损失可以不计。然而数万户被称为'教门烟户'的回民却可能因为战争而逃散。因此,估计 1893 年的西安城市人口最多达到 30 万人"⑤。实际上,西安城内回族仅 2 万余口,战时免遭屠戮,战后亦未逃散一空⑥。比较可靠的数据显示,清末全城人口 15 万左右,仅为曹树基先生估计数的一半,就这些人口还包含了当年战时大量逃入城内避难的四乡人口⑦。兰州城情况类

---

① 葛剑雄主编、曹树基著:《中国人口史》第五卷《清时期》,上海:复旦大学出版社,2001 年,第 725 页。
② 葛剑雄主编、曹树基著:《中国移民史》第六卷《清、民国时期》,福州:福建人民出版社,1997 年,第 747 页。
③ 葛剑雄主编、曹树基著:《中国移民史》第六卷《清、民国时期》,第 793—796 页。
④ 根据牛平汉主编的《清代政区沿革综表》统计,清末甘肃县以上行政治城有 68 个,但从"地理调查表"原始档案来看,清末甘肃分县、县丞、州同、城判等均与县并列,这些行政单元,实有土地和人口,且大多有治城,其地位似与县相等或略低。统而计之,清代甘肃县及县以上行政治所类城市在 80 座左右。
⑤ 葛剑雄主编、曹树基著:《中国移民史》第六卷《清、民国时期》,第 797 页。
⑥ 路伟东:《清代陕西回族的人口变动》,《回族研究》2003 年第 4 期。
⑦ 史红帅:《明清西安城市地理研究》,北京:中国社会科学出版社,2008 年,第 412 页。

似,宣统"地理调查表"数据显示,城内仅有 9 163 人,合关厢及附城人口,总数亦不足 6 万①。曹树基先生认为甘肃省城兰州因在战争中得以保全,"估计 1893 年人口约为 10 万"②。这一估值比兰州城实际的人口数多了近两倍。而在清中期的估计中,曹树基先生又称:"兰州城的人口不可能达到 5 万人的规模,其人口应属于府城范围,即 2 万—3 万人。"③历经同治战乱,城虽未破,亦有不少城外人口迁入避难,但两者相比居然多了三倍有余,显然不太符合常理。由此可见,这种缺乏系统有效数据支持的个人估计,是相当主观与随意的。

通过实证的方法,以个案推求整体,构建城市人口等级模式。然后根据构建的模式再反推一般城市的人口状况,进而建立完整的历史城市人口序列。这一研究思路,在逻辑上是正确的,但前提是必须有足够数量且准确可靠的城市人口样本。样本数过少,犹如盲人摸象,缺乏对整体的认识,很难通过个案归纳式的研究,以个别推求整体,得出规律性的结论,进而构建可靠的城市人口等级模式。从以上两点来看,毫无疑问,曹树基先生所构建的陕甘城市人口等级模式是值得商榷的,可能需要更多的检验和论证。

第二节　行政等级治所城市人口等级模式的幻象

曹树基先生将清代陕甘两省的行政治所城市分成四个不同的等级,由高到低分别是:一、省城;二、一般府城;三、州城和直隶州城;四、一般厅、县城及大的市镇。按照这一城市等级划分标准,宣统"地理调查表"所载 63 个晚清甘肃样本城市人口信息汇总见表 3-1。

表 3-1　四级行政等级下的城市户口统计

等级	频数	户数	人数	户均	城均人数	中位数	极差	变异系数
一	1	15 155	59 147	3.9	59 147	59 147	—	—
二	6	15 766	63 566	4.0	10 594	10 094	18 486	73.9%

①　(清)赖恩培编:《甘肃省兰州府皋兰县地理调查表》,甘肃省图书馆藏,索书号:671.65/103.78。
②　葛剑雄主编,曹树基著:《中国移民史》第六卷《清、民国时期》,第 797 页。
③　葛剑雄主编,曹树基著:《中国移民史》第六卷《清、民国时期》,第 745 页。

续　表

等级	频数	户　数	人　数	户均	城均人数	中位数	极　差	变异系数
三	9	11 654	59 528	5.1	6 614	4 998	16 090	92.0%
四	47	36 929	192 249	5.2	4 090	2 735	31 930	136.2%
合计	63	79 504	374 490	4.7	5 944	2 902	58 951	94.3%

从表 3-1 统计数据来看,四个等级的行政治所城市之间,似乎存在较为明显的城市人口等级,即:省城人口 60 000 人左右,府城人口 10 000 人左右,州城和直隶州城人口 6 500 人左右,一般的厅县级城市 4 000 人。这一与城市行政等级相吻合的城市人口等级模式,虽然与曹树基先生所称的等级数值并不一致,但几乎完美到极致。即使在经过同治西北战争的蹂躏、人口大量损失的情况下,清末甘肃实际的县均人口为 4 090,仍然比曹树基先生估计的清中期甘肃县均人口 2 000 人高出一倍。实际上,就晚清甘肃城市人口而言,不论一般厅、县城的平均人口,还是州城、直隶州、直隶厅城以及府城各等级平均人口,均比曹树基先生估计的城市平均人口要高很多。因此,首先可以肯定的是,曹树基先生估算的晚清甘肃城市平均人口数也是值得商榷的。同样,其所总结的清中期陕甘城市人口等级模式和各等级城市人口规模也是不可靠的。

清代行政等级不论官方典制[①]还是后人研究[②],一般都认为应该分为三个层级,即:省属于第一层级,省以下府、直隶州和直隶厅同属于第二层级,一般的县和散州、散厅属于第三层级。那么,在这一行政等级分类下,是否存在着与城市行政等级相吻合的城市人口等级呢?按照这三个层级,笔者对 63 个行政等级城市人口信息进行了汇总,见表 3-2。

表 3-2　省、府、县三级行政层级下城市户口统计

等级	频数	户　数	人　口	户均人口	城均人口	中位数	极　差	变异系数
1	1	15 155	59 147	3.9	59 147	59 147	0	—
2	10	19 696	87 842	4.5	8 784	5 331	19 321	86.3%
3	52	44 653	227 501	5.1	4 375	2 787	31 930	128.7%
合计	63	79 504	374 490	4.7	5 944	2 902	58 951	153.7%

① (清)昆冈等纂:《钦定大清会典事例》卷一五三《户部一·疆理》。
② 周振鹤:《中国行政区划史·总论》,上海:复旦大学出版社,2001 年,第 61 页。

从表 3-2 可以看到，省城、府城、县城三个行政层级的城市人口平均数分别大约是 60 000 人、9 000 人和 4 000 人。这三个行政等级的城市人口规模与四个行政层级的人口规模一样，看似也存在较为完美的等级关系。在 10 个府一级城市中，化平川直隶厅人口仅有 1 195 人，不但远少于其他的府、直隶州城，即便与普通的厅、县城人口相比，也是比较少的。如果将这一特殊城市样本排除在外，那么，三个行政层级城市的平均人口规模将分别大约是 60 000 人、10 000 人和 4 000 人，城市人口的等级关系更为明显。

这一与城市行政等级相吻合的城市人口等级模式是如此完美，以至于几乎不用做任何的修改，就可以此为基础，建立一套自己的晚清甘肃城市人口等级模型。但是，从巨大的极差上可以看出，府、县两个等级，尤其是县级，城市人口波动幅度是非常大的。没有量纲的变异系数更能说明问题。不论三个层级分类还是四个层级分类中，频数最大的一般厅县层级中，样本数据间的波动最大。其中人口最多的秦安县有 32 126 人，是人口最少的毛目分县城人口的 164 倍，比城均人口高出 7.3 倍。这一人口数在"地理调查表"全部 63 个行政治城中，人数仅次于省城兰州，排名第二，不但远高于一般的厅县城人口，也远高于所有的府级城市人口。在府一级城市之中，人口最多的甘州府城有 20 516 人，比府均人口高出 11 732 人，是人口最少的化平川直隶厅城人口的 17 倍。

平均数受极端样本数据的影响很大，反映的是样本城市人口规模集中的大体趋势，远不能描述数据真实的分布状态。相比之下，中位数虽然反映的仍是数据集中分布的趋势，但不受少数几个极端样本数值的影响，实际上是样本数据所占频率的等分线。中位数与平均数的相对位置反映了数据分布的状态。统计数据显示，第二、三等级城市人口中位数都小于平均数，且非常明显。这表明，府、县两个等级中，大多数的城市人口数少于城均人口数，并且，城市人口规模超大者，对城均人口数影响较大。图 3-1 是府级城市与县级城市人口分布的实际状态。

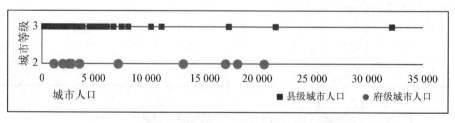

图 3-1　三级行政层级下二级和三级城市人口分布状态

从图 3-1 看,第三层级中,人口最多的县城,其人口比任何一个府城人口都多;人口最少的县城,其人口比任何一个府城人口都少。也就是说,县一级城市人口的分布范围,完全涵盖了府级城市人口的分布范围。府、县两行政等级城市之间,人口规模不存在明显的层级关系。

具体而言,在 52 个县级城市中,有 23%(共 12 个)的县城人口数大于府级城市人口中位数,有 10%(共 5 个)的县城人口数大于府级城市人口平均数。其中,秦安县的城市人口规模高达 32 126,仅次于省城兰州。高台县的城市人口亦有 21 567,在 63 个城市之中,人口排第三位。这两个县城人口规模都超过第二等级中所有的府城和直隶州、直隶厅城人口;而在 10 个府直隶州和直隶厅一级城市中,有 50%(共 5 个)的府城人口数少于县级城市人口平均数,有 40%(共 4 个)的府城人口数少于县城人口中位数。从无量纲变异系数上来看,三个等级中最主要的府、县两个等级,城市人口数据完全是离散的,而不是趋于集聚的。尤其是县级城市人口,在分布上较府级城市人口离散程度更高。

在地方行政制度转型过程中,清代甘肃因县域过大、废县管理以及政治变迁等因素,出现了分征佐贰辖区这种州县分辖体制中独具特色的典型案例。具体做法是将原与知县、知州同城的县丞、主簿、州同、州判等佐贰官员派到县以下地方驻扎,划定辖区,与原就驻扎在县城之外的巡检司共同构成州县的分辖体制。佐贰官员在其辖区内拥有官方正式授权且极为广泛的行政职能,尤其是在钱粮与刑名方面,已初步具备准县级政权性质。胡恒认为,这种地方政区上的变革有甘肃省作为中国边疆地区而采行特殊政治控制模式的因素存在,同时,也代表着清代县政治理中普遍存在的分权理念,是国家权力进入乡村社会的尝试[①]。基于此种原因,晚清甘肃行政治所类城市的层级,应该分为四级,即:一、省城;二、府、直隶州城和直隶厅城;三、一般的州城、厅城和县城;四、分征佐贰官所辖的分州城、分厅城和分县城。

相较于其他层级城市人口,分征佐贰辖区划分大多因原来辖区过大,不便管理而设。因此,其所辖区域多处于地广人稀的偏远地方,城市规模较小,中央性机能较弱,人口规模也大都较为有限,与一般县城的人口规模有明显区别。即便如此,在第二和第三两个最主要层级中,同样不存在明显的层级关系。图 3-2 比较直观地展现了三个层级人口分布,从图 3-2 可看到,各层级城市人口重叠混杂

---

① 胡恒:《清代甘肃分征佐贰与州县分辖》,《史学月刊》2013 年第 6 期。

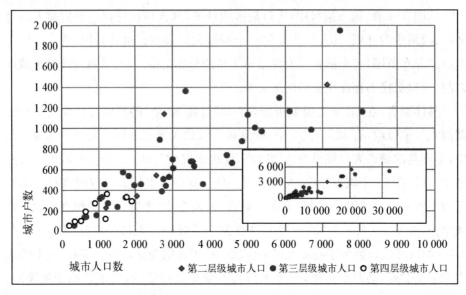

图 3-2　各层级城市人口散点分布

在一起,并没有明显的层级关系。

综上所述,晚清甘肃各城市中省城兰州人口是最多的,有 6 万人,15 000 余户,明显高于其他行政等级的城市。但就一般的府、州城和厅、县而言,城市人口分布呈离散状态,集中程度较低,不论城市人口平均数还是中位数均不能反映数据分布的真实状态,两者之间不存在与城市行政等级相吻合的城市人口等级关系。

第三节　行政等级治所城市人口等级模式幻象的实质

同治年间的西北战争前后持续了十余年,战争与随之而来的灾荒、瘟疫以及饥馑等,造成了极其严重的区域人口损失。战后四十余年,区域人口经历了一个缓慢恢复与发展期,并且也有大量区域外人口迁入。但直至清末宣统年间,甘肃人口仍然远远没有恢复到战前的水平。宣统"地理调查表"记载的正是这样一个时代大背景下的晚清甘肃城市人口状态。因此,这一数据不能反映同治战前甘肃城市人口的实际状况。同时,从晚清甘肃不存在与城市行政等级相吻合的城市人口等级模式这一事实,也无法推导出这样的城市人口等级模式在清朝中期同样就不存在。

但是,尽管存在如此多的疑问和不确定性,笔者仍然坚定地认为,同治以前的甘肃不存在曹树基先生主张的那种与城市行政等级相吻合的城市人口等级模式。这是因为,曹树基先生试图用实证的方法构建的那种与城市行政等级相吻合的城市人口等级模式只不过是一种幻象,实际上并不存在。这一工作不但在史料上缺乏足够支撑,在逻辑上也存在错误。

首先,从史料方面来讲,就目前既有文献和研究状况而言,如果希望仅仅依靠传统史料就建立起相对完整的历史城市人口序列,进而通过这种人口序列归纳推导出历史城市人口等级模式,是不现实的。这是因为,传统史料中有关城市人口数量的记载太少,过于零星和琐碎,根本不成体系,不足以支撑在县或者府这样一个空间精度上对历史城市人口进行全面、系统地梳理。根据这些有限的史料得出的历史城市人口估计数,往往过于主观和随意,数据误差不可控制,可信度值得商榷。

其次,从逻辑方面来讲,影响或者决定一个聚落最终能否成为行政治所的因素有很多。影响或者决定一个行政治所类城市规模、形制以及人口数量的因素有很多[①]。同样,影响或者决定一个行政治所类城市行政等级高低的因素也可能有很多。或者,对于不同城市来讲,影响或决定其行政等级高下的因素存在差异。无论是何种情况,至少有一点可以肯定,那就是:对于绝大多数城市而言,影响其行政等级高下的决定性因素并不是,或者并不仅仅是城市的人口规模。从康熙六年(1667年)甘省分置至清末二百余年间,甘肃各府、州、厅、县多有调整升迁,尤以康雍两朝政区变动最为频繁[②]。不论上升或下降,究其原因,其首要因素都不是人口增减,而是战备军需、强化掌控或便于管理。

清初甘肃政区的调整,是在用兵西北、远征准噶尔的大背景下进行的。如雍正二年(1724年)设置安西直隶厅,升甘州卫为甘州府,升肃州厅为肃州直隶州等,皆为此类。安西与巴里坤的地位变化,最能说明问题。乾隆二十四年(1759年)升安西厅为府,后复将安西府移于巴里坤,原安西府降为直隶州[③]。这一变化背后的原因,是清廷平定准噶尔,完全掌控新疆之后,安西不再处于两军对峙

[①] 鲁西奇:《城墙内外:明清时期汉水下游地区府、州、县城的形态与结构》,见陈锋主编:《明清以来长江流域社会发展史论》,武汉:武汉大学出版社,2006年,第285页。
[②] 牛平汉主编:《清代政区沿革综表》,北京:中国地图出版社,1990年,第453—477页。
[③] 《清高宗实录》卷九百二十六,"乾隆三十八年二月癸亥"条。

的前沿,战略地位降低,而巴里坤则地处入疆门户,战略地位上升,故将安西府移于巴里坤,这样有利于强化对天山南北地区的管理与控制。晚清甘肃政区调整,多亦如此。同治西北战争以后,清廷在平凉府辖境南部析置化平川直隶厅,对安插回族进行集中管理。同时,对周边行政建置做相应调整,比如提升固原州为直隶州,析置平远、海城二县,在金积堡增设宁灵抚民同知,在下马关增设知县,将巩秦阶道驻地由岷州改为秦州,以及新增固原硝河城分州、安化董志原分县、海城打拉池分县等数个分征佐贰辖区等。通过设置新的直辖政区、增加新的管理职位,提升原有政区的行政级别、迁改行政治所等手段,客观上起到了减小行政辖区范围,增加行政区划密度,缩短管理距离和层级的效果,从而使得皇权对基层直接管控的能力得到下沉和空前加强。化平川直隶厅辖境仅与一个小县相仿,人口更是少得可怜,直到清末,城内人口仅229户,1 195人,不但远小于其他府城和直隶属州城,即使与一般县城相比,也小得多。这种城市的设置及行政等级调整,显然都几乎和人口没有任何关系。

既然决定城市行政等级高下的不是,至少不仅仅是城市人口规模,那么,我们怎么可能反过来归纳总结出与城市行政等级相吻合的城市人口等级模式来呢?很显然,这在逻辑上是讲不通的。

从空间分布上来看,人口的分布是极不均衡的,人们总是喜欢集聚在那些交通便利、自然和人文条件优越的地区,厌恶并远离那些交通闭塞、自然或人文条件恶劣的地区。1935年,胡焕庸先生提出了著名的人口地理分界线"爱辉—腾冲线",指出该线东南36%的土地供养了全国96%的人口,西北64%的土地仅供养4%的人口[①]。直至今日,中国人口分布的大格局仍然基本未变。而行政区划是客观存在的地理实体,有自己实际的管辖区域和空间范围,虽然处于不同地理空间的同级政区也是大小不一的,但在空间分布上,政区与人口显然是不同步的。经过计算,陕甘两省1820年人口重心在平凉府隆德县东偏南29千米处,政区重心在西宁府大通县北偏西20千米处,两者相距470千米[②]。

人口与政区在空间分布上的这种不一致性,导致了位于不同地理空间的同级政区与城市之间,人口规模存在差异,甚至相差悬殊。如果仅就一个特定区域而言,比如一个府,一般情况下,府城的政治经济水平和人口数量会高于辖区一

---

① 胡焕庸:《中国人口之分布》,《地理学报》1935年第2期。
② 计算使用重心模型(Mean Center),以区域几何中心和行政治所中心分别作为计算政区重心和人口重心的参数。

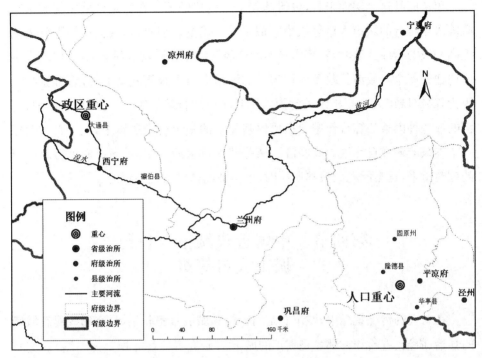

图 3-3　晚清甘肃政区重心与人口重心

般的州县。但是,这并不能说明,处于不同地理空间的府城之间,其人口规模具有一致性;也不能说明,某一府的府城人口就一定比其他府的县城人口多。实际情况可能恰恰相反,诸如此类的例子不胜枚举。

施坚雅认为,在一个理想的均质平原上,中心地区在资源、交通、市场、人口等诸多方面都比边缘地区拥有更多优势,并且这种优势从中心向边缘依次减弱。每一个高等级的区域经济中心都为若干低一级的经济中心所环绕,依次类推,直至最低一级[①]。显然,在这种理想的均质平原上,城镇的大小、人口数量、市场地位乃至行政地位可能都具有正相关性,呈明显的层级结构。一般情况下,行政区域越小,其辖区内的自然条件和经济水平越趋同,越接近于施坚雅假设的那个均质平原,城镇各经济要素间的层级结构也越明显。这是为什么我们在一个较小的政区里,比如一个府或者一个县内,府城人口大都比县城人口多,县城人口大都比乡村市镇要多的原因。

---

① ［美］施坚雅主编:《中华帝国晚期的城市》,叶光庭等译,北京:中华书局,2000年,第327—417页。

单从府县这个层面来看，曹树基先生所构建的那个在特定区域中与城市行政等级相吻合的城市人口等级模式似乎是正确的。但是，当我们将视野放大到更高一级的行政区域时，辖区内自然的或经济的差异性就呈现出来，曹树基先生所构建的那个与城市行政等级相吻合的城市人口等级模式就面临诸多的问题。因为，决定城市人口规模的关键因素不是城市的行政等级，而是城市自然的、经济的或各种因素的综合作用。在曹树基先生的整个论证逻辑中，他一直试图把一个本来应该在自然区划或经济区域范畴内讨论的问题，重新拉回到行政区划的范畴里来，这是问题的最本质原因，事实证明这样做是错误的。

第四节 中国近代城市人口与城市人口等级

在国人的传统观念中，城市总是与衙门和城墙紧密联系，只有那些建有城墙的县治、府治、省治和首都才是真正的城市[①]，研究者往往亦视其为固然[②]。究其原因，主要是中国古代的城市从本质上讲是权力中心而非市场中心，城市构筑其实是一种政治行动[③]。对于这一问题，鲁西奇直接指出，权力制造了城市，制度安排了城市的空间结构[④]。但是，行政职能并非城市的唯一职能，城市等级也并非只有行政等级，简单地按照行政属性来定义城市和城市等级显然过于狭隘。

那么，行政等级之外，是否存在着与其他城市等级相吻合的城市人口等级模式？晚清西北城市人口分布的真实状态是什么样的？要回答这些问题，首先需要明确什么是城市和城市等级？

那究竟什么是城市呢？这个问题看似相当简单，其实并不容易回答。这是因为，城市作为最典型的地表人文景观，有不同的维度和尺度，也有不同职能和属性，故而很难给出一个统一的定义，学界历来有颇多争议[⑤]。从最普遍的意义

[①] [美]施坚雅：《中国农村的市场和社会结构》，史建云、徐秀丽译，北京：中国社会科学出版社，1998年，第8页。

[②] 刘石吉：《明清时代江南市镇研究》，北京：中国社会科学出版社，1987年，第136页。

[③] 张光直：《美术、神话与祭祀》，沈阳：辽宁教育出版社，2002年，第6页。

[④] 鲁西奇、马剑：《空间与权利：中国古代城市形态与空间结构的政治文化内涵》，《江汉论坛》2009年第4期。

[⑤] 李孝聪：《历史城市地理》，济南：山东教育出版社，2007年，第1—11页。

上讲,"城市之不同于农村,一是与单个农村相比,城市居民人口较多,二是城市中居民的'非农业化程度'较高"①。现代地理学者认为,城市是人类社会空间结构的一种基本形式,大量非农业人口的集聚和一定区域范围内政治、经济、文化等中心的形成,是其区别于乡村的基本特征②。山鹿诚次将这些基本特征归纳为人口的规模、人口的密度、产业结构、中心性等几个方面③。目前,世界各国人口统计中划分城市与乡村普遍采用人口数量、人口密度、行政等级、就业结构(即非农业人口比例)和功能特征(即道路、排水等)等指标中的一种或多种。在我国,国务院1955年公布的划分城镇的标准就综合考量了定居点的行政等级、人口规模和非农人口比例三项指标④。对于这些内容,本书绪论部分已经做过详细的说明,在此不多赘述。

由于缺乏系统、详确的历史资料和人口统计数据,划分现代城市的部分量化指标,比如农业人口和非农人口比例等,显然并不适用于界定历史上的城市。但学界主流观点认为,国务院1955年公布的划分城镇的标准,对于界定历史上的中国城市具有重要的参考意义⑤。从汉语词源上看,"城"和"市"是两个不同的概念,前者指城墙环绕的权力场所,是权力中心;后者则指人口集聚的交易场所,是市场中心⑥。赵冈认为中国的城市很早以前就已经分化为这两大类⑦。"城"和"市"是中国城市最重要的两个来源,也表明了城市最重要的两个职能。界定和研究历史城市,除了来源于"城"的行政治所城市,那些来源于"市"并且具有一定人口规模的工商业市镇也应该划归为城市⑧。

曹树基先生认同这一观点,并用了大量的篇幅对哪些市镇属于城市进行了分析和界定。然而,在实际构建城市人口等级模式的过程中,却轻易否定了这些

---

① 李伯重:《多视角看江南经济史(1250—1840)》,北京:生活·读书·新知三联书店,2003年,第387—389页。
② 刘敏、方如康主编:《现代地理科学词典》,北京:科学出版社,2009年,第653页。
③ [日]山鹿诚次:《城市地理学》,朱德泽译,武汉:湖北教育出版社,1986年,第2—4页。
④ 中华人民共和国国务院:《关于城乡划分标准的规定》,国秘字(1995)第203号,1955年11月7日。
⑤ 施坚雅、赵冈、曹树基等先生均表赞同这一划分原则,参见[美]施坚雅主编:《中华帝国晚期的城市》,第254页;赵冈:《中国城市发展史论集》,北京:新星出版社,2006年,第2页;曹树基:《中国移民史》第六卷《清、民国时期》,第585页。
⑥ (东汉)许慎:《说文解字》卷十三下"土部"、卷五下"门部",第288、110页。
⑦ 赵冈:《中国城市发展史论集》,第3页。
⑧ 划分城市的最低人口规模是多少? 学界尚无一致意见,多数学者认可将晚清城市的最低人口规模定为2 000人。这一标准与1955年国务院划分城市的最低标准相同,也与20世纪70年代国际上大多数国家参用的标准一致。

市镇至少在人口方面跻身城市序列的可能性,最后真正使用的样本城市仍然只是传统的行政治城。比如在构建清中期陕甘城市人口模式时,他引用了嘉庆《重修大清一统志》中记载有商况说明的陕西秦渡、陂西等镇的资料,认为:"有商况说明的镇一般较大,而较大的镇也只是达到'有集'的水平,对这类镇的商业化程度不必估计过高。陕西所谓的小镇共有220个,似乎不可能达到本文所设定的城市人口的最低标准。"①实际上,清代关中部分市镇商业人口规模远甚于部分治所城市。同治以前,整个西北地区的商贸重心在回族密布的关中地区,三原、泾阳与西安为三个鼎足而立的商贸核心城市。除此之外,四乡各处均市镇密布。比如三原县东的林堡,县西的秦堡,县南的张村,县北的线马堡,商业都很繁华。此外由三原北门到泾阳县的鲁桥一带的沿途各村市场亦相当发达。这些核心城市和商业中心乡镇职能与分工极为明细,如三原是布匹改装、染色与转运中心,也是西北药材外销的集散地;泾阳是西北茶叶、皮毛和水烟运销中心;西安则是洋货与京广福杂货集散地,同时也是西北地区牲畜外运的输出口岸②。甘肃绝大部分地区的商业与人口远甚于陕西关中,但即便在经历同治战争,区域商业人口遭到沉重打击之后,宣统年间,非治城类乡村聚落之中人口超过一般府级城市人口平均值8 784的也有7个,其中人口最多的秦州礼县雷家坝高达15 672人。超过县级城市人口平均数4 375者,多达38个。而超过曹树基先生定义的县城人口最低标准2 000人者,更是多达244个。

曹树基先生之所以进行这样的论证,除了缺少市镇人口数据这一主要原因之外,另一个主要原因是:他认为府城、县城间的人口差距反映了不同级别的行政性城市对于周边地区影响力的大小以及相应的经济能力的强弱,根据人口数,将不同的市镇与不同的府、县治城市并成一类,就可以构建完整和统一的区域城市人口等级模式③。于是,构建与"城市等级"相吻合的城市人口等级模式就变得与普通市镇没关系了,可以只使用行政治城样本。

在这一论证逻辑下,曹树基先生最初试图构建的那个与"城市等级"相吻合的城市人口等级模式,实际上演化成了与"城市行政等级"相吻合的城市人口等级模式。相对于"城市等级",城市的行政等级和行政等级类城市概念和内涵是

---

① 葛剑雄主编,曹树基著:《中国人口史》第五卷《清时期》,第744页。
② 张萍、杨蕊:《制度与空间:明清西北城镇体系的多元建构与经济中心的成长——以西安、三原、泾阳为中心的考察》,《人文杂志》2013年第8期。
③ 葛剑雄主编,曹树基著:《中国人口史》第五卷《清时期》,第725页。

非常明确的,史料中对这类城市的人口记载相对较多,通过有限的史料获取研究数据虽然仍然很困难,但至少具备研究的可能性。于是论证与"城市行政等级"相吻合的城市人口等级模式便成了一件标准化、规范化的案头工作,其结论理所当然就是:城市行政等级的高下,决定了城市人口数量的多少,清代存在着与"城市行政等级"相吻合的城市人口等级模式,虽然这种模式在不同的区域之间存在差异。但是,将行政等级最低的市镇,根据其人口多少归并到不同行政等级城市中以构建统一的城市人口等级模式的做法,与城市行政等级决定城市人口等级的推理之间,本身就存在逻辑上的问题。

城市等级(urban hierarchy)是各个国家或区域城市体系中按照不同重要性区分的城市等级结构关系。其中最主要的就是行政等级、规模等级等。城市的核心是人口。现代地理学中用城市规模来衡量城市的大小,城市规模包括人口规模、地域规模和经济规模等,其中决定性指标是城市人口。因此,城市人口的等级本身就是最简单明了的城市等级。

与城市的行政地位相比,城市的经济发展水平在更大的程度上决定了城市的规模。在综合商业贸易、人口数量、密度、劳动分工、城市腹地以及自然环境等因素后,施坚雅把晚清中国划分为9个具有经济意义的区域,认为中国的市场体系包括8个等级的区域经济中心模式,从上往下依次是:中央首府、地域首府、地域城市、大城市、地方城市、中心市镇、中间市镇、标准市镇。许檀在明清时期山东商品经济的研究中,将山东城市划分为政治与商业中心、府州治所、县级治所、大市镇、中等市镇以及小市镇6个等级[①]。如何划分城市经济等级,施坚雅和许檀都综合考量了多种因素,其中,城市人口数量都是划分城市经济等级的重要指标。显然,根据一个以人口数量为重要指标来划分的城市经济等级来推导一个与之相吻合的城市人口等级模式,实际上是自我循环式的论证,同样是个伪命题。

有意思的是,曹树基先生努力构建的这一"城市人口等级模式"与他最初声称要进行商榷的施坚雅的"城市人口等级模式"并不是一回事,两个人讨论的也并不是同一问题。施坚雅的正六边形市场社区只是一种理论假设,是最理想的基层市场格局。为构成这些模型所作的假设中最根本的一点是,其所讨论的背景是一个均质的平原,并且各种资源在这个均质平原上均匀分布,与城市等级相

---

① 许檀:《明清时期山东商品经济的发展》,北京:中国社会科学出版社,1998年,第155—222页。

匹配的人口等级模式就是这些假设的均匀分布资源中的一种。任放指出,研究者要做的,不是再批评施坚雅的六边形市场模型,而是在探讨区域经济史的市场问题时,不要硬套六边形构图,应该依据史实,做出理性判断[①]。无疑,这一观点是很有见地的,对于正确认识那个曾经被中国学术界无限推崇,后又诸多贬损的施坚雅模式也具有较大帮助和启发意义。

第五节 本章小节

通过对宣统人口调查原始档案"地理调查表"中的行政等级类治所城市的人口数据进行的统计分析,笔者发现,至少在晚清甘肃省,曹树基先生所声称的与城市行政等级相吻合的城市人口等级模式并不存在。试图使用传统史料建立完整的历史城市人口序列是不现实的,试图以此为基础构建与城市行政等级相吻合的城市人口等级模式,本身在逻辑上是有问题的。人口是衡量城市规模和等级的决定性指标,人口的等级本身就是最简单明了的城市等级,去探求与城市等级相吻合的城市人口等级模式,实际上是自我循环式的论证。

虽然"地理调查表"登记的只是普通民户,缺乏驻防军队及其相关人员信息。但这对本书的论证过程和最终结论并没有根本性的影响。由于决定晚清城市行政等级的核心因素不是城市人口,反过来,我们也无法推导或归纳出一个与城市行政等级相吻合的城市人口等级模式。从这一点来看,本书对晚清甘肃城市人口等级模式的讨论,或许具有一定的普遍意义。

---

① 任放:《施坚雅模式与中国近代史研究》,《近代史研究》2004年第4期。

第四章　甘肃"地理调查表"分村数据与长时段区域人口变动

本节在现有研究史料及研究成果的基础上,把 GIS 引入中国人口史的研究中来,结合宣统人口调查"地理调查表"①等原始档案,对清以来近两百年间的区域人口发展过程进行系统研究。希望能在检验中国人口史现有成果的同时,给出研究长时段区域人口史的不同方法,为 GIS 在中国人口史研究领域的应用提供有益的尝试和探索。

第一节　清末民初中国人口史研究的困境与 GIS 方法的引入

葛剑雄教授主编的六卷本《中国移民史》和《中国人口史》是中国人口史这一学科的重要奠基石,其重要性不言而喻。其中,曹树基著《中国人口史》第五卷《清时期》与侯杨方著《中国人口史》第六卷《1910—1953 年》对清末宣统人口调查的历史评价、数据可信度、修正方法以及修正结果都存在明显不同②。这直接导致了同一套书中对于清以来整个中国人口发展进程的理解与表述出现了分歧,前后无法衔接。

作为一部由多位学界顶尖专家共同完成的多卷本中国人口史专著,不同作

---

① 路伟东:《宣统人口调查"地理调查表"甘肃分村户口数据分析》,见《历史地理》第 25 辑,上海:上海人民出版社,2011 年,第 402—412 页。
② 葛剑雄教授在第一卷中,对此有详细的说明,见葛剑雄:《中国人口史》第一卷《导论,先秦至南北朝时期》,上海:复旦大学出版社,2001 年,第 154—156 页。

者之间因为学术见解不同而产生分歧与争议是正常的。在第一卷《导论》开篇，葛剑雄先生就对此作了声明，称："尽管我是本书的主编，但各卷都是作者独立撰写，文责自负。导论部分是我撰写，也应由我负责。当然，我是在本书各卷的基础上撰写的，获益于各位作者的地方很多，但也有与他们的观点不尽相同之处，所以并不代表其他作者。"① 但是，历史人口数据是典型的具有时间序列特征的空间数据，人口的发展如同奔流的河水，前后是流动的、连续的。因此，各卷册之间在人口发展的重大问题上，应该尽可能做到前后衔接。

这一看似简单的问题，在实际撰写过程中面临巨大挑战。对于中国人口史这样一个宏大的题目来讲，内容所涉及的时空范围都极其广泛。限于时间、精力和研究能力，一个人很难完成，只能由多位作者断代分卷撰写。但这一工作模式也面临极大考验。首先，从时间尺度来讲，历史人口的发展历程与朝代的更替并不完全同步，传统断代人口史的划分方法往往人为地割裂了历史人口发展的这种内在有机连续性；其次，从空间尺度来讲，历史人口的空间分布及变化具有其独特的规律，传统历史学的文字描述式和简单数学统计式的研究方法并不能完整表达其空间特性。

基于此种原因，《中国人口史》第五卷与第六卷间关于晚清宣统人口的不同见解更应该引起重视。但是，如何解决这一问题却困难重重。这是因为，第五卷作者曹树基与第六卷作者侯杨方都是学界最顶尖的专家，他们使用的史料、研究方法、论证逻辑、论证过程以及最终的结论，都已经处在很高的起点之上。如果使用相同的史料，遵循相同的工作模式，后辈学者很难有所突破和超越，也很难对他们之间的分歧进行有效检验和判断。基于此种困境，笔者认为，在面对这一问题时，需要在一个相对完整的历史人口发展时段内，使用新的方法来重新进行研究，这是极有必要的。

与自然科学研究者需要样本独立的基本研究前提不同，人文社科研究者往往是自己研究对象的一部分。因为只有这样，才可以更了解自己的研究对象。历史人口这类具有时间序列的空间数据通常具有非独立性，不符合经典统计学样本独立的基本假设。因此，专门的空间分析理论和技术在过去的二三十年间迅速发展，日益成为社会科学研究的重要研究方法和手段②。GIS 是由遥感、全

---

① 葛剑雄：《中国人口史》第一卷《导论、先秦至南北朝时期》，第1页。
② Goodchild M. F., Anselin L., Richardp A., Toward Spatially Intergrated Social Science, *International Regional Science Review*, 2000, 23(2)：139-159.

球定位系统、地理信息系统、数字传输网络等一系列现代信息技术高度集成的。作为以地理信息系统为核心的空间信息技术体系的总称，GIS是操纵和处理空间数据的有力工具。任何人文、自然要素的发生与演化，都处于特定的时间和空间中。而今天的GIS早已不仅局限于系统与技术，更多地强调是一种处理和分析空间数据的理论与方法。正因为如此，自20世纪90年代初GIS从实验室走出来，进入普通研究者，尤其是人文社科研究者的视野后，其技术、理论与方法就得到了广泛应用。就国内研究现状而言，以CHGIS[1]为代表的HGIS(Historical GIS)研究工作，是近二十年来历史地理学界最主要的学术增长点之一。

HGIS的核心和GIS一样，都是数据，从人口史的角度讲，就是史料。人口史的研究对象发生在过去，研究数据来源于历史文献。在中国人口史研究的大部分时段内，尤其是民国以前，严重缺少建立在现代人口普查基础上的高质量人口数据，同时也缺少可以替代的相关数据或资料。因此，哪怕是对中国人口史最基本的认知和最粗略的分析，研究者往往都要，甚至是只能依赖或借助于历史学、文献学的方法和手段，通过对大量历史文献的搜集、整理、研读与分析，才能获取。

这一研究方法，人口史的学者非常熟悉，其过程大概包括从史书、史料到数据、图表，最后到论文、专著等几个步骤。在这一典范式的工作过程中，研究者需要将大量的时间和精力聚焦在原始史料的收集、整理、分析、归纳与总结等方面上，人口数量的历史学考证和人口数据本身的统计学分析是研究者关注的重点，而获取数据的过程往往就是主要的，甚至是全部的研究过程。常常，某一特定时间截面的历史人口规模考证出来了，整个研究也就结束了。至于数据背后所隐含的那些地理空间上真正值得认真审视的现象与规律，反而常常被有意无意地忽略了。

通过使用GIS空间分析的理论与方法，我们可以对现有的、经过细致研究获取的大量研究数据，进行深入挖掘和分析，探究数据背后的规律与特征。GIS通过"文献爬梳→数据提取→空间模型建立→分析"，最后生成新结论的工作流程，是被既有研究证明的、行之有效的方法[2]。对于中国人口史研究中遇到的问题和分歧，可以从GIS的视角，使用这些成功的研究范式，进行一定的尝试。

---

[1] 中国历史地理信息系统(CHGIS)，复旦大学历史地理研究中心，2003年6月。
[2] 潘威、孙涛、满志敏：《GIS进入历史地理学研究10年回顾》，《中国历史地理论丛》2012年第1期。

第二节　不同时间切面的人口数据与可视化

入清以来,西北地区的人口发展态势与全国人口相似,都经历了一段比较长的持续稳定发展时期。及至道咸年间,西北人口已经臻于极盛。虽然全国人口在19世纪50年代初(1851年太平天国运动开始,此后的十余年间,由于天灾人祸的影响,全国人口损失极为严重①)就已达到峰值,但就西北地区而言,人口峰值出现的时间稍晚一些,大约在19世纪60年代初期。

1862年年初,西北回族战争爆发,此后数年间,整个西北地区,尤其是人口稠密、富甲天下的关中、河西、宁夏平原等处,沦为双方厮杀的战场,大批汉人与回族因此而丧生。光绪初,还没有从战争废墟中完全恢复过来的陕西省,又遭到了光绪大旱灾的沉重打击②。在战争与灾荒的双重打击下,短短十余年间③,西北区域的人口损失就在两千万左右。

同治中期以后,随着西北战事的逐渐西迁与结束,区域外人口开始陆续迁入,慢慢填补那些因战乱、灾荒而造成的人口稀疏区或人口空白区④。抗战以来,又有大批关东人口西迁入关,躲避战乱。总之,这一人口入迁的趋势,一直持续至中华人民共和国成立,仍未停止⑤。在外来人口入迁导致的人口机械增长和区域人口自然增长的共同推动下,从光绪初至中华人民共和国成立的七十余年间,虽然西北地区仍然不时有战乱、灾荒发生,但区域人口一直处于缓慢恢复和增长中。

对这样一个长时段内西北地区的人口变动进行研究,有四个比较重要的人口数据支点,即:乾隆四十一年(1776年)人口、嘉庆二十五年(1820年)人口、宣统二年(1910年)人口、1953年人口。1776年是清代在理论上废除人丁编审,将户口与赋税脱钩,并以全体人口为登记对象后,官方登记数据开始较为准确的起

---

① 葛剑雄主编,曹树基著:《中国人口史》第五卷《清时期》,第867页。
② 这次旱灾,因光绪丁丑(1877年)、戊寅(1878年)两年灾情最重,史称"丁戊奇荒",又因晋、豫两省被灾最烈,亦称"晋豫奇荒"。在所有被灾省份中,陕西旱灾开始晚而结束早,灾情亦不如晋、豫两省严重。
③ 从同治元年(1862年)回族战争爆发到光绪六年旱灾完全结束,前后共约十七年。
④ 钞晓鸿:《晚清时期陕西移民入迁与土客融合》,《中国社会经济史研究》1998年第1期。
⑤ 张颖:《抗战时期人口内迁对陕西民众社会生活的影响》,《西安社会科学(哲学社会科学版)》2008年第4期。

点。此时,中国的人口统计已经完成了从纳税的"人丁"向全体"人口"的转变。因此,至少在理论上,这一年的人口数较之前的人口数有了本质的区别。1820年人口数来源于《嘉庆重修大清一统志》,虽然像乾隆四十一年这样的全国规模的人口清查,直到1851年再也没有举行过①,但在严格、完善的登记制度的保障下,这一时期的户口统计数据基本还是可靠的②。曹树基认为,这一数据被广泛引用,不只是因为其相对较为可靠,"而且因为其有一套以府为单位的完整数据"③。1910年人口来源于宣统人口调查,宣统年间的人口调查以宪政为目的,其普查办法及实施过程比较接近于现代人口普查,人口数据质量较高。1953年的人口普查是中国有史以来第一次现代人口普查,数据非常可靠,是中国人口史研究的重要基石。

曹树基先生经过系统分析和研究,按照嘉庆二十五年(1820年)的行政区划,给出了以上6个时间切面上8个分府人口数据,分别是1776年考证人口数、1820年《一统志》人口数、1820年《一统志》人口修正数、1851年考证人口数、1880年考证人口数、1910年新政人口数、1910年新政人口修正数和1953年普查人口数。各时间切面人口数汇总见表4-1。

表4-1 1776—1953年间6个时间切面西北陕甘两省人口数　　人口单位:万人

年　份	陕西人口数	甘肃人口数	合　计	环比增长
1776年考证人口数	796.5	1 579.9	2 376.4	0
1820年《一统志》人口数	1 197.4	1 713.9	2 911.3	22.5%
1820年《一统志》人口修正值	1 213.4	1 760.5	2 973.9	2.2%
1851年考证人口数	1 326.9	1 899.0	3 225.9	8.5%
1880年考证人口数	707.5	495.5	1 203.0	-62.7%
1910年新政人口数	807.5	470.4	1 277.9	6.2%
1910年新政人口修正值	954.5	716.1	1 670.6	30.7%
1953年普查人口数	1 583.4	1 411.0	2 994.4	79.2%

(数据来源:葛剑雄主编,曹树基著:《中国人口史》第五卷《清时期》,第704页)

图4-1是以年份为 X 轴,以考证人口和修正值人口数为 Y 轴的柱状图,并添加了趋势线。陕甘地区入清以来的人口长时段稳定持续、同治及光绪初年西

---

① 姜涛:《中国近代人口史》,杭州:浙江人民出版社,1993年,第48—50页。
② 葛剑雄:《中国人口发展史》,福州:福建人民出版社,1991年,第63页。
③ 葛剑雄主编,曹树基著:《中国人口史》第五卷《清时期》,第70页。

北战乱造成的巨大的人口损失、光绪年间人口的缓慢增长以及民国以来的人口急速恢复等人口变动在图上都清晰可见。

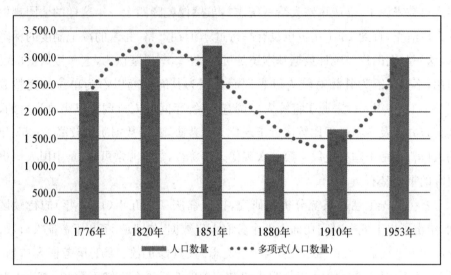

图 4-1　1776—1953 年间西北陕甘两省人口规模变动

表 4-1 和图 4-1 比较直观地展示了 1776 年至 1953 年间,陕甘地区人口规模变动的大概趋势,从中可以看到在这一个较长时段内,陕甘两省的人口从缓慢增长到急速减少,再到缓慢恢复的发展过程。表 4-2 是分府人口的汇总信息,从中可以看到研究区域内人口空间分布变动的更多细部细节。

表 4-2　1776—1953 年间 6 个时间切面上 8 组分府人口数据

人口单位:万人

府州	1776 年	1820 年	1820 年 R	1851 年	1880 年	1910 年	1910 年 R	1953 年
西安	242.3	296.2	294.4	325.1	103.9	206.2	206.2	463.8
同州	158.2	180.5	180.5	198.1	90.0	94.1	112.9	156.2
鄜州	24.8	31.4	27.2	30.8	14.1	10.4	17.8	21.8
兴安	10.0	121.4	121.4	131.3	67.3	95.3	95.3	164.9
商州	11.3	75.2	75.2	89.8	57.1	60.1	82.3	128.9
汉中	75.1	154.1	179.5	183.0	138.9	128.1	167.5	218.5
绥德	24.9	28.4	28.4	33.8	25.9	23.4	34.5	51.9
榆林	41.8	51.5	47.7	58.3	41.7	38.2	50.6	66.9
延安	56.0	63.8	63.8	68.9	30.0	15.3	15.3	65.5
凤翔	100.0	134.8	134.8	142.9	106.7	93.1	123.3	151.8
邠州	22.1	25.8	25.8	28.3	13.4	15.7	21.2	41.0
乾州	30.0	34.3	34.3	36.6	18.5	27.6	27.6	49.1

续　表

府州	1776年	1820年	1820年R	1851年	1880年	1910年	1910年R	1953年
兰州	241.5	269.5	269.5	291.2	88.1	62.8	129.8	225.4
巩昌	340.1	379.5	379.5	410.0	75.9	60.7	118.6	225.1
平凉	230.0	234.0	253.9	274.3	32.1	37.6	57.6	133.0
庆阳	114.1	127.3	127.3	137.5	12.3	14.3	17.0	70.6
宁夏	135.3	139.3	151.0	162.9	17.0	28.9	22.4	89.0
甘州	81.0	81.4	90.4	97.6	18.8	24.5	28.5	51.5
凉州	134.8	150.4	150.4	162.5	45.8	41.0	71.6	135.9
西宁	63.8	70.9	70.9	78.9	26.4	41.3	41.3	125.3
泾州	80.0	83.8	89.8	92.1	23.5	18.3	24.5	61.3
秦州	77.9	86.9	86.9	93.3	93.3	83.7	116.4	160.1
阶州	34.0	37.9	37.9	41.0	47.1	36.4	64.9	84.1
肃州	40.5	45.2	45.2	48.8	11.6	16.8	19.0	36.6
安西	6.9	7.8	7.8	8.4	3.6	4.0	4.5	13.1
合计	2 376.4	2 911.3	2 973.5	3 225.9	1 203.0	1 277.8	1 670.6	2 991.4

（数据说明：1820年为《嘉庆重修大清一统志》人口数，1820年R是1820年修正人口数，1910年R是新政修正人口数。其他年份为曹树基考证人口数）

1776年至1953年间，陕甘地方政区变动较大，前后政区不同的人口数据要进行对比，需要统一在一个标准的政区切面上。曹树基先生在处理这一问题时统一使用了《嘉庆重修大清一统志》记载的1820年的标准政区。分府人口数据的考证工作极为复杂，而把前后不同政区的人口标准化到1820年政区上来，处理过程更为烦琐。分府人口考证是曹树基先生《中国人口史》第五卷中的基础内容，尽管在局部细节方面存在诸多问题，并多被其他研究者所诟病，但实际上，几乎所有这些个案数据，都可以在统计层面加以调整和消除。这一整套标准数据对相关的人口史研究提供了极大的便利，具有极其重要的学术意义。

人口统计数据本身就具有空间属性，使用GIS软件可以轻松地把表格存储的统计数据，存储为以电子地图为背景的地理空间数据，进而根据人口规模大小，通过分级符号化的方式，实现数据可视化，从而更直观地显示人口数据在空间上的分布。图4-2显示了四个年份分级符号化后的陕甘两省人口空间分布态势。

数据的分级符号化是指利用符号将连续的数据进行分类分级、概括化、抽象化的过程。这种方法可以同时直观地表达制图要素的数值差异和空间差异，增加对数据整体的认知。但是，数据的可视化只是数据表达的不同方式，本身没有任何学

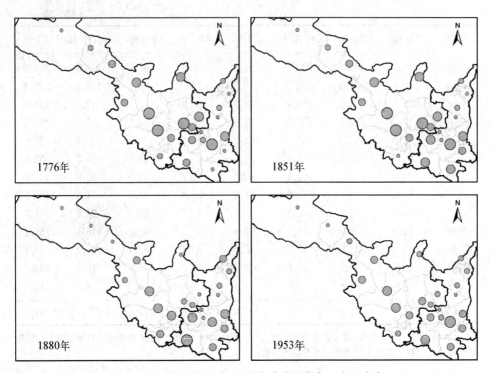

图4-2 4个不同时间切面上的陕甘分府人口空间分布

术意义。图4-2中任何一个时间切面的等级符号化数据都可以很清晰地展示当前数据空间分布状态。但是,当不同时间切面上分级符号化后的地图并列在一起时,反而使数据间的差异变得更加模糊。显然,单纯依靠分级符号,我们很难清楚地了解同一地理要素在不同时间切面上的变化。研究历史人口这样具有时间序列特征的空间数据,需要使用更为简洁的空间分析模型,以便可以把复杂的数据简单化、抽象化,从而可以更加清晰地看清数据之间的差异与变动趋势。基于此种考虑,笔者使用人口重心模型来模拟1776年至1953年间的陕甘人口变动。

第三节 人口重心模型在西北地区的适用性检验

重心是物理学概念,指的是在重力场中,物体处于任何方位时所有各组成支点重力的合力都通过的那一点。假设人口所在区域为一均质的平面,而每一个人都是平面上的一个质点,具有相同的重量,则重心应为区域中距离的平和最小的一点,即一定空间平面上力矩达到平衡的一点。人口重心的概念由美国学者沃尔克(F. Walker)于 1874 年首先提出并使用,可提供某地区人口分布的简明、概括而又准确的印象,并可表明地区人口分布的总趋势或中心区位。

人口重心的计算是以某国家或地区中下属的若干子区域的人口数为权数,以子区域的代表地点的经纬度坐标为变量,分别计算经度和纬度的平均数,其交点位置即为人口重心。具体计算公式为:

$$X = \int \frac{xdp}{p}$$

$$Y = \int \frac{ydp}{p}$$

其中:X,Y 分别为人口重心的横坐标和纵坐标,x,y 分别为把这一地域划分为无限小的各区域的位置,dp 为相应的人口数。在实际应用中为便于计算,通常使用如下计算方法:

$$X = \sum \frac{p_i x_i}{\sum p_i}$$

$$Y = \sum \frac{p_i y_i}{\sum p_i}$$

其中 X,Y 分别为人口重心的横坐标和纵坐标,x_i,y_i 分别为各小区域中心点的横坐标和纵坐标,p_i 为相应区域的人口数。显然,人口重心的横坐标是各子区域人口数与子区域中心点横坐标乘积的和与区域人口总数的除数。而人口重心的纵坐标则是各子区域人口数与子区域中心点纵坐标乘积的和与区域人口总数的除数。

子区域中心点的选择可以是各区域的几何重心,但人口空间分布受自然和人文环境直接影响,而现实中各区域自然与人文环境各不相同,且非均质,因此,人口从来就不是均匀分布的。一般情况下,计算人口重心时,会选择行政治所为各子区域中心点。显然人口重心位置取决于人口的空间分布状态,如果人口的空间分布是均匀的,重心则应处于该区域的几何重心,偏移均衡状态的人口分布则将导致人口重心旁移。在人口地理信息系统中运用人口重心分析的意义在于:从人口重心在一段历史时期的移动轨迹中,可以看出人口分布的变动过程、方向、距离以及速度等。使用人口重心模型计算的陕甘地区 1776—1953 年 6 个时间切面上的人口重心见表 4-3。

表 4-3　1776—1953 年间 6 个时间切面的陕甘人口重心

年　份	经度值	纬度值	相对移动方向	移动距离
1776 年考证数	105.893 859	35.786 145	—	0
1820 年《一统志》数	106.191 145	35.514 627	往东偏南	40.41 千米
1851 年考证数	106.193 818	35.525 813	往北偏东	1.27 千米
1880 年考证数	106.801 774	35.016 425	往东偏南	79.04 千米
1910 年新政数	106.955 449	34.958 304	往东偏南	15.40 千米
1953 年普查数	106.565 159	35.206 570	往西偏北	45.99 千米

根据表 4-3 的经纬度数据，使用 ArcGIS 等 GIS 软件，我们可以很轻松地将以上 6 个年份的坐标值标注在地图上。图 4-3 显示了这 6 个时间切面上人口重心位置及转移的轨迹。

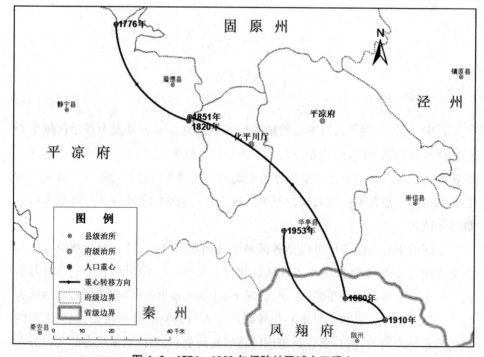

图 4-3　1776—1953 年间陕甘区域人口重心

（数据说明：人口重心转移方向使用弧线并无计算意义，仅为避免直线连接重叠，增加制图美观之用，弧线表意与线段相同）

从表4-2、图4-3可知,陕甘区域人口重心在1776—1953年的177年间,一直处于变动的状态之中,前后总共移动了181.11千米。从移动方向来看,6个时间切面的5次相对移动,基本上可分为两个过程,即:其一,从1776年至1910年的134年间,总体呈现由西北向东南方向移动的趋势;其二,从1910年至1953年的43年间,移动方向发生逆转,改为从东南向西北方向移动。这5次移动的具体情况及背后可能的历史原因如下。

1. 从1776年至1820年的44年间,陕甘人口重心从西北向东南移动了40.41千米。这一时期人口重心向东南偏移的原因主要是陕南山区开发,外来移民大量迁入。陕南山区北靠秦岭、南倚巴山,汉江自西向东穿流而过。群山怀抱之地,直至清初仍然覆盖大片原始森林,"虎迹狼蹄多于人迹,千里幅员,大半黄茅白苇"①。其地分属商州直隶州、兴安府和汉中府三个行政区。陕南山区与川北及鄂西北山地连为一片,是清代人口往山区迁徙运动的主要迁入地之一。康熙五十一年后,川陕总督通饬各地招民开垦,外来移民纷至沓来,"扶老携幼,千百为群,到处络绎不绝……写地开垦,伐木支椽,上覆茅草,仅蔽风雨,借杂粮数石作种,数年有收"②。随着移民迁入,仅乾隆年间,陕南就新设置了留坝[乾隆三十年(1765年)五月析汉中府凤县留坝一带地置]、孝义[乾隆四十七年(1782年)九月析西安府咸宁县孝义川地置]、宁陕[乾隆四十七年(1782年)九月析西安府同官县五郎关地置]三个厅③。现有研究表明,仅至乾隆末年,陕南山区接受的移民及其后裔总数就已高达120余万人④。这一人数,大约相当于同时期陕甘两省人口总数的5%,陕西人口总数的15%。外来移民入迁是这一时期陕西人口持续快速增长的一个极为重要的因素⑤。区域东南山地外来人口大量迁入,人口机械增长导致区域人口原来的空间分布的平衡状态被打破,重心往东南偏移。

2. 从1820年至1851年的31年间,陕甘人口重心从西南向北偏东方向移动了1.27千米。相比于前一时段人口大幅度往东南移动,这一时期的人口重心基本保持了原地踏步状态,不再向东南方向偏移。其背后原因主要是1820年后,陕南山区外来移民入迁过程已基本完成,由大批外来人口迁入造成的区域人口增长不平衡的状态已经结束,人口增长方式改为内生性的自然增长为主。乾隆

---

① 康熙《西乡县志》卷九《风俗》。
② (清)严如煜:《三省山内风土杂识》。
③ 傅林祥:《中国行政区划通史·清代卷》,第366—368页。
④ 葛剑雄主编,曹树基著:《中国移民史》第六卷《清、民国时期》,第128页。
⑤ 薛平拴:《陕西历史人口地理》,北京:人民出版社,2001年,第260页。

至道光初年,陕南山区新增政区较多,比如乾隆四十七年(1782年)九月兴安直隶州升为府,嘉庆七年(1802年)七月析汉中府西乡县渔渡路地方置定远厅,道光三年(1823年)四月,析兴安府安康县砖坪营地方置砖坪厅,道光四年(1824年)五月,析汉中府洋县与西安府盩厔县地方置佛坪厅①。县是历代地方行政区划的基本单位,集中建县,表明该地方的开发已臻成熟。道光四年后,陕南不再有新设政区,这表明,区域开发与人口入迁已基本停止。人口重心向东北方向略有偏移的情况表明,在区域人口完全依靠内生的自然增长的情况下,区域东北部宁夏平原的人口增长速度,要略高于其他地区。

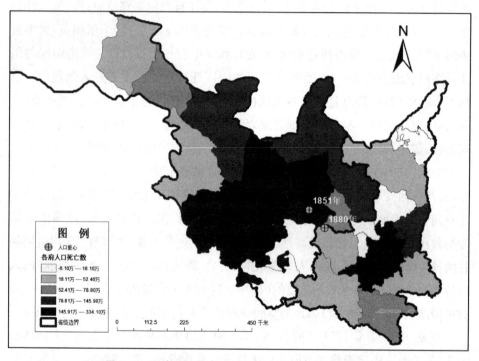

图4-4 同治西北战争陕甘分府人口损失与人口重心

3. 从1851年至1880年的29年间,陕甘人口重心从西北向东南大幅度移动了79.04千米。人口重心的这一移动方向与幅度,与同光年间西北地区的战争和灾荒有关。同治西北战争,源于关中,波及整个区域。十余年战乱造成了极其严重的人口损失,很多战前人口繁庶的沃野之区,战后都沦为焦土。其中,关

---

① 牛平汉主编:《清代政区沿革综表》,第435—452页;傅林祥等:《中国行政区划通史·清代卷》,第368—369页。

中平原、河西走廊、宁夏平原、河湟谷等,受影响最大,人口损失最严重。在区域人口普遍遭受严重损失的情况下,人口重心快速向东南大幅度偏移,主要是有两方面的原因:其一,虽然位于区域东南部的关中平原人口损失非常严重,但位于区域西北方向的兰州、巩昌、平凉等府人口损失更重,区域西北的河西走廊各府州以及区域北偏西的宁夏府等处,人口损失亦重;其二,位于区域东南部的阶(州)、秦(州)、安(康)、汉(中)等地区因战乱较少,大批邻域人口避难迁入,战时人口总数不但没有减少,反而所有增加。以秦州直隶州秦安县县城为例,清末人数高达三万,在整个甘肃省之中,其人口规模仅次于兰州省城,超过其他所有的府、州、厅、县①。

4. 从1880年至1910年的30年间,陕甘人口重心从西北向东南移动了15.40千米。这一时期人口重心继续向东南方向偏移,是战乱之后区域东南部人口增长较快造成的。西北地区在灾祸之后,到处旷野,人稀地广,各地方官员都积极安置流民,招徕垦荒。但绝大多数地区收效不大,只有陕西关中地区,因为其特殊的地理位置,有大批客民涌入。这些移民大都来自邻近的河南、湖北、四川、山东、山西、直隶等省。战后与外来移民迁出地距离较近的关中地区因为首先得到移民填补,人口增加较快,区域人口重心因此向东南方向移动。

5. 从1910年至1953年的43年间,陕甘人口重心从东南向西北移动了44.99千米。这一时期人口重心的移动方向与1776年以来的陕甘人口重心移动方向相比,发生了逆转,由西北东南向转为东南西北向。造成这一现象的原因,主要是1910年后,位于区域东部的关中地区在外来移民大量迁入的推动下,人口增加较多,局部小区域人口已经趋于饱和。由此,外来人口开始越过陇山,继续向西进发,西北方向兰巩一带、河西走廊与宁夏平原等处的人口增长速度开始大于东南方向关中地区。但是,从人口重心移动的距离和速度看,直到1953年第一次人口普查时,整个区域人口不论从绝对数量还是空间分布状态来看,都远没有恢复到同治战前的水平。

综上所述,1776年至1953年间陕甘区域人口重心移动轨迹与实际的区域人口空间分布变化吻合度较高,人口重心的转移方向与幅度完全可以找到合理的历史学解释。这表明,人口重心模型可以比较好地模拟较长的时段内陕甘区域人口空间变动趋势。

---

① 路伟东:《清代陕甘人口专题研究》,上海:上海书店出版社,2001年,第383页。

第四节　甘肃"地理调查表"近 7 000 个分村数据支持的西北人口分析

传统典范式历史人口规模的研究,一般都是通过对大量相关史料的判读来进行概略的估算。曹树基先生认为,更多的样本数量和更高的样本精度可以有效提升最终的研究结论的可靠度。简单地说,就是估算一个省或更大区域的人口规模时,使用县一级的人口样本要优于使用府一级的人口样本,使用更多的县一级的人口样本要优于使用较少的县一级的人口样本。这一研究思路和方法,从统计的角度讲是正确的。在无法获取全部数据时,一般情况下,较多的样本容量(样本数)可以得到较高精度的估值。但是,这有两个重要的前提:其一,要有科学合理的抽样规则;其二,样本本身要足够准确。否则,更多的样本数,意味着更多的样本误差,而更多样本误差累积,可能会使总误差超出可以接受的范围,最终导致错误的结论。实际上,历史人口数据很难做到这两点。因为所有的历史人口数据都是经过记录者和时间筛选之后的结果,研究者最终得到的样本数据都是不可控的。同时,几乎所有的历史人口数据,最初来源都是以收税为目的的保甲登记,这样的人口数据,一般都严重漏报未成年人、老人及女性等非纳税人口,并非实际的人口数。基于这些数据的研究,尤其需要谨慎处理。而过于主观随意的厅、县人口估计数,实际上缺乏真正实证的意义。

如何对曹先生的研究结论进行检验,是一个很有挑战性的工作。对于历史人口规模的估算,在大部分情况下,由于史料极其有限,研究的过程并不复杂。所使用的基本方法也比较有限,就是历史文献学的方法,即史料的人工判读和简单的数理统计。所以,如果没有新的研究手段或方法,仅使用原来的史料、按照原来的套路对现有研究数据进行重复检验,很难有新的发现,也很难证明其真伪。对于后来的研究者来讲,这种重复性的检验,既没有必要,也缺乏意义。在此,笔者使用人口重心模型,对曹树基先生给出的1820年《大清一统志》人口修正值和1910年新政人口修正值,分别进行检验。

一、1820 年人口数据的校验

《大清一统志》1820 年陕甘人口总数是 2 911.3 万,曹树基先生修正后的人口总数是2 973.5,仅比原始人口数多了62.2万,约占《大清一统志》陕甘人口总数的2.14%。

图4-5显示了两个不同的1820年陕甘区域人口重心,其中曹树基先生修正的1820年陕甘人口重心与《一统志》1820年陕甘人口重心非常接近,测量数据显示,两者相距仅1.95千米。这一现象表明,曹先生修正的1820年陕甘人口数与《一统志》的1820年陕甘人口数在空间分布上基本是一致的,两者不存在系统性的偏差。对于一个规模接近三千万的区域汇总人口数据而言,在样本数值极为有限,且大多出于个人估计的情况下,进行一个与原值变动幅度仅2%强的误差修正,本身的意义并不大。

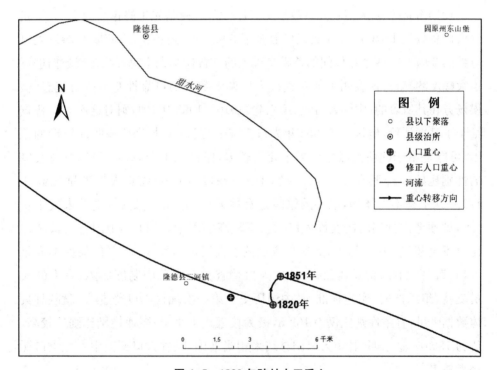

图4-5　1820年陕甘人口重心

人口信息对于一个国家的重要性不言而喻,除了征收赋税之外,它还是处理诸如确定学额、界定诸色人户法律身份以及赈济救灾等社会日常或重大突发事件的重要标尺。即便是现代国家,进行全面的人口普查,获取翔实可靠的人口信息都是一件需要投入大量财力、人力及物力,且费时、费力的事情。人口普查体现了一个现代国家社会总动员的能力。对于任何一个传统农业社会的封建王朝来讲,获取人口信息的工作更是一项极为艰巨的任务。保甲体系是清代整个户籍管理体系的基础,除此之外,既没有可能,也没有必要,创建另一套户口管理制度。所以所有各层级的官方户口数据,都是由地方保甲统计之后逐层汇总上报的结果。方志中的户口数据与总志中的户口数据其实是同一来源。葛剑雄先生早就指出:"官方的总数正是各省上报后合计的结果,两者岂有不合之理?"[①]因此,以各县方志的户口数来验证官方的省级户口总数,当然会得出完全相同或相似的结论。这一做法,本身就缺乏逻辑意义。

二、1910年人口数据的校验

1910年陕甘地区新政人口数是1 277.8万,曹树基先生修正后的1910年陕甘人口总数是1 670.0,比原始人口数多了392.2万,约占1910年陕甘新政人口总数的30.7%。两个数值间的差距是极大的。曹树基先生对宣统普查数据进行了大幅度的修正,这表明了他对宣统人口调查数据的可靠性基本持否定态度。侯杨方在其所著的《中国人口史》第六卷《1910—1953年》中,则对这次人口普查给予了高度评价,他认为:"1953年人口普查中的总人口性别比偏低(107.6)的原因,可能是由于此前的战争中男子死亡较多,但自1949—1987年间,中国人口的性别比始终徘徊在105—108之间……1911年时中国总人口性别比高达121.6几乎是不可能的,惟一的原因是女性人口的遗漏登记(特别是未成年女性),即便考虑到当时的女性人口死亡率较高的因素,1911年中国总人口性别比也不会超过110。另外,此次普查大约遗漏了占男性人口5%的男性未成年人口。"即便如此,但总体而言,这次人口普查具有完善的制度保障、有力的人员支持,组织严密,实施标准,是中国历史上第一次现代人口普查[②]。就陕甘具体数据来讲,甘肃性别比仅为109.8,极为接近正常水平;陕西性别比则比较高,约为120.0。这表明,甘肃人口调查结果相当准确,陕甘人口调查中女性人口漏登者较多。

侯杨方所指1911年人口数即曹树基指的1910年人口数。宣统人口调查开始于1909年,结束于1911年。从甘肃"地理调查表"信息看,大部分地区上报的人口数实际上是1910年的。那么,何来评判两位学者对宣统人口调查数据两种

[①] 葛剑雄:《中国人口发展史》,第243页。
[②] 葛剑雄主编,侯杨方著:《中国人口史》第六卷《1910—1953年》,上海:复旦大学出版社,2001年,第247—248、48—54页。

相左的观点呢？GIS 人口重心空间分析模型为我们提供了新的研究思路和方法。图 4-5 显示的是两个 1910 年人口重心及变动趋势。

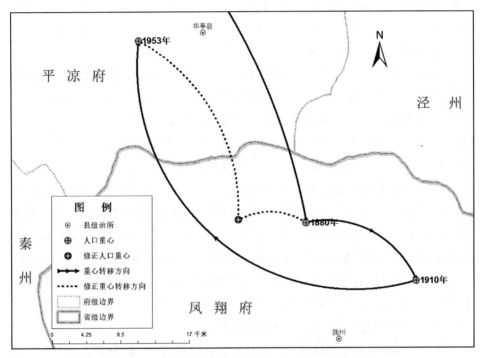

图 4-6　1910 年新政数和曹树基修正数人口重心移动趋势

从图 4-6 可以看到，以 1880 年人口重心为参照点，新政 1910 年人口重心与曹树基先生修正后的 1910 年人口重心，出现了完全相反的走势。前者在 1880 年后继续往东南偏移了 14.5 千米，后者则相反，掉头往西北偏移了 8.3 千米。如果曹树基先生校正后的 1910 年人口数据是正确的，那表明以下两点推论至少有一个是肯定的：其一，1910 年新政人口数在整个陕甘区域的西北部存在严重漏报现象，人口数严重偏低；其二，1880—1910 年间，整个陕甘区域的西北部人口增长率远大于东南部。然而，实际的情况是，以上两点都是错误的，具体理由分述如下：

1. 关于陕甘区域西北地方宣统人口调查新政人口数的漏报问题。陕甘区域西北部主要是甘肃省，尤其是人口最集中的河西走廊地区。在这一省区，笔者发现了宣统人口调查最原始的普查档案"地理调查表"。对甘肃"地理调查表"的研究表明，甘肃新政人口普查实施严格，人口普查数据质量较高，不存在严重漏报的情况。本书第一章已经做了详细说明,在此不多赘述。

从男女性别比上看,新政人口数甘肃性别比为109.78,陕西为120.00①。两者相较,甘肃男女性别比更接近于正常值,陕西男女性别比偏高,说明陕西新政人口数中女性人口漏报更多一些。仅就这一点来看,修正后人口重心也应该向东南方向,而不是向西北偏移。

2. 关于1880—1910年间整个陕甘地区西北部的人口增长率远大于东南部。从前述1820年至1851年的陕甘人口重心分布来看,外来人口入迁导致的人口机械增长因素消除后,区域内部的人口自然增长速度相差不大。如果1880年后陕甘区域的西北部人口增长率远大于东南部,那就说明,1880—1910年间,西北地区的外来人口迁入数量和速度要远大于东南地区。

然而,实际情况是,由于战后移民迁出地主要是陕甘区域东部及东南部的河南、湖北、四川、山东、山西、直隶等省,移民西迁入潼关后,首先补充的是靠近迁出地,且人口稀少、自然条件优越的关中地区、陕南山地。而这些区域人口基本饱和,外来移民开始大规模越过陇山,继续涌入更西部的地区,至少是1910年之后的事。

综上所述,显然,曹树基先生对于陕甘地区1910年新政人口数的判断出现了错误,他对新政人口数的修正是不可靠的。GIS提供的人口重心模型,是我们实现对这一研究数据进行校验并证伪的重要手段。

宣统人口调查是中国现代人口普查的萌芽,其普查目的、登记方法及人口数据等,较之以前的户口数有本质区别。在此之前的户口数据,不论出于总志、方志,还是清册、通典,抑或是其他官私文献,实际上都属于同一个系统,来源都是一样的,那就是以收税为目的的、依托保甲体系逐层汇总的、最终记录于户部清册中的户口数。在这样一个数据体系里面,用方志的数据去校验总志的数据,用汇总的地方数据去检验更高层级的区域或全国数据,不论在什么样的精度上进行讨论和分析,最后的结论都应该是相同或相近的。但当用同样的方法去检验宣统普查人口这样一个系统外的数据时,问题就出现了。

第五节 本 章 小 节

从学科分类上讲,历史人口学是现代人口学的一个分支,但从研究方法与研

---

① 王士达:《民政部户口调查及各家估计》表十一,《社会科学杂志》1935年第6卷第2期。

究侧重点来看,两者不存在很大的差别,对于历史人口学家来讲,研究工作首先需要解决的是历史人口数据的研究考证,而不是现代人口学的统计分析。历史人口的研究过程,实际上主要就是人口数据的获取过程。历史人口数据往往不符合现代人口学的规范,考证一个看似简单的人口规模已经穷尽所能,至于考证人口年龄结构、性别结构、职业结构等这些详细的人口学指标,则更是难上加难。因此,现代人口学的统计分析手段对于人口史研究更深层次的需求,往往无能为力。

历史人口数据是具有时间序列的空间数据。历史人口的时间序列、属性信息与空间信息脱节,将严重制约着各种信息,如环境数据、自然资源数据、经济统计数据等的集成。解决这一问题的重要方法就是进行人口数据空间化。以管理、分析空间数据见长的 GIS 的研究方法和技术手段,是我们可以选择的重要手段。

GIS 的核心是数据,而优质的历史人口数据正是历史人口研究所长。使用人口分布的数据模型,结合传统的人口专题地图表示方法,可以更好地反映人口分布的特征。GIS 支持下的 1776—1953 年陕甘区域人口长时期变动规律分析研究的个案表明,GIS 与历史人口学可以很好地结合起来,进行交叉研究。

第五章　同治西北战争与聚落尺度的人口迁徙

同治西北战争作为西北回族人口发展史上最重大的历史事件,不但造成了极其严重的人口损失,也引发了大规模的回族人口迁移。本章在系统梳理督抚奏折、地方史志、时人文集以及调查记录等传统文献的基础上,结合新发现的宣统人口调查"地理调查表"甘肃分村户口数据,以同治年间西北回族战争为例,深入探讨战争状态下聚落尺度的西北人口迁移问题。希望这一工作,除了可以更加形象、生动地展现战争状态下小民避祸逃生的真实场景,增加历史叙事的维度外,也能够打开一扇窥视中国人口发展历程的窗户,从而对历史时期中国人口发展"大起大落"的阶段性特征产生更加深刻的认识。

第一节　同治西北战争与区域人口变动

同治西北战争,是近代史上的重大历史事件之一,对于近代西北地区人口发展来讲,更是重大的历史事件。该场战争以及紧随其后的战乱、灾荒和瘟疫,不但造成了极其严重的人口损失,彻底打断了区域人口发展的历史进程,完全改变了区域人口的民族结构和城乡结构,也引发了大规模的人口迁徙。西北地区是我国回族的传统聚居区,也是人口数量最多、分布最集中的地区。而关中、宁灵及河西等处,连片带集聚,其数尤众[1]。千百年来,回汉两族同村共井,"互讼之案,衅起户婚田

---

[1] 路伟东:《高陵十三村回民聚落群与清代陕甘回民人口分布格局》,见《历史地理》第28辑,上海:上海人民出版社,2013年,第185—195页。

土事件"①较为普遍。琐碎细故,本人情所不能,官民皆"视为固然者久矣"②。乾隆中期以来,随着官方在法律层面对回族的公开歧视日益加深③,回汉打斗有升级之势,"睚眦细故,动辄百十成群,持械斗殴"④。东府渭河沿岸诸县,械斗之风尤盛。不但次数频繁,而且规模惊人,聚众者往往成百上千,斗杀性命亦不鲜见。

在歧视性的司法语境中,遇有纠斗,地方官员往往右汉左回,处处偏袒,致使矛盾无法得到合理解决。而地方团练、蝎客匪勇⑤在纠斗之中复以众欺凌,为祸尤烈,常常导致矛盾激化。这一过程中,太平军、捻军入陕,掌教阿訇等宗教因素影响并推动的回族组织化、军事化等,都在一定程度上也对冲突的扩大起了推波助澜的作用。民间的不满、焦躁以及歇斯底里的冲动恰恰就是在这种司空见惯、频繁发生的冲突中,在官民的不经意间,日积月累,逐渐凝聚成一股可怕的力量,最终以一场惨烈战争的形式释放出来⑥。

同治元年(1862年)初,渭南回汉再起纷争,不数日,县属"沙南、渭北诸屯堡焚杀无遗"⑦,回军遂占渭南,困同州,复陷高陵、华州、华阴,进而围攻省城西安。其他州府回族亦闻风而起,朝邑、泾阳、三原、咸阳等县城相继被围。同年胜保、多隆阿相继统兵入陕,双方在渭河东西数百里间,反复拉锯厮杀。关中沃野,村堡皆遭焚掠,良田鞠为茂草。及至六年(1867年)夏,左宗棠兵进潼关,遂尽驱陕回入甘。八年(1869年)九月,清军合围宁夏,金积堡连同周围数百回族堡寨尽被荡平。十年(1871年)九月,河州马占鳌以胜利之师乞降。十一年(1872年)底,西宁回军败走河西。十二年(1873年)九月,肃州回族开城请降。至此,陕甘战事基本结束。

从同治元年初华州圣山砍竹⑧事发,到同治十二年秋肃州回开城请降,陕甘

---

① (清)余澍畴:《秦陇回务纪略》,见中国史学会主编:《回民起义》第4册,上海:神州国光社,1952年,第215页。
② (清)曾毓瑜:《征西纪略》卷一,见中国史学会主编:《回民起义》第3册,第24页。
③ 王东平:《〈大清律例〉回族法律条文研究》,《回族研究》2000年第2期。
④ 早在乾隆毕沅抚陕时,长安一带回、汉械斗案就颇多。见马长寿主编:《同治年间陕西回民起义历史调查记录》,西安:陕西人民出版社,1993年,第122页。
⑤ 时人刘东野言:"其桀黠者结党成群,本地无赖和之,始以借粮为名,继则掘窖藏、掠财物,牵骡马,勒令出赎。近山有十八团之名,民间呼为'蝎客',一曰'搜山'。"刘东野:《壬戌华州回变记》,见马长寿主编:《同治年间陕西回民起义历史调查记录》,第82页。
⑥ 路伟东:《羊头会、乡绅、讼师与官吏:同治以前关中地区回汉冲突与协调机制》,《回族研究》2010年第1期。
⑦ (清)杨毓秀:《平回志》卷一,见中国史学会主编:《回民起义》第3册,第61页。
⑧ 此事旧史视为同治西北战争之开端,据陕西巡抚瑛棨同治元年五二十六日(丁未)(见《钦定平定陕甘新疆回匪方略》卷一三)奏称:"此次汉回起衅由于华州境内回民购买竹杆,汉民增价居奇,互相争闹,遂致伤毙回民,当时经人劝散,不意是夜汉民暗赴回村烧毁房屋,于是回民纠众报复,汉民齐团相斗,渭南大荔一带,闻风而起。"

战事前后仅持续了 11 年。这十余年间，除了军队间的攻伐，族群之间的互屠，还有团练匪勇对地方的盘剥与虐杀。战事所及之处，城堡屡陷，沃野繁华，尽为焦土，田荒粮尽，人烟断绝，熟地变成茂林，"残杀一日，辄死人民数万，血流成渠，尸积如山，伤心惨目"①。而与战争伴随而来的抛荒、灾歉、饥馑，贯穿始终，各地粮绝而人相食者，不绝于书，人口损失惨重。庆阳董志原延袤数百里，地沃民丰，号陇东粮仓。"十八营"②占据其间，人口陡增数十万，不久即发生粮荒。同治七年麦熟后，回军抢先刈割，民人仅"捡拾遗穗余粒，少延残喘，遂致斗粟宝钱八串，后至十二串亦无可买之处，饿莩载道，人兽相食，其惨不可胜言"③。隆德县同治十年"岁大歉，斗米二十五六千文不等，人相食，死者塞路"。战后平复时，全县尚无二三十家④。

除了杀戮与饥荒，瘟疫也是造成战时人口严重损失的重要原因之一。战火波及之处，普遍发生瘟疫，人口大量死亡。史载泾川、永昌同治五年五月间"疫大作，死者无算"。镇原县"时疫大作，伤人甚重"⑤。据不完全统计，仅甘肃一省，战争期间，就至少有 18 个州县发生过较为严重的瘟疫⑥。战时瘟疫普遍发生，究其原因，应该与饥馑导致的人口体质严重下降和战时紧张惊恐等心理应激反应导致的机体免疫力下降有关，也应该与饮用水污染有关。战时小民，尤其是老幼妇孺自我了断的主要方式，除了仰药、自缢、跳崖外，就是投井。如西安围城期间，洗回消息日夕数警，城内回妇皆持剪蹲守井口，随时准备自尽⑦。又如临潼县姚家堡被围七昼夜不克，民如惊弓之鸟，闻县城被攻破，即跳崖投井死者有千余人⑧。官私史料中此类小民跳井的记载极多，不可胜数。胜保兵入潼关，省城西安附近，"荒烟蔓草，无从觅食。井中皆有积尸，求水亦不可得"⑨。此时战事方起不久，大量井泉因小民投井而遭到污染。军队水源即已如此匮乏，小民饮水窘迫之情更毋庸言表。

而大量尸体无法及时妥善处置则可能是战时瘟疫流行的更直接原因。同治六年，崇信县"瘟疫流行，城乡传染殆遍，棺木俱穷，多以芦席卷埋"⑩。官私文献

---

① 民国《创修渭源县志》卷《回变官民死事纪略》。
② 韩敏：《董志原十八营元帅事迹考》，《回族研究》1993 年第 2 期。
③ 民国《重修灵台县志》卷三《武备》。
④ 民国《重修隆德县志》卷四《拾遗》。
⑤ 民国《重修镇原县志》卷一八《变异志》。
⑥ 袁林：《西北灾荒史》，兰州：甘肃人民出版社，1994 年，第 1517—1518 页。
⑦ 马长寿主编：《同治年间陕西回民起义历史调查记录》，第 178 页。
⑧ 光绪《临潼县续志》卷上《人物·殉难士民》。
⑨ （清）易孔昭等：《平定关陇纪略》卷一，见中国史学会主编：《回民起义》第 3 册，第 255 页。
⑩ 民国《重修崇信县志》卷四《志余》。

中相关记载颇多,光绪末年修《甘肃新通志》时,甚至辟有专门篇目来记录相关内容①。及时对尸体进行有效处理,可以极大减少瘟疫发生的概率。会宁初石沟人李振西,"回乱后徙居侯川,巩堡寨,招流民,同治十三年大疫,死者甚众,厉气方炽,人不敢殓尸,皆远避野宿,振西延道家修醮逐疫,施棺掩尸,疫遂息,流民复安乡邻"②。从战后各地方志中大量旌表出资殓尸善行的记录来看,战争期间,可能有更多的尸体无法得到及时掩埋。西北冬日苦寒,黄沙白雪间,骸骨暴于野,除易遭狼犬啃食,对生者尚无大碍。但夏日酷暑,暑气熏蒸,尸体极易腐烂,影响就极显著。礼泉县城被困期间,"生擒者俱戮于城门北墙下,时方炎暑,臭气袭人,于是疫疠大作,日有死亡"③。除此之外,亦有学者的研究表明,在部分地区,瘟疫流行可能也与战争引发的生态灾难有一定关系④。

以上种种惨相,凡战争所及,几乎每处皆同,"民不死于回,即死于勇,不死于回与勇,即死于瘟疫、饥饿"⑤。现有研究表明,仅战争持续短短十余年间,陕甘区域人口损失总数以千万计,损失比例可能超过总人口的六成⑥。同治西北战争是中国近代史,尤其是近代西北人口发展史上的重大历史事件。这场战争,不但完全打断了区域人口发展的历史进程,彻底改变区域人口的民族结构和空间分布,同时,更引发了大规模的区域人口迁移。

第二节 布朗运动:村域空间尺度下的人口迁移

西北地区自入清以来,战争逐渐平息,社会趋于稳定。小民休养生息,户口日臻繁盛。及至咸同之际,"重熙累治,关陇腹地不睹兵革者近百年"⑦。社会承

---

① 光绪《甘肃新通志》卷二《天文志·附祥异》。
② 光绪《甘肃新通志》卷七三《人物志·孝义》。
③ 马长寿主编:《同治年间陕西回民起义历史调查记录》,第310页。
④ 李玉尚、曹树基:《咸同年间的鼠疫流行与云南人口的死亡》,《清史研究》2001年第2期;余新忠:《咸同之际江南瘟疫探略——兼论战争与瘟疫之关系》,《近代史研究》2002年第5期。
⑤ 光绪《洮州厅志》卷一八《杂录》。
⑥ 根据曹树基的研究,1861年至1880年间,陕甘人口损失超过2 000万,损失比例高达63%。见葛剑雄主编,曹树基著:《中国人口史》第五卷《清时期》,第717—718页。此二十年间,陕西省还遭到了光绪大旱灾的沉重打击,人口损失较重。研究表明,这一时期灾荒造成的陕省损失的人口大概近1/5。路伟东:《同治光绪年间陕西人口的损失》,见《历史地理》第19辑,上海人民出版社,2003年,第350—361页)
⑦ (清)易孔昭等:《平定关陇纪略》卷一,见中国史学会主编:《回民起义》第3册,第247页。

平日久,国既不知备,民尤不知战。因此,当同治元年大战骤起于渭南之时,不论封疆大吏、地方官绅还是普通小民,对战争的发展态势、严重程度以及残酷程度等,都没有足够的清醒认识和预备。

汉民虽多而势弱,回族人少而力强①。遇有阵战,官军本不足恃,民团一触即溃,对于升斗小民来讲,唯一的选择就是逃命。然事前既无筹谋,遇事亦无良策。兵从东方来则西行,兵从北方来则南突;兵从陆地来则下水,兵从平原来则上山。总之,如何逃,往哪逃,逃多久,全无计划。从村落空间尺度看,战争初起之时,受波及地区村落尺度的汉民人口迁移几乎就是一种毫无规则的布朗运动②,没任何计划性和前瞻性。

陕甘汉、回皆系世居,互为乡梓,素有往来。很多地方彼此相睦,本无冲突之意,更无打斗之实。相传沙苑回族西迁前,曾发动三十六村回族集体西行,其中"和汉民无仇怨而相善者,皆不愿迁。到非迁不可时,与汉族邻有相遇于道路,便对汉人说:'亲家,不对啦了!要分离啦!'"③亦或互通消息,以避祸端。比如泾阳县西南原上的寨头村,起事之前,回汉就比较和睦,回族常透露消息给汉人,请汉人早逃。但汉人很不在意,另一方面也实在不愿离开家乡④。

其实,汉民对于远逃提醒,很不在意,除了故土难离外,主要还在于战事初起之时,参与双方多系特定事件当事人,波及范围比较有限,族群尚未完全割裂,打斗亦较克制。回兵来去匆匆,时间不长。对于普通小民来讲,只要躲避风头便可平安无事⑤。更有甚者,居然抱隔岸观火之心态,驻足围观,犹似看戏。如同治元年九月二十二日,也就是战争已经开始整整五个月后,回军与清军战于同州府城东门外苏氏沟,附近村庄百姓从草桥店一带围观看热闹,结果半被掩杀⑥。及至战事扩大,战火烧身,危及性命,小民始知四散奔逃。

回族把汉人称为"呆迷",其意所指大概为呆傻痴迷,显系轻蔑藐视之词。看

---

① 《大公报》记者范长江曾于20世纪30年代在西宁城目睹回族"开斋节"。当时,北风劲烈,重裘无温。会礼的回族都席地而坐,静听宣讲,没有丝毫浮动现象,上万人自动排班,有条不紊,无人喧哗早退。其组织性、纪律性与服从性让人震撼。见范长江:《中国的西北角》,天津:大公报馆,1936年,第101页。

② 布朗运动(Brownian motion)是悬浮在液体或气体中的微粒所作的永不停息的无规则运动。它是一种正态分布的独立增量连续随机过程,是随机分析中的基本概念之一。见杨静、唐泉:《维纳和布朗运动》,《数学的实践与认识》2008年第10期。

③ 马长寿主编:《同治年间陕西回民起义历史调查记录》,第105页。

④ 马长寿主编:《同治年间陕西回民起义历史调查记录》,第253—254页。

⑤ 马长寿主编:《同治年间陕西回民起义历史调查记录》,第255页。

⑥ 光绪《大荔县续志》卷一《事征》。

到持武器而抵抗的,就高喊"呆迷快跑,不丢干子不饶"①,而汉民则认为"煞星落在回回头上了",对回族很害怕,见了就跑。当年马长寿先生调查时,有汉人声称,同治战时,往往"一个回回一喝,许多汉人就争相奔逃"②。畏惧胆寒、仓皇逃命之像,跃然于纸上。此说虽系传闻,但可能并非毫无依据、信口雌黄。有不少从未经历过战争的老人,因口耳相传的祖辈们当年亲历的逃命经历,时常梦到战争与逃亡③。可见,战争的残酷与恐惧在几代人心里都打下了深深的烙印,影响深远。

战争状态下的人口逃亡方式与灾荒状态下有较大不同。后者进程较缓,往往不足以立刻危及生命。人口外逃一般是时间累积的结果,虽属无奈,但亦是自主选择,中间有较长的预备期。这期间"只有富室才有乱中出逃的资本和社会关系网络,至于贫苦的下层农民则大概多数宁愿静观以待变"④;而战争往往事起突然,发展迅速,星星之火,瞬间燎原,小民因战火烧身而不得不逃,根本不可能静观其变。但升斗小民,既缺盘缠路资,亦无社会网络,因此对如何逃,能逃多远,逃往何处,其实根本没有选择。

所以,逃跑之法,一般就是选择家内村中就近处所,比如窖、窨、窑洞、教堂或有坚固围墙的楼、塔等任何可以藏匿或暂时安全之处。甚至是门后卷起的席桶之中或盖了柴草的案牍之下,亦有侥幸脱逃者⑤。或者逃出村外,隐匿山中,或伏于古墓丛林⑥,或小舟漂于江上⑦,然后探听风声,如果没有问题就返回家中⑧,如果此地吃紧,则继续逃往彼处。从村域空间尺度来看,小民迁移逃生的方式主要集中在以下几个方面。

一、藏匿村中窖、窨、窑洞等处

西北地区黄土深厚,直立性好,易于挖洞,加之干旱少雨,穴居窨藏古已有

---

① 马长寿主编:《同治年间陕西回民起义历史调查记录》,第75页。
② 马长寿主编:《同治年间陕西回民起义历史调查记录》,第197页。
③ 马长寿主编:《同治年间陕西回民起义历史调查记录》,第49页。
④ 夏明方:《民国时期的自然灾害和乡村社会》,北京:中华书局,2000年,第104页。
⑤ 马长寿主编:《同治年间陕西回民起义历史调查记录》,第49页。
⑥ 马长寿主编:《同治年间陕西回民起义历史调查记录》,第351页。
⑦ 据光绪《大荔县志》卷一二《烈女传》记载,该县诸生白耀垣妻名氏,"回乱时避难在船,闻夫阵亡,忿激投水。舟人救出,衣尚未干,仍赴水死"。可见战时有部分小民得以逃在渭水船上避难。
⑧ 口碑史料称,"回回习惯在晚祈祷后便不出门,因此,逃难的汉人往往白天逃命,夜晚回家看看"。见马长寿主编:《同治年间陕西回民起义历史调查记录》,第230页。

之。《说文解字》曰：窖，地藏也；窨，地室①。可见，窖窨最初应该是兼具一定储藏和防御功能的地穴式住所，其形制大体是"筑土如堤，凿穴以居，开口向上，以梯出入"②。相比依山崖或冲沟两边土壁而挖的窑洞，窖窨不论通风、采光还是视野效果都较差，并不适宜居住，后世遂逐渐成为专门的储藏处所。清人俗语以酒水等埋藏地下曰窨，以藏谷麦曰窖③。西北苦寒，一般农户家中都挖有窖窨，用于存储过冬粮食果蔬。

战争起时，一般小民，尤是妇女老弱，应急逃命之所，首先就是自家或就近的窖窨。窖窨有的相当大，可容纳多人。里面备有炊具、柴火、粮食及饮水等生活必需品，有的甚至还有磨子，研磨米谷，以便久居。临潼县马坊堡村南高坡上就有这样一处，洞口隐藏得很好，不容易被发现，后因农民在崖上拉土才暴露在外。"洞高约两公尺，底下为浮土所壅，洞壁有烟熏的黑迹。当时冯先生（笔者注：冯先生指冯增烈）跟村长爬进去看了看，里面纵横交错，非常开敞。据村长说，洞中原来还有磨子，不久前才为村民移走。"④

清初以来作为主要粮食作物的番薯，逐渐在西北推广种植⑤。番薯冬季储藏时温度要 10 度以上才不致被冻坏，因此，窖窨一般一丈五六才能保证不冻坏⑥。相较于一般的窖窨，番薯窖子隐蔽性更好，容量更大，也更适于藏身⑦。咸阳渭城一带还有一种窖窨叫"上高窖"，筑成"之"字形，不怕烟熏，相当安全，几乎家家都有⑧。当时回族甚至有谚语曰"乌鸦窝好戮，地老鼠难捉"⑨，由此来看，窖窨这种地下藏身之所，在战争期间，还是有一定作用的。

然而，绝大多数半地穴式窖窨，隐蔽性很差，比较容易被发现。清代陕西盐商素有乡居窖藏传统，大量金银存于自家地窖，同治战时多被洗劫一空，数百年

---

① （东汉）许慎：《说文解字》卷七《穴部》。
② （唐）李延寿：《北史》卷九四《勿吉传》。
③ （清）段玉裁《说文解字注》卷七《穴部》。
④ 马长寿主编：《同治年间陕西回民起义历史调查记录》，第 146 页。
⑤ 陈树平：《玉米和番薯在中国传播情况研究》，《中国社会科学》1980 年第 3 期。
⑥ 魏华：《陕西渭北农家窖式仓储考查》，《重庆科技学院学报（社会科学版）》2009 年第 9 期。
⑦ 从马长寿先生当年的调查记录来看，在关中一带，窖、窨这种称谓似乎并没有明确的特指，常常混用。在陇东地方语境里，窨子主要指在悬壁上开凿的用来藏身贮物的洞窟，关中人将这种窖窨称为天窖。其特点是口小而肚大，可容纳数十人，进出需用绳梯，较为安全。苏磊、付少平：《匪患对黄土高原居住形态的影响探略——以近现代陇东地区为例》，《西安文理学院学报（社会科学版）》2010 年第 6 期。
⑧ 马长寿主编：《同治年间陕西回民起义历史调查记录》，第 266 页。
⑨ 马长寿主编：《同治年间陕西回民起义历史调查记录》，第 298 页。

的资本积累毁于一旦,从此一蹶不振①。另外,窨窨一般只有一个洞口出入,防卫功能也较弱,一旦暴露,基本上就意味着灭顶之灾。窨窨最怕烟熏,只要洞口被堵,以烟熏之,洞内之人非死即伤。比如渭南县西南三里有张村,村落高处挂有铁钟,派人在附近瞭望。有警鸣钟,村民便会藏入地窨。但后被回军找到窨口,便用辣椒面燃熏,窨内老少被熏死的很多②。同治元年九月,华州姬家庄地窨被熏,死四十余人。同年十月初六日,李家坡天窨被熏,"人膏直流至崖下",其惨状简直不忍诉于笔端③。同治六年,回兵再逼近荔、朝时,三原县知县贺瑞麟就痛陈"窨窨全不可靠",绅民须早为逃计④。

二、逃往南北山中或塬峁沟壑之间

西北地形地貌复杂多变,山川相间,塬峁兼有。战事初起于关中,平原四周秦岭和渭北山系(老龙山、嵯峨山、药王山、尧山、黄龙山等)环绕,山峦跌宕,便于躲藏。而战争波及区的陕北陇东则为典型的黄土地貌,地形破碎、沟壑纵横,更易隐匿。因此,往山上跑,是小民逃亡最重要的选择之一。故老弱藏于窨窨,而青壮隐匿山涧。

文献中有大量人口往南山逃命的记载,关中小民所称南山即秦岭。同治战事初起于渭北,民团在渭河南岸布防,抵挡不住,回兵遂渡河。因此,渭河以南地区小民南逃秦岭,隐蔽其间者尤多。如华县各村的汉人就逃往南山,回兵曾追至南山的石堤峪,但只走了一半路,怕有危险,不敢继续往前追索,小民遂得活命⑤。临潼县当年战斗激烈,小民死伤颇重。但逃入南山者,大都得以活命。县人至今有谚语说:"红袄绿袖子,杀得丢下南山背后一溜子。"回军的活动范围,最南没有越过南山十里马鞍镇、乌柳村一带⑥。

渭北的小民则多往北逃入北山,北山山系是陕北黄土高原与关中渭河平原的分界岭,从东向西依次分别由桥山山脉、黄龙山脉、子午岭山脉、陇山山脉组成,山则有老龙、嵯峨、药王、尧以及黄龙等山,山北部是沟壑纵横的黄土高原,山

---

① 王红:《清末民初四川盐场陕籍盐商衰落原因研究》,《四川理工学院学报(社会科学版)》2009年第4期。
② 马长寿主编:《同治年间陕西回民起义历史调查记录》,第35页。
③ (清)刘东野:《壬戌华州回变记》,见马长寿主编:《同治年间陕西回民起义历史调查记录》,第81、82页。
④ (清)贺瑞麟:《清麓文集》卷七《书答二·与杨仁甫书》。
⑤ 马长寿主编:《同治年间陕西回民起义历史调查记录》,第74页。
⑥ 马长寿主编:《同治年间陕西回民起义历史调查记录》,第149、150页。

南部是一马平川的关中平原。北山山系距离不远,易于躲藏。比如同州附廓大荔县,境内攻杀极烈,战火波及村落很多,但西北一隅的山中回军未到,为当时难民聚集之所①;三原县的人民多往北逃往耀州,以其地有山易于藏躲的缘故②;而泾阳县人则多向北逃入北仲山一带。

河西走廊,东起乌鞘岭,西至玉门关,介于南北二山之间,长约900千米,宽数千米至近百千米不等,为西北—东南走向的狭长平地。河西小民所称南山则为祁连山和阿尔金山,北山则为马鬃山、合黎山和龙首山。战时小民亦多逃往南北二山。如肃州夹激湾民李建文的幼弟和妻子战时就在北山逃避③,而监生陈据德之女、武生祁新先之女以及户民刘绪宽之妻,战时皆就避难于文殊山④。文殊山是祁连山北麓坡地的一条支脉,峰峦叠列,巍峨险峻,由东南向西北逶迤蜿蜒,盘卧于肃州城西南三十里,山势险要,松柏蔽日,易于躲藏。

群山连绵,提供了天然的安全屏障。小民如能及时逃入,不但可能保全性命,甚或过得比较惬意。泾阳人何鸣皋举家山居避乱的经历就很典型。他在山巅岩峻之处找到一个山洞,足堪遮风避雨。昼则采薪炊爨,夜则枕戈防虫,自夏徂秋,前后长达半年,始终未受惊扰。何氏闲居无事,处高临下,犹如置身青云,大惬怀抱,居然诗性大发,作诗云:

> 栖止石岩高接天,
> 云环霞绕护峰巅。
> 绝无贼势惊心际,
> 惟有禽音到耳边。
> 扰扰尘寰直俯视,
> 悠悠岁月只长眠。
> 人间谷食如能避,
> 便是逍遥一洞仙。

实际上,何氏一家避难山中之所以能够如此惬意,当然不仅仅是因为他有幸觅

---

① 马长寿主编:《同治年间陕西回民起义历史调查记录》,第105页。
② 马长寿主编:《同治年间陕西回民起义历史调查记录》,第225页。
③ 光绪《甘肃新通志》卷七三《人物志》。
④ 光绪《肃州新志·人物志·节烈》。

得了一处山洞,而且因为他经济比较宽裕,粮足水丰,可以持久。逃难之初,何氏先跑到一个叫后坪的地方,位于北山之腰,这里是他们家的山坡田庄。后看到山麓穴居的小民,被反复侵扰,大多未能幸免于难,于是又迁往更高的山巅安全之处①。

何氏自嘲:"人间谷食如能避,便是逍遥一洞仙。"显然,人生在世,不可能躲避谷食。对于小民来讲,逃入山中最缺的恰恰就是粮食。河州增生刘佩灵,"负母入山避难,饥不得食,复还里,贼至母命之逃,佩灵恋母不忍去,母子俱被害"②。这种情况,显非个案。当年临潼县经济宽裕者多逃上山,得以活命,而经济不宽裕者则多死于兵火③。因此,往山中逃跑,并非人人可以。除了青壮有力,还要有一定财力,否则无食无饮,万难久持。

三、躲藏教堂庙宇之中

乡村庙宇林立,有高大围墙者亦不在少数,战时作为应急避难之所,亦有小民隐蔽其间而侥幸得活。比如临潼栎阳城南有大寺,回兵到时,就有不少汉人避难于此④。泾阳城东的东城隍庙,当年也是一处避难之所,因外有一城,内有地窖,周围妇女老弱多藏身其中⑤。亦有称回军不烧关帝庙,以其忠义之故;或称关帝显灵保某村不破,小民最终得活⑥。诸如此类传闻,当然并不可信。战事既起,生灵涂炭,性命尚且不保,何以顾及庙堂?实际上,战火所及之处,各地庙宇建筑焚毁极其严重。比如鄠县境内主要寺观战时多被焚毁。临潼县,战后"凡庙宇暨一切祈祷之区胥成灰烬"⑦。西安府城及咸、长两附廓县概略统计,劫余之后,所存寺观远不及战前十分之一⑧。因此,此类处所,所谓安全保障大概多仅限于心理层面,真正打起仗来,根本不足以维持,无法保全性命。

相较于中国传统庙观庵寺,散布乡间的天主教堂,战时大多未被侵扰焚毁,乡民躲避其间而活命者众多。因此,对于小民来讲,能够成为教民、躲入教堂就可以得到庇护,生命有了安全保障。《鄠县乡土志》记载该县自兵兴以来,回族

---

① (清)何鸣皋:《述同治壬戌之变》、《述冶峪焚杀之惨》,见(清)柏堃编:《泾献文存》卷一二《杂著》。
② 光绪《甘肃新通志》卷七三《人物志·孝义上》。
③ 马长寿主编:《同治年间陕西回民起义历史调查记录》,第147页。
④ 马长寿主编:《同治年间陕西回民起义历史调查记录》,第150页。
⑤ 马长寿主编:《同治年间陕西回民起义历史调查记录》,第255页。
⑥ 光绪《大荔县续志》卷一《事征》;马长寿主编:《同治年间陕西回民起义历史调查记录》,第72页。
⑦ 光绪《临潼县续志》卷上《祠祀》。
⑧ 僧海霞:《晚清陕甘回民起义与关中地区汉人信仰的变迁——以寺庙宫观的新建、重建和废弃为中心》,《北方民族大学学报(哲学社会科学版)》2009年第4期。

"不杀从教之人,由是从者日众"①。兴平县情况极其类似,"同治元年回变作,邑人之黠者多归附天主以偷生焉"②。三原县城东有武官坊天主堂,战时亦未被焚掠。其附近地方多受其益,小民虽遭劫掠,但人口损失较少。县内其他没有教堂的区域就没有这么幸运,人口损失较重。同治三原县令余庚阳有诗记曰:

> 劫火烧来遍四方,
> 四乡蹂躏各殊方。
> 东南地产空衰草,
> 西北人烟半夕阳。
> 判案难寻文学馆,
> 讽经惟有武官坊。
> 保余翻赖耶酥教,
> 惭愧儒生绾绶长。③

与武官坊邻近者,还有位于高陵县城西北的通远坊。该教堂始建于康熙年间,19世纪40年代末复建(见图5-1)。在此后长达八十余年的时间内,通远坊一直是天主教陕西代牧区的主教座堂,是天主教在西北的传播中心。同治战时,通远坊及其附近5个村的小民均未被侵扰焚掠,得以保全。据陕西巡抚刘蓉奏称:

> 同治元年,陕省回变蜂生。渭北高陵首先煽乱,凡属汉民村庄无不焚毁,汉人男妇无不伤残。至今蔓草荒烟,几无寸椽片瓦。独该教人所居高陵通运(远)坊五村毫无凌犯,屋宇庐舍,岿然独存……由是汉民之畏死避祸者,往往投入彼教,冀获幸存。④

高陵县处关中腹地,土沃民丰,地狭人稠。同治以前,回族人口众多⑤,战时

---

① 民国《鄠县乡土志》中卷《宗教》。
② 民国《兴平县乡土志》卷三《宗教》。
③ (清)余庚阳:《池阳吟草》卷一《巡乡》。作者自注云:"东南焚掠极重,而伤人较少,西北伤人极多,而焚掠较轻。回教不杀天主教,武官坊因此得免。"
④ 陕西巡抚刘蓉同治五年六月十七日奏《陕省教堂基址迄无确据疏》附《陈拨还教堂利害情形疏》;见(清)刘容:《刘中丞奏议》卷一八。
⑤ 路伟东:《高陵回民十三村聚落群与清代陕甘回民人口分布格局》,见《历史地理》第28辑,第185—195页。

打斗相当惨烈。鄠、兴平、三原等县亦皆类似。汉民村庄多遭焚掠,唯天主教堂及附近各村教众未受波及。究其原因,刘蓉认为是天主教徒与回族"系同教之人",亦有地方官员声称教会"暗通回匪",始得以庇护。

伊斯兰教与天主教本非同教,两者教义、教规、教法以及在中国的传播实践都不尽相同。实际上,历史上两者曾长期视对方为异教徒,为争夺圣地耶路撒冷,甚至发生过长达两个世纪的"圣战"①。将两者混为一谈,显系误读。至于"通匪"指责,亦遭到教会的断然否认,甚至惊动至政府层面。法国驻华公使柏尔德在与恭亲王的照会中专门提及此事,认为此种污蔑之词,毋庸深辩②。

图 5-1　高陵县通远坊天主教堂

(资料来源:高陵县地方志编纂委员会编:《高陵县志》,第 675 页)

后世亦有学者认为,两教在朝廷管控下均不得舒张,一个惨遭镇压,一个长期被禁,故采取了联合策略,以各壮声势③。实际上,这种观点只停留在事件的表象,而没有看到问题的实质。笔者认为,战时天主教堂及教民得以保全,最根本原因就在于教堂武器精良,足以自保,且不主动招惹是非。回军武器较差,所持者大都为刀矛,甚或有竹干、农具。因此,对土枪土炮等火器相当忌惮,更不要

---

① 赵立行:《西欧社会变动与十字军东征的进程》,《复旦学报(社会科学版)》2002 年第 4 期。
② 同治二年三月二十六日法使柏尔德密为山陕地方官不肯给还旧堂址事致奕䜣照会,见朱金甫、吕坚主编:《清末教案》第 1 册,北京:中华书局,1996 年,第 366,367 页。
③ 李伯毅:《高陵通远坊天主堂沿革》,《教史资料》2000 年第 1 期。

说西式洋枪①。正是基于这样的武装实力②,通远坊主教高一志与回军"为首者相约,凡县民在教者特异其标识,彼此无相侵害",才能最终得以实现。

同治战前陕西一省天主教徒人数有2万余人。从战后天主教迅速扩张的史实来看③,除了既有教民,战时应该还有大量其他人口也得到教会的切实保护,而幸免于难。

四、藏匿楼、塔及有高大围墙的深宅大院等处

除了窨、窖和南北两山,村中或附近村落比较坚固的塔、楼或有高大围墙的深宅大院,也是重要的避难场所。泾阳北关有梁姓府邸,后宅有一高楼,战争期间就曾有二百余人在此躲避,终得活命④。位于泾阳城东南的崇文塔也是一处绝佳避难所。崇文塔始建于万历年间,砖石结构,高八十余米,共有十三层。塔下有铁门,关好之后,藏于塔上,很是安全。更重要的是塔内有井,只要有粮,生活问题便可解决,足以久持。塔、楼、大宅这种单体建筑,虽然有一定数量,也可以容纳一定量的人口,但多独立于乡间,防御性其实很差,遇有强攻,势难确保安全无虞。临潼楼子村有张富豪,墙高院深,汉民来此避难者很多,但后来为回兵攻破,烧杀甚烈⑤。

五、交好、依附回族守村而居者

战时活命之法,除了藏匿窨窖庙堂,远徙南、北山中之外,还有部分汉民因本与回族交好,未被加害。比如西安光大门的上堡子村,回、汉相处就很好。彼此素有往来,遇有婚丧嫁娶不仅相互送礼,亦有互认儿女干亲者。同治战时,回族放本村汉民往城内或南乡一带逃命。留村居住者,亦未加害。据村民黄生银讲,

---

① 战争之初,大荔县八女井村汉团有一种土枪,长六七尺,口径三公分,需数人方能抬动,故曰抬枪,遂得以固守良久;多隆阿兵进潼关,带有大炮,回军更是忌惮,语称"多家娃子,枪子碗大"。见马长寿主编:《同治年间陕西回民起义历史调查记录》,第297、122页。

② 关于教堂购枪自卫口碑史料中有相关说法,如据三原县原政协委员王树楼先生(1878年生人)讲,"(高陵)城西八里的通远坊,有天主教堂,洋人和枪械皆在其中,所以汉人逃难者多至此地"。但目前尚无一手资料,仅有筑堡自卫者,如据《陕西通志稿》记载,靖边县属宁条梁小桥畔教堂,法人传教有年,遂在教堂周围雇人兴筑土寨,"当时大府饬查县令丁福奎覆系为防守教堂起见,并无他意。上游亦遂置之。……垦地无虑数千顷,俨成殖民区域,根深蒂固,不可动摇,其势力似较高陵、城固两堂尤为雄固"(民国《续修陕西通志稿》卷一九八《风俗四》)。由此来看,高陵通远坊,恐亦具有相当自保实力。

③ 张晓虹:《同治回民起义与陕西天主教的传播》,《复旦学报(社会科学版)》2002年第6期。

④ 马长寿主编:《同治年间陕西回民起义历史调查记录》,第230页。

⑤ 马长寿主编:《同治年间陕西回民起义历史调查记录》,第150页。

他的四爷黄天盛"当时在村内教学,回汉学生都有,他未逃,回民待他也很好。此外,像李姓汉人给马家管账,亦未逃"①。从马长寿先生当年的调查笔记来看,此类情况绝非个案。战事之初,许多州县回汉之间打斗尚较克制,不少小民因此而逃过一劫。

亦有汉人主动或被动地纳粮献贡,依附回族,而终得保全。行军打仗,粮饷是第一要务。战时人口逃散,土地抛荒,粮食极其短缺,饷银亦不足。因此,除了承担徭役,小民纳粮献贡,亦或可得免。比如咸阳县皮李村有李姓汉人家资颇丰,因给回军供应粮食,不仅自家房屋未被焚掠,全村亦皆免于祸②。粮食之外,凡布匹、茶马、金银等,一干可充作军饷的有价之物,亦皆为争夺的对象。回军攻城,有时亦以获取此等财物为目的。得之,"则以红布披肩而呼曰'汉儿降矣',谓之'披红'。愚民则多挂红苟免"③。

关中回族起事后,曾有较长时间屯驻于咸阳渭城一带,设府置县,筑城修堡,以图久持之计。这些据守之处,城墙都修得比较高大坚固。比如新冯县的县城,俗称走马城,就相当宽大,东西南三面都有土墙,曰土城;北面原上累车为垣,号木城。仓头城的规模更大,有一丈二尺高,五六尺宽,南北二里半,东西三里许④。这些城垣大都是咸阳、兴平、礼县以及渭南等处的汉民修筑的⑤。四围小民受其役使者,多得活命。

君臣关系是传统儒家伦常关系的核心,在普通民众观念中,不论何种原因,反抗朝廷,即为匪类。而与匪为伍,不管主动还是被动,显然也是一件有可能引火上身的事情。这种判断标准,深深扎根于整个社会价值体系之中,对一般民众在战争状态下的逃生选择产生了重要影响。华州是同治战争的起源地。战争初起之时,回军从渭北杀至渭南,营盘扎在华州的南沙村,该村汉民没有及时逃脱,全部投降,大部分没有受到伤害。但直到20世纪50年代初,南沙村百姓仍然对当年降回情形讳莫如深⑥。鄠县牛东村(与长安交界处)降回事件更有代表性。村民贾七率众投降孙玉宝⑦,并自献其女为孙妻,村民遂得全活。孙玉宝西退

---

① 马长寿主编:《同治年间陕西回民起义历史调查记录》,第211页。
② 马长寿主编:《同治年间陕西回民起义历史调查记录》,第274页。
③ 民国《兴平县志》卷六《人物志》。
④ 马长寿主编:《同治年间陕西回民起义历史调查记录》,第54页。
⑤ 马长寿主编:《同治年间陕西回民起义历史调查记录》,第269、275页。
⑥ 马长寿主编:《同治年间陕西回民起义历史调查记录》,第72、74页。
⑦ 孙玉宝长安县乔村人,为西安一带回军主要统帅之一。见[日]中田吉信:《对同治年间西北回民起义领导者的评价》,《青海民族研究(社会科学版)》1993年第1期。

后,村人复以其率众降回而杀之。孙娘娘出面,质问乡人其父率降,对地方有什么坏处,乡人理屈,因之为其父立碑称功①。民国年间,县人段光世等编撰的县志称贾七"时以侠闻,察贼势张甚,官军不能御,乃说邻村十数里降贼,计全人命"②。这一评价基本是比较正面的。通过前后不同的描述,我们从中可以清晰地看到,当面对巨大的生命威胁时,升斗小民在官方正统价值体系、传统道德观念与现实的利益之间的那种纠结与反侧。战后,尽管官方以祠、庙、碑、刻以及志书等载体,不断宣示着过去的经历与"忠逆善恶"的标准③,但是,民众对战争的集体记忆有他们自己的是非标准。

第三节 村、堡、城:县域空间尺度下的人口迁移

同治西北战祸缘于族群矛盾与冲突,参与者除了回汉两个族群之外,更有官方的国家军队以及半官方的地方团练,彼此间利害关系错综复杂,屠戮焚掠亦极其残酷,战争非理性的一面表现得尤为突出。因此,战事所及之处,田庐尽被焚弃,沃野多为焦土,几乎无人可以置身事外。对于缺少出逃资本和社会关系的普通小民来讲,远徙几无可能,而藏匿亦不可靠。不论乡村窨窖庙堂,还是楼塔深院,亦或是南、北二山,都不足以保证人身安全。显然,面对残酷的杀戮,小民避乱救生的途径虽然多种多样,但最终可以活命的机会却比较有限。

面对频繁的战争逃生情景、庞杂的屠戮焚掠信息,以及对个人和家人未来生命安全不确定性的担忧等,民众往往处于长时间、超负荷的精神高度紧张的戒备状态之中。这极易造成心理与生理的调适紊乱,并引发一系列的心理应激反应,比如群体性的恐慌、病毒传播式的谣言等④。在这种情形下,普通小民的从众心理和羊群效应就表现得尤为突出,人多的地方似乎有更强的安全感。于是逃往或躲入较大的城乡聚落,尤其是那些防御设施齐备,且有强人组织领导抵御的城、堡、寨、洞等,就成为大多数人的不二选择。

---

① 马长寿主编:《同治年间陕西回民起义历史调查记录》,第195页。
② 民国《重修鄠县志》卷九《纪事》。
③ 孟文科:《同治回民战争后的民众信仰、记忆与社会整合》,《贵州民族研究》2015年第5期。
④ 宋华、黄正东、赵育新、陈文敏:《现代战争性群体心理应激与防御应对探讨》,《解放军预防医学杂志》2005年第3期。

一、行政治所类城市与乡村堡寨的安全性差异

行政治所类城市因系官员衙署所在,是地方行政权力的重心,一般多有高大围墙和壕沟。即使没有大兵屯驻,亦至少有部分士卒把守。这类治城,一般多处水陆要冲,地理位置优越,往往也是地方上的经济贸易重心,商贾辐辏,粮财充足,不但可以固守,而且可以久持,因此,是最理想的避难之所。战火波及之处的几乎每一座治所城市,都接纳了大量逃难的人口,赖以活命者甚众。比如省城西安接纳人口就很多,仅北乡和西乡的回族逃入城内者就有千余家①。即使固原硝河城这样一个蕞尔小城,战时避入城者高达六百余家②。礼泉县四乡小民战时亦大量涌入城中避难,时人邑儒学训导杨翰藻有诗记曰:

> 连日西隅已被焚,
> 城门启处窜纷纷。
> 车驱马骤何堪见,
> 女哭男号不忍闻。
> 赈恤深渐无善策,
> 藩篱暂幸避妖氛。
> 劫来更有关心事,
> 嘱咐胥役良莠分。③

杨氏亲历礼泉围城,仅用寥寥数语就把小民举家逃难入城时那种人车纷繁嘈杂、拥堵于道的场景描写得惟妙惟肖,避难救生的紧张慌乱之情跃然纸上。治城数量有限,有限空间之中包括衙庙、坛院、仓监等大量必备的公共设施④,真正可供普通民众居住的地方并不宽裕⑤,战时容纳新增人口的能力比较有限。对于大量远离行政治城的乡村人口来讲,那些离家较近且数量众多的堡寨,成为更

---

① 马长寿主编:《同治年间陕西回民起义历史调查记录》,第 208 页。
② 光绪《甘肃新通志》卷七三《人物志·孝义上》。
③ 马长寿主编:《同治年间陕西回民起义历史调查记录》,第 301 页。
④ 刘景纯:《清代黄土高原地区城镇地理研究》,北京:中华书局,2005 年,第 287—333 页。
⑤ 晚清西北治所类城市人口占区域总人口的比例仅十分之一强。路伟东:《清末民初西北地区的城市与城市化水平——一项基于 6 920 个聚落户口数据的研究》,见《历史地理》第 32 辑,上海人民出版社,2015 年,第 147—162 页。

好的避难之所。

西北小民自古即有修筑堡寨的传统,而这些堡寨在防盗御寇方面也的确发挥了相当重要的作用(见图5-2)。堡寨最初皆为具有极强军事性质的小城[①],于用兵扼要设守之处堆土垒石或树栅为墙,故"有堡之处皆有墙壕围护,如城郭然"[②]。西北地处边陲,域内堡寨遍置,以利攻防,古已有之。及至乾嘉,西域纳尽化归,陕甘已成内地,堡寨原有军事职能丧失,遂或废弃,或为民居[③]。部分有人聚居的堡寨,修葺如常,基本形制完备,防卫功能依然存在,足资御寇自守。如肃州众多堡寨,皆系嘉靖修筑,当时务极坚深,入清后民仍得其利[④]。又如古浪之大靖、土门等巨堡,民户皆有数千,城高池深,商务繁华,丝毫不亚于治城[⑤]。

同治战前,陕甘两省堡寨众多,分布广泛,几乎无县无之。如庄浪县有8个堡寨[⑥],山丹有34个[⑦],平罗县多达64个[⑧],而西宁卫所统领的堡寨数更是高达

图5-2 兰州附近废弃的乡间避难堡城

(资料来源:王建平编著:《中国内地和边疆伊斯兰文化老照片》,上海:上海辞书出版社,2012年,第143页)

---

① 堡寨名称没有严格定义,不同时代不同地域称谓不一。《宋史·徐禧传》记载:"寨之大者,城周九百步,小者五百步……堡之大者,城周二百步,小者百步。"清人则称:"堡大者曰城、曰关,小者曰堡、曰戍,又曰围。"[(清)薛福成:《书金宝圩团练御贼事》,《庸庵文续编》卷下],亦或称:"平地筑墙如城者曰寨,因险立栅设兵逻守者曰卡,寨卡之外凭高建楼,楼中空而四面设炮以制敌者曰碉。"(光绪《罗田县志》卷二《建置志·碉卡》)

② 乾隆《盐茶厅志备遗·城堡》。

③ 道光《续修山丹县志》卷四《营建·村堡》。

④ 光绪《肃州新志·村堡》。

⑤ 民国《古浪县志》卷二《地理志·堡寨》。

⑥ 康熙《庄浪县志·城堡墩寨》。

⑦ 道光《续修山丹县志》卷四《营建·村堡》。

⑧ 道光《平罗记略》卷二《建置》。

99个①。堡寨有自为一村者,有下辖数村者,有堡下辖堡者②,亦有称为总堡者,如西宁卫之南川总堡、北川总堡、猪儿沟总堡、沙塘川总堡等,每个总堡都下辖一定数量的村、堡、寨③。从这种情况推测,辖村庄的堡寨应该是由多个小的自然村落组成的区域中的一个中心村,非常类似于现在的行政村,可能承担着一部分行政职能。

这些以治城为中心零星散布有坚固围墙的堡寨④,不但数量众多,而且趋于离散,空间可达性较好,遇到险情比较容易躲避。对于乡居的普通民众来讲,就近迁往人口更多、建有围墙可资防守的堡寨,除了可以增加心理上的安全感外,或许也可以得到某些实际的安全保证。而地方士绅及致仕乡居的官员则把筑堡练团,坚壁清野,视为御寇自保良策,极力倡导。"于已筑之堡,随时补葺,勿致倾圮。于应筑之堡,悉力兴修,务成犄角。设再有警,即将财物牲畜尽数入堡相保守,不惟我有所据可恃无恐,且使寇无所掠不战自去矣。"⑤这些已有或新筑的堡寨,有不少在战时发挥了重要作用,成为小民赖以活命的处所。比如抚彝厅的古榆寨,又称大鸭翅堡,在县东三十里,"同治六年监生申大儒、张承鄘等人捐资重修,同治兵燹,全活甚众"⑥。

相对于散布乡村的堡寨,治所城市的战略位置和政治影响力更大,回军攻城的目标更明确,官军守城的态度也更坚决。以关中西、同、凤三府为例,战争期间,户县、临潼、咸阳、兴平、蓝田及朝邑等20余个治城均遭不同程度袭扰,同州府城及蒲城县城均围攻七八昼夜⑦,醴泉围城两月之久,省城西安、凤翔府城及岐山县城等更是遭围城长达一年数月之久。但治所城市城墙高大(见图5-3),防守人员众多,武器也较精良,相对于一般的堡寨,安全性更高,最终多获保全。真正被攻破的治城极其有限,仅渭南、高陵、泾阳、华州、华阴及韩城等数座而已。

---

① 顺治《西镇志·兵防志·堡寨》。
② 光绪《平远县志》卷五《古迹》:"白马城堡,古撒都地,在县东南一百九十里,土城周五里三分,高阔各三丈,明嘉靖四年总制杨一清修,东北堑山增筑,开城堉称天险焉,仓场全设,辖民堡五,墩台一十九座,今毁。"
③ 顺治《西镇志·兵防志·堡寨》。
④ 方志中有关堡寨记载,其行文大格式比较固定,大都以某堡寨在某城某方位去城若干里,如光绪《洮州厅志·风俗·关隘(边墙要堡并附)》:"旧洮堡:在洮州城西六十里……古儿占堡,在城西七十里;官洛堡,在城西八十五里;恶藏堡,在城西八十里。"民国《重修漳志》堡寨附表中可以清晰地看到这一点,该表共记录67堡,各堡寨距县5到85里不等,呈圆形散状分布(民国《重修漳县志》卷二《建置志·堡寨》)。
⑤ 佚名:《康公治肃政略》,光绪《肃州新志·文艺》。
⑥ 民国《创修临泽县志》卷一〇《军政志·堡寨》。
⑦ 光绪《大荔县续志》卷一《事征》;光绪《蒲城县新志》卷一三《杂志》。

图 5-3 循化厅高大的城墙
(资料来源:王建平编著:《中国内地和边疆伊斯兰文化老照片》,第 136 页)

其中韩城攻入即被驱离,并未真正占领;泾阳围城六个多月,占据仅十余天①;只有高陵一城,从同治元年五月中旬破城,到同治二年九月撤离,前后占领长达一年四个月之久②。因此,小民逃入治城者,多得活命。临潼行者桥有北、东、西三个堡子,战时各堡人逃难方式不同,结局亦不同。南堡人多逃往县城,幸存者较多,而北堡人则就地躲藏,多遭杀戮③。

然而,视线如果转向甘肃,我们就会发现,对于修有高大城墙且防守力量较强的治所城市来讲,所谓安全性,其实也是相对的,整个同治战争期间,甘肃有大量治所城市被攻破,人口损失相当严重。比如镇原县战乱期间"四乡堡寨攻陷无遗,而县城独全,盖四乡之人逃出虎口者,先后入城避难,其守城最得力,其历时亦非久,久则怠矣"。同治七年三月初九日,县城被攻破,城内及逃难人口大部被杀,县志称,其时"全城糜烂,死者不知其数"④。还有一些记载更为触目惊心,比如固原州城,同治元年正月初一日被攻破后,史称"城内官民男妇共死者二十余万"⑤。同治二年八月,平凉府城被攻破后,光绪《甘肃新通志》记载称"官员死节

---

① 宣统《重修泾阳县志》卷七《兵事志》。
② 光绪《高陵县续志》卷八《缀录》。
③ 马长寿主编:《同治年间陕西回民起义历史调查记录》,第 141、142 页。
④ 民国《重修镇原县志》卷一七《大事记下》。
⑤ 慕寿祺:《甘宁青史略》正编卷二〇。

者百余,士民死者数十万"①,劫难之后统计,全城"仅存百四十七户"②。同治二年十月二十四日晚,宁夏府城被攻破,"汉民十余万被屠殆尽"③。除了府州治城,史料中记载的部分县城人口损失亦相当惊人,比如靖远县城,同治五年城破后,"汉人死者男妇约十万"④。而狄道这样一个蕞尔小城,攻破后人口损失居然也高达十余万众⑤。随便翻检一下,不难发现,有太多与同治西北战争有关的论著,都不加分析地引用了这些记载,并当作信史,以此说明同治战争之残酷,以及战时人口损失之惨重。

但是,根据现有研究,经简单推理,就会发现,这些记载的可信度不高。同治以前,西北地区治所城市人口的真实规模,普遍较小,很难支撑这样的说法。以清代西北地区人口最多的城市西安为例,在同治战前,其人口最多不过十余万⑥,兰州城的人口更少,宣统"地理调查表"汇总数据显示,宣统年间,甘肃省城兰州城内人口尚不及1万,即使算上关厢及附城西川人口,总数也不到6万。甘肃人口第二多的城市秦安县城,其数不过3万余口⑦。战时甘肃虽然全省处于战火之中,但省城兰州并未受太多攻伐,虽然因饥疫造成人口亦有损失,但战时也接纳相当多的逃难人口。秦安的情况类似,整个秦、阶一带,战时受影响较小,不但人口损失不多,而且还有逃难人口迁入。因此,这两个治城,同治战前的实际人口应该不会比宣统调查的人口多多少。即使是最大胆的估计,人口翻倍,同治以前,作为甘肃首位度第一的省城兰州,其人口也仅10万出头。

平凉商业素称发达,有肃东"旱码头"之称,户口繁盛,亦是回族集聚之所。而平凉府城,城高池深,规模也相当大。虽然如此,但要说其人口比兰州多至数倍,有数十万口之众,则不太可能。据民国《平凉县志》记载,同治二年春回军围攻平凉,"至八月十二日用地雷轰陷之,全城丁口十三万余,殆尽焉。自是厥后陇上城郭无完土,闾里绝烟火,田野遍蒿蓬者几十载,孑遗之氓百千不一存,呜呼,惨矣!"⑧县志与通志所记,一个十三万余口,一个数十万口,两者相差甚多。从

---

① 光绪《甘肃新通志》卷四七《回变》。
② 慕寿祺:《甘宁青史略》正编卷二〇。
③ 民国《朔方道志》卷三一《志余》。
④ 慕寿祺:《甘宁青史略》正编卷二一。
⑤ 光绪《甘肃新通志》卷四七《回变》。
⑥ 史红帅:《明清时期西安城市地理研究》,北京:中国社会科学出版社,2008年,第409—415页。
⑦ 路伟东:《晚清甘肃城市人口与西北城市人口等级模式——一项基于宣统地理调查表的研究》,《复旦学报(人文社会科学版)》2015年第3期。
⑧ 民国《平凉县志》卷三《杂组门》。

新中国成立后统计数据看,平凉城区不过10平方千米,1953年城区人口仅有6.2万,1985年也不过7.9万①。基于这些基本的史实,很显然,即使考虑到战时大量小民入城避难,平凉城破后人口损失数十万也是不可能的。而靖远、狄道这些蕞尔小城人口损失十余万,显然更是无稽之谈。这些记载,多出于民国时期所修的志书与个人文集,可能为道听途说、街谈巷语之词,亦或如血流成河、尸积如山类文学修饰之语。

不过,此类个案记载虽多夸张,但战时甘肃治所类城市被攻破后人口损失惨重也的确是不可否认的事实。同治六年四月十二日,合水县城被攻破,"人民杀毙死者十有六七,是年七月十二日,城又陷,贼由东城壕入,人民逃尽,止余空城。八年七月知县廖绍铨到任,多方召集,城内只有二三十家"②。被攻破的治城,大多人口凋零若此。正是基于这种治城更加安全的普遍共识,战时大量小民麋聚其间,一旦城被攻破,人口损失更大。

二、不同人群选择不同逃生地的原因

究竟应该逃往那些数量庞大、离家较近、可达性较好的乡村堡寨,还是逃入那些数量虽少、但建有高大城墙、安全性更高的治所城市,抑或是越级逃往安全性更高的府城或会城呢?不同阶层的人会有不同的选择。

对于绝大多数普通民众来讲,既没有出逃的资本,也缺乏出逃的信息,因此,实际上根本就没有选择的余地,就近而不越级是逃命的基本准则,也几乎是唯一的选择。临潼马坊堡在城北五里,打仗的消息传来以后,一部分藏在堡后地窖里,一部分逃到县城③。小民之中,个别有远行经历,并且孔武有力的乡村强人或有一定技艺的乡村能人,则可能会有一线外逃的生机。比如咸阳刘家沟耆老刘长福的祖父和父亲,当年战争期间,就因为做泥水匠,长年在各处揽活,消息灵通,可以养家糊口,最终得以逃跑至会城西安而活命④。对于少数拥有一定资财的乡村富有群体来讲,有更多的活命机会。大荔县阳村的画匠钱希凤当年曾携家逃难,其经历也很有代表性。钱氏兄弟三人,皆非守土平庸之辈。他的两个兄长长年在外经商,只有他自己留在家中,以绘画为生,据说三原县贺瑞麟曾约他

---

① 平凉市志编纂委员会编:《平凉市志》,北京:中华书局出版社,1996年,第133、158页。
② 光绪《合水县志》卷下。
③ 马长寿主编:《同治年间陕西回民起义历史调查记录》,第146页。
④ 马长寿主编:《同治年间陕西回民起义历史调查记录》,第284页。

去绘画,但他没有去,看来在同州府一带还是相当有名气的。因此,虽非富商巨贾,但收入也相当不错,在阳杨这样一个逾千户的关中大村中,是三家最富的人家之一。同治战时,钱家中有老幼妇女四人,小孩二人,共六口。"同治元年五月初,回回杀到村里,祖父偕同家人出走。先过敷水镇,往华阴的洪镇去,后来听说回兵攻破龙凤山(在华县),又负母携幼,同他的姨父(亦是岳父)迁居鹿泉村的龙王庙。"①敷水镇即今陕西华阴市西 15 千米敷水镇,在大荔城南约 30 千米处,是关中著名的物资集散地。洪镇、龙凤山具体位置待考,鹿泉村即今华阴市桃下镇鹿泉村,在敷水镇东约 13 千米处。从钱希凤一家行程来看,初意从华州一带沿大道往西朝临潼西安一带跑。后听说回兵攻破华州龙凤山,乃调头往东,避难于华阴的鹿泉村一带。最终全家得活,返乡后,钱希凤还根据自己逃难的经历,画了两幅画,名"赴洪镇图",以使后世的子孙纪念。

对于更富有的阶层来讲,如果提早预防,妥善筹谋,基本可以做到从容避祸迁徙。同治元年八月以前,东府战事已酣,西府尚未受到波及②,此时小民多居乡间,未知大祸将至。而府属殷商富贾却已早早举家迁居岐城,避灾躲祸③。亦有部分"川客家",因常年往返川陕之间贸易经商,拥有一定的社会关系网络,最终得以举家迁往蜀地而活命。三原县耆老王玉卿先生祖母当年逃难的经历也很有代表性。王家原居城东四十里之大程乡④,家资颇富,城内亦有房产。战争初起时,其祖母尚无逃避之意,后听风声日紧,先在窖子里藏躲,后带几个孩子住在越里⑤。战后西北各方志的忠义传、义行传及孝义传,以及其他官私文献中,有大量自愿出资修堡筑寨、捐饷守城的记载。显然,对这部分人来讲,究竟是避居于堡寨,躲进县城,还是越级迁往更高等级的治所城市,很大程度上是自主选择的结果。

相对于乡村中的地主、商贾等富有群体,少数拥有政治资本的士绅们往往可以获得更多的逃生机会,并且越级逃徙的可能性也比较大。狄道岁贡赵效孔,奉母携弟避居省城兰州;河州庠生善佩珩,亦负母避难会城,战后均得活命⑥。鳌

---

① 马长寿主编:《同治年间陕西回民起义历史调查记录》,第 115 页。
② 清代陕西东西府以会城西安为界,以西凤翔府称西府,以东同州府称东府。西府凤翔回变起于同治元年八月初四日,事情前因后果,具体经过,时人郑士范(字伯法,一字冶亭)有详细记载。见(清)郑士范:《旧雨集》卷下《忠义篇》。
③ (清)余澍畴:《秦陇回务纪略》卷六,见中国史学会主编:《回民起义》第 4 册,第 253 页。
④ 今三原县城东大程镇。
⑤ 马长寿主编:《同治年间陕西回民起义历史调查记录》,第 224—225 页。
⑥ 光绪《甘肃新通志》卷七三《人物志·孝义上》。

屋县东乡阿岔村有致仕名苏鼎者,同治初避居城内,因先前居官川省时,勤政爱民,断狱清明,被蓝大顺放出城外,而得活命①。三秦名士郑士范,业有专攻,亦颇有政声。战争起时,驱车携眷入城避乱,途中遇有回军数十骑,知是郑解元,皆夹道而立,"郑在车上仍语以'莫杀人',众皆唯唯"②。最后竟得从容而行。浙江会稽人顾寿桢的经历更有代表性,同治初西北战争爆发时顾氏正客居鄠县城内,他与张源沏等人积极制械募勇,立团备守。后深感县城安全堪虞,遂举家迁至省城,并在巡抚衙门谋得一个负责军需善后事宜的职差③。

地方精英群体认为,筑堡练团即可保家安命,还能为朝廷效力,抑或可以实现些许政治抱负。而村野之民则深信堡寨比一般乡村聚落更安全,可以保全财产、性命。正是基于这样的普遍共识,大量旧有堡寨得到修葺,也有大量新的堡寨被修筑起来。整个战争期间,堡寨实际上成了团练这一官军与回军之外的第三支重要武装力量的主要地理依托。战争来临时,乡居人口大都麇集于堡寨之中,趋之若鹜,而不知远行避祸。同时,作为团练依托的堡寨把枢纽型治所城市与散点型的乡村聚落串联起来,成为战时官方防卫体系中的重要一环。所有躲避其间、只求自保的小民,都在地方团练的怂恿和裹挟下,在君臣正统观念和价值标准的洗脑和误导下,主动或被动地卷入战争的泥潭,有的死于非命,沦为战争的牺牲品。

堡寨所处地方多交通要冲,战略位置重要,利害攸关,为战守之利,参战各方往往反复争夺。同时,人聚之处,亦是财聚之处,为抢夺粮饷、兵马等战略资源,各方攻伐亦极其惨烈。回军与团练、官军在长安县属六村堡的争夺战就是一个很典型的例子。

六村堡又名六姓堡,位于省城西北二十里处,财赋充足,墙厚壕宽,足资拒守,为附近第一大堡,亦为民团重要根据地④。该堡与西安呼应,成掎角之势,又当苏家沟南渡要冲,正卡在渭南孙玉宝回部与渭北回军联络的咽喉之处,战略位置极其重要。六村堡的北、西两边依汉故城旧墙修筑,东、南两边则用门板搭成高台。堡内又有抬枪四支,土枪若干,在当时属于比较上等的武器。因此,易守难攻,附近小民前往避难者相当多。亦有传闻西安城内官员因担心城内外回族

---

① 马长寿主编:《同治年间陕西回民起义历史调查记录》,第 324 页。
② (清)李慎:《郑治亭先生事略》,见马长寿主编:《同治年间陕西回民起义历史调查记录》,第 359 页。
③ (清)顾家相:《孟晋斋年谱》,见(清)顾寿桢:《孟晋斋文集》附录。
④ 同治元年七月十三日甲午托明阿瑛棨孔广顺奏,《钦定平定陕甘新新疆回匪方略》卷一六。

里应外合,多送家眷于此堡避难①。因此,双方都势在必得,争夺极其激烈,打斗亦极其残酷。

同治元年六月,苏家沟及东府等处诸回族万余蜂至,开始围攻六村堡。回军竖云梯、挖地道,百计皆施,而团众则持火器凭墙固守,双方鏖战,相持数昼夜。及堡内火药告罄,守堡者乃先丢金银以利诱,继扔砖石,后竟以开水沸汤下泼以拒之②。其间,固原提督马德昭两次领兵驰援,均大败。潼关协领图克唐阿战死,兵勇数千亦被回军直追至西南城角下③。至此,六村堡弹尽援绝,六月二十五日午后,堡被攻破。堡民及四周逃难之人数万,除极少数乘间潜出村者外,余皆被屠④。直至光绪初年,殉难者尸骨才被收集掩埋于村东南角外,光绪九年六月二十五日大祭⑤。

图 5-4 战后被焚毁的巨村八女井

(资料来源:马长寿主编:《同治年间陕西回民起义历史调查记录》,书前附图)

---

① 根据马长寿先生当年调查,当年官眷避难六村堡内可能仅系传闻,并不可靠。见马长寿主编:《同治年间陕西回民起义历史调查记录》,第204页。
② 马长寿主编:《同治年间陕西回民起义历史调查记录》,180页。
③ (清)东阿居士:《秦难见闻记》,见马霄石:《西北回族革命简史》,上海:东方书社,1951年,第103页。
④ 时人称,六村堡"著名富足,居民万余,避难之民附之,又添数千余口……尽被屠戮殆尽"。(清)易孔昭等:《平定关陇纪略》卷一,见中国史学会主编:《回民起义》第3册,第253页。
⑤ 马长寿主编:《同治年间陕西回民起义历史调查记录》,第203、204页。

贾村塬在宝鸡县北面,塬南北横阔四十里,东西直长九十里,高险可恃,为凤郡屏蔽,亦是重要的产粮区。回族起事以后,凤翔士绅富贾有很多徙居塬上,囤积了大量的军械粮饷,以备战守。为抢夺这批战略物资,同治二年三月二十六日,回军伪装成畜贩攻入塬内,杀掠一空。史载塬上烽火蔽天,半月不息①。淳化谷口镇古名金锁关,处于泾、淳咽喉之区,战略位置亦极其重要。城坚壕深,又有两县民团把守,附近小民来此避难者,道路如蚁,城中肩摩股击,人口甚多。同治元年十二月及二年三月,先后两次被攻破。"平复后,检封谷口骸骨,除房屋焚烧,狼犬食失外,计头颅一万九千有奇。"②大荔县东北刘官营同样如此,当年被攻破之后,各村男女老幼集于寨中者皆"死于同日同时,所以子孙们就以此日为'总忌日',到时集体祭奠死者"③。

堡寨是民团的依托和根基,而团首之中,多凶暴顽劣之徒,如大荔八女村之'李鹞子'和'李蝎子',皆地痞无赖,平日横行乡里,不事营生④。亦有无能逞强之辈,如渭河以南成杨家有个文举杨培,平时连骑马都不会,亦跟风倡办团练,结果尚未经阵仗,自己坠马而亡。武功县武举韩采为兴平、武功两县团首,团众数千人,设兵营于咸阳西门外。咸阳知县劝其固守城池,韩以闭门不出为耻,扭毁铁锁,强行出城,结果一仗即败,死于阵前⑤。民团之恶,时人李启讷所记尤详:

> 民团之设,名曰弭乱,实为乱阶。推原其由,善良者畏事,绝不与闻;习猾者喜事,争先恐后。迨致充为团练头目,吓诈乡邻,借端索求。又有无赖游民,每日支得口粮,百十为群,抢劫成风,此风一炽,天下多事矣。⑥

民团外强中干,复恃众傲纵,胡作非为,招惹事端,往往引火上身,致使堡寨被攻伐,小民无辜受害者亦多,盩厔东乡巨堡临川寺被屠就是典型一例。该堡距县城约五十里,原有汉民一千五百余户,其中仅教师爷和会打拳的就有五六百人。又联合附近各村组织两大团练,轮流在县东境把守,不可不谓堡坚人众。同治二年正月,东府大批回军西撤,此堡为必经之路。回族深知此处教师爷众多,而村民亦知东府打斗之

---

① (清)余澍畴:《秦陇回务纪略》卷六,见中国史学会主编:《回民起义》第4册,第235页。
② (清)何鸣皋:《述冶峪焚杀之惨》,见(清)柏堃编:《泾献文存》卷一二《杂著》。
③ 马长寿主编:《同治年间陕西回民起义历史调查记录》,第107页。
④ 马长寿主编:《同治年间陕西回民起义历史调查记录》,第130、134页。
⑤ 马长寿主编:《同治年间陕西回民起义历史调查记录》,第269页。
⑥ (清)李启讷:《忧愤疾书》,见民国《华阴县续志》卷七《艺文志》。

惨,故彼此皆不愿生事。回军自堡南平稳西行,初村中恶少讥讽惹事,经耆老调停息争。大军过毕之际,堡内复以炮击之。双方遂发生打斗,最后临川寺被踏平,本村及外村避难小民多被屠戮,事后统计,村民仅余二三百家。每逢冬至日,各村被难家属,共设案焚香祭奠。后竟成为一个集市,附近十几县的百姓都来上集①。

除了民团惹事,堡寨被攻伐的原因亦有个人恩怨、挟私报复者。如凤翔著名的产酒之区柳林镇,崔三年少赶马,经常到这一带,曾与柳林少年因言语不和发生殴斗,崔三势寡,受伤被辱,愤愤而归。及同治元年回族起手,攻至柳林,烧杀甚烈,百姓无辜受戮者甚众②。回汉冲突引发的战争,反过来又极大地加深了族群的割裂。因此,整个战争期间,个人恩怨引发的屠村与杀戮,往往表现为族群复仇的形式。华州渭河沿岸的党家河与乔家二堡,在同治元年六月初一同时被攻破,惨遭屠村。原因是这两村有人在渭河沿岸与回军对垒,杀死回族,而遭报复③。

总之,从上述攻伐案例来看,堡寨看似坚固,实则为危险汇聚之所,小民避居此间逃命,风险其实极大。实际上,整个战争期间,真正可以成功坚守并最终保全者数量有限。三原地处关中腹地,战时受害最烈,县属五百余村堡,"俱遭残破,仅存东里、菜王二堡"④。其中菜王堡距城西北五里,其城甚坚,故未被攻下⑤。其他又如关中大县盩厔,人口素称繁盛,堡寨鳞次栉比,小民多依堡自守,但自"黑河以东,惟甘沟、豆村二堡幸获保全,余俱大受蹂躏"。甘、豆二堡未曾被破的原因,是甘沟的城堡坚固,北面有河,周围还有深的城壕。豆村人多,有九百多户,防守得好⑥。治城堡寨人口汇聚,一旦被攻破,往往造成大量的人口死亡,这是同治年间西北人口损失惨重的一个重要原因。

第四节　守土与离乡:省域空间尺度下的人口迁移

战争状态下,虽然每个人的利益诉求可能存在差异,但避难求生,是人的本

---

① 马长寿主编:《同治年间陕西回民起义历史调查记录》,第323页。
② 马长寿主编:《同治年间陕西回民起义历史调查记录》,第353页。
③ 马长寿主编:《同治年间陕西回民起义历史调查记录》,第76页。
④ 光绪《三原县新志》卷八《杂识》。
⑤ 马长寿主编:《同治年间陕西回民起义历史调查记录》,第230页。
⑥ 民国《重修盩厔县志》卷八《纪兵篇》;马长寿主编:《同治年间陕西回民起义历史调查记录》,第324页。

能。所以,未雨绸缪,预先计划,及早举家远徙,逃离危险境地,是保全性命的最佳途径,同时,也是后世观史者想象中的战时小民应该最自然和最理想的选择。但真实的历史,远比文字描述的历史要复杂得多。实际上,整个战争期间,虽然兵火波及之处,几乎所有人都处在不停的运动之中,奔徙逃命,但其中真正选择及时、有效地远离战争区域这样一个正确的途径,并最终成功避祸者并不多。

对于战争的亲历者来讲,当战争将要或已经来临之时,每一个个体对危险的感知距离和感知程度都有较大不同,而自身业已拥有的可以远徙的能力与社会关系网络也存在较多差异;另外,战争本身瞬息万变的发展态势与残酷杀伐也存在诸多的不确定性。因此,在所有诸如此类来自自身或外部的掣肘下,被不同利益团体或所谓普世价值和道德判断标准怂恿、绑架和洗脑之后的绝大多数战争亲历者,对于是否积极主动地、及时有效地逃离危险境地,进而以什么样的安全距离迁徙避祸等问题,都会有诸多不同的认识,也会导致不同的结局。

一、省际远徙人群的类型

远徙避祸首先要有主观的意愿,同时,也要有足够的实力。没有远徙的意愿,就没有远徙的行动。而远徙的实力,则至少包括一定的财力、体力和物力,也包括可以利用的社会关系网络和可靠的信息来源。没有足够的实力,既无法远徙,也没有正确的方向。对于绝大多数的普通小民来讲,虽有逃跑的意愿,但缺乏远徙的能力。从村域空间尺度下的人口迁徙分析可以非常清晰地看到,绝大多数的迁徙行为,几乎都是盲目的、没有任何计划性和前瞻性的布朗运动。

相比较而言,以士绅为代表的地方精英群体则拥有更多能力、社会关系和信息,足以支持他们远徙避难。比如渭南孝义镇的严树森,道光举人,历任武昌知府、湖北按察使、河南巡抚等职,同治战争爆发时,位居湖北巡抚一职[①]。回军攻入孝义时,烧了严家的房子,但他的母亲和账房则提前逃到了湖北[②]。三秦名士贺瑞麟,是关中理学的领袖人物,学宗朱熹,书法亦颇具盛名,晚年于泾阳之清凉原清麓精舍讲学,后奉旨加国子监学正及五品衔[③]。贺氏是战争亲历者,他本人一度逃难到山西绛州,战后返乡[④]。又如蒲城县人王益谦,道光中曾补永安县,

---

① 《清史稿》列传二四〇《严树森传》。
② 马长寿主编:《同治年间陕西回民起义历史调查记录》,第52页。
③ 《清史列传》卷六七《贺瑞麟传》。
④ 马长寿主编:《同治年间陕西回民起义历史调查记录》,第240页。

历署蚶江、永春、侯官、政和、将乐等邑,再任崇安,最后升汀州同知,后加按察使衔。"至仕后,避回匪乱,居山西之运城。"①

不过,战争期间,也有相当一部分地方精英往往把留守本地、筑堡练团当成是既可保家安命,又可效力朝廷,抑或又能实现些许政治抱负的重要机会。战乱来时,正好可以施展拳脚,自认为可以有一番作为,因此,从一开始就没有远徙的意愿。即使最后被逼无奈,不得不逃,也往往把区域内部的越级迁徙,而非完全远离战场,作为逃生的主要方向。这种逃生方向的选择,之所以是内聚性的而非外延式的,可能与这场战争的特殊性有关。同治西北战争虽然祸起眦眦细故,实则积怨日久。在这样的大背景下,尽管从中央到地方都反复强调,剿抚原则,只分良莠,不问汉回。但实际上,从一开始这场战争就带有极深的族群割裂的烙印。而随着战争的推进,几乎所有人都主动或被动地贴上了这种族群的标签,进而,主动或被动地卷入战争的漩涡而无法自拔;另外,可能也与士绅群体自身所拥有的社会关系网络与信息来源有关。在传统政区化的地域空间里,除了生活在政区边缘地带的人们,其他大部分人的空间认知与空间归属都是纵向的,而非横向的。对于地方精英阶层中的士绅群体来说,他们可以获取的社会资源大都是沿着行政的层级自上而下分配的,而由此获得的社会关系网络和信息来源也都是垂直分布的。

从另一个视角看,这种内聚性的迁徙方式也表明,对于士绅这样一个地方精英群体而言,战时远徙避祸的成功能否,虽与实力,尤其是财力有关,但更多取决于个体所拥有的社会关系网络。对县域空间尺度的人口迁徙的分析表明,处于战争区域那些核心聚落,尤其是为数众多的乡间堡寨,其安全性仅仅停留在心理层面。因此,这种内聚式的迁徙,往往并不能带来真正的安全。

相对于士绅群体,地方精英中的大户财东、富贾巨商及相关人员,因为活动范围是商业化的而且非行政化的地理空间,拥有更多的横向社会关系和信息渠道,因此,可以获得较多远徙避祸的机会。明清以来,陕西商人实力雄厚,数量庞大,分布广泛,在西北盐、茶、大布及皮毛贸易中占有重要地位。以陕西会馆为例,四川、北京、甘肃、河南等十余省均有分布②。这些散布各省的陕籍商人,还雇用大量的本籍经理、账房和雇工。这些人常年往来于陕省与经商地之间,具有

---

① 光绪《蒲城县新志》卷一〇《人物志上》。
② 王俊霞、李刚:《从会馆分布看明清山陕商人的经营活动》,《文史漫谈》2010年第3期。

较多的外出机会和旅行经历,战时最易远徙逃生。比如大荔县西部的汉人,回汉交兵时,"有钱的逃山西,没钱的逃澄县"①。史料中还可以找到更多相关的案例,比如原渭南县原政协副主席姜伯范的祖母,战争爆发后,起初逃至蒲城、韩城,以后又逃宜君,最后绕道远逃陕南洵阳双河口,主要原因就是他的祖父长年在此做生意②。洵阳虽未出省,但地处鄂陕交界处,自双河口沿水路经汉水可直达湖北。且境内复冈叠嶂,四面阻山,中界汉水③,同治年间基本未受侵扰。此处也是同治年间陕西难民逃往湖北的重要通道。

方志中还有大量烈女、孝义、贞节方面的内容,其中有不少是本地妇女远徙避祸的记载。方志作为地方精英群体意志的集中体现,宣扬的是这样一个群体认同的普世价值,记载的也都是符合并能代表这样一个群体的道德判断标准的人物和事迹。其中很多的人物,虽然家庭背景等信息都语焉不详,但实际上,作为家庭妇女能被记入方志,并能在有限篇幅中记录姓名加以旌表和褒扬者,其家庭出身大多非富即贵。比如蒲城县米逢元之妻张氏,"回匪之乱,避难湖广。夫与堂兄相继卒,时年二十五,遗孤尚幼,值岁饥,茹苦含辛,矢志不渝。越数年,携子亲,负骸骨,跋涉数百里,归葬先坟。丁丑之饥,令子掩埋野殍数十人"④。一个柔弱女子,如无足够资财,单身一人当然不可能携子亲,负骸骨,跋涉数百里安全返乡。大荔县高氏的事迹更为典型,志书称其为"八女井布理问李树本妾,年二十一,树本卒,一子春源,仅四岁,氏哀痛欲绝,含泣抚孤。壬戌回乱,将避居河东,虑乡邻流离苦难,嘱春源按家饮助,人咸德之"⑤。其实,八女井李氏一家是大荔望族,自明代以来就是富户,一族之内即有四大堂号,商号中"万顺德""万顺贵"等都极有名,经营湖北大布的同时也开钱庄孳息,家资亿万。同治年间,仅被多隆阿盗掘的窖银就多达百万⑥。方志中大量此类信息,虽然不能一一辨别是否属于富贾巨商远徙的案例,但已有案例至少说明,整个战争期间,地方精英中的大户财东、富贾巨商及相关人员,远徙避难者人数不少。

除了士绅、富商阶层,乡村中的能人与强人,也是地方精英群体的重要组成部分。这部分人虽然社会关系网络不够发达,信息不够灵通,财力亦不足恃,但

---

① 马长寿主编:《同治年间陕西回民起义历史调查记录》,第126页。
② 马长寿主编:《同治年间陕西回民起义历史调查记录》,第48页。
③ 光绪《洵阳县志》卷一一《捍御》。
④ 光绪《蒲城县新志》卷一二《列女志》。
⑤ 光绪《大荔县续志》卷一二《列女》。
⑥ 马长寿主编:《同治年间陕西回民起义历史调查记录》,第101页。

他们精明能干,体力强健,又有胆识,或有一技之长,足以谋生持家。整个战乱时期,成功远徙避难的人数可能更多。甘肃豫旺堡的田得久,城陷后负母逃于山西,志书称其"佣工奉养,后旋里"①。兵荒之年,能够携母远行,且靠一己之力做工,养活全家,战后又安全返回,想必为身体强健且有一技之长之人。大荔拜家村耆老拜锡麟的伯父拜兴兰,年少而力强,战事之初,持矛与回军对仗,后因"回回兵马很多,自己撑不住了,才跑往山西的赵村"②。看来亦非平庸之辈。

　　大荔县阳村石肇基的三位祖父当年也曾携手远徙到山西永济避难,他们的经历在避祸远行的乡村强人逃难者中更具代表性。据石肇基讲,"同治元年五月初一日,回回由大荔县的西大村烧杀到阳村,当时回回宣言不烧朝邑,所以村里人都逃入朝邑县。但到六月初一日,又烧杀到朝邑县了,一直烧到黄河边上。我家祖先逃到朝邑的仁义村。后来听说回回杀来了,又东逃至三河口。六月初一日,回兵追来,全家人在船上生活了五日。以后,不能回来,便逃往山西永济县的可河镇了。直到同治二年五月,回回退了,我家才渡河返回陕西,暂居于华阴县的南洛村,距阳村十里,当时所以不回阳村,是因为怕回回再来,而且当时的阳村已经成为一片瓦砾滩了"③。

　　从这段讲述来看,当年石肇基三位祖父逃难的经历亦如大部分的小民,都是走一步看一步,原本并无长远打算。回兵从西来,他们就往东逃,盛传回族不杀朝邑,他们就在朝邑停留观看形势。等回兵杀至朝邑后,又继续匆匆往东逃至渭水入河处的三河口。回兵追至河边,他们又逃于船上苦熬数日,最后万般无奈之下,才逃至山西省的蒲州府永济县。

　　比较幸运的是,每次他们总能赶在危险来临之前顺利逃脱,并最终得活。返乡之后,兄弟三人雇募画工,将他们颠沛流离的逃难经历绘成《苦节图》,以为后世子孙所铭记。《苦节图》原本为秦腔传统名篇,又名《白玉楼》,主要讲述书生张彦之妻白玉楼遭人陷害,被夫休妻后,矢志不渝,苦守贞节,历尽千难万险,最后又与张彦破镜重圆的故事④。借用此名,大概喻意逃难的艰辛与最终活命的喜悦。当年马长寿先生调查时曾亲眼目睹过这两幅图,并拍了照片,可惜正式出版的调查记录中没有收录,后世的读者也无法一观其详,但通过简短的文字介绍,

---

① 民国《甘肃通志稿》卷七三《孝义》。
② 马长寿主编:《同治年间陕西回民起义历史调查记录》,第118页。
③ 马长寿主编:《同治年间陕西回民起义历史调查记录》,第115页。
④ 中国戏曲志编辑委员会:《中国戏曲志·陕西卷》,北京:中国ISBN中心出版社,2000年,第158页。

我们仍能管窥一斑,从中获取一些石氏兄弟当年艰苦逃难的细节。

《苦节图》共两大幅,每幅长九尺九寸,宽五尺二寸。每幅之内,有六幅小图,分为两行,每行三幅。两大幅共包括小图十二幅,其形制有点类似于现代的连环画。这些图由当时阳村绘匠王坤山(名金锁)所画。两幅均有人题词,但词句鄙俚,字体不雅,与绘工不相称。内容亦无太多可取之处,故不转录。现将所画内容逐一转抄如下:

第一大幅:

第一图,是述在同治元年五月一日,回兵来村焚毁房屋,石氏兄弟三人武装与回兵斗争。

第二图,是述六月一日全家由仁义村迁到三河口。

第三图,是述石老三(名生之)腰上挎刀到落凤村讨债,路上遇到回兵逃命。

第四图,是述全家搬到渡黄河的船上。

第五图,是述正在渡黄河。

第六图,是述刚渡过河,回兵从后面追来。

第二大幅:

第一图,是述石氏兄弟到永济后,以贩硷为生。

第二图,是述兄弟二人,一人生病,相偕以运粮为生。

第三图,是述全家从山西永济迁回,在路上的情况。

第四图,是述回到陕西后,渡渭河,人多争船,兄弟三人,老二拉老三上岸,幸免于难。

第五图,是述家人男女拾野麦充饥。

第六图,是述村人到羌白镇官仓领粮,途中为官兵盘查。

通观整幅画作,虽为钱氏募人所作,中间或有自我溢美,但总体还是比较写实的,可信度较高。不但三兄弟整个逃难返乡的经历都简明扼要地勾勒了出来,从中也可以获知不少当年战争的细节。比如第一幅第一图三人武装抗回,第三图石老三单人持刀到落凤村讨债,都说明石氏兄弟不似一般懦弱小民,胆怯无能,见兵即望风而逃,还是相当有胆识的。三河口地方,是由陕入晋的重要渡口,三人避居期间,民间有"天不灭曹,回不杀朝"之谣,有些朝邑人准备开水,迎接回军。但回军一到,对朝邑人也是杀,一直杀到黄河岸上[①]。当时前有大河,后有追兵,逃难之人想必汹汹,争船活命。在这种情况下,石氏全家老幼都得以上船,除了三兄弟精明强悍外,恐怕还是有一定财力的。

第二幅中,三兄弟在山西永济贩硷运粮,百计苦持,也显示了他们团结、坚韧、吃苦以及强悍的一面。清代优质土碱(硷)主要产于察哈尔的正蓝、镶白等旗境内,以张家口为进口总汇[②],"内地染局、面铺用之"[③]。土碱与食盐一样,为生活所必备,亦为政府所垄断[④],税重利高,故多有冒死贩私者。碱为重货,运输不易,非青壮难以承担。不管是否冒险贩私,钱氏兄弟能够以此谋生,至少可以看出他们相当强悍有力。第二图,兄弟一人生病,另外两人改为贩粮糊口。第四图返乡渡河时,难民争船抢渡,相当形象,此时已无追兵,渡河仍然如此不易,显系人众船少之故,但也能体验当初从陕西逃入山西时之不易。第五、六图展示了返乡后粮食短缺及官府赈济的场景。

从整幅画来看,钱氏兄弟是典型的乡村强人的形象,石家虽不富裕,但人丁兴旺,兄弟三人,均年富力强,颇有胆略,且团结一心,相互扶持,辗转多地,锲而不舍,永不放弃,这大概是他们最终逃难成功的重要原因。

综上所述,战时真正可以远徙避祸的人群无外乎以下三类:一、拥有政治资本和丰富社会关系网络的士绅阶层;二、拥有较多财富资本和远行经历的财东、富商阶层;三、拥有极强体力和胆识的乡村强人和拥有一定生存技能的能人。除此之外,其他小民,即使被裹挟跟随一起逃亡,最后可以活命并成功返乡的可能性也不会很大。

二、省际人口迁徙的方向

战争期间,省际人口的迁徙,与更小空间尺度的人口迁徙一样,基本以就近原则为主。对大多数的难民来讲,一般都是迁往最邻近的省份。所以,关中东部的小民多渡过黄河迁往毗邻的山西、河南等省。关中西部的小民多翻山越岭迁往毗邻的甘肃、四川等省。陕南小民则往往顺水而下逃往湖北,或翻越大巴山迁往四川。陕北的小民则渡河迁往山西、内蒙等处。宁夏、平庆等甘肃东部的难民

[①] 马长寿主编:《同治年间陕西回民起义历史调查记录》,第118页。
[②] 许檀:《清代后期晋商在张家口的经营活动》,《山西大学学报(哲学社会科学版)》2007年第3期。
[③] 乾隆《口北三厅志》卷五《物产》。
[④] 张家口碱商自清初迄民国十五年,二百余年间概系十家,从无增减,行业垄断相当厉害。民国《万全县志·张家口概况》。

多逃往内蒙、陕西等省。河西走廊的小民则多迁往内蒙、新疆等省区。而甘南、河湟等处的难民逃至番地的人数亦是不少。如果仅就迁入地的人口数量而言，则以山西、内蒙为最，四川、湖北次之，而河南、新疆再次之，其他各省多为零星分布。战时难民的这种流动方向与聚集趋势，与整个西北地区的自然环境和人文环境有直接关系。

从自然环境看，整个西北地区，基本上以大河、高山、沙漠以及高原等地形地貌与周边区域分割开来，是一个相对较为封闭的地理单元。自东部渭水入河处往北，沿逆时针方向看：首先，陕省的东部、北部以及甘肃东北部的宁灵诸地，隔黄河与山西西部、内蒙相伊克昭蒙接壤。往西，自甘肃中北部的甘、凉、肃诸府地方一直到新疆北部，外接阿拉善与额济纳及乌里雅苏台之扎萨克、科布多诸部，以龙首山、合黎山、长城、阿尔泰山、塔尔巴哈台山等为界，接壤之处为农牧交错地带，重山阻隔之外，又多沙漠逼近，自然环境与西北相差较多。而北疆及河西走廊的南缘，前有天山，后有祁连，重重阻隔，万难逾越。往西南，河湟以外，巩、阶之属，地接青海及川北等处，概皆青藏高原东北边缘，属于高寒之区。关中往南，先有秦岭，再有米仓、大巴以及伏牛等山，皆横向分布，亦是重重阻隔，翻越不易。

从人文环境看，自东部逆时针方向，西北地区分别与山西、内蒙、乌里雅苏台、俄罗斯、西藏、青海、四川、河南等省区接壤。自汉唐以来，夹于蒙古游牧区与青藏高原东北边缘之间，从关中平原往西，经河西走廊一直延伸到天山北麓的狭长地带，是汉地农耕区往西北的延伸段。处在这样一个狭长地带两边的广阔区域，生产、生活方式与内地迥异，内地农耕人口要想迁入不太容易。比如西北方向的乌里雅苏台蒙古诸部，一交秋深，天寒地冻，水草缺乏，而且口外蒙古台站道途荒远，人烟稀少。即使清军正规军队行进，都需要"熟悉情形之蒙古向导指引前进，俾不至迷失路径"①，至于一般逃难小民，根本无法深入。

而天山以南回疆地区，是典型的沙漠绿洲农业，自乾隆中期纳入中央政府管控以来，内地甘肃、山西、陕西三省，甚至东南江浙等省商民首先进入贸易，道光十一年平定张格尔叛乱后，清廷开始在西四城（喀什噶尔、叶尔羌、英吉沙尔、和阗）实行屯田戍边，招募内地小民前来认垦，此后更是取消商民携眷禁令，于是大批内地人口前来耕种、贸易、定居②，这其中也有不少是早期移居北

---

① 同治九年闰十月十八日（庚辰）李鸿章奏，见《钦定平定陕甘新疆回匪方略》卷二二九。
② 华立：《乾嘉时期新疆南八城的内地商民》，见马大正、王嵘、杨镰主编：《西域考察与研究》，乌鲁木齐：新疆人民出版社，1994年，第373—390页。

疆的内地人①。道光末年的一份统计显示,仅喀什噶尔一地经官方注册的内地商民已达两千人②。及至光绪初年,"在彼耕种经商"的内地人已增加至五六千③。考虑到道光以来,北疆小民往南疆迁徙的成例,估计其中应该有部分是战争期间由北疆迁来的逃难小民。但总体而言,相对内地,整个南疆地区,路途遥远,穷极天目,同治年间,内地难民可以远徙至此者,少之又少。及至战争结束,相对于维吾尔人,南疆的内地人口仍然很少,所占比例极低。

再往西南方向,与西北地区接壤的是青藏高原东北边缘地带,其地高寒,多为番属。史料中有部分西北人口在同治战时避难到此的记载,比如河州北乡的木匠王海珠,战时"负母赴贵德,西番有高僧见之以为孝,厚遇之"。又河州人赵忠,"同治间回乱奉父入番,侍养未尝少离,后归里,父子俱享大年"。王仲国亦是河州人,堡子陷落后,"恐伤母,以金伪降,乘间窃负而逃,由北川绕道赴西番,卒全其母,乱平仍负母归里"。通过这些因为孝行卓著而有幸被记于志书之中的逃难者,大概可以推测,迁入西南番地而未被记载的逃难者应该更多。但总体而言,高原苦寒,对于内地小民来讲,在番地短期生活,对身体素质已是巨大考验,更难奢想久住与农耕。因此,战时迁入这些地区的人口亦相当有限。

19世纪中期后,帝国最西部的边界,通过一系列不平等条约的形式逐步固定下来,原来那种传统的缓冲带式的模糊边界逐渐被现代国家共同遵守的明确、清晰的线条状边界所取代。在这种状态下,整个西北地区的西部边界由开放转为封闭。而过去那种曾经在蒙古草原上长期存在的横贯欧亚大陆的长距离人口迁徙运动,也止步于国境线以内。从白彦虎带领残余部队撤入俄境的艰苦行程及之后中俄间的反复交涉④来看,一般小民想越过边境线是非常困难的。

在这种状况下,整个西北地区像一个向东南张开的口袋,其西北部、西部以及西南部,基本上都是封闭的状态。对于区域人口外迁来讲,西北地区虽然四围皆与他处相连接,但实际可以外迁的路径和区域相当有限。只有东北部、东部及东南部相邻省份和区域,才是战时可能逃生的方向。

---

① 贾建飞:《清乾嘉道时期新疆的内地移民社会》,北京:社会科学文献出版社,2012年,第35—36页。
② (清)珠克登:《喀什噶尔略节事宜》卷一《城池形势图说暨营制商民》。
③ 光绪二年六月二十四日(戊申)明春德克吉讷奏,见《钦定平定陕甘新疆回匪方略》卷三〇四。
④ 王国杰:《东干族形成发展史——中亚陕甘回族移民研究》,西安:陕西人民出版社,1997年,第10—23页。

三、省际人口迁徙的路径

传统时代的人口迁徙受地理环境的影响很大,虽然对于不同的地形地貌,人们选择不同的交通方式,使用不同的交通工具,比如陆路交通运输大多依赖骡、马、驼、牛、驴等畜力;水乡或江河发达的地域,水路就是主要的通道,船、筏则成为最主要的交通和运输工具。但就行走路线来讲,则相对较为固定。驿路是官方递送的通途,往往基于军事或政治目的,有固定的驿站和设施,并会投入资金对道路整修和维护。而商路是商旅转输货物和长途旅行的道路,主要基于商业目的,追求快捷、经济,为保证转运通畅,民间亦会有修路的举措。尽管驿路与商路在诸多方面存在种种不同,但大部分情况下,两者都是重叠的。因为,这些经过时间检验和筛选的道路,虽然不一定距离最近,也不一定最经济,但一定是综合成本较低,较为合理的走向,是连接两个不同区域的干道。在缺少详细地图和导航的传统时代,对于绝大多数小民,尤其是那些逃难的小民来讲,这些道路也是他们所能认知的、可以到达遥远逃难目的地的唯一选择。所以,通常情况下,人口迁徙一般都是沿着大路,也就是传统的驿路或者商路前行。

陕西位于整个西北地区的最东边,是同治战时省际人口迁徙的主要区域。古今论陕西形胜,往往称其"为防御之阻,天之地奥区。负散萧,扼函武,则中原之两不能进矣。出函谷,则制汴洛。渡蒲坂,则併河东。越秦栈,可以入巴蜀。扼萧关,可以控甘凉。出武关,可以下荆襄。以战则利,以守则固"①。整个区域可谓背山带渭、四塞之固,驿站路网及商贸运输均以中心城市西安为起点,呈放射状分布,四通八达,交通便利②。

陕省地形地貌,各处差异显著,自北而南有陕北黄土高原、中部关中平原和南部秦、巴山地之分。其中部关中平原,界于南、北二山之间,号称八百里秦川,西安居中,渭水横贯,兼有灌溉与船运之利,土沃民丰,世称天府。凡通山西、河南、湖北、四川及甘肃等省五大驿路均经由此处。

其一,通河南大路:由西安沿渭水南侧东行,过临潼灞桥,斜口,渭南新丰、零口,华州赤水,华阴敷水等镇,出潼关,以达洛阳。其二,通山西大路:以出潼关渡河入晋者为大路,而潼关以北渡河入晋者,虽为小路,但通行亦较频繁者,从

---

① 刘安国:《陕西交通挈要》下编,上海:中华书局,1928年,第1页。
② 吴宏岐:《西安历史地理研究》,西安:西安地图出版社,2006年,第24—82页。

南往北分别是：1.经渭南、大荔、朝邑经大庆关至山西蒲州。2.由延川经延水关渡河至山西永和。3.由吴堡渡河至山西永宁。陕北大道从西安出发，经三原、耀州、同官、宜君、中部至洛川分为两道，一东行经宜川、延长至延川，一北行经鄜州、甘泉、延安、甘谷驿至延川。其三，通湖北大路：自西安经蓝田、蓝关、龙驹寨、武关，过商南荆紫关至湖北。这条从西安出发的大道，沿蓝水穿越秦岭后又沿丹江下行，自古以来就是秦楚之间的交通要道。其四，通四川大路：自西安经咸阳而西至凤翔折而南，由宝鸡，或直接出渭水南路过鄠、盩厔、郿县各隘口穿秦岭，达汉中，翻巴山，以达四川。其五，通甘肃大路：自西安西行有南北两道，北道过咸阳、醴泉、乾县、永寿、邠县亭口、长武窑店镇入甘肃境，经泾州、平凉至兰州；南道西出咸阳，沿渭水由凤翔经秦州至兰州。

自秦汉以来，关中即为陆路交通中心，亦是中原往中亚的交通孔道。然而，就整个陕省来说，东阻黄河，南界群山，北部黄土高原又沟壑纵横，除关中外，自然交通条件实际上并不理想。

南部山地即秦巴山区，山高谷深，险峻异常，交通不易。秦岭作为中部平原区与南部山地区的分界线，也是黄河支流渭水与长江支流汉水的分水岭。自甘肃临潭白石山，至豫陕交界处分伏牛、熊耳及邙三支，长一千数百千米，宽百余千米。北坡急峻险绝，南坡倾斜缓慢，是南北交通的一大阻碍。秦岭以南更有大巴山，横亘川陕边境，山形险峻，不亚于秦岭。秦汉以来自关中翻越秦巴以达川蜀的山路有陈仓道、褒斜道、故道、傥骆道、子午道、义谷道、金牛道、米仓道、荔枝道及巫盐道等道。这些始于关中、通达川蜀等地的所谓通驿大道，虽然名目繁多，主次迭变，又或栈谷相连，水陆兼程，但实际上，具体的线路相当有限，不同名目大多为不同时代的不同称谓，亦或行程歧异，稍有变化而已。这些道路均沿河谷山口而行，因为能够穿越秦岭及大巴山的山口就这么几条，而且皆高山纵横，谷底幽深，危崖高耸，险滩密布，崎岖难行。自汉唐以来，在以关中为全国政治中心的话语权体系中，由陕入川的道路艰险难行，世言蜀道之难，其实很大程度上来源于川陕道路的这种印象。

自关中越蓝、武两关以达南阳，或顺丹江、下襄樊直达汉口，又称蓝关道、武关道、商於道以及商山道者，即古称商陂之险。其中蓝田至商州三百余里，顽石崎岖，碥路逼仄，行走不易。而商州至龙驹寨间铜佛龛悬崖一线，往来更是凶险异常。悬崖长五六里，宽不足三尺，下即丹江湍流。每当夏秋水涨时，滩路绝断，过往商旅只能冒险从碥上前行，"内倚绝壁，内俯迅流，厓倾苔滑，石齿如剑，人马相扶以度,摇摇然旁观皆神惊,一失足颠坠不可稽"①。自龙驹寨以下为丹江水道,多险滩暗礁,船行其间,水浅有阻滞之虞,流急则有触礁之险。乾隆中,官民先后捐资修缮陆路及丹江水道,交通条件大为改善,及至清代中后期,这条道取代出潼关至洛阳的大道,成为陕西与外界联系的主要通道,沿途必经之水旱码头龙驹寨,地位也跃居潼关以上,成为全陕出入货品的集散中心②。

商洛大道,是陕西与南阳、湖北等西南诸省地方交通的最重要孔道。舍此之外,只能绕行有重兵把守的汴洛大道,或者崎岖难行的川道。同治二年八月,汉中镇总兵陶茂林曾带七营入陕③,所部军士多籍隶湖北、江南、河南各省。同治四年秋士兵哗溃,有传闻这些溃勇皆由商洛大道退至湖北④。

同治六年三月初,左宗棠奏调浙江提督鲍超由湖北襄樊沿江北上入陕,兜剿支援,原拟走"商于入荆子关,过龙驹寨后,取道刘先坪出大峪口以达潼关,顷得其覆缄,以荆子关一带山径崎岖,难以整队遄行,改由宛洛以入潼关"⑤,由此来看,商州一路,所谓通商大道,行车走船,亦皆不方便,即使徒步人行,亦非坦途。至于小道岔路,或可攀援而上,但艰险尤甚,非一般小民可通行。

从关中往北,越北山,即入陕北高原。明代以来,延榆等处皆为北边重镇,出于军事考虑,官方投入巨资修葺并维护从关中直达榆林的驿路,沿途设18座驿站,每处马匹、设施都比较完备,往来交通亦多较通畅。但入清以后,陕北各处边疆成为内地,军事意义已不存在,原来政府强制维护的驿路不再投入,旧时官道遂日渐废弃。陕北高原不但地势高亢,黄土漫漫,沟壑纵横,而且群山高拱,峰峦重叠,本来自然条件就比较恶劣。官方不再维护,道路损毁严重,交通亦日渐闭塞。

及至晚清,所谓通北大道,虽然仍可通行,但其实交通条件已经极差。尤其是耀州以北道路备极艰险,其中由耀州至延长一段,长七百余里。"其路程由耀县(笔者按:即清之耀州)进至同官,已抵山麓。再北向宜君进行,即穿越深山入中部。沿洛水上溯,经洛川、鄜县,以达甘泉、肤施。沿途跨桥山、梁山之脉,蜿蜒曲折,地极荒野。由肤施至延长,则又沿延水而行。综观此道路,有时穿山越谷,有时沿沟循河。最大坡度约至十五分之一。不独大车不通,即单骑亦有时难以通行,姑称之为骑行或徒步路段。上述西安延长间交通状况,由南而北,愈远愈

---

① (清)钟麟书:《罗公碥记》,见乾隆《续商州府志》卷二《桥道》。
② 张萍、吕强:《明清陕甘交通道路的新发展与丝绸之路变迁》,《丝绸之路》2009年第6期。
③ 同治二年八月十四日(戊子)钦差大臣多隆阿奏,《钦定平定陕甘新疆回匪方略》卷五〇。
④ 同治四年九月十四日(丙子)上命,《钦定平定陕甘新疆回匪方略》卷一一六。
⑤ 同治六年三月初三日(丁巳)陕甘总督左宗棠奏,《钦定平定陕甘新疆回匪方略》卷一五一。

难。至于再进至省北边境之榆林,虽有旧时官道,然居万山丛中,或循坡盘旋而上,或沿溪绕曲而进,交通益觉艰险。非历长久之时间,不克到达。所有旅行代步,非乘驮轿(两骡前后背负之轿窝),即骑骡马。甚至羊肠崎岖,并骡马亦不易经过。似此情况,乘载运输,艰阻更不待言,以故本地所产货物,鲜有能运达关中平原者。"①从这段民国时期的考察报告,我们可以身临其境地体验到当年北上通行的这种艰难与险阻。

同治西北战争爆发后,官方第一反应就是,在山西、河南、湖北、四川以及内蒙等所有与陕甘接壤省份的关隘路口,层层设防,处处堵截,以便把所有回族困扼在区域内部,从而防止其人口外迁,以免战事波及他处。同治元年五月底,关中战事初起,尚未扩大,山西巡抚英桂就奏言,"陕西同州等处回汉嫌隙日深,互相焚杀,至今未解,深恐愈聚愈众,一经大兵攻击,窜入晋疆,晋省亦有回民,设被勾结,尤为心腹巨患。查蒲州府属之临晋、荣河等县、绛州属之河津县均壤接同州,必须加意防守"②。七天之后,英桂又与前任云贵总督吴振棫共同奏报晋省防御情况,称"晋省河岸绵长,渡口林立,最要者为茅津渡,其次太阳、东滩、永乐、风陵等渡,皆派文武员弁督率兵勇,常川驻守,并谕令民团无事仍操农业,闻名警齐集河干,布置尚属周密"③。

晋省之外,河南的反应也很迅速,同治元年七月,地处陕豫交界处的阌乡县知县张杨禧带兵勇一千四五百名赴陕进剿,刚抵潼关,就被河南巡抚郑元善檄令折回,要求其在本县认真防堵④。此外,商洛一路,控扼河南南阳及湖北等东南地区,至关紧要,清军亦有防守。李鸿章统兵入陕前,即迅派鄂军记名提督谭仁芳分兵驻扎河南淅川之荆子关,商洛之武关以及河口、樊城等处要隘,以固秦楚边防,兼护饷运⑤。同治二年十月,绥远城将军德勒克多尔济对本处的兵力调配及防堵情况作了奏报,"蒙古部落散处边地各省,用兵从未轻易调派,此次甘回变乱,鄂尔多斯七旗游牧地方与陕甘两省毗连,前经谕令将两盟兵调防,为保全该旗起见,该郡王何得任意耽延?"⑥急于向皇帝表示尽忠职守的心情溢于言表。

---

① 陇海铁路管理局主编:《陕西实业考察》,上海:汉文正楷印书局,1933年,第469页。
② 同治元年五月三十日(辛亥)山西巡抚英桂奏,《钦定平定陕甘新疆回匪方略》卷一三。
③ 同治元年六月初七日(戊午)山西巡抚英桂又与前任云贵总督吴振棫奏,《钦定平定陕甘新疆回匪方略》卷一四。
④ 同治元年七月十一日(壬辰)直隶提督成明奏,《钦定平定陕甘新疆回匪方略》卷一六。
⑤ 同治九年三月初二日(戊辰)湖广总督李鸿章奏,《钦定平定陕甘新疆回匪方略》卷二一六。
⑥ 同治二年二月二十四日(庚子)绥远城将军德勒克多尔济奏,《钦定平定陕甘新疆回匪方略》卷三六。

川陕交界处的防堵,则是派兵驻守的重要关口,同治四年十月,成都将军兼署四川总督崇宝等奏称,"雷正绾各营川勇居多,果已哗溃,势必注意窜川,川北与陕甘毗连,袤延二千余里,现仅达子营勇丁千余扼扎朝天关"①云云。崇宝所奏,兵力不足,或为事实。但情况是否果真如此严峻,值得怀疑,其目的更多可能是争兵夺饷。川陕防堵,除了四川一侧,陕南亦有布置。川军李辉武部曾驻守凤翔宝鸡,后又移驻汉中所属之大安驿,巩固川边的同时,亦可兼顾汉中、凤翔一带防务②。大安驿,即今陕西省汉中市宁强县大安镇,位于秦巴山区腹地,汉水上原,控扼入川之金牛道。

总之,战争爆发后,清军在西北沿边各处立关设卡,进行防堵。同治六年六月归化城副都统桂成奏称,"陕西靖边一带四月间有贼匪窜扰……据大同镇总兵马陞报称,刻下贼匪已窜绥米一带及怀远葭州境内,并探得榆林府拏获冒充官弁之奸匪二十余人正法,查此股贼匪既在绥米一带滋扰,边防益形吃紧……飞饬穆图善、金顺嗣后如有采买马匹等项,务将派委何员前往何处采买若干先期咨照,并转饬各属,如有商贩出口,务令该地方官详查明确,再给执照,以杜奸谋而固边围"③。由此可见,商民远行,需凭官方执照方可出关过卡。

设立这种关卡,其首要目的,当然不是堵截逃难小民,而是外逃的回族。清代辨别回汉的唯一官方准确标识是记载于地方保甲册中的户籍标记④,一般小民,如非经商贸易,也无通关文书。而且战争紧急状态下,小民逃生之前专门找地方官府开具文书,证明自己是汉非回,亦几无可能。那在各关卡的检验中,如何辨别逃难小民的民族属性?如何确定是否放行呢?

在清的描述中,回族"隆准深眶,士人一望而知"⑤。陕西华州民间流传"高鼻子,深眼窝,不是回子是哪个?"⑥可看,体貌特征被普遍认为是辨别回族的重要方法之一。但是,回族形成的基础不是以事实上的共同血缘,而是自身对于本群体出自共同的血统这一观念⑦。历史上,回族虽然实行较为严格的族内婚制

---

① 同治四年十月初一日(壬辰)成都将军兼署四川总督崇宝与四川总督骆秉章奏,《钦定平定陕甘新疆回匪方略》卷一二五。
② 同治十年四月十一日(庚午)陕西巡抚(原四川巡抚)蒋志章奏,《钦定平定陕甘新疆回匪方略》卷二四三。
③ 同治六年六月十三日(乙未)归化城副都统桂成奏,《钦定平定陕甘新疆回匪方略》卷一五八。
④ 路伟东:《掌教、乡约与保甲册——清代户籍管理体系中的回民人口》,《回族研究》2010年第2期。
⑤ (清)余澍畴:《秦陇回务纪略》卷一,见中国史学会主编:《回民起义》,第4册,第219页。
⑥ 马长寿主编:《同治年间陕西回民起义历史调查记录》,第75页。
⑦ 姚大力:"回回祖国"与回族认同的历史变迁,见刘东主编:《中国学术》第1辑,商务印书馆,2004年,第90—135页。

或教内婚制,但回汉之间互婚并非个别现象,回族民谚中就有"回回巴巴,汉人娜娜"①之说。清人也讲,"回汉教道久分,往往有汉民改为回民。究其所以,有回民乏嗣抱养汉民为子,有无赖汉奸,贪财归回者"②。在这种背景下,如果将这种体貌特征绝对化,并以此作为辨别回族的标准,那就很容易出错。同治战时,渭南县有一名汉人叫黑毛,因脸生长须,被回军误以为回族,因此躲过一劫,侥幸保全性命③。而大荔县东大村的朱桂森,则因长相似回,战时与家人逃难山西,险些被土豪所杀④。显然,在战乱仓促之中,以体貌特征作为辨别回族的主要标准,根本不具有可操作性。

言语服饰、婚葬风俗等习俗以及身体、毛发标记等也常被认为是辨别回族的方法之一。此类特征,包括回族男女穿戴的白帽、头巾等,或过于隐晦,或容易作伪,现实中根本不具有可操作性。而将共同的伊斯兰宗教信仰这一回汉之间的主要差异,作为界定回族身份的主要标准,则过于宽泛,在中国10个信仰伊斯兰教的民族中,有相当一部分并不被清人视为"回回"的组成部分。而且,宗教信仰具有一定的不确定性,历史或现实中因为各种原因故意隐瞒或改变个人信仰的情况并不少见。西安沈家桥几家汉人,是当年孙玉宝退走时偷偷留下的回族,虽不信回教,但相传不吃猪肉⑤。清代"回民中拜官受爵、泠登显秩者,常不乏人"⑥,但明确记载为穆斯林者却并不多见。因此,以伊斯兰信仰来界定清代法律体系中的回族身份,在战争状态下也根本不具有可操作性。

显然,在无法分辨逃难小民是回是汉的情况下,最简单有效的做法就是全部不允许通过。各险关隘口对于回族的防御,实际上真正堵截的是绝大多数的普通逃难小民。

战时小民远徙避难,其逃生路线虽然仍然主要选择这些传统的驿路商道,但战时远徙逃生与平日通商驿递不同,不求距离最近,速度最快,也不求路最平坦,成本最低,只求可以安全逃走,保全性命,这是第一原则。所以,逃难小民不可能只走大道,而不选小路。陕西控扼整个西北地区的东部,从前述分析来看,向南前往四川的道路极其有限,很多路段仅有唯一道路,中间几乎

---

① 马光启:《陕西回族概况》,见马长寿主编《同治年间陕西回民起义历史调查记录》,第214页。
② 乾隆《循化厅志稿》卷八《回变·善后事宜附》,第319—320页。
③ 马长寿主编:《同治年间陕西回民起义历史调查记录》,第40页。
④ 民国《续修大荔县旧志存稿》卷一二《列女传·节孝》。
⑤ 马长寿主编:《同治年间陕西回民起义历史调查记录》,第206页。
⑥ 《清世宗实录》卷八十,"雍正七年四月辛巳"条。

没有岔道可以绕行。更多重要的关口,一旦设卡防堵,不论官弁大兵、商贾行旅还是逃难小民,均万难通过。因此,战时真正可以逃往四川的人口数可能非常有限。这大概也是翻检西北战争十余年间的奏折,有关晋边、蒙边等处防御堵截之奏,不绝于书,而在其他方向的防堵奏折却不多见的一个重要原因。

与川陕之间的栈涧相连的艰险通道相比,陕西西南通往河南南阳及湖北方向的商洛之道,交通条件要通畅很多。但战争期间,可以成功逃出陕西,到达河南及湖北的难民,可能也不多。究其原因,除了清军设卡堵截之外,还有一个重要方面是,商洛之路是太平军入陕之路。西北战争爆发之前,这条路上已经兵火频起,戒备森严。同治元年三月,太平军扶王陈德才、遵王赖文光、祜王兰成春所率的西北远征军由河南内乡县冲入富水关,散布武关、龙驹寨等处,并攻打商南县城和商州城,凡数十夜,不克①,始西进至陕南及关中,而商洛之道的入口蓝田等处亦受侵扰。直到同治三年初,陈德才等弃守陕南,赴援天京。步骑仍走商州一路,出塔寺沟络绎不绝②。

在战争期间西北地区人口锐减的大背景下,商洛地区人口出现不减反增的情况。以商州为例,道光三年人口约 23.9 万,及至光绪初年,居然增加至 31.1 万,这一人数是该州清代有记载的人口峰值③。这种反常的情况说明,战争期间,关中有部分逃难小民试图沿商洛之道逃往东南诸地,但可能被阻于出省关口,真正逃出者不多。前路既已不通,后路又无法返回,所能选择者,只能留居其间。

四、省际人口的主要迁入地:山西与内蒙

省际人口迁徙的主要迁入地是山西和内蒙两个省区。战时难民这种远徙方向的选择,与晋陕、蒙陕之间的人文环境和自然环境有关,尤其与省区间的历史渊源、交通状况以及战争态势等,都有极强的关系。

(一) 山西省

陕西东部,隔河与山西相望,两省地域毗邻,自古以来商贸及人员往来频繁。实际上,自先秦以来,基于长期共同的历史渊源、交通往来、政区建置、人口迁移

---

① 商州市地方志编纂委员会编:《商州市志》,第513页。
② 商州市地方志编纂委员会编:《商州市志》,第509页。
③ 商州市地方志编纂委员会编:《商州市志》,第103页。

以及由之衍生而出的文化共同性等多种复杂的因素,晋陕之间,逐渐结成了真实的难以分割的地域共同体,在全国政治地理中占有举足轻重的地位①。入清以后,随着北边军事威胁的解除,山陕之间的商贸及人员往来变得更为频繁。陕西所产粮食、棉花等商品大量运往山西,而山西的盐、煤、铁等货物又大量运销陕西,彼此之间的商品互补性极强。同时,大量商人往来于山陕之间从事贸易活动,而数量更多的小民亦往来其间,佣工谋生。除了商贸往来,两地民间长期存在的千丝万缕的联系,更使得彼此的社会关系网络错杂交织在一起。正是基于这样的背景,同治战时西北人口远徙避祸主要前往山西,就成为最自然的选择。

清代北方商贸发展迅速,山陕之间主要的交通路线,除了传统的汴洛至潼关大道外,又有大庆关及渭河水运两条支路日益活跃和兴盛起来②。大庆关路从西安、三原或泾阳出发,沿渭北东行,过大荔、朝邑,又东行约十里至大庆关,渡河入晋。这条道路是连接陕省渭北农业发达区与晋省西南盐铁及煤炭主产区的捷径,来往贸易数量极大。咸丰八年,官府在全陕商业发达地区设17个厘金局征税,其中设于朝邑县城东南里许的大庆关局,在宣统元年的收税金额中,排名第五③。其贸易之繁盛,由此可管窥一斑。

除了贸易往来,经由大庆关的商路,也是关中平原与晋西南地区人员往来的主要通道。黄河出龙门以后,平川广阔,没有阻拦,河道陡然变宽。尤其大庆关一带,河水流速缓慢,河中淤沙成滩,极易渡河④。因为控扼山陕交通咽喉,陕人自己将大庆关与潼关、龙驹寨并称陕西"三关"⑤。对于关中避难的小民来讲,大庆关是前往山西的最理想通道。

同治元年七月初直隶提督成明带一千京兵由山西入陕西进剿回军,渡河之处即是大庆关。到对岸后,成明"先赴朝邑,次至同郡城东之八里铺东方扼要驻札,查该处房屋均被回匪焚烧,居民逃徙大半,其情甚惨……回匪均在洛河迤西,

---

① 安介生:《略论先秦至北宋秦晋地域共同体的形成及其"铰合"机制》,《人文杂志》2010年第1期;安介生:《略论明代山陕地域共同体的形成——基于边防、区域经济以及灾荒应对的分析》,见《历史地理》第28辑,第118—136页。
② 张萍:《地域环境与市场空间:明清陕西区域市场的历史地理学研究》,北京:商务印书馆,2006年,第52—55页。
③ 民国《续修陕西通志稿》卷三五《征榷》。
④ 胡英泽:《河道变动与界的表达——以清代至民国的山、陕滩案为中心》,见常建华主编:《中国社会历史评论》第七卷,天津:天津古籍出版社,2006年,第199—219页。
⑤ 光绪《三原县新志》卷三《田赋》。

近日并未过河,现在逃难百姓间有回家者,较之数日前途中稍觉安静。臣遂由八里铺撤队回驻朝邑县"①。从成明所奏来看,此时回军还没有攻至黄河岸边,但关中小民已经开始从大庆关渡河逃往山西,以避战火。其中很多是在陕活动的山西人,亦逃徙回家。如前所述东府流传"回不杀朝"之谣,战时大量小民逃至朝邑避难,及后回军杀到此处,又仓皇东徙渡河逃往山西之情,其渡河之处,亦即为大庆关。据朝邑县知县托克绅称,这些人中,有不少是过河回家的山西人②。山西地方志中亦有相关记载,比如《临晋县志》就称"同治元年陕回滋事,邑人在陕者尽行逃归,设立民团,沿河防堵"③。

陕西巡抚刘蓉称,同治战时,"西、同、凤各属富户多半迁居山西蒲、解、平阳各府"④。所言虽有夸大之词,但毫无疑问,战争期间,关中地区的确有大量人口避居山西。其中,可能也包括部分在陕西经商贸易或以做佣工为生的山西人。而这批人口东徙入晋,大部分都是经由大庆关渡河。

大庆关之外,延川县东的延水关、清水关以及绥德东的吴堡渡口等,均处于交通要道之上,亦皆为晋陕交通咽喉,商贸人员往来频繁。其中延水、清水两关陆路西经延川县可达延安府,连接西安北上直达榆林的大道。往东渡河,对岸即为山西永和关。延水与永和两关相距之近,不但可以相互目视,甚至鸡犬之声皆可相闻,故民间有"延水击鼓,永和升堂"之谣⑤。由吴堡往西就是绥德州城,亦连通北上直达榆林的大道。往东渡河,即为号称九曲黄河第一镇的碛口镇。由此往东,经永宁、汾州,可达太原。

实际上,山陕之间可以渡河往来者,远不止以上这几处,同治元年冬山西巡抚英桂奏称,"晋省西路州县多与延榆绥接壤,请先派兵设防……臣查汾州府属之军铺、碛口两渡口,为由陕入晋门户,保德州及所属之河曲县,平阳府之吉州等处渡口从多,均系陕回往来熟径,在在须防"⑥。军铺即宁乡县之军铺湾,在县城西北130里黄河边,是宁乡县在永宁州内的一块飞地⑦。在同治四年七月底护理山西巡抚王榕吉的奏报中,山西的要隘渡口更多,"晋省西路边防又形吃重,如

---

① 同治元年七月初八日(己丑)直隶提督成明奏,《钦定平定陕甘新疆回匪方略》卷一五。
② 同治元年六月初十日(辛卯)直隶提督成明奏,《钦定平定陕甘新疆回匪方略》卷一四。
③ 光绪《续修临晋县志·祥异》。
④ 陕西巡抚刘蓉奏,《请饬山西派委司道劝捐疏》,见(清)刘蓉:《刘中丞奏疏》卷一。
⑤ 唐荣尧:《大河远上》,西宁:青海人民出版社,2012年,第141页。
⑥ 同治元年十月十二日(辛卯)山西巡抚英桂奏,《钦定平定陕甘新疆回匪方略》卷二五。
⑦ 乾隆《汾州府志·疆域》。

蒲州府属之荣河、临晋、永济等县,绛州所属之河津与陕西之韩城、郃阳、朝邑均只一河之隔……先赴西路,次赴南路,斟酌缓急,相机筹办,惟全省沿边周围三千五百余里,著名要隘大小五十六处,著名渡口大小六十三处,通计防兵不及一万"①。王榕吉所奏渡太多,兵力不敷,防御严峻,目的为向朝廷讨要兵饷。且其所称关隘渡口,为全省之数,非仅晋陕边界,但晋陕之间,不论是河口镇至禹门口晋陕峡谷段,还是禹门口以下到潼关的黄土坮塬段,均津渡繁多,防不胜防,也是事实。

(二) 内蒙古

河曲以上黄河北流晋蒙之间,陕西边界则沿长城西行与内蒙接壤。自此往西,整个西北地区与内蒙交界之处,除宁夏北部及西部小块地区毗邻黄河外,其他尽以长城为界。清代版图外扩,以蒙古为屏藩,故昔日九边之险,不再设防。禁令逐渐松弛,长城亦慢慢废弃。及至清中期,昔日长城万里之险,已沦为荒壁土墙,单骑独行,即可穿越,巡察尤难②。西北小民,由此大批越界迁往蒙古地方,进行垦种。及至乾隆,其人数已相当多,以至于清廷不得不设牌头总甲,专司举报"种地民人内,有欠地租,并犯偷窃等事,及来历不明之人"③。神木县则定立秋巡制度,"每年秋后,神木理事司员、理事同知间年一次,出口查巡,其中造送牛犋伙盘册籍"④,以此防止越界耕种,强化对口外蒙汉杂处地段的管理。

而西北长城边界的道路,亦在这种人口迁徙的背景下,逐渐开辟出来。以陕省为例,入清以后,榆林长城以北开辟了通往神木、定边、宁夏及鄂尔多斯草原上各旗的通道,本地人习惯称之为"草路",也称马路。其中较大的有5条,故有五马路之说,比如榆林经乌审旗城到定边的路称四马路,从乌审旗到鄂托克旗的称三马路⑤。榆通神木的草路,从神木出发,沿明长城外线,西经今西沟、黄土庙、采兔沟、大保等处到达榆林。榆林城通乌审旗城川至定边的草路,当地人称之为四马路。榆林城经乌审旗至鄂托克旗的草路,即三马路。神木县的交通也极其发达,不但有大道前往内地榆林、府谷、太原等处,还有沿窟野河西岸,北经红柳

---

① 同治四年七月二十四日(丙戌)护理山西巡抚王榕吉奏,《钦定平定陕甘新疆回匪方略》卷一一二。
② 同治三年四月二十五日直隶总督刘长佑奏,《游民出口请饬将军都统稽查片》,见(清)刘长佑:《刘武慎公遗书》卷七《奏稿六》。
③ 同治《河曲县志》卷三《疆域类·蒙古地界》。
④ 道光《神木县志》卷三《建置上·边维》。
⑤ 榆林市志编纂委员会编:《榆林市志》,西安:三秦出版社,1996年,第303页。

林、毛驴滩等处,经由扎萨克旗,通往伊克昭盟各旗的大道①。这条向北深入蒙古的草原之路,驼队边客络绎不绝,是清代陕北与蒙古商品贸易和人员往来的主要通道。

越界小民,自晋省往西,陕西、甘肃,凡与蒙古交界处皆有。除了耕种土地,经商贸易及从事畜牧者亦有相当比重,因为往来频繁,诚实守信,他们中很多人都有赊销或寄牧的经历。比如神木一带有专与蒙古交易的"边行"商人,俗称"边客","携带茶烟布匹出口贩卖,其蒙古驮运盐碱进口,税与其家,谓之主道。……主道将盐倾卸,或结堆,或量石,照时价给与,蒙古得价后旋即折回,从无守候之累"②。陕西靖边县小民"多租耕边外伙盘地,世业其业,而腹地各乡村牛马寄牧,茶盐乳棚酥互市络绎,了无猜忌"③。而地近阿拉善的甘肃永昌小民亦有不少从事此种寄牧者④。有学者认为,蒙汉之间因为这种经常性的联系,最终发展成为个人交情,成为特定时期移民社会的关系调节物⑤。一方面,如果从更广泛的意义上来讲,笔者认为,这种建立在个人交情基础上的赊销或寄牧,实际上是内地与蒙地在入清以来边禁松弛之后,民间人员及商贸往来日益频繁这样一种现实状态的集中体现;从另一方面来讲,也是蒙地人口在这种频繁交往过程中对于汉地那种遥远异乡的陌生感逐渐消失,并日渐熟悉的集中体现。

总之,入清以来,随着北方疆域外扩,军事威胁解除,西北小民频繁往来于内地与蒙古之间,进行农耕垦荒、牧放牲畜以及经商贸易。而这种历史的传承和现实的社会关系,使得战争来临之时,西北大量小民远徙长城以北内蒙地带,成为最自然的选择。

西北难民入蒙古,陕北多走榆林草原之路,甘肃则以宁夏西北出磴口、宝丰一线为主要途径。在蒙古居留之所,又以归绥、包头为总汇。这两处皆土沃民丰,商民辐辏,同时亦为战时清军粮米饷银及一切军需物资重要的运输通道和集散地,为口外精华之所。人口远徙,除了能力,还要依赖自己的社会关系,也就是对于远方未知世界的了解程度。归绥、包头诸地,"民户均系寄居商贾居多,往往家属户口仍居籍"⑥,而这些商贾中,有相当部分是来自陕甘者,其家属仍居原籍

---

① 神木县志编辑委员会编:《神木县志》,北京:经济日报出版社,1990年,第199页。
② 道光《神木县志》卷二《舆地下》。
③ 光绪《靖边县志》卷四《杂志》。
④ 乾隆《五凉全志·永昌县志·地理志》。
⑤ 闫天灵:《汉族移民与近代内蒙古社会变迁研究》,北京:民族出版社,2004年,第107—108页。
⑥ 同治四年八月十二日(甲辰)德勒克多尔济、桂成奏,《钦定平定陕甘新疆回匪方略》卷一一四。

者。对于这部分原籍家属及其周边小民,逃难选择归绥、包头等这些有熟人的地方是情理之中的事。西北小民逃往蒙古者,虽然不可能全至于此,但却是逃蒙难民想象中的最终避难处所。

官私文献中有大量小民逃往这两处居聚的记载,如据山西巡抚赵长龄奏称,"河流绵亘长,迤北地势尤形辽阔,归绥等处约与甘蒙接壤,近闻时有西域回民或假办客商,或口称避难,结队过渡,或由蒙古乌兰察布地面经过,或由河路至三公旗地界乘隙登岸,有在包头附近村庄寄住者,有由包头镇绕越后山前赴归化者……包头镇系属腹地要路,西通宁夏,人烟稠密,年来回汉商民沓来纷至"①。绥远将军福兴泰亦称,战争爆发后,"西路回民来包头者较前更多"②。在小民逃往边外蒙古等处的案例中,方志有更为生动鲜活的记载,比如宁夏灵州红城水的施贵,"同治回乱城陷,母曰我老,汝可携妻速逃,免斩吾祀,其妻乔氏曰可速负母逃,吾不累也,自刎,贵遂负母逃至归化城,事平始旋里"③。该条记载主要褒扬施贵及其妻子的孝行,宁夏赴归绥,远至一千数百里,施贵可以负母逃往,大概有些财力和能力。城破时婆媳二人互相把生存的机会让给对方,其真实情形如何已不可知。但是,后世读者从极其有限的文字中可以看到,在城破逃命的情况下,无法逃脱的小民只能无奈赴死。

五、晋蒙布防的重点及难点

同治元年四月西北战事起于渭南后,快速蔓延,不过旬月,省城东、南、北三面就均已告警。起初,清廷在南路派马德昭带兵前往汉中严密截剿,东北两面则派成明所统京兵在蒲同一带驻扎④,意图把战火控制在关中一带,防止其向周边蔓延。对于战时难民主要迁入地的晋、蒙两省官员来讲,战争之初,他们大概就预料到了今后可能会有大量难民入境的局面。山西巡抚英桂在同治元年五月底的一份奏折中就非常清楚地表达了他的这种担心和忧虑,他称,"陕西同州等处回汉嫌隙日深,互相焚杀,至今未解,深恐愈聚愈众,一经大兵攻击,窜入晋疆,晋省亦有回民,设被勾结,尤为心腹巨患。查蒲州府属之临晋、荣河等县、绛州属之河津县均壤接同州,必须加意防守"⑤。

---

① 同治六年七月初六日(丁巳)山西巡抚赵长龄奏,《钦定平定陕甘新疆回匪方略》卷一五九。
② 同治五年十二月初一日(丙戌)绥远城将军福兴泰奏,《钦定平定陕甘新疆回匪方略》卷一四三。
③ 光绪《甘肃新通志》卷七三《人物志·孝义上》。
④ 同治元年五月二十九日(庚戌)上命议政王军机大臣传谕,《钦定平定陕甘新疆回匪方略》卷一三。
⑤ 同治元年五月三十日(辛亥)山西巡抚英桂奏,《钦定平定陕甘新疆回匪方略》卷一三。

因此，对这两省官员来说，如何未雨绸缪，防止难民大量涌入本地，尤其是如何严防混杂于逃难汉民之中的回族入境，既是需要早为预防的问题，同时也是相当棘手的问题。两省布防重点及难点基本集中在以下三个方面。

(一) 沿边防驻兵

同治元年四月，西北战争爆发于渭南。战事之初，清廷反应相当迟缓，颇不为意。一方面，关中回汉互斗由来已久，多起于睚眦细故，从未至于激化；另一方面，此时东南兵事未靖，朝廷无暇顾及西北。而西北乃边陲要地，自入清以来即为用兵之区，因此，驻防部队尤多。仅绿营一军就占全国六分之一，人数多至十万①。因此，直到六月中旬，朝廷才命令僧格林沁等人，将各军营调拨陕省弁兵撤回，以资调遣②。但实际上，清中以后，作为清军正规部队的八旗与绿营已腐败不堪，毫无战斗力。嘉庆朝以来，每有战事，都是招募乡军与练勇以应急。而这次打斗又与以往不同，事态发展极快。陕西巡抚瑛棨在五月二十九日的奏折中称，"言汉回互斗情形，目下滋蔓愈大，察看民情，情欲杀尽回民，无如见则纷逃，是以被杀更多，仇更日深一日。……现在附省东南北三面告警，处处焚杀。至于各处防守之兵，只能自守门户，若令出战，难期得力。孔广顺一军，亦仅虚张事势"③。由此可见，至五月底，战火蔓延至省城西安附近，内军不堪用，外援又不至，事态已相当紧急。

同治元年七月底，胜保带兵入关，清廷开始从四周省份调兵入陕，以资镇压。至八月底虽解西安之围，但战事瞬息万变，其间战火已遍关中，西同两府受害尤烈，大量小民开始外逃，邻近的山西、内蒙两地颇受震动。在这种情况下，为堵截回族外逃，防止战事波及邻近省区，清廷在所有与西北接壤的省份，尤其是山西、内蒙两个最易逃入的省区，调派大量兵力，沿边进行布防。而晋蒙两省地方官员及民间社团，为防止战火波及本处，以及回汉难民涌入，影响本地安全，也均采取了比较积极的防堵措施。在沿河、沿边之处，布置大批兵力，进行堵截。比如同治元年十月，山西巡抚英桂等就在黄河沿岸增兵设卡，"严防延安起事者渡河入晋"④。

---

① 道光末全国绿营总兵额约60万，其中陕西约四万三千名，甘肃约五万五千名。见(清)魏源：《圣武记》卷一一《武事余记》。
② 同治元年六月十七日(戊辰)上命，《钦定平定陕甘新疆回匪方略》卷一四。
③ 同治元年五月二十九日(庚戌)瑛棨奏，《钦定平定陕甘新疆回匪方略》卷一三。
④ 同治元年十月十二日英桂奏，《钦定平定陕甘新疆回匪方略》卷二五；民国《续修陕西通志稿》卷一七三《纪事》。

第五章 同治西北战争与聚落尺度的人口迁徙

同治元年二月初，陕甘总督熙麟调派归化城兵二千名，延绥镇兵一千名，东、西两旗蒙古各兵三千名，取道定边、宁夏、盐茶一带，驰赴固原一带防守①。对拖延派兵的鄂尔多斯七旗，清廷亦给予了训斥，称"蒙古部落散处边地各省，用兵从未轻易调派，此次甘回变乱，鄂尔多斯七旗游牧地方与陕甘两省毗连，前经谕令将两盟兵调防，为保全该旗起见，该郡王何得任意耽延？"②言辞之中虽有训斥，但无奈与恳求也溢于言表，足可见官方此时的焦虑之情与事态紧急。

在如此强令催促下，各省陆续抽调援兵赶赴西北。如同年六月初，鄂尔多斯七旗选派蒙兵壮丁一千五百名，由定边一带分队进口，前赴庆阳③。但直到同治二年八月，援军前后仅有七起，勉强凑齐四千余人。根据陕甘总督熙麟的统计，具体是："调到延绥镇兵一千名，半系疲软……又调到韩城团总陈观光练勇一百九十名……西宁镇标官兵八十七员名，伊克昭盟头起蒙古官兵五百员名……潼关协副将张维义随带官兵十九员名，三原团总冯元佐练勇一千二百四十名，团首十二名……游击李正喜管带川勇五十一名，骁捷营带兵余万明遣子佽先千总余兴国、兴黄、德魁募到楚勇一千五百名……其驻扎草地之伊克昭蒙兵一千名及阿拉善蒙兵八百余名，均经遣撤回旗，以节縻费。"④其中延绥、西宁及潼关镇标皆系绿营，实际战力有限。韩城、三原地方团丁，未有实际作战经验，虽多恐亦无战力。蒙兵被撤回，虽曰以节縻费，更真实原因可能是要自守边界，以防逃徙。真正可以依靠者，只有川勇与楚勇。实际上，整个战争期间，西北所用之兵，包括晋省防御，大都来源于这两个省。

同治二年八月十八日，上命"沈桂芬于山西各营调拨官兵一千名，均即克日派向朔平绥远城一带进发，以为讷钦后路之军……著阎敬铭于山东省各勇营内调拨勇丁千名，选员管带，克日饬赴山西省，以为填扎之用。东省勇丁多由南省募来……其到晋后派令于南路如茅津渡等处设防"⑤。征调山西之兵入陕，是为了尽快增加陕西的进剿力量。而从山东调兵至山西布防的举措来看，显然清廷也意识到，在难民大量逃往山西的情况下，晋陕边界的防控是整场战争重要的组成部分，必须要给予足够的关注。这样的省际军队调动，显然是临时应急，以争取时间，实属不得已而为之。

---

① 同治二年二月初四日(庚辰)陕甘总督熙麟奏，《钦定平定陕甘新疆回匪方略》卷三五。
② 同治二年二月二十四日(庚子)上命，《钦定平定陕甘新疆回匪方略》卷三六。
③ 同治二年九月初四日(戊申)宁夏将军庆昀、副都统常陞，《钦定平定陕甘新疆回匪方略》卷五二。
④ 同治二年八月十八日(壬辰)陕甘总督熙麟奏，《钦定平定陕甘新疆回匪方略》卷五一。
⑤ 同治二年八月十八日(庚申)上命，《钦定平定陕甘新疆回匪方略》卷五一。

晋陕相邻,边界绵长达数百千米,加之彼此之间在经贸与人员方面的紧密联系,战时为西北人口重要迁入地,沿边布防的确有一定压力。山西巡抚王榕吉在同治四年的一份奏折中称,"连接探报,回逆扰及陕西鄜州,晋省西路边防又形吃重,如蒲州府属之荣河、临晋、永济等县,绛州所属之河津与陕西之韩城、郃阳、朝邑均只一河之隔……先赴西路,次赴南路,斟酌缓急,相机筹办,惟全省沿边周围三千五百余里,著名要隘大小五十六处,著名渡口大小六十三处,通计防兵不及一万……"①同年入冬之前,王榕吉亲赴归绥一带履勘边防,并对沿边要隘在防兵勇逐一进行了查阅。在随后的奏折中,他又说:"各渡口所设炮位亲加演放,均尚可用。惟河曲保德紧临黄河,与陕西府谷县城仅隔一河,有唇齿相依之势,黄河入冻,俱结冰桥,德州以下,水流益急,不复结冰,防守尚易。宁武府边境地居扼要,从前堡寨林立,炮台与烽堠迤逦相望,至今犹存。同治元年抚臣英桂因晋省南路多事,奏裁北镇官兵三千名移置南镇……讵东南这寇未平,西北之患又起……"②

从王榕吉这两份奏折来看,如果仅就自然环境来讲,黄河天堑阻于其间,尤其河口以下晋陕峡谷绵延数百千米,水流湍急,晋省防守其实有一定的地理上的便利条件。除此之外,炮台、火炮、烽堠以及堡寨等防御设施也基本齐备。因此,边防的压力,主要不是来源于地理上的邻近,而是兵员的不足。

战前山西绿营驻防两万五千余人,何以临战无兵可用? 或以为战时有部分晋省兵勇被抽调至陕西作战所致,实际上,战时山西调拨陕西的兵勇数量并不多。根据都兴阿的奏报,至同治三年夏,从晋省抽调至陕西的官兵,大概有三千七百人。而且其中"大半未经战阵,只可用为后路声援,赵延烺所募难民一千名,半无器械,口食不济,未能即时成军"③。外调之兵,出省打仗,大概要择优而往,居然大半未经战仗,只能为后路声援。至于存本省之兵勇,其战斗力之差,由此可以想象。从晋省无兵可用的窘境来看,清中以后,绿营腐败无能,各省皆然。对于晋省边防来讲,兵勇人数不足,战斗力亦不堪足用,即使有黄河天险亦难守卫。

本省兵勇已不可用,只能从外省招募。同治三年十月都兴阿、穆图善等人又共同上奏称,"山西茅津渡驻防之楚勇一千名向称精壮……请调拨来甘省助剿,

---

① 同治四年七月二十四日(丙戌)护理山西巡抚王榕吉奏,《钦定平定陕甘新疆回匪方略》卷一一一。
② 同治四年十月十五日(丙午)护理山西巡抚王榕吉奏,《钦定平定陕甘新疆回匪方略》卷一二一。
③ 同治三年六月初五日(甲戌)都兴阿奏,《钦定平定陕甘新疆回匪方略》卷六七。

其原调之大同官兵一千名,今已不敷原数……一俟楚勇到营,即可将大同官兵遣散回晋"①。从都兴阿所奏看来,至少同治三年冬,晋省有招募湖北兵勇进行协防守御。实际上,整个战争期间,自川、楚等省招募的兵勇在晋防中发挥了重要作用。同治四年以后,陈湜授陕西按察使,带兵布防河津至渭水入河口数百千米防线②,其所带陆军十七营全都是从湖北招募的兵勇,颇有战斗力。同治六年春,晋西北战事吃紧,左宗棠又奏调其军北上布防,可见尤为倚重。

同治八年夏,山抚郑敦谨奉命遣撤楚勇,由晋省兵接替布防,其中陈湜陆军十七营,由陈湜"统带回湘,自行遣撤。其水勇十一营,尽募自晋省,且河津以下为西河,南路若专用陆师不敷分布,拟仍留水勇炮船,凭河教御,以为得力;至河津以上吉乡一带,该处向称重镇,拟召集劲勇驻守;其临晋石楼等州县,则少用勇而用多兵,并拟添晋勇两营,屯扎适中之地,以期声势绵亘。查晋省河防北起包头,南至平陆,绵亘二千里,沿河分认汛地仍循其旧。河保等处责成大同镇总兵马升督防,且张曜宋庆两军现分扎古城哈拉寨皇甫川一带,均可为河保屏蔽;兴临以下责成太原镇总兵王巨孝督防;宁乡石楼以下永济以上责成署臬司李庆翱督防,水陆文武均归调遣,其河保至蒲解各段驻防,量度缓急,随时调动"。楚勇被裁,以晋勇代替,虽为节省开支之举,但从另一个方面也说明此时晋省沿河防御已经没有压力,战事也接近尾声了。

与晋省相比,蒙古防御兵勇更少,相邻边界更长,而长城之险又完全无法与黄河天堑相比。因此,自始至终防守压力都比较大,防御持续的时间也比较长。西北人口北迁蒙古,东部内蒙地区远多于西部乌里雅苏台。而东部地区中,又较少进入偏西的额济纳,以东部阿拉善和伊克昭两盟为主,尤其以晋北归绥六厅萨克齐、包头、归绥为最终目的地。所以,蒙边防守,实际上也是对晋北归绥等处的防守。

归绥即今内蒙古呼和浩特地区,因"归化""绥远"两城合二为一而得名。入清以来,因用兵西北,归化城具有很高的战略地位,是环绕京畿重地,也是军队汇集之所。同时,又因背靠科尔沁,左据黄河,垦殖条件好,能满足驻兵粮食供给,更重要的是,自俺答汗时期起,这里便是内外贸易交汇的重镇。清人称"口外地居边塞,归化城商民辐辏,甲于他厅,托克托城厅属之河口村,萨拉齐厅属之包头

---

① 同治三年十月二十六日(癸巳)都兴阿、穆图善又奏,《钦定平定陕甘新疆回匪方略》卷八二。
② 同治六年四月二十五日(戊申)陕甘总督左宗棠奏,《钦定平定陕甘新疆回匪方略》卷一五五。

镇,滨临黄河,五方杂处,地当陕甘水陆通衢"。因此,不论对于蒙古还是对于山西来讲,都相当重要。

同治元年八月,有传闻回族假扮难民逃归绥,绥远城将军德勒克多尔济派兵"前赴萨拉齐托克托城、清水河等厅会同地方厅员及土默特之乌兰察布伊克昭两盟官兵,协力巡缉"①。同年十月,山西巡抚英桂亦从大同镇拣派官兵五百名前往绥远、归化两城听调②。但总的来讲,归绥包头两处,驻兵相当少,至同治二年五月,"归绥道属一带有该省旗绿两营官兵驻扎河防,并有萨拉齐厅团练分段守御,磴口黄河两岸有绥远城将军檄调之乌兰察布依克昭两盟蒙古官兵各五百名,驻扎街外一带,又驻有阿拉善官兵一百名,复有武生张兴山召集民壮二三百名,在鄂尔多斯旗中班禅昭地方佃户,村落中团练巡防严密"③。及至同治三年冬,归绥两营一千余名官兵,"除派往东西两路侦探及各处巡缉护送军饷外,其余官兵,稽察巡防已不足……至沿边沿河驻扎满蒙旗绿官兵,其伊克昭、乌兰察布两盟官兵一千名均已调赴花马池、石觜子堵剿"④。可见,归绥一带布防兵力非但未增加,反而因分兵多处,有捉襟见肘之势。

蒙古地广人稀,每处数百兵勇根本难以布防,在同治七年的奏折中绥远城将军称,"边外地方辽阔,河势绵长,必须随时相度,扼要防守"⑤。其实所谓随时相度,扼要防守,就是大部分地方没法防御,只能在个别关隘设卡堵截。从归绥往西一直到萨清托等处,皆地势平衍,根本无险可扼,只在包头镇设有兵力防守。而包头镇直到同治三年六月,仅设满营官兵三百名,根本不足以堵御。经德勒克多尔济、沈桂芬、桂成等人筹划,"将萨拉齐清水河二厅驻扎大同官兵及河口驻扎满营官兵二百名调赴包头镇驻守,复飞调大同镇兵五百名前往托萨二厅所属地方,择要分防"⑥,始稍有补充。但数百兵士,无异于杯水车薪,"防兵按段驻守,每处或百名或十名,相距均在数十里之遥"⑦,其布防兵力过于分散,军力势必削弱,如有缓急,根本难以抵御。蒙边这种布防紧张的状态,一直持续到整个战争

---

① 同治元年闰八月十三日(癸巳)绥远将城将军德勒克多尔济属归化城副都统塔清阿奏,《钦定平定陕甘新疆回匪方略》卷二一。
② 同治元年十月二十一日(庚子)山西巡抚英桂奏,《钦定平定陕甘新疆回匪方略》卷三一。
③ 同治二年五月二十一日(丙寅)庆昀奏,《钦定平定陕甘新疆回匪方略》卷四四。
④ 同治三年十月二十五日(壬辰)德勒克多尔济、桂成奏,《钦定平定陕甘新疆回匪方略》卷八二。
⑤ 同治七年二月初十日(戊午)德勒克多尔济奏,《钦定平定陕甘新疆回匪方略》卷一六七。
⑥ 同治三年六月十四日(癸未)德勒克多尔济、沈桂芬、桂成奏,《钦定平定陕甘新疆回匪方略》卷六八。
⑦ 同治七年二月二十二日(庚子)德勒克多尔济、桂成奏,《钦定平定陕甘新疆回匪方略》卷一六八。

结束,中间或有短暂安宁,究其原因,概皆战事西移,回军难以侵扰,难民亦不再远徙口外而已。

自包头往西,为伊克昭、阿拉善及额济纳诸盟旗,沿边数千里,小民越长城即可进入蒙古地界,兵力更少,防守更是不易。如鄂尔多斯七旗游牧多与陕甘边境毗连,"沿河一带六百余里,渡口六十余处,分驻官兵仅九百名"①,同治八、九年间,回军曾数次突入鄂托克、乌绅等处,如据伊克昭盟长巴达尔琥呈报,八年冬,"乌绅旗通古拉孟庙见有贼匪八百余人,在彼肆扰……复有回匪三百余人从巴彦淖尔窜入达尔罕喇嘛庙地方……败匪窜入边内"②。翻检相关奏折,只闻奏报军情,未见有任何交战记录,估计这些地段根本就未布防。

阿拉善地处宁夏贺兰以西,同治八年十一月底,回军马数百由该旗南界红井子一带进入,该旗亲王贡桑珠尔默特称"虽经官兵攻剿,仍复纠党数次出口,显有东窜、北窜之意,恐由草坪窜越,不得不严加防范。本旗连遭兵衅,失去四项牲畜,蒙兵东逃西奔,生计全无,实难责以忍饥敌忾,而守城台站官弁尤不可一日缺粮。当即设法拨款派员前往哈尔乌拉旗采买驼只,驮运盐斤,发给路票,前往包头镇,易换口粮,以备供支,并迎提拨用洋枪。乃行至达拉特地方,署名将军金顺委员参领尚玉追至,以军械威吓,竟将本旗驮运口粮驼只全行牵去。查该参尚玉前在将军穆图善军营任意牵去本旗驼七十余只,至今并未发给,此次又夺本旗驼运口粮……"③回军仅数百人,官兵攻剿仍能数次侵入,可见布防兵力相当弱,除了抢夺地方给养外,基本起不到防堵的作用。而蒙兵遇仗东奔西逃,生计全无,如此狼狈不堪,毫无战斗力可言。如此表现,究其原因,是否果如贡桑珠尔默特所称,概因饥疲所致,而难以苛责呢?

同治九年四月初,回军一部攻入三音诺彦界内,沿途如入无人之境,基本没有遇到任何抵抗。库伦帮办大臣张廷岳和阿尔塔什达在初五日的奏折中称"蒙古地方幅员辽阔,蒙众皆择水草旺处游牧,相距数十里,始有毡庐数间,且百余年来,安享太平,久不知兵,贼知蒙古易欺,是以百数成群,纵横肆扰,若不耀集兵力,痛加惩创,恐另股纷至"。库伦在三音诺彦以东,如果回军继续东进,势必有所侵扰。在同日的另一份奏折中,再次表达了这种忧虑。"库伦地方塔庙甲于各旗,商贾辐辏,人烟稠密,且向无城廓,四通八达,无险足恃,设贼氛逼近,难于措

---

① 同治三年十月二十五日(壬辰)德勒克多尔济、桂成奏,《钦定平定陕甘新疆回匪方略》卷八二。
② 同治八年十月十三日(辛亥)定安奏,《钦定平定陕甘新疆回匪方略》卷二〇六。
③ 同治九年二月十三日(己酉)理藩院奏,《钦定平定陕甘新疆回匪方略》卷二一四。

手,现派商卓特巴等调集喇嘛鄂托克人众防护各处庙宇,又令商民等办理保甲,以资守御,惟蒙古性情柔弱,往往闻警先逃,是以贼匪遍扰各旗,从未大受惩创。"①所谓"百余年来,安享太平"概为阿谀奉承之语,以此表明皇帝理政廉明,天下百姓太平无事。由此引申出没有进行抵抗的原因是蒙民久不知兵,安厚纯良,而回族则凶悍狡诈,欺负蒙民。尽管如此,他们仍然尽其所能,进行了较为周密的布置和防御,但蒙民性柔弱,闻警先逃,如果库伦有不测事件,也不是他们的错。

其中"蒙民性柔弱,闻警先逃"的记述,似乎与蒙古地方素来弯弓射雕、民风彪悍相矛盾。同治战时,地方督抚奏折中,类似记载相当多,从回军在绝大多数蒙古地区都没有遇到有效抵抗的情形来看,这应该不是在清代满族作为征服者的这样一种优势话语权体系里,官僚阶层对于蒙古小民的鄙弃与蔑视。元朝被推翻之后,蒙古退居边外,其地贫瘠苦寒。入清以来,朝廷在蒙地推崇藏传佛教,大量社会财富汇集于寺庙喇嘛之中,不但加剧了绝大多数小民的贫困,也从精神上摧毁了其斗志。清朝理藩院的官方记载称,"蒙古之弱,纪纲不立,惟佛教是崇。于是喇嘛日多,人丁日减,召庙日盛,种类日衰,极其迷信之深,有渐趋于澌灭。势所至也。乃近闻蒙古亦多无嗣,恒有以已剃度而归宗者,而一本数支,十不一二"②。可见,此问题的严重性已经引起清廷高层的关注。除了精神上的控制,梅毒等恶性传染病也在身体上对清以来的蒙民造成了沉重打击。伊克昭盟蒙古族人口从19世纪初的40万人,减少到20世纪50年代的8万人。150年间,人口减少约五分之四,究其原因,主要是因为梅毒③。及至同治战时,蒙古地方,不但人口稀少,而且毫无斗志。地方临时组织的蒙兵,基本上没有太强的战斗力,兵民遇警皆逃已是常态。

西北人口沿边北出,宁夏一带交通最便利。磴口、石觜子,地近宁夏,为由甘入蒙咽喉。两者之中,又以石觜子为首要,次则磴口。回军及难民入蒙,皆多走此路。自此往东可直达包头、萨拉齐、归绥等处。即使这样一个重要关隘,防守兵力也相当少。直到同治四年冬,磴口一处"防兵仅有乌拉特官兵三百名,四子

---

① 同治九年四月初五日(辛丑)库伦帮办大臣张廷岳、帮办大臣阿尔塔什达奏,《钦定平定陕甘新疆回匪方略》卷二一八。
② 中国一档案馆编:《清朝理藩院档案》,转引自佟富德主编:《蒙古语族诸民族宗教史》,北京:中央民族大学出版社,2007年,第100页。
③ 胡方远编著:《法定传染病及其免疫预防》,上海:上海科学技术出版社,2009年,第180页。

部落兵二百名"①。同治八年夏,磴口被回军攻陷,进而围攻定远营,并继续东进至后套一带,定安、桂成等奏称"经乌尔图那逊督率马队两次击退,回窜边内,旋复纠合大股出边分扰,并有骑贼由磴口傍河长驱直扑东路"②。经多次击退,仍能东进,可见回军并未遇到真正的抵抗,官军之弱,根本不足以防堵。定安、桂成所奏多有讳败为胜,捏报战功之嫌。官军少且不足恃,蒙兵又不堪用。整个战争期间,蒙边防御,自始至终,均未有较大改善。

除了官方军队、蒙军及地方武装,整个战争期间,在蒙晋边界的防堵中,地方团练的表现亦相当活跃。如前引同治二年六月庆昀奏折中所称萨拉齐厅团练、鄂尔多斯旗中班禅昭地方团练等,都参与了蒙边的防堵事宜。与蒙古地区相比,山西的团练组织尤多,防守参与度亦更高。翻检山西方志,人物、孝义、仕进等传中,有大量关于集团自保的记载。战争期间,几乎所有沿河府州县,甚至不少内陆州县,都办有团练。

同治战时,官军不但兵员不足,而且战力堪忧,无法进行有效防御。在这种情况下,地方官员对这股寓兵于民的民间力量相当重视,往往将其视为官军极为有力的后备补充,甚至纳入整个边防体系中来,统一调配。在同治元年夏天山西沿河的布防中,山西巡抚英桂就调派文武员弁督率兵勇,驻守茅津、太阳、东滩、永乐、风陵等重要渡口,同时,谕令民团承担了助防的职责,"无事仍操农业,闻名警齐集河干"③。对于在战争中发挥重要作用的关键人物,亦给予表彰,以示嘉奖和鼓励。比如徐沟县的武生张耀廷,"由捐输议叙把总,再叙千总,复叙守备加捐都司加一级。同治元年因办团出力,奉旨赏戴蓝翎"④。又如长治县青阳人叶桂芬,"由进士历翼城、解州并有惠政。同治擢守潞安釐税务,督团防,廉干为一时所称,卒祀名宦"⑤。更多的参与筹办团练的领袖人物,则被记录在地方志书中,在光宗耀祖的个人荣誉中,更彰显官方意志和价值观念。

整个战争期间,协防助剿是地方团练最主要的职责。除此之外,地方团练还在修建防御设施等方面,发挥了一定的作用。保德沿边境九十余里,旧有边墙,

---

① 同治四年十月十五日(丙午)山西巡抚王榕吉,《钦定平定陕甘新疆回匪方略》卷九九。
② 同治八年七月初三日(癸酉)定安、桂成奏,《钦定平定陕甘新疆回匪方略》卷一九八。
③ 同治元年六月初七日(戊午)前任云贵总督吴振棫、山西巡抚英桂奏,《钦定平定陕甘新疆回匪方略》卷一三。
④ 光绪《补修徐沟县志·选举》。
⑤ 光绪《长治县志》卷七《传》。

多已坍塌,同治七年八月,山西巡抚郑敦谨下令补葺,并挑壕筑垒,该工程即由本地民团分段承修,并于入冬以前顺利完工①。

总体而言,在具体协防方面,地方团练发挥的作用比较有限,多数地方大概只限于堵截难民逃入本境,此举实则多为以邻为壑、安乡自保的权宜之计。地方小民,不习战守,仓促之间,持兵器上阵,恐亦无太强战斗力。西北战争,山西虽未受战火直接波及,但却为主要金主,饷银、粮食、军火等所需物资,皆协助之列。而官所输,涓滴细毫,皆来源于民,是以民间多受其累。而民团所设,所有人员费用皆由本地自行承担。志书中虽有财东倡捐之举,但志书褒扬者,类皆个案,大部分地方恐怕还要由本地小民摊派。因此,团练之设,实为累民之举。

(二) 渡口船只管控

黄河古称天险,峡谷对峙之处,水流湍急,难以摆渡。而平原水缓之处,又往往过于开阔,无船无筏亦难渡河。同治三年六月底,京口副都统杜嘎尔带兵自北边蒙古草原之路抵达宁夏石觜对岸,就因该处河宽难渡,又无船只,只能止步于河前。后不得已带队下行至五十余里外的二窝子渡口,方得以渡过②。石觜即今宁夏石嘴山一带,与磴口同为甘蒙黄河著名渡口。处于宁蒙大道的咽喉,商旅从宁夏进入内蒙地界多由此过河。清军兵行于此,无船亦不易过河。对一般逃难小民而言,更是万难。晋陕之间亦是如此,从内蒙托克托河口镇(今内蒙古托克托县双河镇河口村)至山西禹门口(今山西运城河津市禹门口),是黄河干流上最长的连续峡谷——晋陕大峡谷。在河套地区呈东西走向的黄河,自托克托附近急转为南北走向,由鄂尔多斯高原挟势南下,左带吕梁,右襟陕北,深切于黄土高原之中,谷深皆在 100 米以上,谷底高程由 1 000 米逐渐降至 400 米以下,河床最窄处如壶口者,仅 30 米至 50 米。两岸陡崖壁立,谷深河窄,少有滩地,水流湍急,无船无渡,不易过河③。

基于此种原因,整个战争期间,清廷对沿河船只的管控相当严格。地方督抚对于管控黄河渡船的政策,亦相当重视,态度也相当坚决。比如山西巡抚赵长龄就认为,山西地广兵单,晋陕交界的防御,全凭一线黄河为之阻隔,而黄河无船不

---

① 同治七年八月二十六日(庚子)郑敦谨奏,《钦定平定陕甘新疆回匪方略》卷一八二。
② 同治三年七月十九日(丁巳)都兴阿奏,《钦定平定陕甘新疆回匪方略》卷七二。
③ 史念海:《黄河在山陕之间》,《史念海全集》卷七,北京:人民出版社,2013年,第2—12页。

能飞渡。所以,提船东泊实为晋省防河第一要著①。继任山西巡抚郑敦谨亦积极推行这一政策,在强化沿河兵力布防的同时,下令将船只提归东岸,以免回军偷渡②。同治八年二月,老湘军一部在绥德一带哗变,因情况紧急,为防偷渡,郑敦谨下令将渡船提归东岸。同时,不惜将那些来不及提归,滞留军渡左右的船只凿底沉水。晋省官员对管控船只的坚决态度,由此可见一斑③。

除了控制民船,清军还有水师战船分布于渭水及黄河之上,专事防堵。西北水师之设,时间很晚。据绥远城将军善庆等人奏称,水师之设,"系因同治九年大兵攻剿金积堡前敌需粮万紧,由黄河挽运恐有疏失,经前归绥道国英捐造炮船三十二只,饬令记名提督刘景芳总统教练,护送军饷,一面巡防沿河要隘"④。此事可在陕甘总督左宗棠的奏折中得到印证,他在同治九年三月十五日奏称"金积堡经官军痛剿,贼势实已衰促……所以恃以负固者,峡口为秦汉两渠上游,官军上能制胜,臣拟由靖远造船配炮,乘河流盛涨,驶攻峡口,如果夺此要津,庶足制其死命"⑤。左宗棠所奏,是对计划由靖远造船配炮一事进行请示,所以,迟至该年三月中旬,西北水师尚未建成。如绥远城将军善庆及山西巡抚鲍源深所称无误,则说明,左宗棠在奏请创建水师之时,实际上船炮已经配置完毕。奏请创立水师,乃事后汇报,只不过例行公事而已。战事瞬息万变,事有紧急,亦在情理之中。

实际上,除了宁夏河段水师,河口镇以下,亦有水师之设。而且,其创制时间要早于宁夏段水师。在同治六年四月的一份奏折中,左宗棠称:"山西河防仅恃臬司陈湜一军,恐难兼顾,臣已速饬阌乡防军渡河而北接防河津以南,替出陈湜水陆各营,移防河津以北,期臻周密。"同日,左宗棠又奏称:"晋省防务仅陈湜一军,分布河津以南抵渭水入河之处止自龙门,以北将近千里,津渡甚多,地广兵单,不敷分布。"⑥陈湜本是湖南湘乡人,咸丰中随曾国荃作战有功,同治四年授陕西按察使,调山西,《清史稿》有传。由此推测,该水师成立时间不会太早,但至少在同治六年已经存在。陈湜所部,有陆军十七营,水勇十一营,卫队二百人。

---

① 同治六年三月二十九日(癸未)山西巡抚赵长龄奏,《钦定平定陕甘新疆回匪方略》卷一五三。
② 同治七年五月初四日(庚辰)山西巡抚郑敦谨奏,《钦定平定陕甘新疆回匪方略》卷一七六。
③ 同治八年二月二十八日(庚午)山西巡抚郑敦谨奏,《钦定平定陕甘新疆回匪方略》卷一九二。
④ 光绪二年四月初七日(戊辰)绥远城将军善庆、山西巡抚鲍源深奏,《钦定平定陕甘新疆回匪方略》卷一九三。
⑤ 同治九年三月十五日(辛巳)陕甘总督左宗棠奏,《钦定平定陕甘新疆回匪方略》卷二一七。
⑥ 同治六年四月二十五日(戊申)陕甘总督左宗棠奏,《钦定平定陕甘新疆回匪方略》卷一五五。

其中陆军皆系楚勇,水勇则尽募自山西①。同治九年正月间,回军由韩城西北山内南下,攻至渭北韩城、郃阳、澄城、朝邑等处黄河岸边,因威胁山西永临、荣津等处河口,清军"水师副后营游击任太山等各将师船分列河干,于上下各营首尾相接,施放枪炮,昼夜不绝,并各于河干隙地张旗帜以壮声势"②。奏折中提到水师,应该就是陈湜所部。河津以上,有壶口之险,舟楫不通。陈湜所部水师虽北移驻防,但根本无法到达宁夏。同治九年左氏于河口镇另创水军,概与此有关。不管晋省水师具体建于何时,因建置较晚,规模亦较小,其在晋陕蒙边上千千米沿河布防中发挥的作用,可能不会太大。

正因为如此,在此前的诸多渡河事件中,回军水上均未遇到清军实质性的抵抗。如同治八年三月,回军大批人马由磴口一带乘船,顺流而下,在麻呢图登岸,驻扎河东土城一带③。同年五月,回军又在石觜子一带,坐船顺流东下,到达缠金河口一带④。

图5-5　兰州一带黄河上典型的2—3人小羊皮筏
(资料来源:王建平编著《中国内地和边疆伊斯兰文化老照片》,第143页)

---

① 同治八年六月二十五日(乙丑)山西巡抚郑敦谨奏,《钦定平定陕甘新疆回匪方略》卷一九七。
② 同治九年二月二十七日(癸亥)山西巡抚李宗羲奏,《钦定平定陕甘新疆回匪方略》卷二一五。
③ 同治八年三月二十日(壬戌)定安、桂成奏,《钦定平定陕甘新疆回匪方略》卷一九三。
④ 同治八年五月十三日(甲申)定安、桂成奏,《钦定平定陕甘新疆回匪方略》卷一九五。

除了船只，木筏结构简单，捆扎方便，更易于短时间内大量制造（见图5-5）。战争紧急状态下，为求逃命，临时制作木筏并成功渡河者，为数不少。比如同治六年八月间，马长顺、禹得彦等人曾一度兵进黄河岸边的朝邑，"搬运木植赴夏阳一带树棚做巢，即为结筏渡河计"①。后因形势变化，自行放弃东渡。同治九年三月，崔三带领张家川回军数千人，进入陕西，被清军围堵，一路败退至高陵、渭南，受阻于渭河北岸，临时编扎木筏，最后成功渡过渭水②。回军临时捆扎木筏都可过河，对于避难小民来讲，扎筏渡河逃生，亦非不可能之事。

同治元年六月十五日上命称"晋省河防不甚吃重，且陕省回匪未肯远窜，英桂但能将本境回民妥为约束，其沿河船只随时饬令兵勇提泊北岸，晋疆自可无虞"③，如此轻描淡写，显然对战事完全没有正确的预判。关中汉回打斗，多起于睚眦细故，不论官方还是民间都习以为常。战争之初，官方根本没有认识到问题的严重性，似在情理之中；但是，从另一方面来看，清廷似乎也高估了管控渡船措施在晋省河防上的作用，以为只要船提泊山西一侧，就能防止回军和难民渡河，确保晋边无虞，显然过于乐观。

政策实际操作过程中，民间与官方，战仗与求生，种种利益纠葛，如同乱麻，显非一纸公文即可以轻松解决的。对于升斗小民来讲，不论是远徙还是守家，生存总是第一位的。晋陕之间，历来商贸人员往来频率，两省沿河诸州府小民，以摆渡为生者，人数相当多。对于操此业者来说，渡船犹如农夫之耕牛和农具，是养家糊口的工具，舍此将何以为生？

在同治元年六月的一份奏折中，山东道监察御史寻銮炜就提到了这些问题，他指出"山西沿河一带，刻下防堵吃紧，滨河小民，平日皆倚河营生，一旦渡口停压，此辈若无所谋食，断难束手安静，而夜间偷渡一层尤宜严密防范。闻陕西难民多从韩城之上流，即滨山西之河津、宁乡各县，该处河身甚窄，闻用重价私渡者甚众。转瞬秋凉，此等流离失所之民，饥寒交迫，势将流为盗贼，且恐回匪奸细混入煽动。请旨饬下山西巡臣札饬地方官协同绅众严密盘查，于难民则谕令仍回陕省之无事地方暂住谋生，一概不许入山西交界，于沿河船户水手等或招募入勇，或设法安戢，各就地方情形，妥为料理，总之，先使本地穷民得所，则内变既

---

① 同治六年八月初四日（甲申）左宗棠、库克吉泰、乔松年、刘典奏，《钦定平定陕甘新疆回匪方略》卷一五九。
② 同治九年三月二十九日（乙未）左宗棠、蒋志章奏，《钦定平定陕甘新疆回匪方略》卷一五九。
③ 同治元年六月十五日（丙寅）上命，《钦定平定陕甘新疆回匪方略》卷一四。

消,外患可御"①。

从寻銮炜的奏报中,我们可以看到以下几点:其一,战争爆发后,陕西小民大量渡河前往山西避难;其二,这些难民所走路线,并非朝邑之大庆关,而是更往北的河津、宁乡各县河水较浅处;其三,小民选择水流湍急的北部河段,而非河水平缓处的大庆关渡河,原因可能是作为晋陕主要通关口岸的大庆关,官方控制比较严格,无法过渡;其四,小民渡河,多以重金相求,故有钱者更易渡河。而小民业此为生者,多有求财冒死摆渡者。这与泾阳被围期间,周围各县小民贪利前往泾阳卖粮者如出一辙。战争状态下,升斗小民的生存状态,犹如一个万花筒,有因财而逃命者,亦有为财而甘愿送死者。历史的复杂性与人性的多面性,在战争状态下表现得淋漓尽致。

对于如何妥善安置这些小民,寻銮炜也给出了自己的建议。但兵荒之年,官府剿抚应接不暇,自身尚且难保,根本不可能顾及船民的生计问题。在这种情况下,仅凭官府一纸文书,就令沿河小民全部交出渡船,显然是不可能的。而这种反对的声音,除了以船为业者,还来自地方绅士阶层。山西巡抚赵长龄在同治六年三月的一份奏折中称,"溯查同治元年陕回滋事以来,郃阳、韩城二县沿河村民设船甚多,豫备省难逃徙,该处办团绅士主持其事,不令船泊东岸,致被逃将宋憬诗抢船诓渡,贻害山西。经前抚臣英桂将前任郃阳县知县方鼎镁、绅士王凤翔奏参在案。诚恐陕省沿河各县仍有绅士主持不令提船东泊,叠经飞饬确查,兹准太原镇总兵蒋临照咨称,韩城县所属之砂仁沟有空船多只,仍在西岸停泊,不肯移泊东岸……"②地方交出船只,除了直接影响小民生计,也直接切断了沿河富户士绅危急时刻逃往山西避难的机会。因此,当然会遇到地方的反对和抵抗。除此之外,沿河船户之中,回族亦属不少。如据宁夏将军庆昀访闻所知,磴口附近黄河船户就有很多回族③。他们中的大多数,本身就是被攻伐的对象,根本不可能交出船只;另一方面,也可以看出,战争状态下,小民对于远徙避难的态度。地方富户与士绅,虽然拥有远徙的资本和能力,但却因资财较多,有更多牵挂,不到万不得已,往往不会逃走。总之,战时官方想对沿河船只进行严格管控,阻力重重。不论是船户本身还是地方上的具体操作者,出于各自利益的考虑,都不会完成执行。

---

① 同治元年六月十七日(戊戌)山东道监察御史寻銮炜,《钦定平定陕甘新疆回匪方略》卷一四。
② 同治六年三月二十九日(癸未)山西巡抚赵长龄,《钦定平定陕甘新疆回匪方略》卷一五三。
③ 同治二年五月二十一日(丙寅)宁夏将军庆昀奏,《钦定平定陕甘新疆回匪方略》卷四四。

另一方面,晋蒙陕间河道绵长,而防守兵力有限,很难对所有河的所有船只进行有效管理。同治六年间,大同镇总兵马升带兵在包头镇各渡口防堵,附近之南海子等处渡口亦有官兵驻守盘诘,并将船只提泊东岸,但自此以西百余里大小渡口竟无防兵巡查,逃难小民大半由西口过渡,遇便上岸,潜赴内地。为防止回族夹杂其间,以及大批难民逃往口外重镇包头、归绥等处,山西巡抚赵长龄曾奏请,"饬下宁夏将军、绥远城将军、归化城副都统,凡甘蒙毗连晋界及阿拉善西公旗蒙古地段之沿河一带渡口,多派旗绿兵丁,逐段防守,严禁渡河,并不准船只停泊"①。很显然,在沿边兵力捉襟见肘的情况下,此种完全无兵布防的情形绝非此一处。在这种情形下,有驻兵防堵之处即使查核管控再严密,也起不到作用,逃难者随时可以渡河口。这就是典型的木桶理论,流水总是会从最短的那根木板处流走。

总的来看,整个战争期间,一方面官方虽对管控渡船进行防堵寄予厚望,并且也采取了较为严格的措施,但因遭到民间的强烈反对,无法全部管控;另一方面,因兵力有限,实际上存在很多防守空白区域,且渡河不一定非要用船,木筏易结,瞬息可成。因此,管控渡船对于晋陕、蒙陕之间防堵的作用不大。真正想渡河的人总有办法,而正常的贸易货运却会因此大受影响。

(三)冬季冰桥布防

受大陆性季风气候的影响,黄河在冬季会冰冻封河,尤其中上游河段,内陆高寒,封冻河段尤长,结冰时间亦久。一般年份,黄河中上游宁、蒙、晋、陕段河道会在十二月后进入结冰期,到次年二三月份方才解冻,一般长达两三个月,亦有三四个月者。至兰州以上各段,甚有冰封四五个月或更长者。故沿河民间有"立冬半月不行船""立冬流凌,小雪封河"②以及"立冬淌凌,大雪揸河"③之谚。表5-1是黄河水利委员会发布的2008年冬季至2009年春季黄河各河段的封冻统计,封冻总长度累计达一千余千米,各河段平均封冻时间有74天,其中封冻时间最长的内蒙古段,更是长达108天之久。

黄河结冰之后,天堑变为平陆,处处皆可过河。道光二十五年,黄河晋陕段冰冻,蒲州荣河县一带"狼三五成群,自陕西渡河而东,自此河东多狼灾"④。其实,

---

① 同治六年七月初六日(丁巳)赵长龄奏,《钦定平定陕甘新疆回匪方略》卷一五九。
② 王华棠等:《黄河中游调查报告》,华北水利委员会,1934年,第80页。
③ 勇常胜等撰:《黄河航道与渡口》,见吴忠政协文史资料委员会编:《吴忠文史资料》第5辑,第8页。
④ 光绪《荣河县志》卷一四《祥异》。

表 5-1　2008 年冬季至 2009 年春季黄河封冻河段基本情况统计表

河段	首封日期	开通日期	首封地点	封冻长度/km	封冻历时/天
宁夏	12月23日	2月10日	青铜峡库区	141.0	50
内蒙古	12月5日	3月22日	三湖河口断面上游 4.0 千米处和包头九原区包西铁路桥附近	720.0	108
河曲河段	12月10日	3月6日	天桥坝前	67.0	87
黄河下游	12月22日	2月10日	东营市垦利县护林控导 3 号坝以上	173.9	51

（数据说明：1 月 27 日，扣除宁蒙交叉河段 40 千米，本年度黄河干流最大封冻长度为 1 061.87 千米。数据来源：水利部黄河水利委员会编：《黄河年鉴 2009》，郑州：黄河年鉴社，2009 年，第 81 页）

河水结冰之后，何止狼群，即行人车马亦畅行无阻，有些河段车马往来，转运粮食这类极重的货物亦如平地。芮城县在山西最南部，与河南灵宝隔河相望。民国十八年河冻，"车马往来大河南北，转运粮稞，人畜时有冻死"[①]。与之相比，陕北延安黄河段，纬度更高，冬季更冷，故而冰层更厚。一般年景"一到阴历十月，河流便开始结冰，其厚度足以支持车马。……结冰之后，在冰层上铺以稻草谷壳之类以减少润滑，车马就可以通过。黄河的冰冻常常维持到第二年阴历三月初才慢慢解冻"[②]。

显然，对于冬季的黄河来讲，管控船只已没有任何作用，而单纯依靠兵士防守，即使再多兵力，亦防不胜防。况晋蒙防兵，本就不足。是以冬日黄河冰冻之后，堵御更显吃力。晋蒙两省官员，均在奏章中多次表达了这种担忧。如同治元年十月，也就是战争爆发后的第一个冬天，绥远城将军德勒克等人就奏称，"现值隆冬，河冰将结，沿河与陕、甘、延绥一带毗连，口外千余里之遥，一经黄流结冻，处处徒步可涉，防兵现难分派"[③]。在同治四年秋天的一份奏折中，德勒克等人又对黄河冰冻期间，蒙边防守情况进行了奏报，"口外地居边塞，归化城商民辐辏，甲于他厅，托克托城厅属之河口村，萨拉齐厅属之包头镇，滨临黄河，五方杂处，地当陕甘水陆通衢，自回匪滋事，宁灵相继失陷，口外设防先后调派旗绿官兵防守包头，距宁灵千数百里，地方辽阔，虽有黄河之险，一经河冰结冻，草地处处

[①] 芮城县志编纂委员会：《芮城县志》，西安：三秦出版社，1994 年，第 9 页。
[②] 张朋园、林泉、张俊宏访问，张俊宏记录：《盛文先生口述历史》，北京：九州出版社，2013 年，第 139 页。
[③] 同治元年十月初八日（丁亥）德勒克多尔济、塔清阿奏，《钦定平定陕甘新疆回匪方略》卷二五。

徒步可涉,全赖兵力堵遏,若添调旗绿官兵,在在严防,寡则力单,众则日耗,且鄂尔多斯游牧,一片沙漠,人马食用艰窘,当此饷项支绌之时,难以随时转运,日久必致缺乏,旗绿官兵语言不通,无从协济,惟蒙古官兵于草地情形,素能相习,若使之防边,藉以自卫,尚属人地相宜"①。从中可见,蒙边防守力量即使平时亦不足以防堵,黄河冰冻以后,更是难以应付。

而晋省河防更是如此,尤以冬令时节最为紧要。其中河曲、保德情形以河曲为最要,"上自马连口起至石梯形关隘止,计八十里,中结冰桥,约六十里,两岸沙滩平衍,径路纷歧,边封口坍塌处所虽经随时修补,究未完整,提督高占彪所统精锐四营,分段扼防,兵力尚嫌单薄"②。往南大宁至吉乡一带河冰冻结,与长桥无异,人马行走如履平地。郑敦谨奏称该段河道,"为上年匪踪窜越熟径……近日吉州七郎窝一带已结冰桥"③,可见,战时回军多有借冰冻之际,而成功渡河行军者。相关记载还有很多,比如同治二年秋,回军从黄河以东的灵州前往河西的平罗,清军中途设重兵扼守,难以前行。但"至十月间,河水合冻,贼遂履冰抢过平罗"④。同治八年正月郑敦谨奏称"前因贼匪西窜,总兵马升仍回包头驻扎,其所部参将瑞麟督率兵勇,行至秦义滩地方,遇贼骑百余人抢渡冰桥,当即奋力击败"⑤。郑敦谨所奏本为邀功请赏之辞,行军途中,能偶遇回军抢渡冰桥,并成功阻击,这是小概率事件,这也说明,一方面,清军沿河的布防,很多地方都是空白,漏洞相当多;另一方面,也可以推测,回军借冬季冰冻之时,成功渡河者相当多。

回军都能借冰桥过河,对于逃难小民来讲,冬季黄河天险,则更是几近坦途,完全畅行无阻,由此可以远徙避难至包头、归绥等处。

六、省际人口迁徙的特点

同治元年战争爆发之初,陕西文武大员对于剿抚,首鼠两端。犹豫不决之间战事迅速扩大,波及西、同两府,有一发而不可收拾之势。山东道监察御史寻銮炜对此相当不满,他在同治元年七月的一份奏折中称,"陕省西、同两府,回民十居其二,人虽少而性梗顽,且目前凶焰方张,遽行议抚,适足恣其横肆,秦民愈无遗类矣。查陕省计七府二厅五直隶州,近年捐输赋税,全仗乾、凤、西、同府州县,

---

① 同治四年八月十二日(甲辰)德勒克多尔济、桂成奏,《钦定平定陕甘新疆回匪方略》卷一一三。
② 同治九年十一月初二日(癸巳)山西巡抚何璟奏,《钦定平定陕甘新疆回匪方略》卷二三一。
③ 同治七年十月二十二日(乙丑)郑敦谨奏,《钦定平定陕甘新疆回匪方略》卷一八五。
④ 同治二年五月二十一日(丙寅)庆昀奏,《钦定平定陕甘新疆回匪方略》卷四四。
⑤ 同治八年正月初七日(己卯)郑敦谨奏,《钦定平定陕甘新疆回匪方略》卷一八八。

今西、同富户全行毁烂,咸阳毗连乾、凤,若四州属齐遭蹂躏,则全省精华竭矣。……拟请明降谕旨,严饬各路统兵将弁,四面合剿,使不得西结甘回,南邀川匪,东邀逆捻,北窜沿河一带,只余此焦土数百里,任彼咆哮,该回虽悍,亦不难克期剿灭矣"①。七月底,胜保带兵入关。显然,四处布防、合力围剿的主张得到了朝廷的认可。但实际上,凭借人为的兵力布防与自然的山川分割,清廷对于整个西北地区的布防,只堵截了东、南、北三面,西部是一个敞开的豁口,其形状如同一个自东南往西北方向放置的大口袋。因此,整个战争期间,西北大量逃难小民被局促在从关中往西,越陇山,经河西走廊、天山北麓,直到伊犁河谷这样一个东西向长达数千千米的狭长地带之中。在这样的大背景下,西北人口省际移动,有以下两个比较明显的特点,现分别简要论述。

(一) 东西方向上潮汐式的人口迁移

潮汐现象是沿海地区的一种自然现象,指海水在天体(主要是月球和太阳)引潮力作用下所产生的周期性的有涨有落、有往有复的运动。战争期间,西北人口在东西方向上的省际迁徙方式如同潮汐一样,具有明显的往复性。

自同治元年五月胜保入陕,到同年十一月,多隆阿兵进潼关,清军用兵都是从东往西进行兜剿。同治六年夏,左宗棠入陕后,更采取尽驱陕回入甘的策略。及至同治十二年秋,清军解围河西走廊最西端的肃州城,白彦虎等回军残部逃往新疆。至此,清军已经从最东部的关中平原,一路追赶至甘肃最西部的河西走廊西端。光绪二年春左宗棠兵发新疆后,战事更是远及天山南北。因此,单就地理空间来讲,同治西北战争,爆发于关中,首先鏖战于陕西,继则转移至甘肃,最后又收尾于新疆。在这样一个长达十余年的征战过程中,战争的重心,从陕西到甘肃,最后到新疆,凡经三变。战争重心在陕西时,陕省小民很多西迁逃往甘肃东部避难。及战争重心转移至甘肃,在甘的陕西难民和甘肃东部的小民又开始往东逃入陕西西部避难。而左宗棠大军西发新疆后,甘新之间的人口,亦有类似的往复迁徙。

陕甘陆地相接,边界数百千米,处处可以连通,战时小民逃难,以保命为首要目的。因此,凡能活命之途,尽趋而行之以入甘。但大队兵马西行,则因人数较多,又有车马辎重,虽有堵截,仍然不得不走传统的通商大道。而官军堵截,亦不可能处处设卡,只能在重要关口防御。因此,文献记载多为此类重要关隘的争夺与堵截。

---

① 同治元年七月十七日(戊戌)山东道监察御史寻銮炜奏,《钦定平定陕甘新疆回匪方略》卷一六。

陕甘之间，交通大道有两条。其一，出西安，自咸阳西北行，经乾州、永寿、邠州，出陕西，以达甘肃东部的平凉、庆阳等处；其二，出西安，自咸阳沿渭水上行，经郿县、凤翔、宝鸡，由此继续西行可至甘肃秦州，或西南行经凤县可达两当、徽、成等县。同治二年冬，多隆阿军队越过西安，进攻至凤翔府的汧阳、陇州、麟游一带，回族强壮者西行，据带队陶茂林称，老弱妇女则皆麇集于汧阳交界山口处，顶香跪地求抚①。汧阳、陇州一路，即自咸阳沿渭西行至秦州的大路，回军及难民看来有不少沿此路入甘。

自咸阳沿泾水西北而行的乾邠大道，亦是陕省回军及难民西行入甘的重要途径之一。这条路上的不少重要关口，如瓦亭、峡口等，清军均有布控。同治二年五月，陕甘总督熙麟奏称，"泾、宁二州，平凉一府为陕甘两省之枢纽，而实为甘肃全省之门户。泾凉有失则长安以西之贼与固原、宁夏之贼首尾相联，得据瓦亭、峡口之险，彼时我军虽有数万，亦骤难与争锋。……彼时白吉原不过千余贼耳，满拟援兵到后，先洗白吉原，次剿铜城，然后约会恩麟，夹攻峡口，以通道路，讵意……多隆阿击败之贼逃至白吉原、铜城，数逾钜万"②。

在同治三年四月的另一份奏折中，熙麟又称，"赵延烺复亲到庆阳，据称该处逃来难民一经招募为兵，即须日给口粮……当饬令该署镇先招精壮勇丁一千名"③。官府可以一次性地在难民中招募精壮勇丁千名，由此可见，在庆阳一带，聚集有大量难民，其中有不少是沿乾邠大道逃来的陕西小民。同治二年冬，宁夏回族起事，该府小民大量往东逃入陕西延榆一带避难。据宁夏廪生王曰琇等报告，"宁灵难民逃居定邑不下万余人，精壮可充团勇者约有三千"④。及战争重心转移至甘肃，在甘的陕西难民和甘肃小民更是大量往东逃入陕西避难。据称，甘肃平、庆、泾、固一带"难民逃入陕境者数不胜计"⑤。

咸阳刘家沟以东战前都是回族村落，战后所居小民则皆为同治七八年间自甘肃迁来者。县志对此事有较详细记载，称"同治六年，回逆陷庆阳，其属县宁州、合水、环县之民逃之正宁枣刺街，约数万人，流离失所，凄惨万状。陕抚刘果敢公编为八旗，其一、二、四、六、八旗，安于泾阳、高陵，三、五、七旗安于咸阳东乡

---

① 同治二年十一月十七日(庚申)多隆阿又奏，《钦定平定陕甘新疆回匪方略》卷五七。
② 同治二年五月十三日(戊午)陕甘总督熙麟又奏，《钦定平定陕甘新疆回匪方略》卷四三。
③ 同治三年四月二十八日(戊戌)熙麟又奏，《钦定平定陕甘新疆回匪方略》卷六四。
④ 同治二年二月十九日(庚寅)陕甘总督熙麟奏，《钦定平定陕甘新疆回匪方略》卷五九。
⑤ 民国《续修陕西通志稿》卷一二七《荒政》。

一带,开垦荒芜。男妇荷锄持锹,披荆斩棘,历三年之艰苦,变荒为熟"①。除了官府组织的东迁,战时甘肃小民自发的东迁避难者更多。比如甘肃豫旺廪生任永战时避难于陕回甘泉府,同堡人薛氏则携二幼子避难鄜州,隆得人张慎修与兄壁携逃泘陇,固原盘路坡人刘占川负母逃难至鄜州,化平川人刘怀远负母逃至陕西鄜县②。这些逃难小民,皆位于甘肃东部,而避难之处,亦为陕西的西部。可见,两省小民往来相当频繁。

左宗棠大军西发新疆后,甘新之间的人口,亦有类似的往复迁徙。如在肃州户民崔现桂之妻焦氏,年逾八旬,战时即往西逃至嘉峪关避难③。而年壮者,则更往西逃入新疆以求生。与此同时,新疆东部的小民,亦有弃耕西逃者。如据左宗棠奏称,同治十一年间,哈密"缠回先有二三万余口,今只存二三千口,其被白逆掳胁者不过数千,其不堪勒派,弃耕避匿逃入吐鲁番者,不啻数倍"④。及至新疆战起,哈密小民又"狼狈入关至安、敦、玉三州县,苟全性命"⑤。甚至远在千里之外的"乌鲁木齐、奇台等处自变乱后户民流寓敦煌者甚多"⑥。同治十二年冬,左宗棠在肃州见到难民入关避难者,更是络绎不绝⑦。

(二) 从边缘往外围水溢式的人口迁移

同治战争爆发后,战火从渭南这样一个点状区域开始,不断向外围扩展,波及范围越来越广,逐渐发展至包括甘肃和新疆在内的整个西北地区。除了这种区域内部自东自西的发展态势外,在整个西北地区与相邻的诸省区之间,战争的发展呈现出如同水满外溢式的这种不同的发展态势。

战争期间,区域人口的迁徙时空范围与战争波及的时空范围,基本上是同步的。战争爆发后,中心区的小民受害最烈,这批人开始向外迁徙避难,但战争外围未受波及小民,则固土守家,观望徘徊。随着战争波及范围不断扩大,区域人口为避难求生,开始从中心往边缘不断滚动式发展,最终到达整个区域的边缘地带。进而,在后续逃难人口和边界防堵力量的共同挤压下,有一部分人口艰难越过边界,最终得以进入相邻省区的安全地带。战时这种由中央向边缘的省际人

---

① 民国《重修咸阳县志》卷八《杂记志》。
② 光绪《甘肃新通志》卷七三《人物志·节烈》。
③ 光绪《肃州新志·人物·节烈》。
④ 同治十三年十一月十四日(癸丑)陕甘总督左宗棠奏,《钦定平定陕甘新疆回匪方略》卷二九一。
⑤ 光绪《哈密直隶厅乡土志·户口》。
⑥ 同治十年十一月十六日(壬寅)景廉奏,《钦定平定陕甘新疆回匪方略》卷二五四。
⑦ 同治十二年十二月二十二日(丙申)左宗棠奏,《钦定平定陕甘新疆回匪方略》卷二八六。

口迁徙,犹如石块扔入水中,波纹从中间往边缘一层层扩展,在后面水波的推动下,最终溢出到边界之外。

同治元年,西北战争在渭南爆发后,回军先是自西往东,攻打同州府城,并一直打了朝邑黄河岸边。及至胜保、多隆阿等督兵入关,自东往西进剿,回军又开始自东往西不断撤退。与战争的动向一样,逃难小民,则是东逃西躲,尽量远离战火迫害。比如东府一带,因"回兵初宣言只杀大荔,不杀朝邑,所以各村汉人多逃到了朝邑县。但半月后,回兵也杀到朝邑去了。因此逃出的人们,有的逃到合阳,有的逃往山西。一直到同治二年五月初,时局平定了,外逃的人们才相继回来"①。前文所引大荔县阳村石肇基的三位祖父当年也曾携手远徙到山西永济避难的经历,尤为经典。从整个逃难过程看,小民逃徙的方向当然要与战火相背,这很容易理解,但其逃徙的距离和目的地,则基本毫无计划,完全根据战争态势来决定,基本上是被战火逼迫着往前走。同治二年春,回军从宁灵北上,攻陷磴口,围攻定远营,并由此意欲水陆东下,进入后套一带,附近小民由是纷纷越界进入蒙古逃命。据定安、桂成等奏称,"被难蒙汉各民均避居北山,该处可以直达包头、萨拉齐,亟宜防堵"②。可见,兵火所及之处,小民虽已大多事先逃走,但却在自认安全之处,观察局势,然后再决定是远徙还是返乡。

也正因为如此,逃难小民一旦越过边界,进入安全区域,便没有了继续前进的动力。所以,省际人口迁徙的分布地域,大都聚集在与西北边界最为邻近的府州厅县里。以山西为例,陕西逃难小民大多分布在靠近晋陕边界黄河岸边的蒲州、平阳、隰州、汾州、保德及归绥等处。其中永济、临晋、河津、吉州、永和、宁州、河曲、包头以及萨拉齐、归绥等处尤多。逃难小民暂居安全之所,目的是战事结束后及时返乡。比如同治十一年夏,陕北战争渐次平息,据延榆绥道成定康等禀报:"近来回籍难民开垦荒地渐多,今年雨旸应候,秋收可望丰稔,穷民藉资接济……"③显然,延榆一带战后返乡的逃难小民,有相当一部分应该是从边外蒙古地方迁回的。

从逃向上看,渡河逃往山西者,大多佣工度日,勉强糊口。而逃往蒙古者,大多衣食无着,相当凄惨。同治八年秋,提督张曜进兵宁夏,据其所见,"自沙托海至宁夏以鼐山内外交界,沿途屡遭焚掠,一片荒凉,内地间有汉民,皆匿于炭井煤

---

① 马长寿主编:《同治年间陕西回民起义历史调查记录》,第113页。
② 同治二年五月二十一日(丙寅)定安、桂成奏,《钦定平定陕甘新疆回匪方略》卷四四。
③ 同治十一年七月初七日(己丑)邵亨豫奏,《钦定平定陕甘新疆回匪方略》卷二六六。

窑,以避贼扰,闻官兵进边,纷纷出现,鸠形鹄面,饥病交加,哭诉受害情形,惨不忍闻"①。由此也可看出,战时普通小民的省际迁徙,与拥有较多资本和社会关系的士绅、商贾及乡村强人的省际迁徙有较大不同,后者大多有较强的目的性和计划性,一般会迁往不但安全而且可以谋生的处所。而前者,则大多没有计划性,大都是在裹挟下的盲目迁徙。即使因为原居住地靠近边界等偶然因素,勉强越界逃至安全地带,但最终可以活命并安全返乡者亦相当有限。如合水县城,同治战时"人民逃尽,止余空城。八年夏……多方召集,城内止有二三十家"②,曾经繁华的县城,战后多方召集,才不过二三十家,最多一百余人。而乡城人口之凋敝,不难想象。

第五节 战后客民入迁与土客冲突

同治及光绪初年,西北遭遇战争及旱灾双重打击,人口损失惨重。战后许多原本人口繁庶的地区,尤其是富甲一方的关中平原、宁夏平原、河湟谷地以及河西走廊等处,人口凋残,荒草遍地。左宗棠称:"陕甘频兴兵燹,孑遗仅存,往往百数十里人烟断绝。"③从战后区域人口损失比例远超60%来看,左氏所言非虚。灾乱之后,各地方官员都积极安置流民、招徕垦荒,以图尽快恢复原有的社会秩序。其间,除了战时逃徙的土著居民重返家园之外,还有大量的外地或外省客民迁来。大量客民入迁,在加快西北土地复垦、人口与社会经济恢复的同时,也因占地、围田等原因,与土著之民产生纠斗摩擦,矛盾冲突亦由此而生。如光绪《富平县志稿》记载:"关中数遭寇乱,复值旱暵,户口既稀,良田旷废,不得不招徕客户,设法垦辟。于是无籍转徙之民占地纳课,善良者十不一二,奸谋时逞,讼狱繁兴。"④富平地处关中腹地,战前回汉人口集聚,为同治战争核心区域,也是战后客民入迁的重点地区,比较有代表性。钞晓鸿在《晚清时期陕西移民入迁与土客融合》一文中,对陕西战后客民入迁与土客冲突的问题进行了极为系统而详细的梳理和分析,内容涉及官民招民政策,客民的来源,人口规模,客头、客长设置与

---

① 同治八年九月二十四日(壬辰)定安、桂成奏,《钦定平定陕甘新疆回匪方略》卷二○二。
② 慕少堂辑《甘宁青史略·正编》卷二一。
③ 左宗棠:《饷源中竭恳迅催协解折》,《左宗棠全集·奏稿五》,长沙:岳麓书社,1996年,第108页。
④ 光绪《富平县志》卷三《风土志》。

客民管理，土客冲突与融合在陕南、陕北和关中地区的不同表现形式等方面①，以下涉及钞晓鸿的研究，除特别说明外，均引自该文。本节仅就其文所述缺略部分稍加补充。

战后官方从督抚大员到最基层的地方官员，都积极招徕客民垦荒。如泾阳县的著名大镇鲁桥，"光绪大饥后，半皆饿莩，丁稀赋减，逐迁湖北、山东、河南三省人开垦充赋，因以居之，于今（民国十三年，1924年）户口正副相敌，以此也"②。实际上，早在清末之时，有关客民的相关记载就已频见于关中各地志书之中。如西安府鄠县一带，宣统年间"客籍居多，晋豫川楚皆流寓焉"③。耀州"客民垒集"。邠州淳化县"客籍各户，系与土人杂居"。凤翔府宝鸡、岐山等县"客籍渐繁"④。诸如此类记载，举不胜举。志书记载的大都是客民入迁的结果，中间更丰富的细节则多被过滤掉了。实际上，从官方招垦、客民入迁到土客杂处，在冲突与融合间，有一个较为缓慢的过程。其间，双方态势多有变化。

陕西战争结束于同治六年，大战甫息，人口锐减，绝户无主地产及回族"叛产田"颇多，返乡土著及客民可以随便占种。但百战之余，返乡及外来客民并不多。渭城苏家沟一带，战时汉人逃徙一空，事后回来的很少。"如毛家沟原来有二百多户，返回来的只有九户罢了。"⑤这种情况，战后各地相当普遍。而且，劳动力及畜力不足，也无法多种。"永乐店以南，崇文塔以北，有菜家壕（《重修泾阳县志》瑞安乡图，在崇文塔西北有大菜壕、小菜壕及菜杨等村，当即菜家壕所在）是回民聚居之所。现在塔的左右有李贾二姓汉人，土改前每家占有土地几百亩，这些土地原来都是回回的'叛产'。据说，李贾二姓人来到此地以后，是用绳子把这些土地圈下来的。"⑥由此可见，最初小民并不以田土为贵。

另一方面，土著不敢私占田地，尤其是回族所留田产，这也与当年战争惨烈程度有一定关系。如据咸阳县原教育科长王宝诚讲："自回民被驱逐以后，所留土地，汉民不敢种。西堡村有一邵姓者，绰号'白眼窝'，胆很大，始倡议分种回回土地。"⑦该县原人民委员会文教科陈景文科长亦称："回回原来在魏家泉多种水

---

① 钞晓鸿：《晚清时期陕西移民入迁与土客融合》，《中国社会经济史研究》1998年第1期。
② 民国《续修鲁桥镇志》卷二《贡赋类》。
③ 宣统《鄠县志》卷一八《补遗各类》。
④ 饶智元编辑：《陕西宪政调查局法制科第一股第一次报告书》，第41、44、9页，转引自钞晓鸿：《晚清时期陕西移民入迁与土客融合》，《中国社会经济史研究》1998年第1期。
⑤ 马长寿主编：《同治年间陕西回民起义历史调查记录》，第274页。
⑥ 马长寿主编：《同治年间陕西回民起义历史调查记录》，第252页。
⑦ 马长寿主编：《同治年间陕西回民起义历史调查记录》，第264页。

田,水田经营得很好。回回出走以后,这里留下的地没人敢种,有绍姓人,家里有人在西安府坐官,一种几顷。现在尚有后人,居魏家泉。"① 同州府大荔县作为当年主战场之一,小民忌惮尤深,"自阳村以西北,都是叛产,官府招人领地,拜家和阳村的农民不敢领,怕回回报仇。沙苑的田,最初是由商州人来领的,称'老八家',即李、孔、黎、刘、王、张等八姓。顶好的地,他们大致都占了。后边来的,是山东人,住北丁家和伍家二村。河南、湖北人相继亦来,分住各村,现在沙苑农民籍贯有七省十三县之多"②。由此可见,客民较有规模的入迁大多始于光绪初年以后。

钞晓鸿的研究表明:"至清末,关中外来客民约占当时总户口的 7% 左右。……考虑到移民乍来之时,'动辄迁徙',甚或是'丰则常留,旱则或去',实际上来关中的客民占总户口的比例还会稍高一些。"笔者认为,这一观点与史实应该是比较相符的。总之,直到清末时,关中地区外来客民的人数极为有限,区域人口远没有恢复到战前的水平。泾阳的营田(与咸阳、高陵二县一样)都是由同治初年的"叛回产业"查充入官的,"原有中级荒地九千九百六十一亩,下级荒地三千六百九十七亩,共计一万三千六百五十八亩。这些叛产,在同治八九年曾经分给甘肃的难民一次,去了六千八百九十三亩。后来在光绪九年、十四年、二十二年分给各省来的难民三次,但还没分完"③。战后关中外来客民的情况,从一个侧面也可以呼应本书第四章中有关曹树基对1910年人口数据校正的分析,即:宣统以前,东部各省区前来的移民人口远没有占满关中地区,不可能向陇山以西的地区进发。

战后陕省客民,有来自区域内部者、区域之间者,更多的则是来自相邻的各省,其中尤以山西、河南、湖北、四川等省为多。凤翔一带回族所遗"叛产地"多为客户所种,当地俗语称"先有湖光光,后有河南客"。原陕西省戏曲修审委员会李静慈主任称:"湖光光指太平军失败后由湖北来的人,'光光'言其一无所有。河南人来得较后,大都系西来做佃户、小贩、卖盆罐者。光绪二十六年到三十年之间,因义和团之变,山东人也西来,山东人多言耶稣教,现在三原大程镇福音村、蒲城保安洼等地,都是山东人。但这些人前来就和回民起义后移民无关了。"④

---

① 马长寿主编:《同治年间陕西回民起义历史调查记录》,第265页。
② 马长寿主编:《同治年间陕西回民起义历史调查记录》,第118页。
③ 马长寿主编:《同治年间陕西回民起义历史调查记录》,第253页。
④ 马长寿主编:《同治年间陕西回民起义历史调查记录》,第194页。

实际上,山东人西来陕西远早于义和团之变,战争结束不久,就有人前来垦殖落居。如据原临潼县政协朱姓委员称:"这里的外省人以山东人为最多,初时是光绪年间焦云龙在这里作县长时,把他的家乡的山东人迁来的。"①焦云龙,字雨田,山东长山县丁家庄(今山东省淄博市周村区南郊镇清泉村)人,同治十三年(1874年)进士。焦云龙在陕为官二十八载,历任陕西关中及陕北多县知县、知州,光绪二十七年(1901年)卒于潼关抚民厅同知任上②。同治战后,招徕山东移民来陕垦殖,促进了战乱饥馑之后关中文化和经济的复苏,被尊为"关中山东移民之父"。从这一事例可见,战后外来客民入陕,除了地理上的邻近因素外,社会关系网络也起到了重要作用。实际上,即使毗邻各省的入迁客民,之所以能够落居关中各处,很重要的前提也都是乡党关系,大多投亲靠友而来。这是传统社会远距离人口迁徙的重要因素之一。

晚清后,关中土客冲突有渐起之势,冲突大都起于经济纠纷,尤其是与地畔相争有关。一通立于高陵县蔡家东西二村滩地的石碑(见图5-6),就记载了这样一个土客争地的案例。

图 5-6　高陵蔡家东西二村滩地碑

(资料来源:董国柱编著:《高陵碑石》,西安:三秦出版社,1993年,第81页)

---

① 马长寿主编:《同治年间陕西回民起义历史调查记录》,第151页。
② 于宏谋:《近代淄博理学派的形成与发展》,见政协文史资料研究委员会编:《淄博文史资料选辑》第6辑,第160—173页。

碑文整理如下①：

> 窃维我蔡家二村，古号兴马，在□水之澳北，距治城十五里，南临水岸。其流以南，旧有先世贻业滩地，从同治壬戌岁花门变作，所藏字约地券，悉被失遗，及乱救后，河水屡涨，滩遭冲崩。前光绪十五年，河流水北，其南旧址，复为涸出，时经村人总查张玉升、乡约蔡盛等协力同心，领垦地亩。讵料光绪十九年，时有河南客户因滩兴讼，屡□张蔡二公到案。迨至光绪二十二年，遂经县主周令谕饬局绅清丈调处，并蒙周令断给我村河滩地亩，立案存据，嗣后照案领垦，彼此悉泯雀角。孔子曰：人无远虑，必有近忧，当兹讼端方息，地界已清，□时阖村人等无不周知，诚恐代远年埋，事出意外，未免懵慌无凭。今值我村古庙神会，两社公议勒石，并将滩界地亩陈列于左，永垂不朽，以俾后来有所考稽云。
>
> 一、开鸡心滩地一段，从西边分领其界，东止贾村官地，西止我村河道地，南止东滩客民官地，北止河。计数八十亩，内除拨补我村□粮地二十七亩二分二厘五毫。一、开河道滩地一段，其界东止贾村鸡心滩地，西止我村嫩滩地，南止蒜刘庄官地，北至大河，计数五十亩有奇。一、开迤西嫩地一段，其界东止我村河道地，西止平王坟地，南止耿家集王粮地，北至大河。计数三顷八十二亩五分六厘。
>
> 首事人，蔡杰 蔡哲 何顺 蔡应选 蔡春贵 秦思贵 王天城同建
>
> 大清光绪二十八年岁次壬寅九月重阳后四日立

蔡家二村即今高陵县张卜乡渭河北岸蔡家村，碑立于唐西平王李晟碑东一里处。蔡家村渭河以南地带，同治以前为耿镇回族聚落群，是高陵回族人口最主要的聚居地之一，有大量的回族人口分布。战后关中回族尽族西迁，田庐地产沦为"叛产"②。如果仅从方位上看，双方系争田亩位于渭河南岸，似乎存在为回族所遗"叛产"的可能性，但因地契无存，具体情况已无从考证。总之，双方对系争田亩争夺从光绪十五年起衅开始，至二十二年官府判决为止，前后争执长达7年之久。六年之后，也就是光绪二十八年，胜诉一方复立碑以志之，谨慎小心之情

---

① 董国柱编著：《高陵碑石》，西安：三秦出版社，1993年，第214—215页。
② 路伟东：《高陵回民十三村聚落群与清代陕甘回民人口分布格局》，见《历史地理》第28辑，上海：上海人民出版社，2013年，第185—195页。

溢于字里行间。

系争田亩虽然涉及近四百亩,面积较大,但战后关中田亩抛荒,无主地产极多,双方何以如此争讼?究其原因,至少应该有两方面:一方面,高陵所处关中腹地,土属膏腴,号"关中白菜心",历来地狭人稠。而所争虽系河滩之地,但临近渭水,灌溉便利,更属上田。且双方均无田契,进行争夺也是自然;另一方面也说明,土地抛荒之后,土壤熟化需要一定时间,农田灌溉等基本配套设施建设需要投入较多人力和资本,重新垦殖并不容易。

从光绪十九年客民起讼至光绪二十二年最终判给蔡家二村所有,这场官司前后持续了4年,其间官府多次传唤相关人员到案对质。从中可以看到,地方官在处理此事方面亦相当谨慎和小心。而这背后所体现的,恰恰是大战之后,在地方统治秩序重建过程中,国家权力处理地方民事纠纷时的变通与保守。

第六节 本章小节

战争以及由战争引发的灾荒、疾疫,往往在较短的时间内造成极其严重的人口损失,也会导致大规模的人口迁移。中国历史上人口周期性巨大波动[①]和三次大规模的北人南迁浪潮[②]都与此有直接关系。因此,战争引发的人口迁移,是中国人口史,尤其是中国移民史的重要内容之一。以往学者对这一问题的研究,大都聚焦于移民背景的分析、移民史实的梳理以及移民影响的归纳、总结等方面[③],对于战争持续状态下最本初的人口变动情况,尤其是战时人口迁移的空间模式、特征及其规律等,反而没有给予足够的重视。实际上,在战时不同空间尺度下,人口迁移的模式、特征有较大不同。而这种不同,往往又直接导致战时人口损失的程度和战后人口空间分布的状态产生诸多差异。人口迁移是典型的具有时间属性的空间行为。在不同空间尺度下,对同一研究对象进行分析和研究,会发现不同的行为方式和规律。

战争往往事起突然,发展迅速,星星之火,瞬间燎原,小民怕战火烧身不得不

---

① 张善余:《中国历史人口周期性巨大波动的自然原因初探》,《人口研究》1991年第5期。
② 吴松弟:《宋代靖康乱后江南地区的北方移民》,《浙江学刊》1994年第1期。
③ 这类问题包括迁移过程、移民分布、移民规模、迁移路线、难民安置、人口回迁以及土客冲突等。相关研究,请参见葛剑雄、曹树基、吴松弟:《中国移民史》,吴松弟:《北方移民与南宋社会变迁》以及钞晓鸿:《晚清时期陕西移民入迁与土客融合》(《中国社会经济史研究》1998年第1期)等论著。

逃，根本不可能静观其变。但升斗小民，既缺盘缠路资，亦无社会网络，如何逃？能逃多远？逃往何处？其实根本没有选择。逃跑之法，一般就是选择家内村中就近处所，比如窖、窨、窑洞、教堂或有坚固围墙的楼、塔等任何可以藏匿或暂时安全之处。甚至是门后卷起的席桶之中或盖了柴草的案牍之下，亦有侥幸脱逃者①。或者逃出村外，隐匿山中，或伏于古墓丛林②，或小舟漂于江上③，然后探听风声，如果没有问题就返回家中④，如果此地吃紧，则继续逃往彼处。

以治城为中心零星散布有坚固围墙的堡寨，不但数量众多，而且趋于离散，空间可达性较好，遇到警情比较容易躲避。对于乡居的普通民众来讲，就近迁往人口更多、建有围墙可资防守的堡寨，除了可以增加心理上的安全感外，或许也可以得到某些实际的安全保证。地方精英群体认为，筑堡练团既可保家安命，还能为朝廷效力，抑或可以实现些许政治抱负。而村野之民则深信堡寨比一般乡村聚落更安全，可以保全财产、性命。正是基于这样的普遍共识，大量旧有堡寨得到修葺，也有大量新的堡寨被修筑起来。整个战争期间，堡寨实际上成为团练这一官军与回军之外的第三支重要武装力量的主要地理依托。战争来临时，乡居人口大都麇集于堡寨之中，趋之若鹜，而不知远行避祸。同时，作为团练依托的堡寨把枢纽型治所城市与散点型的乡村聚落串联起来，成为战时官方防卫体系中的重要一环。所有躲避其间只求自保的小民，都在地方团练的怂恿和裹挟下，在君臣正统观念和价值标准的洗脑和误导下，主动或被动地卷入战争的泥潭，最终或死于非命，沦为战争的牺牲品。

战争状态下，虽然每个人的利益诉求可能存在差异，但避难求生，是人的本能。所以，未雨绸缪，预先计划，及早举家远徙，逃离危险境地，是保全性命的最佳途径，同时，也是后世观史者想象中的战时小民最自然和最理想的选择。但真实的历史，远比文字描述的历史要复杂得多。实际上，整个战争期间，虽然兵火波及之处，几乎所有人都处在不停的运动之中，奔徙逃命，但其中真正选择及时、有效地远离战争区域这样一个正确途径、并最终成功避祸者并不多。

---

① 马长寿主编：《同治年间陕西回民起义历史调查记录》，第49页。
② 同上书，第351页。
③ 据光绪《大荔县志》卷一二《烈女传》记载，该县诸生白耀垣妻赵氏，"回乱时避难在船，闻夫阵亡，忿激投水。舟人救出，衣尚未干，仍赴水死"。可见战时有部分小民得以逃在渭水船上避难。
④ 口碑史料称"回回习惯在晚祈祷后便不出门，因此，逃难的汉人往往白天逃命，夜晚回家看看"。见马长寿主编：《同治年间陕西回民起义历史调查记录》，第230页。

第六章　战争状态下的西北回族人口迁徙

在同治西北战争引发的西北地区人口大迁徙中,回族人口迁移的原因、过程、方向以及特点等与汉民不同,具有极其鲜明的特色。本章主要关注这一时期区域回族人口迁徙的相关问题。

第一节　同治战争引发的西北回族人口迁徙

同治西北战争是中国近代史上的重要历史事件之一,更是西北回族人口发展史上最重大的历史事件。这场战争以及紧随其后的荒乱和瘟疫,造成了极其严重的区域人口损失,改变了西北人口的民族结构和城乡结构,更完全打断了西北回族人口发展的历史进程,引发了大规模的回族人口迁移。

渭南事起,沿渭各村回族纷纷挈眷北渡,而渭河北岸各回则往东攻打同州府城,并一度进攻至黄河岸边的朝邑。显然,战事之初,回众并未有西迁的意图和行动。西北地区自入清以来,战乱渐息,社会趋稳,尤其"关陇腹地不睹兵革者近百年"①。承平日久,国既不知备,民更不知战。故同治战争骤起于渭南之时,不论封疆大吏、地方士绅还是普通小民,对战争的发展态势、严重程度以及残酷程度等,都没有足够清醒的认识和预备。陕甘汉回两族皆系世居,平日互为乡梓,彼此素有往来。在很多地方,大家均和睦相处,既无冲突之意,更无打斗之实。

---

① （清）易孔昭:《平定关陇纪略》卷一,见中国史学会主编:《回民起义》第3册,上海:神州国光社,1952年,第247页。

相传沙苑回族西迁前,曾发动三十六村回族集体西行,其中"和汉民无仇怨而相善者皆不愿迁。到非迁不可时,与汉族邻友相遇于道路,便对汉人说:'亲家,不对啦! 要分离啦!'"①亦或互通消息,以避祸端。又如泾阳县西南原上的寨头村,起事之前回汉比较和睦,回族常透露消息给汉人,请汉人早逃。但汉人很不在意,另一方面也实在不愿离开家乡②。

其实何止汉民,回族自己也不愿离开。究其原因,除了对战争残酷性认识不足之外,主要还是故土难离。世居之所为祖宗坟茔所在,抛弃所有家产及社会关系,举家远徙且前途未卜,一般人非到万不得已不会这样做。邠州有个井村,原有回族居住,据说当年被迫西迁时,"曾引起各家回民大哭"③。资产较多的富裕之家,牵绊顾忌更多,更是不想迁走。比如大荔县清池村的回族财东温纪泰,既是"川客家",也是大地主,田地多到难以数计,"耕牛亦很多,相传有卖牛笼头的至村,他全部买下,还不够使用。他家耕地时,牛马成群,如同过会。当时有一附近汉人村在演戏,但群众不想看戏,而要看温纪泰田里的耕地。温家在当时是县里著名的大地主,所以回民起义了,他不愿参加。后因回众胁迫,始随军而去,住在甘肃化平县。"④温家被强迫迁往化平一事,化平的回族之中亦有传闻⑤。南王阁的回族财东祥麟家也是"川客家",同样对西迁很不情愿。

除了故土难离,另一个主要原因是,战事初起之时,参与双方多系特定事件当事人,波及范围比较有限,很多地方尚未真正开战,族群亦尚未完全割裂,即使有所打斗亦较克制。官兵有限,团练与回兵又皆来去匆匆,时间不长。对于普通小民来讲,只要躲避风头便可平安无事。如据大皮院街白云寿的母亲称:"我今年九十二岁,地南叶护塚人,是逃难以后到城里生的。我母亲常说……当时逃跑只说是躲了就回去,所以早上走的时候还给鸡撒了米,倒了一盘水后才离开的。他们进城后就回不去了,城外杀的很厉害。我一个哥哥舍不得庄稼,要回去看看,趁机还想背些粮来,但在西门口被贼用铡子铡了。"⑥更有甚者,居然抱隔岸观火之心态,驻足围观,犹似看戏。如同治元年九月二十二日,也就是战争已经

---

① 马长寿主编:《同治年间陕西回民起义历史调查记录》,第105页。
② 马长寿主编:《同治年间陕西回民起义历史调查记录》,第253—254页。
③ 马长寿主编:《同治年间陕西回民起义历史调查记录》,第233页。
④ 马长寿主编:《同治年间陕西回民起义历史调查记录》,第99页。
⑤ 马长寿主编:《同治年间陕西回民起义历史调查记录》,第421页。
⑥ 马长寿主编:《同治年间陕西回民起义历史调查记录》,第178页。

开始整整五个月后,回军与清军战于同州府城东门外苏氏沟,附近村庄百姓从草桥店一带围观看热闹,结果半被掩杀①。及至战事扩大,战火烧身危及性命,小民始知四散奔逃。

但战争作为人类群体性的非理性行为,一旦爆发往往就脱离了个体或群体的控制。战火波及之处所有人都主动或被动地卷入其中,无法置身事外。同治战争初起于琐碎细故,本与回汉两个族群没有关系。但战前频繁发生的纠斗,尤其是大规模的械斗等流血事件,极大地加深了彼此之间的心理隔阂,造成了严重的族群割裂。个体或群体间的单个事件,往往被深深打上了回汉矛盾的烙印。同治战争爆发后,病毒式传播的谣言引发了极大的社会恐慌与群体骚动,而团练的肆意妄为又使得原本普通的打斗迅速滑向族群冲突的深渊。同治元年四月,渭南圣山砍竹事发,不数日华州团练又火烧秦家滩。局势由此完全失控,谣言所到之处杀戮随即开始。城关之回最先受到波及,大荔、三原、泾阳等处,尽被屠戮一空。在这样的社会背景之下,战争一开始所有回族就被标签化地推到战争的另一面。部分人身份比较特殊,夹于回汉之间而左右为难,最后只能选择自我了断。如大荔县有个叫马昭元的道台,曾受官派说降白彦虎。"据说白彦虎说:'要无事得全无事,打死人不理过去,不能算旧帐。我自己也不愿造反,只是为人所逼罢了。'当时马道台很同意白的说法,但官方又疑于马,马遂全家自尽。"②还有人因身体或其他各种原因无法西迁,或对于前途未卜的西迁逃难完全绝望,战争之初就选择自我了断。但更多的小民,在避难求生的主观意愿和军队的被动驱赶之下,开始了大规模的举族人口西迁。

回族举族西迁,阿訇起了主导作用,是主要的领导者。以东府十八营为例,其中的不少头目,比如赫明堂、邹保和、阎兴泰、陈林、毕大才以及冯君福都是阿訇,"阿訇不允许,回民是不敢动手的。白彦虎不是阿訇,所以最初没名气,他作头目,是后来的事了"③。关于一般头目、阿訇和回族的关系,据原泾源第一副县长于建功阿訇讲:"一般头目和回民的关系,头目是哪一村里的人,他所带领的群众便属于哪一村及其附近各村的回民。但阿訇则否,是从外村、外县,有的是从外省聘来的。他在一坊中开学日久,有了威信,回民群众便举他作头目。例如于彦禄是同州王阁村人,他不是阿訇,所以王阁村的回民就是他的基本群众。反

---

① 光绪《大荔县续志》卷一《事征》。
② 马长寿主编:《同治年间陕西回民起义历史调查记录》,第190页。
③ 马长寿主编:《同治年间陕西回民起义历史调查记录》,第424页。

之,阎阿訇是渭南孝义镇附近的人,因为他的渭南西部的六村九社开学,所以九社的回民就成了他的基本群众。"①(见图6-1)

图 6-1 宁夏固原北部三营的阿訇与经学生们

(资料来源:王建平编著:《中国陕甘宁青伊斯兰文化老照片》,上海:上海辞书出版社,2010年,第122页)

民间相传,关中回族西迁之前多地均有烧房之举。如渭南县"仓头的回回起手以后,村里的回众就跟着响应,出动以前,先祭旗,随着把自己的堡子点火烧了"②。北禹家村有一座清真大寺,村中富户禹七儿家亦房产较多,西迁前也都烧了。"1937年在其被焚房屋的遗址内尚看到麦粒、豆粒与砖瓦相杂陈,村人说,八十多年前,此为禹氏仓库。"③从废墟之中的麦粒与豆粒可以想见,当年回族西迁是相当匆忙的,粮谷等财物均未来得及处理,就一把火烧了。仓皇逃命之间,大部分地方当然不可能有如此正式的祭旗烧房之举。更多房屋可能是清军或者团练烧的,如多隆阿带兵入陕之后,"所到村落,或烧民房,或伐树木,以此为清野擒敌之计"④。但民间这些回汉百姓都在口耳相传的说法还是有一定的可信度。举家西迁之前,亲手把自己的房屋烧掉,这显示的当然不只是誓死一战的决心,更多的则是预感到祖辈世居故土可能再也无法返回的无奈与绝望。

---

① 马长寿主编:《同治年间陕西回民起义历史调查记录》,第416页。
② 马长寿主编:《同治年间陕西回民起义历史调查记录》,第145页。
③ 马长寿主编:《同治年间陕西回民起义历史调查记录》,第125页。
④ 马长寿主编:《同治年间陕西回民起义历史调查记录》,第127页。

汉地社会一般都用两轮车,秦汉以来都是如此,四轮车非常少见。1900年左右一位定居北京的外国人曾经认为,"中国人的思维不可能超越两轮车的想法"①。实际上,清代关中地区的回族,普遍使用四轮车,当地汉民称之为"回回车"②,也就是马风风所说的四轱辘车(见图6-2)。"大家坐着四轱辘车逃了"一句相当形象地描述了当年关中回族举族西迁之时,拖家带口驱马驾车的场景。汉人有首叫《秦川》③的歌谣也描述了回族西迁时用车拉行李的情形,摘录如下:

乔店堡打听得大兵不远,套辆车拉行李咱的快搬。
渭城堡新打城由得自便,若紧了丢妻女逃奔北山。

但真实的逃难经历显然没有这么简单与从容,随着清军不断增兵,回民被迫从渭城继续西撤,自此以后,形势已相当窘迫。在三原时,清军夜里进攻,慌乱之

图6-2 大荔东门外的四轮"回回车"
(资料来源:马长寿主编:《同治年间陕西回民起义历史调查记录》附图)

---

① [美]弗朗西斯·亨利·尼科尔斯:《穿越神秘的陕西》,史红帅译,西安:三秦出版社,2009年,第45页。
② 马长寿主编:《同治年间陕西回民起义历史调查记录》,第114页。
③ 马长寿主编:《同治年间陕西回民起义历史调查记录》,第443页。

中回族"弃其睡儿,被兵屠戮甚众"①。从"若紧了丢妻女逃奔北山"一句可以想见,危急时刻妻女根本无法保全,大车重载当然更会最先被舍弃。

泾原县白面乡马长恩的曾祖父马六是当年战争的亲历者,战后被安置在化平川,他写了一首《反叛歌》,记录当年关中战争及逃难的场景。行文较长,现摘录如下②:

油房村拿张非可勤可叹,将张非活捉在刁陵村前。
……
连打了七八月未曾停战,杀了他红兰顶约有千员。
杀妖兵亦不知已招己万,曾奈是妖兵多难以存站。
无奈了把家眷才往西搬,本到了原底下暂且停站。
他那里挂帅人名叫生彦,把我的男共女一眼不观。
每斗麦两半银他心不愿,有镯子和首饰他才喜欢。
无奈了搭席棚各讨方便,在那里住数日心里盘算。
米粮贵无度用心中不安,无奈了带家眷又往西窜。
走塔底过渭城来到礼泉,礼泉县收村堡一千零半。
……
有一日失渭城难以存站,无奈了把家眷又往西搬。
哪时节把众人分成两半,一半里走凤翔一半入山。
凤翔府路难行我兵未探,哪知道路窄小车行艰难。
无奈了舍车辆行李打卷,男步行女骑马愁苦难言。
每天走三十里当就一站,走的俺浑身痛两腿发酸。
天气晴日光好喜眉笑眼,天气阴风雪天心如油煎。
走一山又一山山山不断,走一岭又一岭岭岭相连。
走一河又一河两腿不干,过一河上一坡来到当原。
当原南徐家村将身站停,男耕种女织纺才把身安。

这首歌谣从渭南战起一直写到化平川安置,行文较长,内容现已残缺不

---

① (清)余庚阳:《贼巢弃儿》,见(清)余庚阳:《池阳吟草》卷一。
② 马长寿主编:《同治年间陕西回民起义历史调查记录》,第439页。

全。通篇措辞相当平白,用语比较口语化,词句错讹之处也不少,比如"油房村拿张非可勤可叹"一句中"张非"显然应该是"张苇","可勤可叹"应该是"可钦可叹"。"杀妖兵亦不知己招己万"一句中的"己招己万"应该是"几兆几万"等。由此可见,该歌谣作者可能只是粗通文墨,汉文水平并不高,这大概也可以反映同治以前一般回族对汉地传统文化的接受程度。尽管如此,作为当年战争的幸存者,作者所记内容大都是个人的亲身经历,对战争细节和逃难人物的描述尤其鲜活。现在读来,当年逃难西迁的场景仿佛历历在目。而且平实的行文之中,流露着非常强烈的真情实感,读者可以真切地感受到当年的惨烈经历在这些战争幸存者内心深处打下的烙印。此外,更重要的是,后世治史者对于同治战争的了解绝大多数都来源于汉人所记汉文文献,而这首回族自己根据亲身经历撰写的歌谣,就具有极高的史料价值,不少内容均为他书所未载。

图 6-3 是 20 世纪 30 年代在宁夏固原的清水河谷一带骑马去赶集的回族妇女。照片上的女人一手拉着缰绳,一手扶着孩子,眼望前方,神情果毅,骑驭技术相当娴熟。这种男子步行、妇女与孩子骑马的形象,大概在当年陕甘回族人口西迁逃难过程中是较为普通的场景。

图 6-3 骑马的回族女人

(资料来源:王建平编著:《中国陕甘宁青伊斯兰文化老照片》,第 114 页)

同治战争起于渭南,在东府的打斗持续了数月,之后回族举族沿渭河北岸西迁,经过临潼、高陵、泾阳塔下,随战随走,随走随战,在渭城停留并抵抗过一段时间。然后分成两路,一路从渭城向北继续往西,经凤翔,由陇山进入甘肃。另一路则沿泾水,经淳化、邠州、长武出陕西进入陇东平庆一带,这就是歌谣里写的一半入山。这一路是陕回入甘的主要通道,白彦虎一支走的就是这一线。"塔下挂帅人名叫生彦",指的是马生彦。高价卖粮给东府来的回族,一方面说明回族人内部存在利益纷争,并不团结;另一方面,也说明未出陕西之前,各地粮食就已相当短缺。

粮食为人生存的每日必需品。战争起后,各处普遍发生粮荒,人口因饥饿而死者相当多。战后官私文献中有大量旌表捐粮守堡活民的事迹,记于史志而旌表者事多鲜见,此类故事恰恰是战时粮食短缺的最好反证。相对汉民,西迁回族随时处于移动之中,粮食短缺问题更为严重。盩厔南集堡乡约刘廑等人,"凑灰面买毒药和之,分装小口袋,俾壮丁伪为负粮逃难状,回逆数十人突来,均弃袋,入城固守。贼抢面袋返驻尚村镇,被药面毒死,其尸七八车"①。回军见粮即抢,运回即食,可见在渭城时,已面临严重的粮食短缺。回族西迁出陕后,一度占据董志原,数十万人屯聚其间,人口骤增,发生粮荒,"庆阳府所属各县人相食,董志原贼亦掠人而食"。抛开记史者立场,回汉粮食均已匮乏之极,乃有人相食的惨剧。及至攻破,回族军队家属"坠崖死者实不下二三万人"②,余者乃逃金积堡与河州等处。

西出凤翔一路,由陕入甘越陇山过程中,因道路难行,车马辎重已经丢弃得差不多了,至此已相当困顿。内困粮草,外有追兵,又乏交通工具,男女只能步行。且兵眷混杂,不成队形,前进速度很慢,所以每日只能前行三十里。回族自己的另一首歌谣称:"迤迤撒撒到礼泉,礼泉的人本敦善,他给我们破柴把水担,迤迤撒撒到幞头原,人也侵犯,粮草也缺欠。"③男步行女骑马的场景虽然形象,但真正有马可骑的妇女只是少数,大部分女人并没如此幸运。另一首回族中流传的歌谣对迁徙途中的女性进行了比较细致的描述,摘录如下:

---

① 民国《重修盩厔县志》卷八《纪兵篇》。
② 慕少堂辑:《甘宁青史略·正编》卷一八。
③ 马长寿主编:《同治年间陕西回民起义历史调查记录》,第408页。

> 走临潼过渭南回民造反,一霎间来到了岐山之间。
> 凤翔府麻家凹人马扎遍,人踏人马踏马实在可怜。
> 富汉家有车马来搬家眷,穷汉家无车马男女步蹁。
> 太平年缠小脚为的好看,荒乱年闪上了大脚片片。
> 奴有心只想望跳沟跳涧,又恐怕奴丈夫尚在人间。①

很显然,当年逃难之时,只有那些比较富裕的家庭才有车马可用,大多数普通人家只能徒步而行。麻家凹应该是东关的麻家崖,战前是凤翔回族最主要的聚居区。东府回族迁来之后,兵眷同行,车马夹杂,后有追兵前有堵截,艰难困顿之情可见一斑。歌谣中把小脚女人跟随大部队一同逃难时,艰难行走的场景与求死不能的复杂心态,也刻画得淋漓尽致。但文献中对战时回族女性也有不同的记载,如据祖籍西安城东灞桥的舍莫禄老汉讲:"同治元年五月过了端午节正在打麦的时候,东府的回兵便成群结队过来了。本村回民趁时加入,向西进军。……回兵打仗时,男子前面打,妇女在山顶上撑旗。"②祖籍在西安城里的刘金福亦讲道:"东府回民性劲,行军时妇女亦持长矛、长刀列队征杀。路过西安时,西安回民围着人家看,妇女用矛杆拨开他们,向前进军了。"③这些描述有相当强烈的个人感情色彩,对东府回族女性强悍一面的描述,反映的是讲述者本人对西安城内回族当年没有参战独自保全的不满和不屑。实际上,女人、儿童历来是战争中的弱势群体,他们在战争中的遭遇尤其悲惨。

陕回撤至陇东董志原后,数十万人屯集其间,发生严重粮荒,清军又四处围攻,处境相当困难,根本无力顾及家眷。回谚说:"董志原上撂婆娘,撂为三天再拖上。"④实际上,每至紧要关头处于绝望境地时,最先不得不舍弃的就是妇女和儿童。西安马继昭的父亲是战争亲历者,当年曾跟随白彦虎的队伍在甘肃攻某城,"白彦虎叫老幼妇女都坐在黄河边上,白说:'如果打胜,就跟队伍前来;如果败下来,你们就赶紧投河'"⑤。泾源县八十五岁回族耆老马凤凤祖籍同州西乡余羊村,离王阁村很近。他听亲历过战争的父辈们讲:"回民起手之初,看到妻子累人,要杀妻子。正要杀时,真主醒令:'杀不得,前面有路。'于

---

① 马长寿主编:《同治年间陕西回民起义历史调查记录》,第 430 页。
② 马长寿主编:《同治年间陕西回民起义历史调查记录》,第 406 页。
③ 马长寿主编:《同治年间陕西回民起义历史调查记录》,第 407 页。
④ 马长寿主编:《同治年间陕西回民起义历史调查记录》,第 388 页。
⑤ 马长寿主编:《同治年间陕西回民起义历史调查记录》,第 209 页。

晚清西北人口五十年(1861—1911)

是大家坐着四轱辘车逃了。逃到渭河沿岸,河水水涨,难以行渡,但走到跟前,河忽变浅,于是渡河远逃。"①同治五年六月至八月间,回军与清军在华亭县尖骨山一带进行过长时间鏖战对阵,双方死伤均极众。俗语有"兵行尖骨山,堵营一百天,血染管子峡"之说。祖籍大荔王阁村的泾源县耆老于春福幼时经过经地,仍看到峡中白骨累累。此战最终以回军失败告终,最危急时刻"各营于是想屠杀自己的家眷,后经阿訇阻止,幸未动手"②。这些记载虽然仅有寥寥数语,但却相当凄凉与悲壮。回族动杀眷之念,当时内心的恐惧、绝望与所面临的危险由此可见一斑。但舐犊情深,对于手足相残的事情,不到完全绝望的地步是不会做的。

第二节 同治战时西北回族人口迁徙的特点

西北汉民人多而力弱,回族人少而力强。战争起后,汉族人口的迁徙,虽然在不同的空间尺度里表现为不同的形式,但绝大部分人都是选择从较小的乡村聚落迁往较大的堡城寨城,人口的空间集聚效应非常明显。回族的迁徙趋势与特征则存在明显不同,主要体现为从东往西流沙式的人口迁徙和从中央往边缘蛙跳式的人口迁徙两种类型。

一、从东往西飓风式的人口迁徙

同治年间西北回族人口的迁徙,最显著的特征就是从东往西飓风式的人口迁徙。西迁的回族自渭南出发后,沿渭河北岸西进,途经之处回族纷纷加入。在出陕西之前,人口减员虽然不少,但加入的人口更多。西迁队伍日益庞大,人数不断增多。其势如飓风登陆之时,所到之处,官军本不足恃,团练一触即溃,基本没有受到太多的损失。及多隆阿兵进潼关,陕回被尽族驱入甘肃,士气开始逐渐减弱。甘肃回族人口虽众,但基本上固守在兰巩、宁灵、河湟以及河西等数个较大的区域内。这一时期,加入西迁队伍的回族人数虽众,但相对损失的人口而言则少很多。西迁回众东奔西突,人口逐渐分散,人数不断减少,逐渐陷于被动之

---

① 马长寿主编:《同治年间陕西回民起义历史调查记录》,第434页。
② 马长寿主编:《同治年间陕西回民起义历史调查记录》,第456页。

中。及由甘入疆,上百万西迁回众已不足十万①,此时已没有了抵抗能力,完全处于被动逃命之中。而最终由新疆进入中亚者,仅不过万余人而已。同治战争陕甘回族人口西迁,从最初产生,不断扩大,形成西迁的浪潮,到逐渐减弱,最终消亡,整个过程如同一场飓风。

战争爆发后,关中地区的战争僵持了数月之久。及兵败无力坚守之时,除了西迁,其实已无他路可走。西迁队伍,除了各州县的回族,如西安城内基本处于被拘禁状态的回族,有些也千方百计往外跑,加入西迁的行列之中。回族出城之法千奇百怪,据说有偷登西北城角,双手撑一大簸箕下跳者;有手抓裤腰,紧系两支裤脚,反转使之风满裤桶而下跳者;更有强行闯关而出城者,比如当时西安十三坊总乡约马天才的儿子马凌汉"约了三百余精壮少年要冲出西门,事为其父发觉,被制止,结果只有马等十七人冲出,但到大营的仅有四人"②。城内回众往外跑,显然是城内求生亦不易,洗回消息日夕数警,随时有性命之忧,年轻力壮者当然以为出城是避难逃命的上策。但城外早已战火连天,出城者生机更少。战争起后,省城西安作为西北首府,官军团练层层设防,城内回族被严格监控,最终真正得以混出城者极少。除了平民,还有部分应差的回族兵弁也一并跟随西迁。据泾源刘金福称:"我祖籍西安城里人。爷爷兄弟三人都当官兵打周至县的长毛,败回来了。到西安不能进城,二爷爷和三爷爷到兴平跟回兵在一块打仗。"③

撤出渭城后,陕回分数路进入甘肃,人势已开始分散。待董志原失守,或退至宁夏,或潜往河湟,势力更弱。在这一过程中,大部分回族或死于战火,或主动求抚,或被动投降。咸阳靠近渭河的杨家堡、朝家、金家、马家等堡相连,当年这些村堡的回族都跟着白彦虎西走,一部分人就安顿在中途各地。聚居在泾源桂井乡一带的回族,大部分祖籍都在西安府各县。"他们与同治府回民的不同点在于他们不是在金积堡投降的,绝大部分跟着白彦虎至河州、肃州,后因'坐马不前'或其他缘故与白彦虎失掉联系了,因而才在西宁投降的。"④这段讲述很有意思,一方面可以看出西迁陕回在沿途各处的滞留情况;另一方面,也可以了解滞

---

① 东干人自称当年进入新疆的人马总数为七八万人,见王国杰:《东干族形成发展史——中亚陕甘回族移民研究》,西安:陕西人民出版社,1997年,第11页。
② 马长寿主编:《同治年间陕西回民起义历史调查记录》,第207页。
③ 马长寿主编:《同治年间陕西回民起义历史调查记录》,第406页。
④ 马长寿主编:《同治年间陕西回民起义历史调查记录》,第404页。

留的原因。所谓"坐马不前"当然不是马不想前行,而是回族自己不想继续走了。原籍西安附近沙河村的刘景明也说:"我们村里的人是归白彦虎领导的,到处跟着打仗,到甘肃后,因为我们的'坐马不前',白元帅就把我们丢了。"①

陕甘作为地域共同地,不但自然环境和农业耕作相似,人口的民族构成与风俗习惯也都颇为接近。陕西为中国回族教门之根,历史最久。甘肃则为中国回族教门渊薮,人口最多。因此,陕西回族西迁入甘,颇有归属感。与甘肃不同,新疆不论在地域上还是心理上,对于回族来讲,都隔绝千里之外,相当疏远。所以,大部分回族视之为畏途,不想西迁入疆。而金积堡马化龙败亡以后,作为西迁回族心理上最重要的指归已不复存在,大部分人也失去了继续西迁的动力。在这种情况下,以"坐马不前"作为就地求抚的借口,最合适不过。从宁夏奔河州,又自河州继续西迁过程中,人口不断萎缩。如马正和、冯阿訇所领的回族,一部分沿途就抚了,还有一部分"为了追赶白彦虎,在肃州死亡或分散了。冯阿訇本人也死在肃州的东关"②。从河西继续西行出关入疆者,仅不过七八万口,尚不及出陕时人口的十分之一。

而入疆后的西迁回众,更是穷途末路,大部分人口又陆续散布在沿途各处。如呼图壁的回族人口祖籍多系陕甘,"至今,不少回族老人一谈起他们的祖籍都可准确地说出是来自关内甘地的,甚至能说清楚他们的祖先是随白彦虎或左宗棠的回族军队来新疆遣散落户的"③。据东干老人回忆,"马背上一边是做饭的铁锅,一边是装小孩的筐子。有时饭刚做好,追兵到了,义军只好将饭倒掉,用湿泥土把锅冷却一下驮上马背,拔腿就走。西出阳关后,条件更为恶劣。茫茫戈壁,荒无人烟,水源极缺,沿途死人不少,走不动掉队的更多。至今在新疆的哈密、昌吉、清水河、焉耆、巩留、伊宁、霍城一带,都有操陕西方言的回民乡庄,他们都是当年陕西回民起义军的后代"④。及至1877年冬天,当西迁的陕甘回族分三批最终到达中俄边疆时,由陕入疆的七八万人仅剩下一两万口,其中白彦虎一支人数最多,也不过万余人。此时前阻雪山,后有追兵,西迁回众伤员甚多,老弱病残亦不少。而入俄前景未卜,人地生疏,言语不通,为防止断门绝后,据说当时

---

① 马长寿主编:《同治年间陕西回民起义历史调查记录》,第403页。
② 马长寿主编:《同治年间陕西回民起义历史调查记录》,第391页。
③ 李长春:《呼图壁回族简况》,昌吉政协文史资料委员会编:《昌吉文史资料》第7辑,第42—44页。
④ 王国杰:《东干族形成发展史——中亚陕甘回族移民研究》,西安:陕西人民出版社,1997年,第375页。

一户留一人在中国境内。白彦虎的一个侄子(白彦龙之子)就留在了伊宁。现住在伊宁附近的白万喜是第三代传人①。这批人是当年西迁的陕甘回族中散布中国境内最西边者,现在"主要分布在今伊犁哈萨克自治州的八县一市内,全州回族24万,其中60%以上是陕回后裔,伊犁人称这些人为'老陕'"②。

最终到达中亚的三批陕甘回族,分别是:白彦虎带领的陕西籍回族,1877年12月6日到达纳伦,同月27日到达最终的落脚托克马克,总数3 314人;尤素福·哈兹列特(人称大师傅)带领的甘肃籍回族,1878年1月中旬落脚在伊塞克湖以东的普热瓦尔斯克县,总数1 116人;马大人带领的陕甘回族,1878年1月初到达落脚地奥什,共1 779人。以上三批合计,仅有6 209人③。这六千余人是现在中亚东干族最初的来源和主体。

二、从中央往边缘蛙跳式的人口迁徙

关中回族西迁运动开始后,部分回族,因为各种原因,并没有裹挟其中一同往西,而是选择了不同的逃生路线和避难方式。这部分迁徙的人口,大多人数较少,以一人一家或数人数家为主。迁徙的方向亦各不相同,有往内蒙、山西、河南、湖北及四川等相邻各省者,也有远至山东、湖南、云南等更远地方者。这种类型的人口迁徙,如同青蛙跳跃一般,迁入地与迁出地之间距离较远,表面看来两者关联性不大。

蒙古与陕甘交界,不但地广人稀,而且官方控制较弱。入清以来,西北小民频繁往来其间进行农耕垦荒、放牧牲畜以及经商贸易。这种历史的渊源和现实的情况,使得同治战时小民远徙内蒙避难求生成为最自然的选择。难民入蒙,陕北多走榆林草原之路,甘肃则以宁夏出磴口、宝丰一线为通途。而居留之所,则以归绥、包头为总汇。这两处皆土沃民丰,商民辐辏,为口外精华之所。而商贾之中,多有来自陕甘者。西北小民逃蒙者,虽然不可能全至于此,但却是逃蒙难民想象中的最终避难处所。胜保在同治元年八月底的奏折中即称:"闻回匪被大军击散后,有扮作难民,由北山一带,图窜归化之意。臣已行至北山一带,责成该地方官遇有回匪结党成群,假扮难民,携带妇女辎重逃窜者,一体严拏截杀。相

---

① 《苏联回族报》1979年7月11日,转引自王国杰:《东干族形成发展史——中亚陕甘回族移民研究》,第13页。
② 李万林:《伊犁河畔的陕西回族人》,《伊斯兰文化研究》2002年第1期。
③ 王国杰:《东干族形成发展史——中亚陕甘回族移民研究》,西安:陕西人民出版社,1997年,第10—18页。

应请旨饬下归化、绥远两城……派兵兜截,严密防范。"①由此可见,战争开始之初,已有大批回族由关中北迁,意图进入蒙古避难。

清廷在收到奏报后,谕令德勒克多尔济、英桂等进行严密布防。然绥远城将军福兴在同治五年冬的一份奏折中仍称,战争爆发后,"西路回民来包头者较前更多"②。山西巡抚赵长龄在同治六年七月的奏折中亦称:"归绥等处均与甘蒙接壤,近闻时有西域回民或假办客商,或口称避难,结队过渡,或由蒙古乌兰察布地面经过,或由河路至三公旗地界乘隙登岸。有在包头附近村庄寄住者,有由包头镇绕越后山前赴归化者……包头镇系属腹地要路,西通宁夏,人烟稠密,年来回汉商民沓来纷至。"③由此来看,口外蒙古虽然层层设防,实际上根本无法进行有效管控。究其原因,主要是西北回汉外貌几乎没有差别,言语服饰相同,战时外逃又不可能每人持有凭证路条,回族夹杂汉民之中前往口外,实际上根本无法稽查分辨。整个战争期间,陕甘回族进入蒙古地界逃难避祸者不少。

民间史料中亦有较多相关信息可以佐证。如泾阳县的马志显是包头人,但其祖籍则是陕西同州府马家村。其祖上当年被左宗棠军队打散后,"从仓头渡河,到风陵渡,然后经大同走包头。同行的回民,有西安人,也有咸阳、临潼和白吉原人,到了包头以后,祖先们占据了一个镇子。外与蒙古旗为邻,不久就抢到了些好地"④。包头南海子清真寺,是同治战时西北陕甘等地逃避来包的难民和船工集资兴建的。据说当时迁来时有一百余户,四百多人⑤。归绥一带回族中亦有不少战时逃难而来的回族,如聚居十间房的杨龙一族原籍陕西长安县仁和七号桥,同治年间逃来。及至战后,仍有部分陕甘回族迁往口外蒙古各处。

晋省四塞之固,战乱较少,土沃民丰。又因为历史的渊源,山西、陕西两省是典型的地域共同体⑥,人员商货往来极其频繁。因此,是陕省小民理想的避难之所。战时官方凭黄河之险,沿河层层布防,严控西北回汉难民入境,但其实根本无法完全禁绝。黄河之险小民并不视为阻隔,尤其入冬以后,河水结冰,形成冰

---

① 同治元年八月二十九日(己卯)胜保奏,《钦定平定陕甘新疆回匪方略》卷二〇。
② 同治五年十二月初一日(丙戌)绥远将军福兴奏,《钦定平定陕甘新疆回匪方略》卷一四三。
③ 同治六年七月初六日(丁巳)山西巡抚赵长龄奏,《钦定平定陕甘新疆回匪方略》卷一五八。
④ 马长寿主编:《同治年间陕西回民起义历史调查记录》,第459、422页。
⑤ 马俊英:《包头回族的源流》,见政协包头市东河区委员会文史资料研究委员会、包头民族宗教志编修办公室编:《包头回族史料》,第1—11页。
⑥ 安介生:《略论先秦至北宋秦晋地域共同体的形成及"铰合"机制》,《人文杂志》2010年第1期。

桥,即大车往来亦如坦途。在这种状况下,山西毫无疑问是战时西北小民避难求生的重要目的地之一。时人称战时"去年回逆滋事,西、同、凤各属富户,多半迁居山西蒲、解、平阳各府县"①。所言虽有夸大之词,但毫无疑问,战争期间,关中地区的确有大量人口避居山西。而回族夹杂其间者不少。比如长治的陕西十家回族(八户马姓和禹、穆姓)就是同治战时由陕西迁来的。他们来后在西大街朱家巷建立了清真寺,称为东寺,1923年因战争灾荒而倒塌②。还有两批回族约100户,共500余人逃至晋城一带③。另外,也有传说称当年大荔王阁村的回族有部分迁往山西,村名也叫王阁村④。

　　河南与陕西接壤,出潼关往东至洛阳的大路,自古以来就是由关中前往关东地区的交通干道。西北战争爆发后,河南反应极为迅速。同治元年七月,地处陕豫交界处的阌乡县知县张杨禧带兵勇一千四五百名赴陕进剿,刚抵潼关,就被河南巡抚郑元善檄令折回,要求其在本县认真防堵⑤。此外,商洛一路,控扼河南南阳及湖北等东南地区,至关紧要,清军亦有防守。李鸿章统兵入陕前,即迅派鄂军记名提督谭仁芳分兵驻扎河南淅川之荆子关,商洛之武关以及河口、樊城等处要隘,以固秦楚边防,兼护饷运⑥。在这种情况下,西北回族逃往河南者,大都是常年往来于两地贸易的经商者,人数相对比较有限。如开封鼓楼南侧的鹁鸽市街一带的回族,祖籍皆为陕西。其中有部分是战争之初滞留未归的,也有一部分是战时逃来匿名落籍的。这些回族多以贩马为生,经济上比较雄厚,本地人称之为"马客伙"⑦,光绪十三年建有善义堂清真寺⑧。

　　湖北是同治年间西北回族重要的逃难地之一,这些难民大都沿汉水而来,沿途散布。比如武昌卓刀泉附近的马家庄的回族,是当年由陕西逃来的⑨。四川

---

① 陕西巡抚刘蓉《请饬山西派委司道劝捐疏》,见(清)刘蓉:《刘中丞奏疏》卷一。
② 赵伟聘:《长治回族和伊斯兰教》,见《山西文史资料》编辑部编:《山西文史资料》第57辑,第76—96页。
③ 刘戊忠:《回族在山西》,《宁夏社会科学》1989年第6期。
④ 马长寿主编:《同治年间陕西回民起义历史调查记录》,第375页。
⑤ 同治元年七月十一日(壬辰)直隶提督成明奏,《钦定平定陕甘新疆回匪方略》卷一六。
⑥ 同治九年三月初二日(戊辰)、四月二十九日(乙丑)协办大学士湖广总督李鸿章奏,《钦定平定陕甘新疆回匪方略》卷二一六、二二〇。
⑦ 苗成昌:《善义堂清真寺的变迁》,见开封市文史资料委员会编:《开封市文史资料》第10辑,第264—273页;
⑧ 《河南开封善义堂清真寺祥符县告示牌》,见余振贵、雷晓静主编:《中国回族金石录》,银川:宁夏人民出版社,2001年,第381页。
⑨ 胡大炎、董祖恩:《马家庄今昔》,见政协武汉文史资料委员会编:《武汉文史资料》第59辑,第67—70页。

也有逃难的西北回族,比如平凉专署金少伯的祖籍是陕西同治沙苑金家村人,在同治年间因为战争迁到了四川三台①。松潘厅南坪营一带(今属九寨沟县)与甘肃阶岷交界。同治五年,甘肃盐关县人马鼎甲一族先来贸易,后正式迁来落业,至今已有六辈。初来时同住城关,嗣后马鼎甲娘舅家迁往双河区阴坡里居住。在清光绪中叶,从甘肃又迁来苏万朝家②。盐关县地名不详,按方位看,可能是西和县的盐关镇(今属礼县)。同治五年,西北战事尤酣,马鼎甲一族到南坪一带大概不会仅仅为贸易而来,逃难的可能性很大。

除了这些接壤的省区,同治战时还有极少数西北回族逃到河北、山东、湖南及云南等处。比如河北张家口的宣化南关一带的回族,大部分都是当年从"宁夏金积、灵武两地逃难而来,均以驼业为主业,家家都养骆驼,人勤苦耐劳有毅力,多发家致富,对伊斯兰教教规遵守较严。……百多年来与原城内回民联姻结亲,互相融和,目前已分不清南关回民与城内回民了。宣化区南关清真寺建于清咸丰年间,当时只有回民19户"③。泾源县的赫三太阿訇,祖籍同州庞阁村,曾在山东馆过经。马长寿认为"不用说,这是同治年间由陕西逃往山东的"④。20世纪50年代初马长寿调查时赫三太七十多岁,推测大概是1875年生人。显然是同治战后出生的,未经历过战争。虽然赫三太不可能是同治年间由陕西逃往山东的,但作为战后出生的第一代人,其父母倒有可能是当年逃往山东的陕甘回族。或者,当年有极少数陕甘回族曾经流落至山东一带,是有可能的。马化龙投降后,他的二哥逃至河南开封满城里做了奴仆,后死于此。侄女则乃白流落到湖南的宁乡县,做了一位道台的续妻⑤。

西北回族与云南回族的关系历来极为紧密,云南回族的先民,有相当一部分是元明时来此驻守而落居的西北籍士兵。而云南伊斯兰经师亦以西北为宗,回族自称"溯云南之伊斯兰,盛于元代咸阳王之抚滇时,学士多从王由陕来,故宗教学科,半宗于陕,后之人亦多往陕留学,至今犹然,故恒久无大异"⑥。胡登洲在陕西创办经堂教育之初,就有马五师、马寿清两位云南籍回

---

① 马长寿主编:《同治年间陕西回民起义历史调查记录》,第374页。
② 马富刚:《南坪回民概况》,见政协南坪县委员会文史资料委员会编:《南坪县文史资料选辑》第1辑,第53—55页。
③ 左保:《伊斯兰教在张家口》,见政协张家口文史资料研究委员会编:《张家口文史资料》第16辑。
④ 马长寿主编:《同治年间陕西回民起义历史调查记录》,第452页。
⑤ 马六十口述,单化普记录:《陕甘劫余录》,见中国史学会主编:《回民起义》第4册,第305—306页。
⑥ 莲父:《云南近百年近伊斯兰教育》,《云南清真铎报》1930年2月周年纪念特刊。

族子弟前往求学。四传弟子周大阿訇帐下更是出了马复初这样的云南籍经学大师①。道光年间杜文秀战争时,有部分西北回族参与其间,而同治西北战时亦有云南回族的身影。如据陕西提督雷正绾函称:"连日平凉战捷……每当接仗,渐多凶狠叛徒,声音服饰均系云南回类,并据难民朱元升亦供有云南马贼七百往攻巩昌之语。"②基于此种渊源,陕甘与云南虽路途遥远,但同治战时有一部分西北回族逃往云南是完全有可能的。从一首西北回族歌谣可以看出一些端倪,歌词如下:

> 京空京动一言难,固原城内人死完。
> 水烟火烧不上算,人马损失几十万。
> 真主立克大能显,清真大寺飞上天。
> 一时一克落云南……
> 自从世乱无处站,漂流昆阳河湾前。
> 贫人每日把鱼吊,打鱼过日度饥寒。
> 人人个个将经念,五时礼拜遵守虔。
> 无寺无院实可怜,真主百思大能显。
> 将固原清真大寺,飞云南险落昆阳。③

歌谣中所称的固原的清真寺建于乾隆三十年四月,毁于同治年间,据说云南昆阳的清真寺适建成于此时,故有固原清真寺飞云南之说。昆阳即今云南晋宁县昆阳镇,飞来寺在离城一里多路的堡孜屯。关于飞来寺的得名,昆阳人传称"村里人商议建一所寺,从外地来了一位师傅帮助建盖。当事者打算盖三间四耳,至少要半年的时间。师傅说我几天就能盖好,大家都不相信。第二天早上,村里人看见房子已经盖好了,村人十分惊奇,大家去找师傅,而建房的师傅早已走了。后来大家就将此寺取名'飞来寺'"④。可见,昆阳人关于飞来寺的传说和固原清真寺没什么关系。西北回族流传的固原清真寺飞云南,大概是当年西北回族逃难于云南的一种隐喻。同治西北战争时期,云南亦处在杜文秀战争之中。

---

① 庞士谦:《中国回教寺院教育之沿革及课本》,《禹贡》半月刊第 7 卷第 4 期。
② 同治三年五月二十二日(辛酉)陕甘总督布政使熙麟奏,《钦定平定陕甘新疆回匪方略》卷六六。
③ 马长寿主编:《同治年间陕西回民起义历史调查记录》,第 385 页。
④ 杨文化、徐克明:《昆阳旧貌及其"八景"》,见政协商晋宁县委员会编:《晋宁文史资料选辑》第 2 辑,第 165—172 页。

估计,西北回族迁往者比较有限。

战争结束后,极少数由中央蛙跳至边缘地区的回族又从边缘回跳至中央。比如西安香米园的耆老铁水明,原籍长安县叶马廒铁锁家,同治八年生于白彦虎大营之中。光绪初,随父母由新疆红庙子返回陕西。返程的经历也很传奇,铁水明称:"红庙子县官接到我爷爷的信,就把我父亲叫去,说:'铁万宝,你爸想你,眼都哭瞎了,你回去吧!'我父亲才一站换一站,在光绪七年前后回陕西……在我们之后,还回来了有三四家。"①铁万宝绰号"猛出窝",相当强悍。据说当年起事之后,把家眷送入西安,自己则夹杂在汉人出丧队伍中混出城外。先跟孙玉宝,又投白彦虎,一直逃到新疆红庙子才停下来。铁水明所言内容,虽颇多演义色彩,但其父跟随回族西迁至新疆,又从新疆返回陕西应该比较可信。虽然这一经历可能只是个案,并不具有代表性,但至少说明,同治战后,仍有极少数回族返回陕西。

总之,通过这种方式远徙的西北回族人口,最终能够到达落脚之处,首先要有一定的逃生资本,比如经济能力或者个人身体素质。其次,还要有一定的社会关系网络。因此,战时蛙跳式的人口迁徙,虽然看似都是简单孤立的个体事件,但背后实际上有更深层次的相似性。能成功远徙避祸者,除了极个别的乡村能人或强人,大部分都是颇有资财或社会关系的行商富贾或士绅精英等。而迁徙的动因则主要包括投亲靠友、经商贩运等。战时西北回族蛙跳式的人口迁徙相当繁杂。虽然人数有限,但却是同治西北回族人口迁徙的重要组成部分。

第三节 战后西北回族人口的迁徙与安插

同治战后,西北人口死伤惨重,田庐尽被焚弃,社会经济遭受严重破坏。在这种状态下,尽快安抚战区民众,恢复生产生活,回归正常社会秩序,是官方和民间、回族与汉人的共识,也是善后事宜中最重要的部分。逃难汉民原则上官给护照,令各归原籍,安置相对比较简单②。但回族悬于迁出地、暂居地与被置地各

---

① 马长寿主编:《同治年间陕西回民起义历史调查记录》,第209—210页。
② (清)左宗棠:《填给难民回籍护照刊刻告示通饬各军营》,《左宗棠全集·札件》,长沙:岳麓书社,1996年,第512页。

方之间,各方利益纠结,彼此相互博弈,这使得妥善安置散布西北各处的众多回族,变得极其复杂而棘手。

一、各方对迁徙安插回族的态度与分歧

同治六年夏,左宗棠统兵入陕,彼此西北战事正酣。为破解困局,左宗棠主张用兵次序宜先捻后回,先秦后陇。而用兵之策则力倡回汉一视同仁,不论汉回,只分良莠。剿抚兼施,以抚为先,剿为抚用。由是,陕回遂尽被驱逐入甘境,而战火遍及甘肃,甘省各回亦因逃命避祸而四处迁徙,西北各回遂多成客居。

对于同同治西北战争的缘起与现状,左宗棠认为"汉回仇杀,事起细微,汉既惨矣,回亦无归"[①]。回汉双方实际上都是战争的受害者,而当下最紧要的任务是尽快平息战火,妥善安置各方人众,而不是一味地进剿,欲彻底除之而后快。与大多数持严重偏见和敌视观点的地方官员士绅们相比,应该说,左宗棠对西北战争的研判是相当中肯和准确的。正是基于此种认识,自同治六年领兵入关之后,左宗棠先后发布《谕回告示》《谕降众示》《谕汉回民示》《谕被掳难民示》以及《谕回告示》等文告(如图 6-4)[②],广为宣传自己的剿抚主张与用兵目的。这对安抚战争各方,战火最终得已平息,发挥了重要作用。

同治七年,巩秦阶道员张瑞珍因安抚回汉事宜处理得比较好,受到左宗棠的表扬,称其所做"甚为得要。'论良匪,不论回汉'此大公至正之理,圣谕煌煌,罔敢违越。……同一世宙,同一生民,朝廷何有汉回之别?"[③]但是,回族安置问题涉及各方面利益,与简单的安抚有很大不同,远非"不论汉回,只分良莠"一句原则性的宣传政策就可以解决的。随着战事的进展,散处各地回众求抚者日多,如何妥善安置这些客居的回族,成为急需解决的问题。在这样一个过程中,对于安置回族的态度与方法,各方多有争论,前后亦多有变化。而最后的安置措施,则是各方利益博弈的结果。

回族求抚后,当然希望可以返回原籍。然而,对历经十余年战乱之后的陕回来讲"无数死者已成为生者的痛苦记忆,而生者成了无家可归的'余孽',并承担着所有'叛逆'的后果。劫后余生的陕西回族一直想返回故土的梦全部破碎了。

---

① (清)左宗棠:《谕汉回民示》,《左宗棠全集·札件》,第 576 页。
② (清)左宗棠:《左宗棠全集·札件》,第 571—579 页。
③ (清)左宗棠:《巩秦阶张道瑞珍禀办安抚汉回情形由》,《左宗棠全集·札件》,第 134 页。

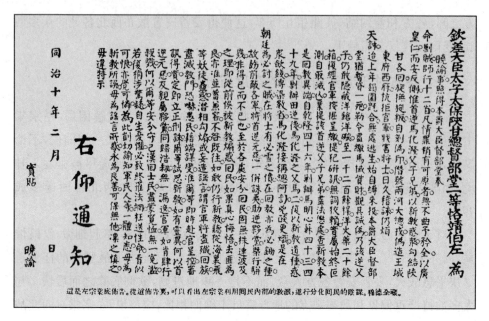

图 6-4　同治十年二月左宗棠谕回告示
（资料来源：中国史学会主编：《回民起义》第 4 册，首页）

因为'故土'已经不复存在"①。

　　陕回遣返原籍，初期官府似亦有此意。如皋兰马家湾回族马天云等，同治三年逃至河州，初地方督院即准许仍回原籍②。陇州回族马老四、李祥等人亦各携眷口搬居马鹿镇开垦，知州亦饬令该处汉民不准欺凌③。但官方此种安置措施，遭到各地方官民的强烈反对，陕西各处官绅尤甚。陕回西迁之初，西安地方士绅的民间组织同仁局就曾自定条示，称："遇有远赴外之回户将来回陕，只准在城外安业，不准进城住家。"长安举人柏景伟援引此条例反对马殿邦之父马德兴回籍就养④。可见这些地方士绅制定的规章还是有一定约束力的。及战事临近尾声，陕西传闻因甘肃无处安插，朝廷欲令回族返籍。三原知县贺瑞麟曾拟上书陕抚，详陈理由，极力反对。其文如下：

---

① 樊莹：《族群如何记忆——六盘山泾河上游"陕回"族群的民族学研究》，兰州：兰州大学博士论文，2014 年，第 78 页。
② （清）左宗棠：《皋兰马家湾回民马天云等呈称无地安居恳请仍回原籍由》，《左宗棠全集·札件》，第 341 页。
③ （清）左宗棠：《陇州周牧豫刚禀回民马老四等携眷搬居马鹿任意开垦由》，《左宗棠全集·札件》，第 255 页。
④ （清）柏景伟：《上刘中丞查禁逆酋回籍禀》，见（清）柏景伟：《沣西草堂文集》卷三。

夫逆回豺狼之性，狡谲百端。滋事以来，凡有难攻之处，无不善言讲和，卒中其计而被害反酷。张副宪诸人以械斗讲和，横遭戕戮……多帅入关征剿，大荔各处辄来投降，火器马匹终未肯缴呈，元恶大憝终未肯缚送歼灭。未尽余党西奔，日久势蹙，故智复作。则今日之投诚，安可遽保无他？且甘肃逆回为之煽动诱胁……根究祸首断在不赦之条，为所煽动诱胁者尚不肯招抚，况煽动诱胁者乃独无罪而并求其安插之所乎？……今逆回杀官屠城，天地所不容，是盖自取灭亡，无路可生。……至于万不得已而始免其死，视其实心归顺，即择丁壮分隶兵籍，使之杀贼自效可也。或编管散遣甘肃省州县僻远去处，亦可也。其上策则莫若使之遵王章、弃异教、明学校、严保伍。盖彼既投诚求生，正可定约以示一道同风之治，不宜仍安异类自外生成。是即杂处甘省州县汉民之中，亦无不可，而陕西则万万无可容留之理。逆回之倡乱陕西也，焚戮之惨，自古未有。毁烧我室庐，抢劫我财物，屠杀我老幼，淫掠我妻女，骨肉伤残，不共戴天，死者含冤，生者吞声，人人思饮其血而食其肉。且此物凶暴，平居无事汉民已被凌侮。今罹毒苦万倍，前日仇恨填膺，谁肯与之共国而处，比屋而居？方将共图报复以快一朝之愤。即逆自知恶极滔天，人少则怀不自安。人多则类愈亲枢密生疑起衅，势无两立，一骚动则贻误地方，其祸更烈。……且奉宪谕令有叛产诸邑准其招种，逆回房屋亦多自行焚烧。纵使可归正难安插。顷者又闻西安现有搜出铜器械等物，词连马百龄，包藏祸心，不可测知，逆种若归，内外钩结，事益难料……①

贺瑞麟是亲历同治战争者，且主政三原，对战时城防、同德局运作以及善后事宜等发挥过重要影响。同时，贺瑞麟又是关中理学的领袖人物，晚年于泾阳之清凉原清麓精舍讲学，后奉旨加国子监学正及五品衔，号称三秦名士。他的意见在陕省地方官绅中，比较有代表性。概而言之，贺瑞麟反对的理由大概可归结为五条，即：一、回性狡猾，顺叛无常，投诚不可轻信；二、回族杀官屠城，罪无可赦；三、回汉杀戮太惨，彼此互不相融，杂居易生事端；四、回族原有田产业已招种，原有房舍显已焚毁，返乡无法立足；五、西安回族暗藏兵器，返回有勾结之嫌。而甘肃就地安插可分三法以保无虞，即：择精壮充营伍以分其势，遣散僻远之区以便管控，禁绝宗教以控其心。总之，无论如何不可以返回原籍。五条之

---

① （清）贺瑞麟：《拟上三大宪论时事书》，见（清）贺瑞麟：《清麓文集》卷六。

中，如第一、第五等，类多个人猜疑、片面之语，并不可信。而第四条亦多借口托词。大战之后，西北人口损失极重。尤其原来人口稠密的膏腴之区，因人口锐减，田多抛荒，地广人稀，急需招垦。比如三原县原有五百余堡寨，战后除东里、菜王二堡外，余皆破坏无遗，田野荒芜，荆蒿成林。"直到光绪十八年，始召山东人到三原县垦殖。……以后又来了湖北人、商州人。移民到后，在指定地段内任人选择，多少不拘。但是后来者劳动力不足，生产工具落后，所以并不能多占。"①

泾阳、咸阳、高陵等县的营田，也都是由同治初年的"叛回产业"查充入官的。其中泾阳一县"原有中级荒地九千九百六十一亩，下级荒地三千六百九十七亩，共计一万三千六百五十八亩。这些叛产，在同治八九年曾经分给甘肃的难民一次，去了六千八百九十三亩。后来在光绪九年、十四年、二十二年分给各省来的难民三次，但还没分完"②。由此可见，关中招垦工作初期并不顺利，直到光绪中期，仍有不少抛荒的田亩。即使回族原有产业已被招垦，战后幸存的少数回族返回原籍，仍可有足够田亩拨给耕种。而确保甘肃安民无虞之三方，在陕西同样可以施行。所以，陕西地方绅士反对回族返籍，最主要的还是第二、三两条。大战之后，彼此互不信任，返籍而杂居易生事端，官民均有所顾及。

而甘肃各地方对接收客回一事亦极不情愿，多借口不纳，极力摆脱干系。即或迫于朝廷和地方督抚压力，不得不进行安插，具体工作也多有迁延，并不主动积极执行。同治十二年，毕大才、崔伟等部众共七百余名，由西宁起程前往秦安等处安插，秦安县令程履丰接报后随即禀称，此次回族准前县传知应赴秦安安插者千二百口，县境内无处安插。实际上，该县前任县令早先曾报称县境龙山镇一带（今属张家川回族自治县）附近荒绝各产居多，而地址又各成片段，可以安插上万人。除前面已经安插的三千人外，此次拨赴该县安插者，仅有二百八十余名，其余均派赴该县与清水交界地方安插。程履丰禀称县境并无处安插，显系有意推诿③。同年，河州知州潘效苏也以方便迁徙官可省力为由，禀请将皋兰城外及各州县客回一律迁归本籍④。官可省力方便迁徙托词的背后，更为直接的原因是推卸了事，惰政不为。而其中更深层的原因，其实和贺瑞麟所指第二、三两条

---

① 马长寿主编：《同治年间陕西回民起义历史调查记录》，第239页。
② 马长寿主编：《同治年间陕西回民起义历史调查记录》，第253页。
③ （清）左宗棠：《秦安县程令履丰禀续到西宁抚回实在无处安插情形由》，《左宗棠全集·札件》，第324页。
④ （清）左宗棠：《河州潘牧效苏禀请准令回民迁归本籍由》，《左宗棠全集·札件》，第315页。

如出一辙。

除了陕甘地方官绅,统兵各员对于如何安置客居各回,也有不同意见。如湘军将领黄鼎曾于同治十年春撰写《徙戎策》并上书左宗棠,专门谈论战后回族安置问题。书称:"昔者先零侵境,赵充国迁之内地当煎作寇,马文渊徙之三辅;三国时凉州休屠胡梁元碧等三千余众降魏,左将军郭淮徙居安定之高平,贪一时之暂安,亡经世之远略,后世皆訾议之。今中堂亟遏嚣凶,操杀生柄,处置叛回,不投诸远省,而徙之平凉所属,岂非识微者之为乎?!"①黄鼎引经据典,谈古论今,想要表达的意思简单地讲就是一句话,即把西北的回族迁徙到江南文化比较发达的各处,分别安插以涣其群而孤其势。西北本为回族教门之根,其人多而势众。大战之后回汉人口损失均极重,彼此隔阂既深,陕西不接纳回族返籍,甘肃亦不欢迎客回落居。以后,徙西北回族于内陆各省的观点,在当时可能也有一定的代表性。

同治九年平凉公局绅耆乾尚德等人以回族"侵民地亩,掠取夏粮"为由,请求将回族安插远方,以示畏儆。战后各处安置回族皆系百战之余,新抚客居异乡正处惊魂不定之中,不太可能侵民地亩,掠取夏粮,乾尚德等人所禀显系以莫须有之事诬告妄控。对远徙以安回族的议论,左宗棠给予了严厉的批驳,他指出:"回民籍本陕甘,陕甘汉民不能与之相安,远方之民独相安无事乎?如谓回民性情叵测,前此戕官距城,杀害百姓,罪不容诛,斯时无论良莠,均为中土所不容。然则近年长发、捻逆均中土人,其受抚解散之众将尽屏之远方乎?又如孙百万、苏存鸿、侯得印等党众均系甘肃汉民,亦能因此数起乱贼,将甘肃汉民徙之远方乎?愚氓无知,固无足责,该生身列胶庠,亦当稍明大略。自古驭夷之道,服则怀之,贰则讨之。即内地兵事,剿与抚亦断无偏废之理。何得异议横生,以'势不两立'等语居然冒渎?"②

西北官绅主张将回族远徙他乡,于地方当然是最方便之举,但对于统管全局事务的左宗棠来讲,这一只求自保的提议,既不合情理,亦无法真正施行,更达不到"欲图数十百年之安"的善后目标。

二、安插地点的选择和就抚回族的迁徙

投诚客回人口多以万计,回族之外,汉民逃难之人更多。这些百战之余的人

---

① 慕寿祺:《甘宁青史略》卷二三。
② (清)左宗棠:《平凉公局绅耆韩尚德等禀请将投诚回民安插远方由》,《左宗棠全集·札件》,第229页。

口,大多贫病疲弱。同时,战区残破,粮财等一应安置所需之物十分匮乏。而陕回又与甘回不同,客回与土回也有差异,安置需要采取不同的策略和方法。面对如此艰难困境,妥善安置所有难民并尽快恢复正常社会秩序,不但相当棘手,而且刻不容缓。面对如此大规模的回族待安置人口,既无法远徙内地,又不能遣返原籍,而就地安插又需顾及彼此杂处,日后纠纷问题。在这种情况下,唯一可以选择的大概只有在区域内部择偏远荒绝之处,使彼此在空间上相对隔离,以便统一管理和控制。同治十年正月金积堡战事结束后,如何安置大量抚回成为亟待解决的问题。其实早在战争完全结束之前,左宗棠就已预为筹谋。九年十二月十一日左宗棠奏称:"臣前于平凉县大岔沟、邢家沟、北原安插陕回户口数千,给以赈种,其余荒绝地亩虽多,然不成片段。又平凉系入甘肃大道,居关陇之中,北达宁夏,南通秦、凤,东连泾、原、邠、宁,西趋金城、湟中,形势最要,不宜多居种人。勘得平凉、华亭交界之化平川,宽六七里,长三十余里,窑洞三百余,兼有破屋,土沃水甘,人迹断绝,可安插万余丁口。"①崔伟就抚之后,请求安插弓门寨和马鹿坡等处,左宗棠批复中称"弓门寨可准,马鹿坡则不能准,以其地连陇州也"②。由此可见,战略要冲是绝对不可以安插回族的。而最为理想的安插地点,则为集中成片的荒绝之区。

同治十一年夏河州战役结束后,左宗棠在上报战况的奏折中详细说明了对于安置事宜的权衡和考量,他认为:"顾谋迁徙必先定安插之地。安插之地,汉回各有攸宜。汉民安插狄道、金县、安定、会宁一带,凡近城驿,汉民聚积之处宜也。回民则近城驿非所宜,近汉庄非所宜,并聚一处非所宜。从前安插陕回,如化平厅、平凉县大岔沟及北原各处,丁口已一万数千名,既未可多所附益,又此次安插回民,有籍隶陕西者,有籍隶甘肃者,当其并力抗拒官军,固无彼此之分也。一旦缴马械就抚,还为齐民,则甫被新恩,旋寻旧怨,不但陕回与甘回气类攸分,即陕回与陕回、甘回与甘回,亦有难并域而居者。以抚局论,分起安置,涣其群,孤其势,计之得也。即以回情而论,亦非分起安置不可。乃预饬安定、会宁、平凉、隆德、静宁州各牧令,觅水草不乏,川原相间、荒绝无主、各地自成对段者,以便安置。"③

---

① (清)左宗棠:《平毁马家滩王洪各堡陕回就抚马化漋就擒折》,《左宗棠全集·奏稿四》,第443页。
② (清)左宗棠:《刘京卿禀马桂源率党千余盘踞堂仓头地方由》,《左宗棠全集·札件》,第315页。
③ (清)左宗棠:《收复河州安插回众办理善后事宜折》,《左宗棠全集·奏稿五》,第259页。

在同治十二年一份给河州知州潘效苏的批札中左宗棠又对这一策略进行了简单而经典的论述，他说："回民自成气类，与汉民仇隙素深，从前陕回避剿以甘肃为退步，甘回又以金积、河湟为归宿。抚局定章，除金积新教勒限迁徙，此外准河、湟本地回民就近安插，余皆概令迁徙，不准安插故土。盖当时两省各属回民业已从乱如归，与其乡邻寻仇构衅，汉民被其戕害戮辱，惨目伤心。此时若准其仍归旧业，汉民目睹旧仇复至，必不甘心，因而纠聚报复，滋生事端，官司防禁难周，势所必至。故定章抚回须迁徙安插，而又必于异地荒绝各产另成片段者安置，方期周妥。"①

综上可见，左宗棠对回族安插地方的选择，有两个标准，即：一、要大片荒绝地产，有水可资灌溉；二、所处位置要距离大道不远，但又不能太近。前者能够安插较多人口，回族可以聚族而居，不和汉民杂处，不易产生纠纷。并且，也可以为今后较长一段时间的发展预留足够的空间；后者，则易于官府控制，方便进行管理。根据这一原则性的指导意见，经过实地查勘，左宗棠最终选择的安民之地，除了零星散布的小区块外，主要集中在甘肃陇东平凉府南部与秦州北部的交界地带。这一区越以化平川、张家川等为中心，处泾渭二河上源，水土环境与陕西较为相似。首先，可以满足安插大量回族人口的需求。其次，这一区域距陕西出长武通陇东泾水大道不远，四周隆德、静宁、秦安、清水、陇州、华亭以及崇信等州县密布，尤其距平凉府城较近，是一个相对独立且又封闭的区域，极易管控。

迁徙安插涉及面极广，不同人员的处置方式亦不相同。另外，安抚程序本身又相当繁杂，稍有不谨，就容易引发事端，留下后患。如同治八年，有陕回杂集二百余家携眷求抚，军功李德昌当即划给无主荒绝各产，给以良民门牌，就中选择稍明白男丁为十家长、百家长，开列大小男女名口清册存官，俾其各安本业。左宗棠收到该所禀之后，对李德昌私自安置回族的行为极为震怒，认为"事关良就抚，必须递呈开造户口册籍到官，由县通禀，候示分别安插。该军功不谙事例，不禀地方定司，轻率招纳，致启疑端"②。此事虽然事由军功李德昌不谙事例所致，但从另一个方面也可以看出，彼时激战正酣，安置回族尚无具体章程可以遵循。天赋人性，贤愚不一，要求所有人都深谙事例是不可能的。因此，制定完备的安置流程和具有较强可操作性的安抚细则，成为保证安置工作顺利推进的基础。

---

① （清）左宗棠：《河州潘牧效苏禀请准令回民迁归本籍由》，《左宗棠全集·札件》，第315页。
② （清）左宗棠：《军功李德昌禀陕回零股携眷乞抚求安插情由》，《左宗棠全集·札件》，第172页。

随着战事逐步接近尾声,回族求抚日渐增多,这一工作的迫切性也日益增强。因此,在找寻勘定安置地点、处理具体问题过程中,左宗棠也不断细化并完善了安置回族的章程。

在同治六年领兵入陕时的《谕回告示》中,左宗棠即称"良回及悔罪自新之回民来归后,各给予良民牌票,拊循安集,俾得其所,不准汉民欺凌。如汉民仍敢仇杀,即将汉民照故杀律抵罪;该回民仍当告官论理,不得寻仇斗杀,再启衅端"①。此良民牌票应该是良民门牌、腰牌和路票的总称。彼时西北正处于激战之中,战事何时结束,尚未可知。但从此文告可以看出左宗棠对战后安抚的初步谋划,那就是官给文书,出入各有凭据。同治十年正月攻陷金积堡后,官方开设置抚局,处置招抚及安置事宜。十一年夏,河州兵事结束后,左宗堂还颁布了专门的《准抚条规》,分六条对相关事宜进行了详细的说明和规定。在本地土回的安置方面,尤其说明"缴尽马械后,各归各乡,听本大臣委员并酌派兵勇带该头目等亲履各乡点验丁口,编审户籍,丈量地亩,择立十家长、百家长,发给良民门牌,该回民等不必疑惧。如有兵勇抢掠奸淫,准呈报委员及该管带官处,立即讯明,如果确实,即照军法办理"②。此外还有《抚后禁令》等,对纠纷的类型和处罚方式与方法,进行了明确说明③。这些条规虽然是河州战事结束后才颁布的,但抚回的工作此前早已有之,条规只不过是对此前招抚流程的总结与明确。

从具体流程上来看,回族安置的工作大概可以分为四步,即:一、前线接受求抚;二、本地暂为安置;三、专人护送安插地点;四、在安插点最终安置。所有工作,均需第一时间呈报左宗棠,由其亲自核准备查。

第一、二两步一般是由负责进剿的统兵将领接受投诚,点验人数、马匹及兵器等,分别造册。然后,择精壮男丁安置各营,余众妇女老弱等给以赈粮,听候安插。肃州兵事结束后,左宗棠筹谋兵发新疆,曾有大规模裁兵之举。但在此之前,择抚回强壮者充为营伍,是惯用做法。客回接受求抚之后,一般会尽快派兵护送至安插地点。但其中需要等候具体安插地点,各处协调耗费时日,有时就不得不在就抚之地暂为安置。如冯均禄一部就抚后,暂于河州西北二百余里黄河北岸,耕垦栽种一季,收获后才又迁徙安插他处④。又如崔伟、禹得彦所部回族

---

① (清)左宗棠:《谕回告示》,《左宗棠全集·札件》,第571—572页。
② (清)左宗棠:《准抚条规》,《左宗棠全集·札件》,第580—581页。
③ (清)左宗棠:《抚后禁令》,《左宗棠全集·札件》,第581—582页。
④ (清)左宗棠:《收复河州安插回众办理善后事宜折》,《左宗棠全集·奏稿五》,第261页。

于同治十一年十一月下旬在西宁求抚,此后客回陆续迁往他处安置,其中第二起迟至同治十二年正月的下旬才迁出,"定于二十一日由省起程,至清水县安插。仍饬老湘军营官陈提督启明原率马队八十骑、马殿林回马队一百三十骑暨化平川回目阎兴春沿途护送,并由大营加派差官副将陈南波、参将林得贵沿途照料。所需行粮,按大口每日一斤、小口每日半斤。除省城已发行粮四日外,至安定,应由安定县粮局给发行粮二日;至马,应由马营粮局筹发一日;至通渭,应由通渭县给发二日;至秦安,应由秦安县给发二日;至清水,应由清水县筹发,陆续安插"①。为避事端,护送人员除了各级官兵马队外,还有回族阿訇沿途照料。每日行程及所需粮米出处等具体事宜,亦筹划相当细致。回族到达安插地点后,后续事宜,移交当地州县,由各处地方官员具体负责。

总之,这一在具体操作过程中遇有问题而逐渐细化安插条规,具有极强的可操作性和重要的指导意义,为具体操作层面的规范与约束提供了依据,保证了安置工作的顺利进行。

三、官方组织的回族人口迁徙与安插明细

同治战争期间,西北回族人口迁徙与安置工作主要由官方组织实施,如果仅从时间顺序上来看,大致可以分为四拨。甘肃省内战事,以宁夏金积堡、河州、西宁和肃州四处为核心。每处战事结束之后,官方都组织有较大规模的人口迁徙和安插。现分述如下。

(一)宁夏金积堡战区的回族迁徙与安置

金积堡虽然仅是宁夏灵州的一个村堡,但"居秦汉两渠间,黄流分酾,旧称沃壤,足以阻水自固而困官军"②,地理位置相当重要。同治战前,金积堡所处宁夏地方,是甘肃回族最重要的聚居之区,尤其新教巨魁马化龙坐镇其间,为甘肃北路回族中心,同时也是西迁陕回心理上最重要的指归。同治二年十月,马化龙攻占宁夏府城,其后屡抚屡叛。及至同治八年二月底,董志原失守之后,大批西迁陕回避居其间。而甘籍客回依附其间者,人数也不少。自同治八年八月至同治十年正月,金积堡的攻守战前后持续长达一年半之久。各方争斗非常惨烈,加之其间发生严重粮荒,人口损失相当严重。自清军合围金积堡后,回族就抚者日

---

① (清)左宗棠:《安插西宁迁出回民札各州县营局》,《左宗棠全集·札件》,第533—534页。
② (清)左宗棠:《北路官军连获大捷折》,《左宗棠全集·奏稿四》,第140页。

众,及至九年冬,"堡外能战者不过千余,老幼妇女五六千皆饥饿垂毙。……投出者络绎不绝,其壮丁甚有涕泣号救不得,引领以待就戮者"①。同治九年十一月,马化龙自缚赴刘锦棠营就抚,十年正月十三日,被凌迟处死,金积堡战事正式结束。

以金积堡为首的宁夏一带,是整个同治西北战争中最重要的一个战区。陕回陈林、阎兴春、余彦禄、马振江、赫青选、余兆临、拜万江、金明堂、安杰、刘秉信、穆生花②以及马寿清③等部,均在此就抚。战事结束后,经左宗棠事后点验奏报,总共"拔出被裹陕西汉回难民以数万计。除籍隶陕西回民,解赴化平川、大岔沟一带择地安插外。其籍隶甘肃及宁、灵土著汉回人民,均……在宁、灵一带分别择地安插。其曾为贼据各堡寨,均属要区,未便仍令从前恃强霸占各回安居故土,致肇衅端,而贻异日之患"④。因此,金积堡善后处理,首先捣毁回族堡寨城墙,土回迁出战略要冲之地,本境分别择地安插。甘籍客回根据情况,分别择地安插。所有陕籍客回一律远迁至陇东一带安插。根据这一要求,金积堡土回于十二月初二日自行"将池及城外圩卡全部撤空,然后全部移往城南纳家闸一带,散处村落,听候安插"⑤。周边其他重要的堡寨的回族,亦多被强令迁出,不许仍居故土。如王洪堡土回就被迁至灵州附近,马家滩土回则被迁至张家圈居住。"其贸易侨寓之客民及被掳、被胁之甘回三千余名,解赴平凉安插。金积堡老弱妇女一万二千余名,解赴固原州附城数十里地方,分拨荒地安插。"⑥陕西客回的迁徙与安插则更为详细和具体,据左宗棠奏称:

> 分起押解陈林一起男妇大小一千五百六十四名口,马振江一起男妇大小八百四十八名口,赫青选一起三百八十三名口,马化沤一起一千二百七十八名口,余彦禄、阎兴春、余兆临、拜万江、金明堂、安杰等各起男妇大小五千五百五十余名口,内除挑出壮丁四百名交安杰、蓝明泰带随官军征剿外,余俱陆续解赴平凉。其老幼妇女无亲属夫男者五百七十余口,病饿不能行走,留养广武营,听其痊愈择配。沿途除病毙外,复收集从前散匿东、西两山余众五百余名口。比齐抵平凉,臣两次亲临点验,实共一万有奇。内除前安插

---

① (清)左宗棠:《围攻马家河滩贼堡安置拔出陕回片》,《左宗棠全集·奏稿四》,第428页。
② 马长寿主编:《同治年间陕西回民起义历史调查记录》,第465页。
③ 马寿清,又称普洱马,云南普洱人,是同治西北回战争时回军重要首领之一。
④ (清)左宗棠:《筹办金积堡善后事宜折》,《左宗棠全集·奏稿五》,第206页。
⑤ 同治五年正月初四日(甲子)穆图善奏,《钦定平定陕甘新疆回匪方略》卷一百二十五。
⑥ (清)左宗棠:《平毁金积各巢首要各逆伏诛宁灵肃清折》,《左宗棠全集·奏稿五》,第3页。

> 平凉回民认领亲眷五百余名口外,实发化平川安插者男女共九千四百余名口,察看壮丁不过二千,余皆老弱疲病而矣。①

最终,金积堡战事结束之后,该区域共外迁陕甘回族 25 000 余人,主要安插在平凉大岔沟、固原城周围方圆数十里地方和化平川等处。从金积堡到化平川,步行距离大约有 650 里,疲病之众,以日行 30—50 里计算,即便沿途一切顺利,亦需 20 日左右方可到达。金积堡安民是西北战争中官方第一次大规模的人口迁徙和安置工作。因为左宗棠事先预为谋划极其详细,安置过程事无巨细,均亲自过问,整个安置工作进展比较顺利。其中不少做法,如土回本境异地而居、陕西客回远徙陇东、挑健壮充为营伍以及择妇女留养军营等,也都为之后的安民沿为成例。

(二)河州战区的回族迁徙与安置

河州辖境辽阔,回多汉少,杂以番众。同治战前,河州及周边各处是甘肃回族最重要的聚居区之一。不但人口众多,教门繁盛,而且也是伊斯兰经学中心,文化亦相当兴盛。本地回众以马占鳌等人为首。同治三年元月起事,占据州城及周边各处地方,并攻打安定、会宁、隆德等处,袭扰围攻金积堡清军的后路。且自起衅以来,陕甘客回多避居其间,而本籍汉民与客籍汉民亦多有胁迫者,人员构成亦极其复杂。因此,甘肃北路各处肃清后,左宗棠即移师西南。同治十年八月,左宗棠由静宁进驻安定,开始谋划河州。十一年正月初河州回军于太子寺大败清军,随后马占鳌率众以胜利之师就抚,河州战事结束。

陕回余彦禄、马正刚、冶士俊、杨文彦、张代雨、拜崇花、马生彦、马文元、马维骧、马振清等部以及甘回安鸿庆部,均在此就抚。西北战事众兵强压只不过是应事之举,若以久远之计,需在地方回族之中培养既可服回众又能顺从的精英人物,进行管理。左宗棠雄才大略,当然深谙其道。因此,剿抚之间,亦极力访求这样合适的人选②。河州旧教回首马占鳌胜利之师乞抚后,左宗棠认为其是回中之杰,其子亦非凡品③,颇为赏识。遂令马占鳌统领河州事务,组织回族马队协助进剿,并奏请赏给花翎,五品顶戴,以示恩威并重④。这与对待马化龙的态度完全不同。也正因为如此,河州善后事宜处理方法与宁夏金积堡亦有较大不同。

---

① (清)左宗棠:《安插就抚回众请增设平凉通判都司折》,《左宗棠全集·奏稿五》,第 15 页。
② (清)左宗棠:《答刘克庵》,《左宗棠全集·书信三》,第 265 页。
③ 秦翰才:《左宗棠逸事汇编》,长沙:岳麓书社,1986 年,第 209 页。
④ (清)左宗棠:《请给回目马占鳌等翎顶片》,《左宗棠全集·奏稿五》,第 376 页。

办抚之道"以编审户口为要;编审户口,以迁徙客回、安辑土回为要"。对于夹杂其间的部分土著汉民,凡被胁迫、仇隙已深者,"宜分别拔出,以免衅端"①,简单地讲就是把所有客民及本地受胁迫的汉民一并迁出。根据这一原则,"本地回民就近安插,余皆概令迁徙,不准安插故土"②。迁民之前,左宗棠预先饬令安定、会宁、平凉、隆德以及静宁等处地方官员,挑选合理区域。又委派专员前往堪验,根据实际情况分别指派各处安插地点。最终:

> 迁陕回杨文彦一起二百五十三名口于平凉之谢家庄、桃家庄;迁陕西张代雨一起二百九十一名口于平凉之张家庄、曹家庄;迁陕回拜崇花一起五百三十七名口于会宁之姚王家、曲家口;迁陕回马生彦等一起六百四十三名口于静宁州、隆德县境之王家下堡、刘戴家山;迁陕回马文元一起一百五十七名口于安定之刘家沟;迁陕回马维骧七十四名口于安定之石家坪;迁陕回马振清一起三百六十三名口于安定之好地掌;迁甘回安鸿庆一起四十三名口于安定之刘家沟;迁汉民陈富贵等四百四十七名口于安定之青岚山;迁汉民董永海一百零八名于安定之新套河;迁汉民水映江一起四百二十八名口于安定之夏家营坊。③

此外,又有余彦禄、马正刚、冶士俊等部陕回,具体人数未知,迁往化平川安插④。合而计之,由该区域迁出者共 3 400 余人,其中回族约 2 400 人,汉民约 1 000 人。与金积堡安民相比,河州安民虽然基本上也算顺利,但也遇到一些问题。比如:客居河州的皋兰等处甘籍回族希望可以返回原籍;陕回马生彦等则久住河州,颇有安土之意,多方要求,延不迁移;而陕回马振清等人,则要求迁往化平川和大岔沟⑤。河州知州潘效苏与陕西按察使陈湜,对相关事件都有所请,这些要求显然有其合理一面。但左宗棠对于此类事件均给予严厉斥责,晓谕称:"安插听官,不能由你;其不愿听官安插者,即非真心就抚,官即不与安插。愿抚

---

① (清)左宗棠:《收复河州安插回众办理善后事宜折》,《左宗棠全集·奏稿五》,第 260 页。
② (清)左宗棠:《河州潘牧效苏禀请准令回民迁归本籍由》,《左宗棠全集·札件》,第 315 页。
③ (清)左宗棠:《收复河州安插回众办理善后事宜折》,《左宗棠全集·奏稿五》,第 260 页。
④ (清)左宗棠:《招回王家疃助逆悍党何生洲及河回乞抚情形片》,《左宗棠全集·奏稿五》,第 12 页。
⑤ (清)左宗棠:《河州潘牧效苏禀请准令回民迁归本籍由》,《左宗棠全集·札件》,第 315 页;左宗棠:《答陈舫仙》(0925),《左宗棠全集·书信二》,第 281 页。

者抚,官必不剿;当剿者剿,官亦不能抚。"①善后事宜头绪繁多,左宗棠作为执事者,当然希望凡事可以按章程统一办理,尽量不要节外生枝。但由此可见,官方强令推行的迁徙安插政策,不论从回族讲,还是地方官员来讲,都有不少反对意见,具体的移民安置工作的确也遇到相当多的困难。

就安插区域来讲,河州善后安民地点,散布在从会宁到平凉东西长近三四百里的狭长区域内。迁出客回2 400人,被安插在13个不同的地点,平均每处不过180余口人。与金积堡善后安民相比,已非常分散。这也说明,此时在陇东一带,已不太容易找到符合要求的大面积安民区域。从河州到陇东静宁等安置区域,步行距离大约有500—800多华里。这一距离与金积堡安民时相差不多,但很显然,此时安民已经开始面临一定困难了。

(三) 西宁战区的回族迁徙与安置

西宁辖境东南部是巴燕戎格、循化两厅,与河州相连。北面为大通,再北为大通营,直达甘、凉、肃等处。西出水峡口则可至青海。因此,西宁虽然地处汉地社会边缘,回番杂处,但辖境通达,又处湟水谷地,地理位置极其重要。同治战前,西宁府城及所属地方,是甘肃回族重要的聚居之区,巴燕戎格、循化一带尤为密集,本地回众以马桂源等人为首。同治元年十月起事,同年经青海办事大臣举荐,回首马桂源署西宁知府,维持抚局近十年。甘省鏖战之时,陕回部分迁入西宁南川等处避居,而西宁、肃州回族之间也多有互援。及河州战事结束之后,左宗棠派员再行招抚,未果,遂兵伐西宁,以图断肃州之援②。至同治十二年初,清军占领大通县城,马桂源被处死,西宁战事结束。

陕回禹得彦、毕大才、崔伟等部,皆于此就抚。西宁回族安置方式与金积堡类似,原居要冲之处的土回皆被迁往他处。如大通城关之土回即被迁于"河东、西,另招城西北逊布、马厂、利顺、张家寺各汉堡难民实之,路旁回堡亦量与汉民更易"③。所有客回挑选精壮组成"旌善马队",随军西征肃州、新疆等处,直到光绪十年左右才遣散回甘,各安耕业④。其他客回共二万余众,则分三起,派队一律押送至平凉、秦安及清水等县安插。其中头起禹得彦等部回族,分两批迁出平凉安插"通计不过七千二百余名口,内除应拨入化平厅安插各户口外,其安插平

---

① (清)左宗棠:《答陈舫仙》(0926),《左宗棠全集·书信二》,第282页。
② (清)曾毓瑜:《征西纪略》卷三,见中国史学会主编:《回民起义》,第3册,第39页。
③ (清)左宗棠:《收复大通县城擒斩逆目及筹办迁徙安插事宜折》,《左宗棠全集·奏稿五》,第390页。
④ (清)左宗棠:《修治畿郊水利报销恩敕一律准销折》,《左宗棠全集·奏稿八》,第462页

凉县境约不过六千余名口。除大、小芦河外,华亭之策底镇、十堡子两处及此外荒绝地亩均可分散安插,惟不宜与汉民杂处"①。第二起共迁出崔伟等部回族,"大小共四千三百八十一丁口,总为大批,定于二十一日由省起程,至清水县安插"②。第三起包括毕大才、崔伟等各部,有一万多人,至少也分两批押送,主要安插秦安龙山镇和秦安清水交界处。在回复秦安县令程履丰的批札中,左宗棠称"安插该县抚回毕大才等户口,未由西宁起行之先,接准刘京卿胰报约有万人,当饬该县预择安插地址。嗣据禀报,龙山镇附近荒绝各产居多……当经本爵大臣批准照办。……此次刘京卿续解陕回毕大才、崔伟各股内零星户口到辕点验:毕大才股内共计二百八十名口,饬解该县安插;又崔伟股内共计四百七十七名口,饬于秦安、清水两县交界地方择荒绝地亩安插"③。

与前两次安民相比,西宁战后的人口安置遇到较大困难。在二月二十四日给陈湜的信中,左宗棠称"毅斋迁出陕回三起,已过二起,一安插平凉,一安插清水,均经点验,发给车骡,劳费甚多。盖事前未及预备,接到公牍后,三数日即点验起解,仓促料理,难于筹措也"④。由此来看,第三起迟迟无法迁出与费用过多,无法按时筹措有关。实际上,押解费用,军队只负责初始起程之资,其他尽由沿途所经各州县负责。这些起程费用都无法按时筹措到,由此可见当时清军经费紧张的程度;除了解送费用,具体安插区域也面临一定困难。毕大才、崔伟各部续解陕回到地方后,秦安与清水两县均上禀拒绝接收迁来客回⑤。后经查明,系清水、秦安两县交界处大、小杨家川的被安置回族与附近松树镇回族,因争地纠斗,地方担心事态扩大,遂有拒收之举⑥。此事虽经左宗棠强令暂时得以解决,但由此可见,此时回族安插地点已经不再是初期安民之时的偏远荒绝地产,而是又与汉民完全相邻了。安插地方之捉襟见肘由此可见一斑。

(四) 肃州战区的回族迁徙与安置

肃州地处河西走廊的西端,西出玉门而入新疆,扼道路要冲,地理位置极其

---

① (清) 左宗棠:《魏道光焘禀奉文安插回目禹得彦等由》,《左宗棠全集·札件》,第 317 页。
② (清) 左宗棠:《安插西宁迁出回民札各州县营局》,《左宗棠全集·札件》,第 533 页。
③ (清) 左宗棠:《秦安县程令履丰禀续到西宁抚回实在无处安插情形由》,《左宗棠全集·札件》,第 324 页。
④ (清) 左宗棠:《答陈舫仙》(1032),《左宗棠全集·书信二》,第 379 页。
⑤ (清) 左宗棠:《清水县高令蔚霞禀张家川一带不能安插崔伟一股情形由》《秦安县程令履丰禀续到西宁抚回实在无处安插情形由》,《左宗棠全集·札件》,第 321、324 页。
⑥ (清) 左宗棠:《秦安县程令履丰禀安插抚回悉在属境并无推诿情形由》,《左宗棠全集·札件》,第 325 页。

重要。同治战前,肃州州城及所属地方,是甘肃回族重要的聚居区,城关回族人口多至数千①,城外塔儿湾、黄草壩、朱家堡、北崖头、枯树、四壩、北崖头废堡等处,亦有不少回族②。本地回众以马文禄、马永福等人为首。同治四年二月起事,同治七年就抚之后仍掌控其地。肃州遂成甘省西路回族总汇,"关外沙州、哈密缠头、红庙子各种,关内西宁、河州、循化、保安营、陇西、狄道、伏羌、甘州各种,及陕西流徙之回,约共两万有奇"③。同治十二年九月二十三日清军攻陷肃州,马文禄等人被杀,战事结束。

战后土客回族老弱妇女二千数百名,递解兰州,暂时设局留养,嗣后择地安插。哈密迁来缠头客回 208 名与沙州、红庙子一带少量客回一起解赴兰州,再候安插。肃州是河西重镇,城高池深,人口繁盛。同治七年就抚时,城内汉民约有三万口,合土客各回,人数多至五六万口。但左宗棠奏报肃州回族安置,却极其简单,主要原因是战后所剩人口不多。此役作为同治西北战争最后一战,双方战守攻伐极其惨烈,人口损失较多。清军从同治十一年六月攻至城郊,至次年九月底破城,前后长达一年数月之久。最后城中粮尽,人多饿死。其间,仅九月初四日从南门逃出部分老弱妇女。十五日,陕回马文禄等出城乞抚,又有部分客回,按籍贯分由东南各出城,点验造册,于附近废堡分男女安置。其中汉民 1 100 余名。其他未出城者除老弱妇女九百余人,土客各回六千余众尽被骈诛。左宗棠称肃州自此"无一回羼杂"。由此可见,同治七年五六万口,至十二年九月底城破之时汉民仅一千一百余,回族二千数百余。两者合计不过四千口,五年之间,人口损失超过 90%,幸存者已十不及一。清军在肃州屠城,与肃州围城日久,双方攻伐惨烈有关;与西北十年战事,终此一役,各方心理承受已临近极限有关;可能也与西宁战后,迁徙安插回族存在困难有一定关系。肃州地处甘肃西端,至陇东化平一带,步行距离长达两千余里,即使只到兰州,亦有一千四五百里。把大批降众妥善解赴至陇东一带,显然并不是一件容易的事情。

除了以上四起外,其他还有很多。比如静宁李得仓与盐关何士秀等同治五年冬率六万余众投诚,初陕甘总督穆图善令其各归原籍,但遭到清水、秦安等县绅民的强烈反对,最后只得在萧河城附近地方暂为安插④。同治八年该回众请求返回

---

① 同治四年六月初四日(丁酉)熙麟奏,《钦定平定陕甘新疆回匪方略》卷一〇五。
② 路伟东:《清代陕甘人口专题研究》,上海:上海书店出版社,2011 年,第 268 页。
③ (清)左宗棠:《克复肃州尽歼丑房关内清折》,《左宗棠全集·奏稿五》,第 460—468 页。
④ 同治六年九月初七日(丁巳)陕甘总督穆图善奏,《钦定平定陕甘新疆回匪方略》卷一六〇。

原籍,穆图善令道员张瑞珍等前往妥善办理,"查明伊等旧住之张家川、马家堡、龙山镇、条子沟、刘家山、福祥沟、杨家店、马兰坡、公门镇、马家河等处,派员携带回众,令其各认各产,安分耕种,不许扰及汉民。该回目李得仓恪遵训示,约束甚严,自安插后一年有余,各安生业,与汉民往来交易耦俱无存"①。此次安插回众数万,未烦一兵,未糜一饷,南路州县获保全。张瑞珍等也因办理有方,获得嘉奖。

除此之外,也有部分西北回族被官方强令安插于其他省区。比如据说有一千多户的被俘回军及其家属被押至成都一带管制屯田,主要分布在成都北门外二台子、新都的弥牟镇、郫县安德铺、崇宁等处。此事不见于督抚奏折或其他清代官方文献,但四川成都地方史志中却有较多记载,本地回族亦有此说,当确切无疑②。关于官府为何独迁徙此部分回族至成都一带屯田,具体细节尚侍考证。

除了官方组织的成规模的人口迁徙,也有部分回族由官给路票自行迁徙到指定地点进行安插。光绪二年,回族李发祥与戚眷尚马氏等六口由肃州前往平凉安插,途经甘州时被查获使用了伪造的路票,据李发祥供称,该路票系其舅父尚柱林在肃州南街娘娘庙牌长李长太处用钱买得。尚柱林已由肃州递回平凉。接禀后左宗棠准李发祥及尚马氏等"先由张掖县递解平凉,传该管百家长及尚柱林等赴领具报"。同时令肃州差提李长太到案审讯,后经查实,"安插回民无票私逃,或买旧票剜补执持出境,不向地方衙门请票,由于书役门丁遇其请票时通同索费所致"③。忽略书役索费这些细节问题,从移民的角度来看,这一案例说明,在光绪初年官方成规模的迁徙安插结束之后,移民政策与方法发生了改变。对于仍然零星散处各地的客回,官方准其申请路票,自行前往已有的安插区域投亲靠友。

综上所述,同治年间,战后官方对回族安置工作大都随着回族的就抚,在战争进行中随时展开。因此,不但头绪相当繁多,人员复杂,而且迁徙的股数很多,被迁徙人口数量相当庞大,安置措施亦各有不同。左宗棠在西北战争结束后对战争原因、处置办法的不同、安插人数、最后结果等进行了总结,他称:"甘肃一省变乱十余年,被祸之惨,甲于天下,推原其故,变乱与发逆捻逆不同,而甘回与陕回起衅缘由又异。陕回之祸由于汉回构怨已久,起衅之故实由汉民,而回匪乘机搆变,戕害大臣,据地阻兵,法难曲贷,官军屡予痛剿,首逆马政和等业经授首,其余各逆俯首输

---

① 同治八年八月初八日(丁未)陕甘总督穆图善奏,《钦定平定陕甘新疆回匪方略》卷一九九。
② 四川省地方志编委员会编:《四川省志·民族志》,第369页;达鹏轩:《盐亭回族的来源和初步发展》,见达鹏轩编:《盐亭回族》,第14—22页。
③ (清)左宗棠:《甘州府龙守锡庆禀各处回民过境加意盘查路票由》,《左宗棠全集·札件》,第391页。

诚,自可概予从宽,安置甘境,与汉民异处,以杜衅端,通计陕回七八十万,现存者除白彦虎股内二千有奇,此外安插甘境者不过六万余众而已。甘回虽不如陕回之悍,然人数较多,自乾隆年间新教潜入内地,久怀不轨,屡抚屡叛,横亘数省,无所畏忌,是法所必诛,时不可缓者也,办法宜严,首恶不可稍纵。……安西、肃州、甘州、凉州一带二千余里并无回族聚处,实汉唐以来未有之奇。"① 本节所列举安插回之数,金积堡约25 000人,河州约2 400人,西宁约20 000人,肃州两千数百人,合而计之,共5万余人。与左宗棠所指6万人相比,还有1万余人有待以后继续查核文献,进行辑录。现将已知见于记载者,略作整理,简单汇总为表6-1。

表6-1 同治西北战争期间官方安置回族信息汇总

编号	安置对象	就抚人数	就抚地点	安置地区
1	李得仓、何士秀等部甘回	5万余众	静宁	初在萧河城附近暂居,后安置原籍张家川、马家堡、龙山镇、条子沟、刘家山、福祥沟、杨家店、马兰坡、公门镇、马家河等处
2	王洪堡土回	未知	金积堡	灵州城附近
3	马家滩土回	未知	金积堡	张家圈
4	金积堡贸易乔寓陕甘籍客回	3 000余人	金积堡	平凉
5	金积堡土回老弱妇女	12 000余人	金积堡	固原州附城数十里地方
6	马寿清部回众	未知	金积堡	平凉
7	陈林部陕回	1 564人	金积堡	由前安插平凉回族认领亲眷500余名,其他约9 400人安插在化平川
8	马振江部陕回	848人	金积堡	
9	赫青选部陕回	383人	金积堡	
10	马化沨部陕回	1 278人	金积堡	
11	余彦禄、阎兴春、余兆临、拜万江、金明堂、安杰各部陕回	5 550人	金积堡	
12	平凉东、西两山散匪客回	500多人	平凉	
13	杨文彦部陕回	253人	河州	平凉谢家庄、桃家庄
14	张代雨部陕回	291人	河州	平凉张家庄、曹家庄
15	拜崇花部陕回	537人	河州	会宁姚王家、曲家口
16	马生彦部陕回	643人	河州	静宁州、隆德县境之王家下堡、刘戴家山

---

① 同治十二年十二月二十二日(丙申)陕甘总督左宗棠奏,《钦定平定陕甘新疆回匪方略》卷二八六。

续表

编号	安置对象	就抚人数	就抚地点	安置地区
17	马文元部陕回	157人	河州	安定刘家沟
18	马维骧部陕回	74人	河州	安定石家坪
19	马振清部陕回	363人	河州	安定好地掌
20	安鸿庆部甘回	43人	河州	安定刘家沟
21	余彦禄、马正刚、冶士俊等部陕回	未知	河州	化平川
22	禹得彦等部	7 200人	西宁	平凉大小芦河、华亭策底镇、十堡子、化平川等处
23	崔伟等部陕回	4 381人	西宁	清水
24	毕大才部陕回	3 000余人	西宁	秦安龙山镇等处
25	陕、甘、新客回及哈密缠头客回	两千数百	肃州	兰州一带
26	陕回	一千余户	未知	成都北门外二台子、新都的弥牟镇、郫县安德铺、崇宁等处
27	穆生花部甘回	未知	金积堡	化平川
28	白彦虎固原留下一支、马正和余部、马正彦部等陕西回族	未知	固原、金积堡等	隆德县单家集
29	赫明堂部陕西回族	未知	固原	固原黑城子、中瑞和村等处
30	马正和、冯均福等部	未知	金积堡	静宁县禹桥、东西拜、西冶、咸南及上下川一带
31	渭城一带回族民众	未知	未知	平凉的白水、甲积峪和下阳家一带
32	耀州白吉原回族民众	未知	未知	平凉的北原和南原四十里铺,化平

〔数据说明:编号1,同治六年九月初七日(丁巳)、同治八年八月初八日(丁未)陕甘总督穆图善奏,《钦定平定陕甘新疆回匪方略》卷一六〇、一九九;编号2—5,(清)左宗棠:《平毁金积各巢首要各逆伏诛宁灵肃清折》,《左宗棠全集·奏稿五》,第3页;编号6,(清)左宗棠:《围攻马家河滩贼堡安置拔出陕回片》,《左宗棠全集·奏稿四》,第428页;编号7—12,(清)左宗棠:《围攻马家河滩贼堡安置拔出陕回片》,《左宗棠全集·奏稿四》,第428页。内除壮丁400名充为营伍,妇女570人留养广武营外,其余解赴平凉,最后到达者有1万余人。其中由前安插平凉回族认领亲眷500余名,其他约9 400人安插在化平川;编号13—21,(清)左宗棠:《招讨王家疃助逆悍党何生洲及河州乞抚情形片》,《左宗棠全集·奏稿五》,第2页;编号22—24,(清)左宗棠:《魏道光焘禀奉文安插回目禹得彦等由》《安插西宁迁出回民札各州县营局》《秦安县程令履丰禀续到西宁抚回实在无处安插情形由》,《左宗棠全集·札件》,第317、533、324页;(清)左宗棠:《答陈舫仙》,《左宗棠全集·书信二》,第379页;编号25,(清)左宗棠:《克复肃州尽歼丑虏关内肃清折》,《左宗棠全集·奏稿五》,第460—468页;编号26,四川省地方志编纂委员会编,周锡银主编:《四川省志·民族志》,第369页;达鹏轩:《盐亭回族的来源和初步发展》,《盐亭回族》,第15页;编号27,(清)马长寿主编:《同治年间陕西回民起义历史调查记录》,第465页;编号28,马长寿主编:《同治年间陕西回民起义历史调查记录》,第458页,编号29,马长寿主编:《同治年间陕西回民起义历史调查记录》,第454页;(清)左宗棠:《固原回众自相戕害伤员镇压片》,《左宗棠全集·奏稿三》,第512页;编号30—32,马长寿主编:《同治年间陕西回民起义历史调查记录》,第391—392页〕

第四节 本章小节

这一时期的人口迁徙又可分为两种类型,即自发的避难型人口迁徙和官方组织的安插型人口迁徙。前者集中表现为从东到往西飓风式的人口迁徙和从中央往边缘蛙跳式的人口迁徙两大特点。同治战争起于关中渭河两岸,在官方军队的驱赶之下,关中回族从北往西迁徙,规模庞大,人数众多。这批人口散落在由关中往西经河西走廊直到天山南北的广大区域之内,部分人口甚至远徙至中亚腹地。而中央往边缘蛙跳式的人口迁徙则比较零星,以个体或小团体为主,这批人口不但散布在与西北接壤的山西、河南、湖北、四川等省区,甚至也包括山东、云南等非相邻省区。

战后官方组织的回族安置是战争善后事宜的重要组成部分,也是这一时期西北回族人口迁徙的一种重要形式。甘肃省内战事,以宁夏金积堡、河州、西宁和肃州四处为核心。每处战事结束之后,官方都组织有较大规模的人口迁徙和安插。因此,从时间顺序上来看,大致可以分为四拨。客居回族悬于迁出地、暂居地与被置地各方之间,各方利益纠结,彼此相互博弈。因此,对这批人口的迁徙与安置极其复杂而棘手。经过细心筹划和精心组织,最终,四拨迁徙人口总量多至 6 万余口,其中主要是散落甘肃的陕西回族,也有部分甘肃籍的客居回族。这批人口最终被安插在以化平川、张家川为中心的平凉与秦州交界的陇东一带。

同治以前西北地区回族的人口规模约占全国回族人口总数的 80%。贯穿整个清代的西北回族人口迁徙,尤其是向区域外迁徙,减小了该区域回族人口在全国回族人口中的比重,增加了回族人口在空间分布上的平滑度,奠定了中国当代回族人口空间分布的格局,影响极其深远。

第七章　城居与防守：微观视角下小民逃生的一个侧面

本章从微观的视角出发，主要探讨小民同治西北战争期间在城内（行政治所类城市、散布乡间的建有围墙的堡子和寨子）的居住与防守，并由此展现战争状态下，小民避乱逃生的真实场景，进而希望能够通过这种研究和阐述，或多或少地可以揭示小民的逃难模式与人口损失的关系。

第一节　战时小民逃生原则与城居的场景

对于一般小民而言，就近而不越级是战时逃生的基本原则。战争期间，那些散布乡间，可达性较好，筑有围墙并且有一定防守力量的乡村堡寨，是普通民众避难求生的首选之地。一方面，更加坚固的治所城市，因为绝大多数人最终获得保全，安全性更高，对避难小民的吸引力也更强；另一方面，相对于大多数的乡村堡寨，治所城市一般拥有更为宽裕的内部空间，可以容纳更多外来人口，因而涌入了大批附近小民。比如渭源县战时四乡遭多次侵扰，掳掠杀戮甚众，但县城未受攻击，乡民乃议"'贼两次掠渭，未敢攻城，可徙居之'，城中骤增居民万千，市巷充阗"①。然人聚之处，亦是财聚之处。人财所聚，乃利之所在，危险亦由此生。另外，堡寨治城这类核心聚落又多处水陆要冲，极具战略价值。因此，参战各方的争夺与攻伐相当激烈。从聚落的角度讲，对堡寨治城这类核心地方的战守攻防，是整个战争的重要组成部分。

---

① 民国《创修渭源县志》卷六《回变纪略》。

第七章 城居与防守：微观视角下小民逃生的一个侧面

承平日久，小民难知未雨绸缪，此人之常情。另外，修堡筑寨，耗费巨额，人工、财物等一切所需多出自地方。尤其乡村堡寨，概由本堡民众负担。基于各方面的考虑，一般而言，如无特殊原因和需要，堡寨治城的围墙大都修得比较短窄，城墙包围的区域自然也就比较狭促。对于兼具政治、经济及文化等多重功能的治所城市来讲，衙署、坛庙、书院、仓库及监狱等大量必备的权力机关和公共设施占据了较多空间，城墙以内真正可供普通民众居住的地方并不宽裕①。以西安为例，军防和城防几乎占据全城接近一半的面积，城市空间非常拥挤②。

战争起时，这些有限的空间，首先，当然要保证本地居民的安全需要。而日用所需一切物资，亦以满足本地居民的需求为第一要务。大量外来人口涌入，与原来住户混杂聚居，空间顿显狭促，住房成了首先要解决的问题。有钱有权者，或可赁房而居，比如鄠县首团顾寿桢举家迁至省城，在湘子庙街租赁房屋居住③。致仕郑士范入同州府城后，亦赁屋而居④。对于绝大多数的普通小民而言，则远没有这么幸运。不管是廊前屋后还是庙宇寺观，抑或是街口渠旁，城内举凡能立足之处，皆为安身之所。战事起后，同州府"城外汉民移入者甚多，廊前树下到处是人。井水不够用，大小便都成问题"⑤。其中大荔县石槽村村民多在城隍庙附近搭棚暂住⑥。凤翔府城的情况亦不乐观，"居民扶老携幼，纷纷逃窜至城者，一日数万人。……三四日间，满城露宿篷楼，几无空隙地"⑦。

除了居住之处，很多平时习以为常、没有多少人关注的事情，比如粪溺、垃圾等污秽废弃之物的处理，在人口骤然增加的情况下也都成了比较棘手的问题。传统中国社会，人畜粪溺，尤其是人粪，向来都是重要的农业肥料，因而也是一种可交易的商品。在人口居聚的城镇等处，很早之前，就出现了专门从事相关职业的人群⑧，从收集、运输到加工、销售，有详细的分工与合作，产业链相

---

① 路伟东：《晚清甘肃城市人口与北方城市人口等级模式》，《复旦学报（人文社会科学版）》2015年第3期。
② 史红帅：《明清时期西安城市地理研究》，北京：中国社会科学出版社，2008年，第114页。
③ （清）顾家相：《孟晋斋年谱》，见（清）顾寿桢编：《孟晋斋文集》附录。
④ （清）李慎：《郑冶亭先生事略》，见马长寿主编：《同治年间陕西回民起义历史调查记录》，第350、359页。
⑤ 马长寿主编：《同治年间陕西回民起义历史调查记录》，第107页。
⑥ 马长寿主编：《同治年间陕西回民起义历史调查记录》，第119页。
⑦ （清）余澍畴：《秦陇回务纪略》，见中国史学会主编：《回民起义》第4册，上海：神州国光社，1952年，第222页。
⑧ 城镇粪溺的交易，较早的文字记载大概出自南宋人的笔记："杭城户口繁多，街巷小民之家，多无坑厕，只用马桶，每日自有出粪人去，谓之'倾脚头'，各有主顾，不敢侵夺，或有侵夺，粪主必与之争，甚者经府大讼，胜而后已。"吴自牧：《梦粱录》卷一三《诸色杂货》。

当完整①。及至战争爆发,各地堡寨治城多遭围困,粪溺从人口居住区到农业耕作区的转输过程被打断,污秽开始不断累积,细菌逐渐滋生,城内由此逐渐变得越来越脏乱,并往往引发严重的瘟疫。如凤翔府城,被围之后城内"秽积满衢,自夏徂秋,疫疠大作,死亡甚多,至有全家无一生者。守城委钱荫庭、梁倍各家,悉患疫死,有仅存遗孤,有竟绝后者"②。这种情况显然并非仅限于凤翔,战时治所城市被攻破者虽不多,但遭围困者却不少,城市被围困时间越久,这一问题就变得越严重。

围城日久,粮食、饮水等一切生活所必需,更不敷用。对于普通小民来说,争夺这些基本生活资源实际上就是争取更多的生存机会。而对守城者而言,青壮人力与物资均为困守所必备。大量难民入城,一方面,虽然在一定程度上意味着可以吸纳更多有生力量积极防守;但是,另一方面,却又不得不面对分沾资源的窘境,尤其是大量老弱妇孺对于城守基本上没有作用,却白白增加消耗。本地居民与逃城难民之间,彼此利益互相纠葛,冲突与矛盾亦由此而生。

为保护原住居民的利益,随着战事的推进,越来越多的堡寨治城开始关闭城门,不再接纳新的逃难人口。大量避难小民被拒之于门外,无处躲藏,往往寄身城墙之下,以求守城兵士可以隔墙庇护。但上无片瓦,下只寸土,日晒雨淋,无所遮蔽。且身处两军之间,多为攻守双方所杀戮误伤,看似身处平安之所,实则立于危墙之下。礼泉县城被围之后,大量逃难小民不得入城者,"俱栖于城壕侧。露天湿暑,秽气薰蒸,多生疾病,老弱死者无数。回又每夜乘隙杀戮,城上虽闻哭声,不能拯救;有时招之即来以木石,多误中难民,因是难民多移集城外仲桥、西北城外望乾桥下。至二七日,天忽大雨,回分两股往西南去,忽又折转东北。至夜,复大雨如注,漂没难民百余人,城北沟内洪水暴发"③。凄惨之情难以言状。时人有诗记曰:

> 蒲伏到县城,依依傍城趾。
> 抱薪就地铺,围壕比比是。
> 夏月暑炎天,饥渴不得死。

---

① 任吉东、原惠群:《卫生话语下的城市粪溺问题——以近代天津为例》,《福建论坛·人文社会科学版》2014年第3期。
② (清)余畯澍:《秦陇回务纪略》,见中国史学会主编:《回民起义》第4册,第244页。
③ 马长寿主编:《同治年间陕西回民起义历史调查记录》,第307页。

时或雨连绵,无有干行李。
贼匪日围攻,自分长已矣。
所幸城垛头,铳炮差堪恃。
……
白日畏炮开,偏来黑夜里。
城上辨别难,矢石不能指。
短刀与长矛,喊杀顷刻起。
贼肆犬狼威,民生生活理。
或闻唤爷娘,或闻呼哥姊。
长者犹衔怨,可怜惟赤子。
呱呱而乱啼,痛入人骨髓。
但听号哭声,不知谁生死。
一夜三五惊,吞噬任封豕。
来朝看僵尸,颠倒何累累。

第二节 战时城市固守成功的重要因素

战时各堡寨治城凭墙固守,可以久持并终获保全,究其原因,愚民往往指为关帝显灵,诸神庇护。同治三年三月,甘肃永寿县甘井寨受到回族攻击,危急之时,风沙大作,得以保全。众皆以为"关圣帝君显圣击退也",乃于战后修关帝庙以答神庥①。同治战争期间,类似关帝威灵感应的传闻与记载,官私文献不绝于书;三原人旧时不杀牛,此风俗源自同治战时。传闻当年回军以牛拉炮,轰击三原东关。但燃炮之后,牛反向而行,炮口倒转,回兵死伤惨重,三原县城因此转危为安。小民皆以为这是牛圣显灵,遂"在三道庙附近修了一座'救急牛王'庙,每年奉祀不衰"②。

关羽忠勇仁义,后世称为武圣,位列四大正神之首③。明清以来,更逐渐成

---

① 光绪《永寿县志》卷一〇《别录类》。
② 马长寿主编:《同治年间陕西回民起义历史调查记录》,第225页。
③ (明)谢肇淛:《五杂俎》卷一五《事部三》。

为标准化的国家崇拜,家祠户祷①,妇孺皆知。西北边地,民风彪悍,寇警突驰,乡村城堡,几乎每处都建有关庙,以求护佑。实际上,所谓关帝显灵,诸神庇护,只不过是惨烈战争状态下,无助小民心理上的自我安慰。城堡历经战争而终获保全,或因城高壕宽,易定难攻,或因人多势众,积极防御,或因地处偏远、未被强攻等。原因多种多样,每地亦各有不同,但实皆与鬼神无关。除了普遍意义上的堡坚人众、防守得力之外,还有些基本要素,每处则大概相同或类似,即如以下几点,应缺一不可。

一、粮食与城守

古人云"兵马不同,粮草先行",攻守战备,首要前提就是维持最基本的食物供应。粮食为人生存每日所必需。同治战时,众多城堡,无力久持,最终沦陷,最重要的原因之一就是粮食给养短缺。战后官私文献中有大量旌表捐粮守堡活民的事迹,如皋兰南乡侯回锡,战争期间就将家藏小麦二十余石,慷慨散给邻里而不取值。会宁郭家岔堡郭树枛积有粮食,乡邻避于其堡者千三百余人,悉赖存活②。凡记于史志而旌表者,事多鲜见,此类故事恰恰是战时粮食短缺的最好反证。

食物匮乏,或是被对手断绝来源,会直接导致军队瓦解;而进攻者,则可不战而屈人之兵。因此,粮食亦为克敌制胜之利器。战争期间,攻守双方为争夺粮米食物,或断绝对方粮道,百计皆施,杀伐甚烈。为增加粮食供应,回军对于那些放弃抵抗、主动或被动纳粮献贡者,给予庇护,不少汉人因而免于祸。这样的例子很多,如礼泉县很多村民,在回兵未到之前,就派人前往接洽,商讨有关支差事宜,并供给粮食、草料等,村民最终多得活命③。

治所城市,民多官众,人口原本就众,又涌入大量逃难人口,需求骤增,给养缺乏问题较为突出。如陕西省城西安,原有人口就有十余万④,"又添避难男妇万余人"⑤,自同治元年六月初四日被攻,道里梗塞,米面盐炭一切日用之物,皆极度匮乏。守城将官多次派兵到近城河滩草店地方抢运给养,双方于此处攻伐

---

① 包诗卿:《明代军事活动与关羽信仰传播》,《中州学刊》2008年第3期。
② 光绪《甘肃新通志》卷七三《人物志·孝义上》。
③ 马长寿主编:《同治年间陕西回民起义历史调查记录》,第298页。
④ 史红帅:《明清时期西安城市地理研究》,第409—415页。
⑤ 同治元年六月二十九日(庚辰)托明阿、瑛棨、孔广顺奏,《平定陕甘新疆回匪方略》卷一五。

数次①。同治三年夏，甘肃省城兰州发生饥荒，"粮价益贵，斗至三四十金无粜者，道殣相望。饥民割死人肉食之，继乃杀人而食。携持男女赴河者，官至不能禁"②。临潼为省城西安门户，城小而积少，被围以后，所有给养，仅靠骊峰一线可以转运，攻守双方亦于此处发生激烈争夺。由于城中极度乏食，"难民徒手入城者，数日相继饿死。……难民争欲出城挖菜充饥，禁之不可……病饿死者，日计百余人；出城被戕者，日计数十人"③。

为解决粮食问题，守城者百计皆施。有抢粮开源者，如礼泉县就乘打斗间隙，于四月二十一日，开北门抢收熟麦三日④；亦有减员节流者，如固原州城被围期间，守城者"每夜择老幼乘间用布缠之缒城下"⑤。记史者称，小民赖以脱祸者不可数计。凤翔围城期间，亦有"阖城百姓男妇聚集环跪，乞求开城逃生"⑥。实际上，城中老幼病残等人进城本为逃命，况其中有原本就住城内者，这批人自愿离开城市的可能性不大。真正的原因应该是，老幼病残根本无力守城，只会增加粮食消耗，城中给养有限，将这部分人口驱至城外，可以节约粮食。陕西按察使张集馨在同治二年三月的一份奏折中称，"省城难民数万，闻抚巡意欲分散各属以为移民就粟之举，免耗口食，计亦甚善"。所谓难民分散各属以为移民就粟之举，实则逐出城外自生自灭而已⑦。

有限的粮食能保证本城堡人口基本需求已属不易，若有外来人口分食，则更不敷用。因此，乡居小民想要进入附近，尤其是那些根本与己无关的堡寨，可能也不是一件容易的事情。泾州人完颜瀛，战争期间曾奉父就食凤翔，及归，途经灵台县属之三里原时遇有大兵，乃负父往投附近堡寨。堡人闭门不纳，"瀛长跪哀恳请缒其父上城，己寄宿堡门外。堡人许之，天明贼去，附近各村堡悉被掠，此堡独存，堡人谓瀛孝感所致，遂增饼饵，资以归奉"⑧。堡因孝行感动神灵而终获保全，显系无稽之谈。堡人关闭堡门不纳生人，当然首先出于安全考虑，但恐怕也有恐人多增加粮耗之担忧。

对于那些遭到长期围困的治所城市，道路绝断，给养无法及时补充，缺粮问

---

① 民国《续修陕西通志稿》卷一七三《纪事七》。
② （清）杨毓秀：《平回志》卷三，见中国史学会主编：《回民事变》第3册，第126页。
③ （清）谢恩诰：《再生记》，见马长寿主编：《同治年间陕西回民起义历史调查记录》，第156页。
④ 民国《续修礼泉县志稿》卷一一《兵事志》。
⑤ 光绪《甘肃新通志》卷七三《人物志·孝义上》。
⑥ （清）余澍畴：《秦陇回务纪略》，见中国史学会主编：《回民起义》第4册，第240页。
⑦ 同治二年三月二十六日（壬申）陕西按察使张集馨等奏，《钦定平定陕甘新疆回匪方略》卷三九。
⑧ 光绪《甘肃新通志》卷七三《人物志·孝义上》。

题尤为严重。而守城者对于粮食的重视程度与绸缪之策,则直接影响了最终坚守的成功与否。比如,泾阳县城与凤翔府城被围的经历大率相同,但最终两城一破一保,结局完全不同,粮食问题是造成这种差异的重要原因之一。

泾阳地处关中腹地,泾水之阳,土沃民丰,自古农业发达,乃陕省著名产粮之区,与高陵、三原等县号称"关中白菜心"。同治元年回族起手之初,泾阳绅民有贮粮守城之倡议。然泾邑头号绅士致仕太常寺卿聂沄以粮多招寇为由加入反对,故城中储粮不多①。及至六月初,杨文治等人率众攻城,百计皆施,均未奏效。乃用绳索环绕城间,系铃拴狗,以为预警,将全城困为铁桶,城内外联络遂完全断绝,粮米盐茶一切生活必需无法补充。及至七八月间,也就是围城仅一两个月之后,城内就开始乏食,出现严重饥荒,斤面涨至十五两仍不可得,小民以皮屑、槐豆、药物、牛马皮煎煮充腹,守城兵勇则杀马屠狗以充饥。

一首泾阳民间流传的口歌,相当形象地描绘了当年围城之时城中缺粮之凄惨景象:

> 只因得城外头闲草不见,
> 城里头老和幼谁不熬煎。
> 一斤面十五两铜钱半串,
> 一个饼五两五半串铜钱。
> 拿上钱买不到一点米面,
> 大半人没度用饿死里边。
> 买卖人有货物不能化变,
> 手拿着白银子恨地怨天。
> 到如今你不当半碗茶饭,
> 到不如将银钱掷撒满院。
> 器了声苍天爷谁不可怜,
> 衙门里无度用方子想遍。
> 将好马一个个杀得吃完……

---

① 聂沄,字雨帆,泾阳西关人,道光年间举人,朝考七品小官,以礼部主事擢军机章京。深受知于成庙,后因穆党被参,归籍办团练。聂反对储粮备战,民间多称其意在屯粮居奇,以获私利。清末县人《春冰室野乘》亦有记载。《泾阳乡土志》有聂沄传,但行文颇为随意。由此观之,传闻或有一定真实性。总之,不管是何原因,战时泾阳城内储粮较少,当是事实。

> 城外头逃难的没有事干,
> 他一心梦想着要赚大钱。
> 一个个在泾阳四路送面,
> 谁若是要送面命不周全。①

周围各县小民贪利前往泾阳卖粮之事,口碑史料中有较多记载,比如礼泉县小民就有趁夜冒死前往者。城内的居民,先把钱或银子从城上吊下来,卖馍的再把馍给吊上去。其中有因此而发财者,更有因此而丧命者②。小民贪财冒死,零星资食,与城内所需相比,无异于杯水车薪,显然无法解决根本问题。泾阳围城期间,周围官军及各县民团曾多次试图往泾阳馈粮,但自六月初围城后的半年多时间内,仅十一月底三原同德粮局募夫数百,由官军及乡勇千余护送,侥幸成功一次。返程兵勇,又遭劫杀,泾阳自此援绝③。十二月初四日五更城破,绅民男妇死者七万余人④。

与泾阳县城相比,凤翔府城被围时间更长,从同治元年八月底到同治三年正月初,前后长达一年四个月有余,远远超过泾阳县的七个月围城。回军自围城以来,挖地道,埋地雷,竖云梯,用炮轰,百计皆施,皆未成功。同治二年三月后,乃采取久困之计,于"城西南数里外,挖掘长壕,壕外用大绳绕匝,系以铃及猛犬。人触之,铃响犬吠,贼拦杀无可脱者"⑤。绳外营寨遍布,四面合围,水泄不通。其攻城与困城之策与合围泾阳之时,简直如出一辙!

同时,凤翔府城人口更众,所需粮食更多。然城内直至同治二年四五月间,也就是回军绳索围城之后,才开始出现乏食的情况,常社诸仓告罄,油薪日用诸物亦匮乏,公私迫蹙,民间多以糠秕菜食充饥⑥。但此后仍然坚持数月,直至七月上旬,也就是围城整整11个月之后,城内才真正开始出现比较严重的饥荒。史载其时全城"杀骡马,掘鼠雀,搜罗菜根、树皮、药材、海菜,啖啮疗饥。……且骡马不易得,有以犬肉作伪者。炬油早用完,市厘屯蓄之膏蜡并燃尽,城守暗中

---

① 马长寿主编:《同治年间陕西回民起义历史调查记录》,第154—155页。
② 马长寿主编:《同治年间陕西回民起义历史调查记录》,第294页。
③ 光绪《三原县新志》卷八《杂识》。
④ 宣统《重修泾阳县志》卷七《武事》。
⑤ (清)张兆栋:《守岐纪事》,见中国史学会主编:《回民义义》第4册,第279页。
⑥ (清)余澍畴:《秦陇回务纪略》,见中国史学会主编:《回民起义》第4册,第237页。

摸索,附城内外树木先伐为薪,濯濯一光。每当晦夕阴宵,几成冥界"①。即便如此,在这之后,凤翔城仍然又坚守了五个月之久,直至陕西提督陶茂林援军赶到,最终围解,全城得免。凤翔城能够坚持16个月之久,终得保全,究其原因当然有很多。但这其中,粮食充足,尤其是官私粮资各有所出,应该是最主要的原因之一。而战时凤翔城内粮食充足,主要有以下三方面原因。

首先,粮食丰收,官仓足额。凤翔乃岐雍之地,为关中著名产粮之区,道咸以来二十余年,没有发生严重影响粮食生产的水、旱、蝗等灾害。史称"遍地麦禾,收成丰稔,官则仓库足额,民则盖藏充盈。夜不闭户,路鲜丐者"②。所言虽多夸张之词,但战前多年风调雨顺,官私粮储丰富,亦是史实。城内官仓足额,战时自然有从容周旋的余地。守城之初,绅民皆不愿捐粮助战。团勇丁壮及其他守城人员粮饷,尽发常平社仓以济之。小民私心守财以自持,虽人之常情,但这也从一个侧面说明,当时形势尚不甚危机,官粮较为宽裕,尚不至于从民口夺食。这一举措,实际上起到了储粮于民的效果,民藏每家不多,但总量惊人,犹如沙中之水,虽涓涓细流,但不易枯竭。这为日后久持提供了基础。

其次,措施得力,民仓较丰。凤翔战事晚于东府,战守经验,多可借鉴,预为筹备。同治元年八月初,凤翔战起,小民扶老携幼纷纷涌入城中避难,郡守张兆栋下令只许携带资粮者入城③。这一举措,极有远见之明。虽小民仓皇逃生,虽不可能携带过多资粮,但至少可以在一定时间内自给,不至于出现临潼、泾阳那种围城不久即发生米荒,小民多被饿死的惨剧。凤翔扼陇蜀咽喉,商业繁盛,富室众多,仅东关一带,街市就十数里,坐贾万余家,百货充牣。这批人入城,大多有备而逃,粮资充足,远超个人所需,极大补充了城内储备。因此,战前城内民间储粮较足,且相当长的一段时间内,未受到盘剥挤榨。粮资散于民间,小民因此多得活命。

再次,间或贸易,略有补充。除了城内公私自有粮食,同治二年春夏间城中正乏食之际,凤翔府城亦有短暂贸易机会,粮食及其他日用所急需之物,得稍许补充。根据当年参与守城的凤翔知府幕僚余澍畴讲述,"时城中常社诸仓告罄,油薪日用诸物亦匮。公私迫蹙,忽有乡民负贩至。始甚疑焉,继而察之,方知逆巢麋聚日众,急需茶布。盖逆之需茶也,甚于饔飧。其布,为生者衣,为死者捆,

---

① (清)余澍畴:《秦陇回务纪略》,见中国史学会主编:《回民起义》第4册,第249页。
② (清)余澍畴:《秦陇回务纪略》,见中国史学会主编:《回民起义》第4册,第253页。
③ (清)余澍畴:《秦陇回务纪略》,见中国史学会主编:《回民起义》第4册,第222页。

回俗使然。当贼初起时,东路城市诸货多运寄郡城,茶布尤多。及时,周围千百里市井凋残,故彼许投回乡民贩货,来城交易,夹带粮食,罪无赦。其人得逆暗号,问答相符,即放行。盖逆意以掳积鸦片、盐斤及日用无足重轻诸货,以资其所急需。而我亦以货易货,无所损益。且可混杂出入,侦察的确,遂许其互市。每日黎明,贩者至南关,由城各营弁勇占验,开栅给签而进。至城下,重价市之,抚慰备至。由南城委员经理,从城关悬以上下,市毕,收签放出。由是城中货物稍有来源,白米亦间有升斗暗藏布市者"①。凤翔南关这种以物易物的活动持续时间较短,前后不过月余。至七月初九日,回军再次攻城,双方死伤较多。此后,贩者裹足,交易终止。交易期间,粮食仅为夹带而来,数量极有限。即便如此,通过这种方式获得的有限粮食,不但解决了城内断粮的燃眉之急,也为之后凤翔城仍能坚守数月之久提供了有力的支持。

西北原本产粮之区,关中、宁灵、兰巩及河西等处,均土沃民丰,粮产尤多,不但可以自给,而且能够对外大量输出。现有研究显示,战争爆发前,在陕甘两省的主要产粮区,与往年相比,严重影响粮食生产的旱涝等自然灾害的发生频率,并无太大变化②,部分地区,如前文所述之凤翔等府,甚至风调雨顺,粮食连年丰收。大量青壮从军,虽然直接减少了从事农业生产的劳动力人口,对粮食生产造成重要影响;但另外,战时大量人口死亡,也极大地减少了对粮食的总体需求。那何以在同治战时各地普遍出现较为严重的缺粮现象?究其原因,首先当然是战争本身导致的粮食减产。大兵来时,小民四散逃生,根本无暇顾及农事,往往延误农事,无法按时播种与管理。而没有成熟的粮食因双方争夺而草草收割,已经成熟的粮食,也往往因为战争无法及时收割。同治元年八月中旬,华州"难民乘隙收麦、拾棉、摘柿、焚纸钱、拉畜者多被杀戮"③。

除此之外,市场化的粮食运销体系也是造成战时粮食短缺的重要原因。清代商品粮贸易比以往任何朝代都更加繁盛,各地区各阶层人们所需的粮食,大部分都依靠粮食市场进行调剂④。陕甘作为全国重要的粮食主产区,不论区域内部还是对外,粮食运销都比较频繁,市场发育成熟。如陕南汉安两府,清中以后,

---

① (清)余澍畴:《秦陇回务纪略》,见中国史学会主编:《回民起义》第4册,第237页。
② 张连银:《自然灾害、仓储与清代甘肃的粮价(1796—1911)》,《兰州学刊》2014年第8期;邵天杰、赵景波:《关中平原近200年来洪涝灾害研究》,《干旱区研究》2008年第1期;赵景波、李艳芳、董雯、王娜:《关中地区清代干旱灾害研究》,《干旱区研究》2008年第6期。
③ 马长寿主编:《同治年间陕西回民起义历史调查记录》,第81页。
④ 邓亦兵:《清代前期的粮食运销和市场》,《历史研究》1995年第4期。

所产粮食多顺汉水而下,运销往襄阳、汉口等处①。兰州之麦,顺黄河而下,中卫之稻则可逆挽②。关中产粮更多,顺渭水东出潼关,运销晋、豫各省。陕省咸阳是重要的粮食集散地,本省粮食在此集中,运销山西的数量相当庞大。仅乾隆八年七月至八月"运往出境者已不下二十万石"③。

清代商品经济发达,银钱需求量大,不论普通农户还是地主富农,凡依仗土地为生者,日常生活、婚丧嫁娶、生产用具以及输贡纳赋等一应开支,所需银两,大多来源于粮食出售。清人自称"输贡赋则需钱,以供宾客修六礼则需钱,一切日用蔬菜柴盐之属,岁需钱十之五六。钱何来,惟粜粟耳"④。督抚奏折、地方史志以及个人文集等各类文献中,均有大量相似记载。对于贫户来说,"家无二日之储,所食之粟,每日籴买"⑤,是很普遍的事情;而一般农户"欠岁则糊口不给,屡丰则谷贱如泥,公赋私交之费,俱无所出"⑥,亦是常事,是以终岁稍有所余,便会立即变卖,以补所需;只有少数富户,家中余粮较多,但囤积居奇,其最终目的也是待价而沽,以求谋利。

清代延续了前朝的储粮政策并有所发展,在地方设立常平、裕备、社、义等官民仓廒,以平抑粮价、济荒救灾。虽然制度完备,奖惩兼施,但实际运作中,捐纳征收,粜籴买补,事繁时长,易生弊端。乾嘉以后,朝廷虽三令五申,非但无法禁止,相反愈为严重⑦。及至战前,西北官私仓廒有名无实,储粮亏空现象非常普遍。同治皇帝三年上谕:"近来军务繁兴,寇盗所至地方,每以粮尽被陷。推其原故,总由各州县恣意侵挪,任令米粟空虚,遇变无所依赖。"⑧八年再谕:"军兴以来,各省仓谷,率多空虚。"⑨可见问题之严重。

小民售粮换钱,大量粮食外运,直接导致民间少有积储,鲜有盖藏。同时,官私仓廒,储粮亏空,皆不足恃。而西北战事起于同治元年四月中旬,离麦收还有一个多月时间,新粮尚未收获,旧粮已经告罄,正处青黄不接之时。大战既起,刀兵相向,粮道梗阻,内粮不足,外粮又不至,既官军亦时常为缺粮所困,小民则更

---

① (清)严如熤:《三省边防备览》卷一四《艺文下》。
② (清)梁份:《秦边纪略》卷四《靖远卫》。
③ 乾隆八年八月二十五日陕西巡抚塞楞额奏,载《历史档案》1990年第3期。
④ 乾隆《嵩县志》卷一五《食货》。
⑤ 《清圣祖实录》卷一五九,"康熙三十二年六月庚子"条。
⑥ 乾隆《栖霞县志》卷一《疆舆志·物产》。
⑦ 李映发:《清代州县财政亏空》,《清史研究》1996年第1期。
⑧ 《清实录·穆宗毅皇帝实录》卷九二,同治三年正月庚午上谕。
⑨ 《清实录·穆宗毅皇帝实录》卷二六二,同治八年七月癸酉上谕。

万难赈济。在这种状况下,粮荒已不可避免,大量人口死于饥饿。

二、水源与城守

粮食与饮水皆为维持生命所必需,缺一不可。现代医学常识表明,一个健康的成年人,在没有任何食物的情况下,只要有足够饮用水,其生命体一般可以维持一个礼拜左右,而人在全饥饿下的生存极限甚至可以达到 20 天以上[①]。相反,如果只有食物而无饮用水,大概只能存活 3 天左右。显然,相对粮食而言,人体对饮用水的需求更加强烈,也更加迫切。然而,翻检各类官私文献,尤其是事件亲历者的记述,整个战争期间,各地饥渴缺水的记载似乎并不多见,给人最直观的感觉是,战争期间,饮用水问题并不严重,缺水造成的影响似乎也远没有缺粮造成的影响严重。但实际上,真实的情况可能并非如此。

整个西北,除关中、陕南等小部分地区以外,其他大部分地区年降水量多在 400 毫米以下,属于干旱、半干旱区,用水问题历来比较突出。以陕西为例,虽然各地自然条件不同,采用"南塘、北窖、关中井"的不同用水方式,但人畜饮水大都较为紧张。其中陕北黄土丘陵沟壑区,即清代的延、榆、绥、鄜诸府州,用水尤为困难。1973 年的调查显示,延长县一般年份,全县约 40% 的人口饮水困难,平均每年约 15% 的劳动工日要用于生活取水。在黄陵县的部分乡镇,这一比例更是高达 30% 以上。南部秦巴山区,虽然自然降水较多,但绝大多平川狭窄,河道下切较深,喀斯特色形发育,地面渗漏快,雨停水去,存蓄不易。小民多有"听水响,看水流,吃水真发愁"之叹。即使水土条件最好的关中地区,也有相当多地方吃水困难。如渭以北旱原以及渭河以南的秦岭北麓高地,地下水埋深多在百米以上,土井一般深二三十丈,"各村用窖储雨水以资饮,夏日却天旱之时,井水不足,窖水东西又无,往往有十余里取水于谷者"[②]。其他诸如富平、蒲城、郃阳、韩城、大荔等州县,土井亦极深,取水要使用双下索辘轳汲水,需数个强劳力协作方可,用水也相当困难。是以乡村市镇及至治所城市,凡有水井之处,多有绳制,从挖井、维护、盘绳、汲水时间和汲水时的劳动组合等,均有较完善的制度[③]。

陕省各县,尤其关中西同两府在渭水南北分布的各县,是战争的发源地,也

[①] 邓开盛、程明亮、王小林、穆茂、杨国辉、郑松、蔡秋:《高矿物质水与人类生存极限的关系》,《中华医学杂志》2011 年第 91 卷第 27 期。
[②] 民国《澄城县附志》卷三《政经志》。
[③] 胡英泽:《水井与北方乡村社会——基于山西、陕西、河南省部分地区乡村水井的田野考察》,《近代史研究》2006 年第 1 期。

是战时打斗最激烈的地方。在日常饮水就普遍如此紧张的情况下,战时不可能不发生用水困难。战争期间,参战各方围绕水源及饮用水问题,展开过激烈的对抗与制衡。不少地方,尤其是那些长期被围困的人口聚居之处,都发生过不同程度的缺水问题。比如礼泉县同治二年正月间,大小逃难小民入城,至五月初,官府开始组织人在城内掘井,可见此时城内已有缺水之虞①。甘肃很多地方高亢,平时饮水就很困难,战时被围,极易陷入缺水困境。比如陇西分县武阳龙锋堡,自同治二年二月被围,长达四月之久,"堡中至煎败皮捣树屑以食,绝水又死者甚众"②。部分城堡,甚至因缺水而被攻破。比如鳌屋县的史务堡,同治三年五月中旬遭到围困,"堡在半山腰,其险可守,唯不能凿井,引渠水食用。贼侦之截流,人畜多渴死,城遂陷"③。

官私文献中关于战时缺水问题记载较少,究其原因,主要可能是大部分地区饮用水虽然缺乏,但却并不像粮食那样会完全断绝,不至于对生存构成直接的威胁。尤其是战争的中心区域,比如关中、河西、宁夏、河湟等处,或有较多的地表径流,或有极为丰富的浅层低下水,饮水比较丰裕。以关中为例,地下水位只有数米,极易打井取水。一份川陕总督查朗阿奏报陕省凿井事宜的史料显示,早在乾隆初年,陕西的西、凤、同、汉四府及邠、乾二州,已开水井总数高达14万余眼④,其数目相当惊人。甘肃各处情况类似,宣统人口调查"地理调查表"对各村镇治城的水井情况多有记载,其数目亦相当庞大。虽然这些水井大多用于农业灌溉,后世亦多有倾圮废弃,但就解决人畜饮水问题而言,应该不是难事。而这一主观认为的战争中心区域饮用水看似较为丰裕的情况,又往往被视为整个区域的普遍特征。

实际上,战争爆发后,被难小民,尤其是老弱妇孺大量投井自杀,或无人及时打捞清理,或历经酷暑盛夏,很多水井遭到污染,饮水已成问题。同治元年八月,胜保带兵入关,此时开战仅数月,省城附近,井中皆有积尸,求水已不可得⑤。同治二年三月二十一日(戊辰)上谕称,"闻军士前因村镇井水不洁,饮之多生疾病,现更多疯癫软脚之症,回性凶狡,恐其于河水上流置毒,不可不虑,可多凿新井以汲水,或多置解毒之药于水中,并可将病疫之人另为一营,派弁照料,无

---

① 民国《续修礼泉县志稿》卷一一《兵事志》。
② 光绪《陇西分县武阳志》卷四《忠节》。
③ 民国《重修鳌屋县志》卷八《纪兵篇》。
④ 吕小鲜:《乾隆初西安巡抚崔纪强民凿井史料》,《历史档案》1996年第4期。
⑤ (清)易孔昭等:《平定关陇纪略》卷一,见中国史学会主编:《回民起义》第3册,第255页。

令仍居大营,以免传染"①。官军尚且如此,小民饮水更难保证。战争起后,民众往往把注意力集中在杀戮、断粮、疾疫等直接造成人口死亡的要素上,对饮用水这种间接导致人口死亡的要素,则没有给予足够的关注。实际上持续性的饮用水缺乏以及饮用水污染,与战时瘟疫流行有直接关系,对人口造成的影响是极其巨大的。

三、饷银与城守

行军之要,首重粮饷。西北用兵,"筹饷难于筹兵,筹粮难于筹饷,筹转运又难于筹粮"②。粮食为大宗物品,量大、分重且易消耗,左宗棠称,以驼运粮,"日行一站,越二十站,驼之料,驼夫之粮,已将所负者唉尽"③。运粮之难,由此可见一斑。然粮米、军械、马匹等一干物资,及官弁兵勇所有开支,皆出于饷。军队无饷,则难以为继,更遑论战守。故饷之重要,丝毫不亚于粮。

西北地方,贫弊苦寒,陕省之外,甘新等处,向指苏浙诸省接济。然即使平常年景,各省协饷亦难足额④。况兵燹之后,东南各省糜烂,自顾已是不暇,接济更是万难。同治战争爆发后,西北兵员骤增,物价又连年高涨,所需饷银远胜于平日。自胜保入关,多、左继之,军饷一直捉襟见肘。户部同治二年二月中旬的统计显示,各省欠解甘肃一省协饷,仅山西、山东、河南三省及河东盐课项下四处就高达1 000余万两⑤。为增加饷银供给,各统兵大员无所不用其极,往往以劝捐之名,向地方强行勒索,甚或盗掘私人窖银。胜保解西安之围后,便向城内富绅劝捐数万两⑥。而多隆阿至大荔,则盗挖李氏窖银百万以充饷⑦。

---

① 同治二年三月二十二日(戊辰)上谕,《钦定平定陕甘新疆回匪方略》卷三八。
② (清) 左宗棠:《答皖抚英西林中丞》,见(清) 左宗棠:《左宗棠全集·书信二》,第101页。
③ (清) 左宗棠:《与黄恕陔少宗伯》,见(清) 左宗棠:《左宗棠全集·书信二》,第375页。
④ 同治元年十月十六日(乙未)陕甘总督熙麟奏称:"甘省之饷胥赖协拨,自咸丰二年后,所到协饷不及十分之一。"见《钦定平定陕甘新疆回匪方略》卷二六。
⑤ 同治二年二月十八日甲午户部奏,"内地省份与甘肃附近者,惟陕西、山西、四川等省,现在陕西办理军务,势难筹措。山西一省,除应解京饷以及各营协饷外,亦无专款可以指拨。查臣部前次所拨协饷,山西欠解二百五十万余两,河东盐课项下欠解八十四万余两,均属该省应解之项。……山东欠解甘饷三百七十余万两,河南欠解甘饷四百余万两。"《钦定平定陕甘新疆回匪方略》卷三六。
⑥ 同治元年十一月初四初日(壬子),《钦定平定陕甘新疆回匪方略》卷二七。
⑦ 民间传闻多隆阿盗掘李氏窖银。据马长寿先生当年调查,多隆阿死后,大荔县各处皆建多公祠,而八女井独无。究其原因,乃女井李氏大财东因私家窖银被多军所挖,对多隆阿不满所至。(马长寿主编:《同治年间陕西回民起义历史调查记录》,第102页)《大荔县志》则称,李氏家窖金百万被盗,窃贼肩金过为帅营门时,被军士查获。后金主春源大义激发,慷慨捐银助饷。(民国《续修大荔县志存稿》卷《耆旧传·李春源传》)其时春源仅十余岁幼娃,安有此大义? 且多隆阿奏报中从未提及此事,只称窖银两系攻克大荔王阁,羌白等处回村后缴获。两者对比,志书所称显系编造。多隆阿盗掘李氏窖金当无疑问。

然此等杯水车薪,完全无法解决根本问题,各营兵勇因饷绝大量饿毙。仅西安将军穆腾阿所部旗营官兵,同治二年春,因军饷不继而饥殒命者就不下二千余人①。除了减员,更大危机是缺饷引发的兵勇整体哗变。陕甘肃总督杨岳斌称"甘军一百余营引领望饷,势成岌岌,此后饷绝来源,谓不立见哗溃,臣实未敢自信"②。这种担心当然并非杞人忧天,实际上,整个西北战争期间,军队因欠饷而哗溃者,在在皆有。如固原提督雷正绾麾下曹克忠部四营共数千人,同治四年正月间,就因索饷而哗溃,不知去向③。

正规军队饷银即已如此拮据,地方守城兵勇团练更无任何指望。凤翔府自被围以后,十数月间,乞援不断,但直至围解未得一兵一饷之援。"营勇因饷不时给,初意欲乘衅生变。及未能逞,志欲投回……于六月二十日夜,溃散二千余。其未溃者,自谓始终劳苦功高,索饷愈急。县令以郑士范先奉旨办理本籍团练,有地方兵糈责。……使营勇坐其家索饷。"④从中可管窥当时缺饷窘迫之情形。凤翔乃关中膏腴之区,土沃绅富,民多窖藏,其能坚守一年数月之久,而最终得免,与地方饷源没有完全断绝有直接关系。

同治战时,还有不少堡寨治城也因饷源充足,招募大批团勇,积极组织防守,而最终得免。比如高陵县的东里堡,距北城九里,在东北门外略偏东北,"多富绅,城防诸费并饷兵,需银三十余万,顾皆堡中富绅及邑关一二家任之"。因为饷银充足,雇募了大批壮丁筑堡守城,战时附近小民避居其间者有数万之众,最终皆得保全⑤。富平的庄里镇有张氏一族,乃关中巨商,家累巨万⑥,同治中亦出巨资募人筑堡,战后全县皆遭焚掠而本镇独免。三原作为西北大布、药材最重要的集散地,城关及四乡皆富商云集,资财非常雄厚。同治战起,刘维钧、张怡绳等三原富商倡议成立"同德局"⑦,向本地商号富户劝捐饷项,用以办理招募壮丁、购置军火、采办粮秣等城防事宜。同时,进行积极的奖励与抚恤,以鼓动人心,"凡

---

① 同治二年四月初二日(戊寅),《钦定平定陕甘新疆回匪方略》卷四〇。
② 同治六年正月初七日(壬戌)前陕甘总督杨岳斌奏,《钦定平定陕甘新疆回匪方略》卷一四六。
③ 同治四年正月二十八日(甲子)甘肃固原提督雷正绾奏,《钦定平定陕甘新疆回匪方略》卷九二。
④ (清)余畴澍:《秦陇回务纪略》,见中国史学会主编:《回民起义》第4册,第243页。
⑤ (清)贺瑞麟:《清麓文集》卷四《寿葵阶余公七十序》。据马长寿当年调查,"东里堡有刘姓富户,名'崇俭堂',同治年间用九十多万两银子募人守城,所以未被攻下"(见马长寿主编《同治年间陕西回民起义历史调查记录》,第229—230页)。与贺氏记载对照,刘捐钱对象及数量均不相符,民间传闻或有误。
⑥ (清)刘光蕡:《烟霞草堂文集》卷四。李纲:《陕西商帮史》,西安:西北大学出版社,1996年,第296页。
⑦ 该局后改为"防堵局",马长寿主编:《同治年间陕西回民起义历史调查记录》,第238页。

临战死伤及奋先杀贼者,酬赏动至数千金"①。整个战争期间,"同德局"先后筹银款多达三十余万两②。三原东关胡氏,"是大富户。在城里有生意,在四川开当铺,并且放高利贷。因为有钱,所以拿出五六万银子招募壮丁守城,因之东关得保无虞"③。三原城关最终能够成功固守,与三原富商云集、民间银钱充足有直接关系。

饷银充足不一定就能固守城功,华州俗谚称"金古城,银崖坡,白杨树下拾柴火"。金古城、银崖坡得名,皆因两村多富商巨贾,非常有钱。古城以姬、马、王三姓为大姓,地主很多,且兼做商人。崖坡距城仅一里,初为货栈,因华州城内时有土匪抢劫,城内商人尚囤货于此,以避损失,后又移居,应该是比较安全的处所。同治年间,两村皆被焚掠一空,战后古城仅余三家,还是逃出来后迁来的④。泾阳县城的情况更为典型,该县是西北最重要的茶业、皮毛集地,与三原、西安成鼎立之势,共同构成整个西北地区的商贸中心,商业繁盛,富贾云集。同治战前,"有票号十余家,钱店二十余家,每月起解金标除西安、三原外,均以其间为周转调拨之柜址"⑤。围城期间,因粮食断绝,城内小民多有抱银而死者。

整个战乱期间,单就行政治所类城市而言,陕西被完全攻破者极为有限,仅渭南、高陵、泾阳、华州、华阴及韩城数座而矣,但甘肃则有数十座之多,两者对比,之所以有如此大的不同,民间资本充足与否,是最重要的原因之一。陕西商帮位列清代十大商帮之一,资财相当雄厚。尤其是在四川等处经营的陕籍商人,人称"川客家",不但把持盐业、茶业、皮货、大布以及药材等大宗货物的运销,还控制着四川等省的银钱汇兑、存款、借贷等金融业务。粗略统计,当时"三原、泾阳二县在四川开当铺有三四十家,仅在重庆的就有五家"⑥。

陕商素有乡居、窖藏的传统,"在川贸易者,多将资本运回原籍"⑦,数量相当庞大,"每年运回陕西之数,莫可限量"⑧。战争爆发时,陕西乡间有大量窖藏金银。比如渭南孝义的严、赵、柳、乔四大家族势力最大,俗称"孝义的银子,赤水的

---

① (清)杨毓秀:《平回志》卷一,中国史学会主编:《回民起义》,第3册,第71页。
② 光绪《三原县新志》卷六《孝义》,卷八《杂记》。
③ 马长寿主编:《同治年间陕西回民起义历史调查记录》,第230页。
④ 同上书,第72—74页。
⑤ 原玉印:《陕西泾阳县概况调查》,《农本半月刊》1940年第46卷第7期,第20页。
⑥ 马长寿主编:《同治年间陕西回民起义历史调查记录》,第230页。
⑦ (清)王先谦:《同治东华续录》卷二八。
⑧ (清)刘锦藻:《皇朝续文献通考》卷三七。

蚊子"①。泾阳的于、刘、孟、姚四家,亦是大户。俗谚"东刘西孟社树姚,不及王村一撮毛"②,王村一撮毛即指王桥镇的于家。此外,大荔北王阁的景家、西半道的张家以及富平庄里镇的张家等,也都是累资亿万的巨富。

这些"川客家"主要集中在关中地区的渭南、大荔、泾阳、三原等县。这一地区也正是同治战争的爆发地和斗争的核心区。整个战争期间,陕籍富商巨贾是民间饷项的最主要提供者,数额巨大。自兵兴以来,涓滴丝毫一切所需,多由地方自筹。及至围解,公私搜罗殆尽,膏腴殷富早已毁家,而贫穷者束手无策,只能坐以待毙。同治以后陕西商帮,尤其是陕籍四川盐商的衰败,与这场战争有直接关系③。

四、武器与城守

冷兵器时代,城墙的防卫功能极其突出,对于攻城者来讲,由于缺乏真正有效的攻城器械,高大的城墙几乎是不可逾越的障碍。宋元以来,火器逐渐在军队中列装并在实战中被广泛使用。但中国传统的前膛火绳枪及火炮大多为泥模铸造,范线明显,内膛外表蜂窝、砂眼等缺陷较多,同时内芯不对中,弹不圆正,口不直顺,射程和射击精度都较低。尤其是慢速火绳的点火装置存在较多问题,一旦"临阵忙乱,倘装放偶疏,则贻害甚巨。又纸信恐雨淋湿,烘药恐风吹散,晦夜尤为不便"④。在相当长的时间内,即使与刀、矛、弓、弩等传统冷兵器相比,这些火器在性能上也并没有完全超越。

不过,随着传统火器的不断改良,明清以来,部分武器也拥有了较远的射程和较强的杀伤力。比如清代最主要的单兵用火器鸟枪就是一种改进过的新式步枪,名目多至数十种⑤,形制已比较接近于近现代步枪。不但枪身较轻,携带便捷,而且射速快,击发后鸟都难以逃脱,故此得名。射程一般超过百米,有效杀伤距离六七十米。抬枪是19世纪中期以后清军大量装备的另一种比较精良的重

---

① 马长寿主编:《同治年间陕西回民起义历史调查记录》,第36页。
② 马长寿主编:《同治年间陕西回民起义历史调查记录》,第257页。
③ 王红:《清末民初四川盐场陕籍盐商衰落原因研究》,《四川理工学院学报(社会科学版)》2009年第2期;李纲:《陕西商帮史》,第432—456页。
④ (清)魏源:《海国图志》卷九一《西洋自来火铳制法》。
⑤ 清代鸟枪名目,仅《皇朝礼器图式》开列就达53种(光绪《钦定大清会典》卷九九),但真正大规模装备部队的只有鸟枪和抬枪两种。见邱心田、孔德骐:《中国军事通史》第一六卷《清代前期军事史》,北京:军事科学出版社,1998年,第384页。

型武器(见图7-1),每枪需配两三人,协同操作,方可射击①。其结构与鸟枪相同,基本上是鸟枪的放大版,但尺寸、重量、药量、后坐力等更大,射程也更加远,可以达到三百余步②。如以传统大尺计算,射程超过400米,威力还是相当惊人③。这些传统的火器,虽然与同时代西式火器相比,已相当落后,但在仍然主要以冷兵器为主的同治西北战争中,拥有极其重要的作用。

除了各类火枪,火炮名目更繁④,威力也更大。经过众多火器家们的努力,至19世纪中期,中国的泥模制造的火炮技术已和欧洲砂型铸炮、实心钻膛技术缩小了不小差距⑤。以清军主导型火炮红夷炮为例,身管与口径之比多在20倍以上,管壁较厚,膛压较高,炮身置有准星、照门、炮耳,弹道低伸、精度高,射程更是可达数千米之远⑥。火炮击发时,"铳气出口,气之动也最捷,故山谷皆答,其近而裂者,则能排墙,能撼石"。爆炸威力相当惊人,在有效距离内,足以对传统土石结构的城墙造成严重的损伤。

图7-1 清军抬枪及发射方法

(资料来源:杨幸何:《天朝师夷录:中国近代对世界军事技术的引进(1840—1860)》,北京:中国人民解放军出版社,2014年,第139页)

---

① (清)王鑫:《王壮武公遗集》卷二三《练勇刍议》。
② 耆英:《酌拟添造抬枪折》,见(清)官修《筹办夷务始末(道光朝)》(二),第898页。
③ 杨生民:《中国里的长度演变考》,《中国经济史研究》2005年第1期。
④ 清官方文书记载称,乾隆年间火炮类型包括母子炮、威远炮等,总共多达85种。见(清)官修《清朝文献通考》卷一九四《兵·军器·火器》。
⑤ 刘鸿亮、孙淑云、李晓岑、李斌:《鸦片战争时期中英铁炮优劣的调查研究》,《海交史研究》2009年第2期。
⑥ 刘鸿亮:《明清之际红夷大炮的威力概述》,《河南科技大学学报(社会科学版)》2003年第1期。

随着传统火器不断改良和广泛使用,至19世纪中期,西北地区的军队装备中,火器占了相当高的比例。以陕西榆林府镇标各营的武器配置为例,道光中叶,每营均有6种冷兵器和8种火器,具体明细为:铁棉盔742顶、铁棉甲742副、长矛88杆、铁镋38把、挑刀36把、长柄刀414把、刷刀87把、钩镰21把、牌刀37把、箭7380枝、鸟枪280杆、旗枪7杆、档牌枪7杆、火箭袋99副、铅1712.5斤、火药13352斤、劈山炮2位、子母炮7位、冲击便利炮2位、威远炮19位、铁子16100颗①。从这份配置明细可以清晰地看到,不论远射近击还是攻城防守,均有不同的火器,而铅、火药及铁子的数量尤其惊人,火力储备相当强悍。

及至同治战前,虽然清军制式装备仍然处于传统火器与冷兵器混杂使用的时代,传统冷兵器仍然是不可或缺的必要装备,但火器已经成为攻守战备的主要器械,功能分类也已经相当清晰。咸丰《朝邑县志》载:"以兵器而言,近时全恃枪炮,交锋则用鸟枪,击险则用大炮,或时迫势促,一枪炮皆不可用,则剑戟亦岂可少。"②与传统冷兵器时代相比,此时的战争形态已经发生了很大变化。是否拥有足够的火器,尤其是高性能火器,成为城市攻守最终能否成功的重要因素之一。

与清军制式装备相比,至少在战争爆发的初期阶段,回军使用的武器非常原始和落后,基本以冷兵器为主,鲜有火器。民间口碑史料称,战争初起时,"回军所持兵器,多为马刀、杆子,空手的也很多"③。马刀所指,大概是各类刀具的统称。相传大荔南王阁回族在动手前,就曾以重金招徕远近铁匠,打造各式兵器④。其中,最知名的要属关山刀,该刀形制比较特别,长约三尺,宽约二寸,刀形细长,便于携带且极为锋利,既可防身自卫,又能近战搏斗⑤。战前南王阁村打制兵器事件似非个案,亦非临时应急举措,当然更非回族所独有。关中回汉争斗,由来已久,长期循环的摩擦、冲突与解决的过程,也是一个不断组织化、军事化的过程。同治战前,渭水两岸有较多松散的半军事化组织,民间私自打制、操演各类兵器的情况比较普遍,这是关中地区长期存在的一个比较严重的

---

① 道光《榆林府志》卷二〇《兵志·军器》。
② 咸丰《朝邑县志》卷上《兵防志·附论》。
③ 马长寿主编:《同治年间陕西回民起义历史调查记录》,第294页。
④ 马长寿主编:《同治年间陕西回民起义历史调查记录》,第104页。
⑤ 这种刀具因源于临潼县属关山镇而得名,又因关中刀客常携带和使用,而广为人知。肖爱玲、周霞:《西安市阎良区关山镇历史文化资源考察》,见西南大学历史地理研究所编:《中国人文田野》第5辑,成都:巴蜀出版社,2012年,第181页。

社会问题①。战争爆发之后,这些原来就大量藏存于民间的刀、矛器械,就成为回军当然的首选武器。

杆子所指,概多为竹竿。渭水之阴南山一带盛产竹子,砍下之后,削其一端,在油锅中一煎,用以刺人,非常锐利;取材方便,威力又强,因此,也被回军大量用作武器。同治元年初,回汉间在华州圣山因购买竹竿发生械斗,此事旧史视为同治回族战争之开端。回族买竹的最初动机,就是用来做兵器。口碑史料称,"起事时,回民并没有什么武器,只用日常的家具去打仗,有的把剪刀绑在杆子上;有的连剪刀也没有,就把杆子破开,以尖锐的一端当矛头"②。1951年曾在西安西关外飞机场内挖出一些当年回族起义的兵器,大大小小有数十件,其中包括倒钩(俗称抓)、矛头、铁锏、马刀等兵器,甚至包括铡刀、铁叉、镰刀以及切面刀有这样的农具和厨具③。由此看来,民间口传,回军武器较差,所言非虚。

地方团练作为同治战争第三支重要的武装力量,很多地方武器也很差,同治元年回族起事以前,在回族中流传一种民谣说:"白杨木干子双手攒,要把回民洗杀完。"④团练以白杨木杆子为兵器,看来并不比回军强。不过,也有不少地方团练,武器要好很多。比如西安府一带,同治元年以前办团练,募人在城门内的硷家巷打造兵器。"兵器中有连背铡刀万件,铁柄处有三孔,将木把纳入铁柄,就孔隙处嵌以铁钉,则如'春秋刀'。此外,还有铁锏两万把,一尺长铁钉两万斤,后者据说要于四城门钉长毛和回民用。当时既有洗回之说,而此兵器打好后就藏于金胜寺内,所以金胜寺实际上即团练之武器库。"⑤这些武器虽然仍是传统冷兵器,但制作比较精良,数量亦极其惊人。部分地方团练也拥有一定数量的火器,甚至包括抬枪这样的重型火器⑥。总体来讲,战争初期,地方团练的装备,虽然远逊于清军正规部队,但和回军相比,仍然要稍好一些。

用兵之道,不同的场阵,需用不同的器械。姜尚《六韬》第四篇《虎韬·军略》曰:"凡三军有大事,莫不习用器械,攻城围邑,则有轒辒、临冲;视城中则有云梯、飞楼;三军行止,则有武冲、大橹,前后拒守;绝道遮街,则有材士强弩卫其两旁;

---

① 路伟东:《羊头会、乡绅、讼师与官吏:同治以前关中地区回汉冲突与协调机制》,《回族研究》2010年第1期。
② 马长寿主编:《同治年间陕西回民起义历史调查记录》,第423页。
③ 马长寿主编:《同治年间陕西回民起义历史调查记录》,第177页。
④ 马长寿主编:《同治年间陕西回民起义历史调查记录》,第452页。
⑤ 马长寿主编:《同治年间陕西回民起义历史调查记录》,第205页。
⑥ 马长寿主编:《同治年间陕西回民起义历史调查记录》,第122页。

设营垒,则有天罗、武落、行马、蒺藜;昼则登云梯远望,立五色旌旗;夜则设云火万炬,击雷鼓,振鼙铎,吹鸣笳。"单就城市攻坚战与阵地战而言,两者在器械方面有较大不同。战时各堡寨治城攻防是否成功,与是否配备合适的武器,尤其是精良可用的火器有直接关系。

同治二年五月下旬,回军开始围攻礼泉城,前后长达百余日,但直到九月中旬,终未得手。究其原因,主要是城内火器较多,铅药充足,可以近击,亦可远攻。县志对此记载颇详,言"守城不可不制器,爰搜旧存炮三十尊,北寺掘井,西城砌楼,得坐炮二十尊,复凑资卷抬炮二十五尊。筑台制架、煎硝、买磺、募勇、立团、操技、演艺,旌旗耀色,铳铅虿声,金汤之固,望城而搬住者,不下数千家。……癸亥五月二十三日攻城始,九月十一日宵遁,计一百零九日。居乡之人,今其存者十无一二焉;而在城者,以有城独存"①。甚至城外附近村庄逃难小民不得入城,避居城脚及城壕附近者,因在城上火器射程范围之内,回军不易靠近,因而得到庇护,最后亦有活命者②。

临潼县城的攻守经过亦很经典,该城兵勇仅八十人,但拥有比较精良的火炮,铅药亦较充足。自同治元年冬天至二年秋天,每有攻城,城上必开炮轰击。知县谢恩诰称,"是役也,城上所恃者唯铜炮二尊,能及三里外。远见贼骑有首级飞去而身犹乘马者;有白骑忽堕而身已离鞍者;或击之不退,叩祷一次,必能奇中。真神器也!"③这两门铜炮,相传系胜保入关时带来的④,可能是清军制式装备中的红夷炮。从谢氏的记载推测,该炮有效杀伤距离可达一千数百米,威力相当惊人。守城者对此火炮的神化,甚至崇拜,充分说明了,铜炮这类重型火器在城市攻坚战中发挥的巨大作用。回族中流传"多家娃子,枪子碗大"⑤。多家娃子指多隆阿,枪子碗大则指其所带的大炮发射的铁子有碗口那么大。寥寥八字,就把回族面对清军火炮时那种惊慌、害怕与恐惧的神情,刻画得淋漓尽致,跃然纸上。

战争爆发后不久,回军很快就从清军和团练手中夺取了一定数量的枪炮,实际作战中使用火器的频率也显著增加。打斗由此逐步升级,战争亦变得越来越残酷。兴平县东北二十里武帝陵左右留位各村集团防御,团众号称数千,凭墙固

---

① 民国《续修礼泉县志稿》卷一一《兵事志》。
② 马长寿主编:《同治年间陕西回民起义历史调查记录》,第294页。
③ 谢恩诰:《再生记》,马长寿主编:《同治年间陕西回民起义历史调查记录》,第156页。
④ 马长寿主编:《同治年间陕西回民起义历史调查记录》,第141页。
⑤ 马长寿主编:《同治年间陕西回民起义历史调查记录》,第297页。

守。回军以抬炮轰击,最终将堡子攻破①。不过,与城防以及清军相比,回军火器的数量与质量仍然远远落后。同治元年五月二十二日癸卯,回军开始围城,前后凡八昼夜。当时城内防守力量相当有限,兵勇仅百人,外加壮丁若干,余皆怯弱小民,不堪战守。知府命人"悬灯外照,防其穴城,并燃油篓席卷抛置城下,令通明。虑贼掘地道,内掘城根尺许,塞瓮其上,俾瞽者头入其中听之,贼拔竟不能施。一夜贼为云梯周遭十三处,同时争上,均被击下,时城上密布枪炮木石,贼不得近,或顶桌板蒙牛皮自障,或载桌柜车上,自藏其下,鞭牛前行。因堆柴草烘烧城门,火焰上及城楼,均经救止。贼又叠累车箱床榻等物于西城外,层积而上,势将及城,城上以大炮轰倒,贼匿北城外砖塔后,用枪铳击城上人。府尊令俟贼渐聚,自东城以炮侧击之,贼不敢复至。又载麦草趋西南城为烧门计。城上放火箭燃其车,火起牛惊逸,贼遂散去"②。从这场持续整整八昼夜的城市攻坚战来看,在城上火器的轰击下,对于缺乏真正可以直接攻城的重兵器的回军来讲,想通过地面靠近城墙非常困难,更不要说攻城。

挖地道可以避免城上火器,在攻打很多城市时,回军也确实都采取了这一办法。但地道进攻讲究出奇制胜,一旦被察觉,往往很难成功。为防止暴露,地道一般要从离城较远处开挖,费时费力。临近城下时,又因挖掘声响,容易被守城者发现。另外,挖地道其目的多半是埋药轰城,但传统黑火药威力有限,往往亦难奏效。围攻泾阳县城期间,回军在北城下潜掘地道,燃放地雷数次,均未能将城墙轰塌。城内则"预用瓮听法,审其来路,穿透实以硫黄火药,用烧酒辛辣诸品爇之,使不得逞"③。围攻六村堡期间,回军一度于堡西南薄弱处挖通地道,但被守堡者发现,于地道口安上锄刀,钻出一个锄一个。后回族因抢夺大批清军制式火器,在堡子西南老爷庙的房上向堡内轰击,最终才将该堡攻破④。

所以,我们看到,在围攻泾阳、凤翔等城市时,回军一般都采取以时间换空间的策略。拉绳挖壕、系铃拴狗,把城市团团围住,直至城内弹尽粮绝。其背后真实的原因是,回军缺少攻城的重型火器,无法对城防发起真正有效的攻势,以迅速取胜。回族俗谚称"吃不了两只羊,喝不了一泉水"⑤。两只羊是泾阳与咸阳,

---

① 《兴平县乡土志·兵事门》。
② 光绪《大荔县续志足征录》卷一《事征》。
③ 宣统《重修泾阳县志》卷七《武事》。
④ 马长寿主编:《同治年间陕西回民起义历史调查记录》,第203页。
⑤ 马长寿主编:《同治年间陕西回民起义历史调查记录》,第297页。

一泉水指的是礼泉县。咸阳与礼泉两城,回军均未攻破。泾阳最后得手,主要也是因为城内缺粮所至。

随着战事的不断推进,战争波及的范围越来越广,清军投入的军队越来越多,而火器的配备与使用也随之极速上升。尤其是左宗棠带兵入陕甘之后,经过改良的传统火器开始大规模装备到军队中来。甘肃提督陶茂林认为,甘肃回族遍地,战事紧张,四面围剿,应以火器为先。他在同治四年正月的一份奏折中请求"饬下山西抚臣沈桂芬由省局代制抬枪一千杆,鸟枪四千杆,陕西抚臣刘蓉由金锁关代制抬枪五百杆,鸟枪二千杆,均须多集工匠,期于一月内工竣,派员解送来甘……饬下工部筹拨钢轮火药十万斤,分起解运来甘"[1]。两处合计,一次所请,仅鸟枪一项就多达六千杆,这一数量,相当于战前正常年份榆林全府镇标8营所有鸟枪数量的3.6倍[2]。战事至此,在西北军队制式装备中,火器可能已经基本取代了冷兵器,成为战守攻伐的主要器械。

除了大量改良过的传统火器,清军还配备了更为先进的西式武器,数量也不少。同治二年十月,陶茂林军在凤翔野狐沟一带的战斗中,以巨炮及来复枪进行轰击,取得胜利[3]。来复枪带有膛线,子弹发射后保持高速旋转,增加了弹丸飞行的稳定性,射程及射击精度都有较大提高,是较为先进的西式火器。在左宗棠及各级统兵大员的奏折中,均多次提及要求尽快购买、补充此类西式火器。比如都兴阿在奏折中称:"臣入甘剿贼,前敌各军获胜大半得力于马队自备之短小洋枪,惟携带甚少,不敷应用,现已咨明江苏巡抚就近购买一千杆,洋火药五千瓶,小铜帽五十万粒,恳恩饬下李鸿章赶紧筹款,如数采办。"[4]

除了来复枪,清军还拥有数量众多的各类西式火炮。这些火炮又称炸炮或开花炮,俗称西瓜炮。与传统火炮发射实心铁丸不同,开花炮发射弹丸则内部填充炸药,大如西瓜,内裹小子,落地后炸开,名曰"落地开花",杀伤力远甚于实心铁子。这些开花炮,在太平天国战争期间,清军与太平军均有广泛使用,官私文献中有大量相关记载。如同治元年九月曾国藩与四弟曾国潢的书信中就称,"伪忠王率悍贼十余万昼夜猛扑,洋枪极多,又有西洋之落地开花炮,幸沅弟小心坚

---

[1] 同治四年正月二十三日(己未)熙麟、陶茂林奏,《钦定平定陕甘新疆回匪方略》卷九二。
[2] 道光中叶榆林府镇标八营分别是中营、左营、右营、榆林、神木、府谷、葭州及怀远各营堡,鸟枪总数1 659杆。见道光《榆林府城》卷二〇《兵志·军器》。
[3] 马长寿主编:《同治年间陕西回民起义历史调查记录》,第348—349页。
[4] 同治三年九月十二日(庚戌)都兴阿奏,《钦定平定陕甘新疆回匪方略》卷七八。

守,应可保无虞"①。乌里雅苏台将军金顺在同治十一年十二月的一份奏折中称,其"所部利器均系洋枪并随带开花炮,营中所存洋药铜帽无多……查上海地方为洋商云集之区,购办最易,合无仰恳天恩饬下江苏抚臣赶紧赴沪购办细洋药二万磅,大铜帽四百万粒,三楞炮药五千磅,运至天津,由臣派员领解到营,以备需用"②。由金顺所奏可见,至晚在同治战争后期,西北地区清军已经开始大量使用此种先进的火炮。在堡寨治城的攻坚战中,这些威力巨大的西式火炮也的确发挥了重要的作用。一首由宁夏回族撰写的歌谣就提到了这种炮,歌词写道:

> 魏道台领兵来的凶,
> 牛头山打的倒栽葱。
> 宫保闻听怒心傲,
> 立刻发来西瓜炮。
> 西瓜炮来气力大,
> 破那土寨子算不了啥。
> 八堡寨子齐破尽,
> 又打长城把金积堡攻。③

除了清军正规部队,地方团练的武器装备亦有较大改善。多隆阿带兵入关以后,"所到村落,或烧民房,或伐树本,以此为清野擒敌之计"④。这一政策,后期得到了大力的推广。陕西巡抚刘蓉在任期间,推行更加积极的坚壁清野政策,以期断回军之供应。陕省各属兴筑堡寨,省垣亦设局,并委大员督率,以专责成,所有有绅董蠲资督修,亦各优请奖励。以富平为例,到同治八年共修16个堡寨,69处座台,其中"南社寨,坐落西乡,距城十里,周围三百八十丈,高二丈五尺,顶宽八尺,根宽二丈。城上外有砖垛墙五尺高,连城共三丈。上有更房五座,四角炮台上各楼房一座,一丈二尺一间,三面留有枪眼,东北炮台身周用砖砌,上用石平,城外间护身一丈。壕工丈五尺深,二丈五尺宽,周围宽狭相同。四角炮台与城齐,各见方二丈。南城门两层,楼房一座,东西阔二丈七尺,南北深二丈六尺,

---

① (清)曾国藩:《曾国藩全集·家书三》,长沙:岳麓书社,2011年,第1076页。
② 同治十一年十二月初九日(己未)金顺奏,《钦定平定陕甘新疆回匪方略》卷二七二。
③ 马长寿主编:《同治年间陕西回民起义历史调查记录》,第489页。
④ 马长寿主编:《同治年间陕西回民起义历史调查记录》,第127页。

砖捲门洞,铁叶包门。又前闸门一道,两边俱有围墙,留有枪眼三十个"①。这些新修或加固的堡寨治城,不但城墙高大坚固,而且形重宏大,枪炮配置亦相当齐全。而甘肃情况为亦积极推行坚壁清野之法,整饬民团,以助兵力之不逮。或由官方筹给经费,并委派专员在扼要隘口之处,督饬民团,添筑土堡,或"劝民修堡御寇通商,并酌给工料之资,济以枪炮铅药,小民敌忾同仇,颇知用武,贼亦未敢轻犯。此外,民间有私堡而无军器者,亦权为拨借,其用过各款将来统归军需报销"②。

随着战争的推进,回军的武器装备亦有明显的改善,及至战争后期,也开始大规模使用枪炮,甚至装备了相当数量的先进西式火器。同治十年二月清军攻占金积堡后,尽缴枪械马匹,其中"洋枪就有一千二百余杆"③。同治十一年十一月攻占西宁、大通等处时,亦缴获大批的枪械④。阿拉善札萨克和硕亲王贡桑珠尔默特在同治八年曾上报理藩院称,"回逆均恃洋枪洋炮,为制胜之具,蒙古地方向无此种军器,以致接仗往往受伤,惟有恳饬给洋枪炮数百杆,以便蒙古官兵打仗快利"云云⑤。贡桑珠尔默特所言当然有估大回军力量,贬损自己实力之嫌,以图更多索取枪支弹药。但从金积堡、西宁等处缴获大批枪械来看,战争后期,回军大量使用火器当是事实。

回军使用的这些武器,有的是在作战中从清军手中夺取的,也有的是在攻城拔寨过程中缴获的,还有的是通过各种渠道购买的。如据左宗棠奏称,"投诚回人马化潆(龙)所居金积堡或称金鸡堡,其地南与董志原逆巢相距不远。现在军中屡次阵擒回逆,所有洋枪洋药战马均供,由马化潆(龙)自归化城一带贩来销售"⑥。从同治西北战争期间整个武器运销路线来看,被俘回军所称马化龙自归化一带购买武器的说法比较可信。

19世纪中期以来,在鸦片战争和席卷大半个中国并持续十余年之久的太平天国战争的强烈冲击下,大量西式先进武器开始涌入中国。到19世纪60年代,军火的采购量已经达到了相当大的规模。西式武器进口,以上海为总汇。以上海道员杨坊的泰记商行为例,其仓库堆满了"大炮、毛瑟枪、火药等,足够装备一

---

① 光绪《富平县志稿》卷二《建置志》。
② 同治九年五月二十五日(庚寅),《钦定平定陕甘新疆回匪方略》卷二二五。
③ 同治十年二月初二日(壬戌),《钦定平定陕甘新疆回匪方略》卷二四一。
④ 同治十一年十一月初五日(乙卯),《钦定平定陕甘新疆回匪方略》卷二七〇。
⑤ 同治八年九月二十五日(癸巳),《钦定平定陕甘新疆回匪方略》卷二〇二。
⑥ 同治八年二月三十日(壬申),《钦定平定陕甘新疆回匪方略》卷一九一。

支小型军队"①。1861年11月至1863年7月间,仅由其一家经手的军火采购额就超过90万两②。由上海采购的军火,大都转运天津等处,然后再经陆路运至西北各处。整个西北战争期间,尤其是左宗棠带兵西进远征新疆期间,由天津西行,经张家口沿大草原路西行的官道,是火军、粮饷等一概战略物资运输的最主要通道。在清中后期,此路是一条极其重要的北部商路。大批燕晋商人联结驼队,从归化城沿蒙古草地以趋古城,长途平坦,既无盗贼之害,亦无征榷之烦,"岁运腹地诸省工产及东西洋之商品,其值逾二三百万,大率自秦陇入者十之三四,自归绥入者十之六七,而私运漏货不在此数"③。除此之外,也有少量军火在广州采购之后,陆路北上,出赣州顺流而下,溯江抵鄂,取道襄樊进入西北,如广东陆路提督高连升所部九营兵进西北走的就是此路④。在这样一个武器的运输线路和运销体系中,西北回军重金购买西式先进武器,是完全可能的。

随着西式武器的引入,清军的制式装备逐渐与西方接轨。而地方团练及守城军队的装备亦得到较大改善。与此同时,回军亦通过各种途径得到较多先进火器。至此,整个战争形态与战争爆发之初相比,已经发生了重大变化。初期攻守双方武器多以冷兵器为主,高大城墙作用甚大,双方往往处于拉锯战之中。这是很多堡寨治城被重重围困长达数月,甚至逾年之久,但仍然可以坚守而未破的重要原因之一。及至战争后期,尤其是左宗棠带兵西进后,西式先进武器大量涌入西北。不论参与平叛的官方军队、坚守堡城的地方团练,还是东征西突的回军部队,都拥有了较多火器,攻城较力,守城亦坚。无形之中,战争的残酷程度被放大很多,甘肃人口死于战者,亦越多于陕省。另外,甘肃粮饷两缺,枪炮虽利,但堡城往往很难久持。比如固原,城高池深,器械完备,介踞东路之中,为进兵冲要,战略位置极其重要,但同治三年九月间,"因兵饷两缺,守城回兵及张保瀌所部多半赴乡收割田禾,城内空虚",导致州城复陷⑤。战争期间,类似固原的情况还有很多。这是整个西北战争期间,甘肃城池被攻破的数目远多于陕西的一个重要原因。

---

① 《北华捷报》1860年8月10日。
② 太平天国历史博物馆编:《吴煦档案选编》第1辑,南京:江苏人民出版社,1983年,第100页。
③ 宣统《新疆图志》卷二九《实业·商》。
④ 同治六年正月十八日(癸酉)左宗棠奏,《钦定平定陕甘新疆回匪方略》卷一四六。
⑤ 同治三年九月十四日(壬子)熙麟奏,《钦定平定陕甘新疆回匪方略》卷七八。

第三节 本章小节

对于一般小民而言,就近而不越级是战时逃生的基本原则。战争期间,那些散布乡间、可达性较好、筑有围墙并且有一定防守力量的乡村堡寨,是普通民众避难求生的首选之地。而更加坚固的治所城市,因为绝大多数最终获得保全的成功范例,安全性更高,对避难小民的吸引力也更强。

战争起时,这些有限的空间,首先当然要保证本地居民的安全需要。而日用所需一切物资,亦以满足本地居民的需求为第一要务。大量外来人口涌入,与原来住户混杂聚居,空间顿显狭促,住房、饮食以及很多平时习以为常、没有多少人关注的事情,比如粪溺、垃圾等污秽废弃之物的处理,在人口骤然增加的情况下也都成了比较棘手的问题。围城日久,粮食、饮水等一切生活所必需,更不敷用。对于普通小民来说,争夺这些基本生活资源实际上就是争取更多的生存机会。而对守城者而言,青壮与物资均为困守所必备。大量难民入城,一方面,虽然在一定程度上意味着可以吸纳更多有生力量积极防守,但另一方面,却又不得不面对分沾资源的窘境,尤其是大量老弱妇孺对于城守基本上没有半分好处,白白增加消耗。本地居民与逃城难民之间,彼此利益互相纠葛,冲突与矛盾亦由此而生。

为保护原住居民的利益,随着战事的推进,越来越多的堡寨治城开始关闭城门,不再接纳新的逃难人口。大量避难小民被拒之于门外,无处躲藏,往往寄身城墙之下,以求守城兵士可以隔墙庇护。但上无片瓦,下只寸土,日晒雨淋,无所遮蔽。且身处两军之间,多为攻守双方所杀毙误伤,看似身处平安之所,实则立于危墙之下。

城堡历经战争而终获保全,或因城高壕宽,易定难攻,或因人多势众,积极防御,或因地处偏远、未被强攻等。原因多种多样,每地亦各有不同,但实皆与鬼神无关。除了普遍意义上的堡坚人众、防守得力之外,还有些基本要素,每处则大概相同或类似,缺一不可。

第八章　大村分布与人口迁移的空间特征与规律

在探讨了不同空间尺度下由同治西北战争引发的区域人口的各种迁徙行为之后,有必要关注在这样一个过程中,以及在这样一个过程结束后的某一特定时段内,整个区域的人口在空间分布上究竟发生了哪些变化,并且如果可以更进一步,由此反观,这种空间分布上的变化又能反映出哪些人口迁移的空间特征与规律。比如,在这样一个特定时段的人口迁徙过程中,人口空间分布的变化趋势是逐渐离散的还是逐渐聚集的?人口最终的空间分布状态,其集中度是增加的还是减少的?对于诸如此类的问题,本章将利用宣统调查分村户口数据中的大村数据,结合其他相关史料,进行粗浅的分析。

第一节　人口规模减小进程中聚落尺度的人口集聚趋势

同治及光绪初年的西北战争,前后持续了十余年。战争以及由此引发的灾荒、瘟疫等,造成了严重的人口损失。现有研究表明,短短十余年间,整个西北地区,人口损失以千万计,约占全区域人口总数的60%[①]。很多战前人口稠密、经济繁盛的沃野之区,如关中、平庆、宁夏、河西走廊以及天山北麓等,受害尤重,人口损失最多。战争期间,在人口绝对数量急骤减少的同时,区域内部人口大量迁往那些散布乡村、可达性较好,并且修有围墙、防守相对较严密的堡寨,以及安全性更高的

---

① 葛剑雄主编,曹树基著:《中国人口史》第五卷《清时期》,第717—718页。

治所城市。战争期间,区域内部,这样一个人口迁徙的过程是相当清晰的,笔者在县域空间尺度下人口迁移一节已经作了比较详细的分析和论证,在此不多赘述。

基于这样一个客观存在的人口迁徙现象,可以推测,整个战争期间,区域人口大量减少的同时,乡村聚落的数量也必然在减少。而大量小民因避难求生从普通乡村聚落向堡寨治城等核心聚落迁徙的行为,客观上又加剧了乡村聚落减少的速度和广度。反过来,从这些作为人口迁入地的核心聚落视角来看。整个战争期间,区域人口数量在大量减少的同时,人口在空间分布上,反而由原来相对均衡的离散状态,逐渐向趋于聚集的不均衡状态过渡。

光绪《富平县志稿》中有该县战争前后的人口聚落记载,虽然行文简略概要,但能够看出前后的变化,很值得推敲。如聚落部分该书就称,"吴志载邑共九十九联共一千一百三十八村堡,近又加一百余联村堡废毁,其有基址尚存仅三百一十余堡"①。户口部分内容,记载稍详,具体为"咸丰五年编查阖县户口共 46 597 户,男丁 129 537 名,妇女 124 720 口,商民 779 名。光绪二年查办保甲,土著并寄籍 28 543 户,共男女大小 120 302 口,商民 2 354 名。光绪十二年经荒旱后,仅存土著烟户 18 845 户,男女大小 89 969 名,商民 2 105 名。招垦客民 1 298 户,男女大小 5 799 口。统计土客男女弱小较昔短少岂仅倍蓰哉"②。

根据上述记载进行汇总,咸丰五年富平男女性别比为 103.8,这一数值非常接近 105 这一具有普遍意义的人类二级性别比。即使考虑到溺婴、难产等一系列社会因素对性别比的影响,咸丰五年富平的人口统计数据也是相当可靠的。光绪二年与光绪十二年两个年份上,虽然没有男女人口统计,但从户均人口来看,两个年份分别为 4.1 与 4.8,与咸丰五年的户均人口 5.5 相比,亦差别不大。考虑到战争以及光绪初年的大旱灾影响,户均人口减少是完全可以理解的。由此推测,光绪二年及十二年的户口数据,也是相当可靠的。以咸丰五年和光绪十二年户口数计算,战乱期间,富平人口损失比例超过 60%。而同时期,聚落减少的比例则有 75%,这一比例,远远高于人口损失比。聚落的减少比例远高于人口减少的比例,可以看作,人口减少的同时,在空间上有逐渐集聚的趋势。

战争期间人口减少的同时,区域人口在空间分布的集中度开始上升,最直观的表现就是,在很多地方战火焚掠、人烟断绝、日趋荒芜的大背景下,部分地方反

---

① 光绪《富平县志稿》卷二《建置志·乡甲砦堡》。
② 光绪《富平县志稿》卷三《风土志·户口》。

而因为战争的原因出现了人口、商业聚集的状态,至少表面上看起来,显得比战前繁盛了。三原县城就是一个典型的例子,同治以后,三原县城内的商业发展,与泾阳、高陵二城在战时被破有很大关系。根据马长寿当年的调查,同治以前,"三原县的商业并不像现在这样集中在城里头的。在县城以外,许多乡镇都是商业中心。例如县东的林堡,县西的秦堡,县南的张村,县北的线马堡,商业都很繁华。此外由北门到泾阳县的鲁桥一带,沿途各村市场亦相当发达。但经回变以后,各个村落都变成一片瓦砾了。县城以外的商业不能发展,所以三原城就成为西安以北商业中心"①。

而清代西安城完全超越泾阳与三原两处,最终成为西北商业中心,也与这场战争有莫大关系。自明朝以来,三原与泾阳均为西北商贸重心,其商业地位与繁华程度远超西安城。其中三原县因为承担西北各镇的物资供应,尤其是每年数十万匹的东南大布中转,显名于天下,"天下商旅所集,凡四方及诸边服用,率取给于此"②。入清以后,又有较大发展,不但市场规模不断扩大,内部市场结构也日趋完善。因为商贸发达,其南北二城,周围达十五里,在全陕县城之中,其规模无出其右者。街市之上,"集四方商贾重货,昏晓贸易"③,清人称其为三秦大都会。而泾阳县作为西北皮毛、茶叶加工、运输及转销中心,其繁华程度不亚于三原。与之相对,入清以后,西安城的商贸职能虽然也在不断发展,西北商业格局也逐渐从三原、泾阳两强称霸,过渡到三足鼎立。张萍教授对明清时期西北商业格局的变迁进行了系统的梳理,并从制度与空间的视角,对这种变动进行了细致的分析和解释④。但是,毫无疑问,直到同治以后,西安商业地位才真正取代三原、泾阳两处,成为西北商贸霸主,整个西北商业格局也由三足鼎立一变而成一强独霸。其中,最直接也是最重要的原因就是同治西北战争。战争期间,泾阳县城被围一年数月之久,最后惨被攻破,全城焚掠一空。三原城虽勉强得以保全,但守城期间,同德局劝捐数十万两,商民资本及实业亦损失惨重。更重要的是,治城以外,两县有更多商贸实业散布的乡间,战争期间均被劫掠一空,元气大伤,自此再也无力恢复。

同治西北战争期间,人口数量减少进程中的人口空间集聚,在不同空间尺度上有不同的表现形式,具体可以参阅本书第五章和第七章相关章节,在此不多赘述。

---

① 马长寿主编:《同治年间陕西回民起义历史调查记录》,第239页。
② (明)马理:《明三原县创建清河新城及重建记》,《溪田文集》卷三。
③ 康熙《三原县志》卷六《艺文志·温纯三原龙桥》。
④ 张萍、杨蕊:《制度与空间:明清西北城镇体系的多元建构与经济中心的成长——以西安、三原、泾阳为中心的考察》,《人文杂志》2013年第8期。

第二节　甘肃"地理调查表"大村分布与区域尺度的人口空间集聚

历史聚落对于人口史的研究，具有重要的指标意义。本节主要使用宣统人口调查甘肃"地理调查表"分村户口数据中1 000 人以上聚落数据，在整个西北地区这样一个大的空间尺度里，探讨由战争引发的人口迁徙[包括战时逃难避祸以及战后一个特定时间段（从同治初年到宣统末年）内回迁招垦等迁徙类型]行为，所导致的人口空间集聚趋势，探讨这种人口集聚的状态与战时人口损失的关系，进而尝试给予比较合理的历史学的解释。

一、甘肃"地理调查表"大村界定及空间分布

甘肃现存"地理调查表"城乡聚落合计共 6 920 个，约 323.8 万人，聚落人口平均数是 470 人，中位数是 192。其中，10 000 人以上聚落共 15 个，5 000 人以上聚落共 44 个，2 000 人以上聚落共 284 个，1 000 人以上的聚落共 686 个。就聚落频数和聚落人口所占比例而言，1 000 人是一个很重要的聚落人口分界线，这条分界线以上的聚落个数仅占总数的 10.1%，但其人口规模却占总人口的 53.6%。

通过历史聚落研究历史人口的分布问题，首先需要对研究对象进行空间定位。宣统调查距今虽然不过百余年，但古今聚落名称、方位变化非常大，对全部 6 920 个聚落进行精确空间定位是相当困难的。在这种状况下，有两种可以采取的研究方法：其一，减少数据的空间精度，在厅县这样一个层面，使用汇总之后的聚落频数，来模拟相关时间切面上人口分布状态。其二，在保持研究数据空间精度的情况下，减少数据的样本，抽取其中容易定位的大村数据，来分析聚落人口的分布状态。基于此种考虑，笔者将 1 000 人以上聚落，定义为"大村"。686 个 1 000 人以上聚落汇总统计见表 8-1。

表 8-1　宣统调查甘肃地理调查 1 000 人以上聚落分县统计

人口单位：万人

序号	名称	频数	总人数	最小值	最大值	平均值	极差倍数
1	河州	95	186 440	1 009	17 285	1 963	16.28
2	礼县	58	184 476	1 020	15 672	3 181	14.65

续　表

序号	名称	频数	总人数	最小值	最大值	平均值	极差倍数
3	西宁县	39	84 153	1 012	18 048	2 158	17.04
4	通渭县	34	80 522	1 113	6 751	2 368	5.64
5	宁夏县	31	82 723	1 032	13 065	26 69	12.03
6	抚彝厅	27	66 632	1 120	5 222	2 468	4.10
7	碾伯县	26	49 385	1 002	6 453	1 899	5.45
8	高台县	25	95 200	1 003	21 567	3 808	20.56
9	静宁州	25	82 313	1 042	11 778	3 293	10.74
10	大通县	22	38 875	1 019	3 108	1 767	2.09
11	皋兰县	21	89 669	1 000	59 147	4 270	58.15
12	宁远县	21	33 546	1 009	3 482	1 597	2.47
13	安定县	20	34 541	1 058	3 576	1 727	2.52
14	肃州	20	58 484	1 162	16 977	2 924	15.82
15	循化厅	20	43 153	1 114	4 811	2 158	3.70
16	张掖县	18	53 328	1 028	20 516	2 963	19.49
17	靖远县	17	38 469	1 001	4 851	2 263	3.85
18	平凉县	17	31 368	1 058	3 820	1 845	2.76
19	安化县	13	22 373	1 103	3 568	1 721	2.47
20	山丹县	11	25 725	1 292	7 466	2 339	6.17
21	伏羌县	10	18 317	1 045	5 765	1 832	4.72
22	清水县	10	22 760	1 009	5 823	2 276	4.81
23	海城县	9	16 502	1 203	3 805	1 834	2.60
24	会宁县	9	18 481	1 227	4 576	2 053	3.35
25	灵州	8	36 405	1 233	10 221	4 551	8.99
26	宁灵厅	8	31 949	1 487	8 064	3 994	6.58
27	古浪县	7	15 310	1 009	7 717	2 187	6.71
28	平番县	7	29 266	1 106	10 741	4 181	9.64
29	陇西县	6	14 550	1 007	7 123	2 425	6.12
30	丹噶尔厅	4	12 350	1 009	5 839	3 088	4.83
31	金县	4	8 439	1 600	2 420	2 110	0.82
32	两当县	4	6 111	1 035	1 984	1 528	0.95
33	狄道州	3	7 434	1 214	4 998	2 478	3.78
34	秦安县	3	33 368	1 242	30 107	11 123	28.87
35	三岔厅	3	3 965	1 024	1 891	1 322	0.87
36	洮州厅	3	24 664	1 120	12 400	8 221	11.28
37	渭源县	3	5 503	1 012	3 022	1 834	2.01

续 表

序号	名称	频数	总人数	最小值	最大值	平均值	极差倍数
38	红水分县	2	3 064	1 194	1 870	1 532	0.68
39	化平川厅	2	2 405	1 195	1 210	1 203	0.02
40	陇西县丞	2	2 238	1 104	1 134	1 119	0.03
41	宁州	2	2 599	1 084	1 515	1 300	0.04
42	平远县	2	3 771	1 735	2 036	1 886	0.03
43	永昌县	2	5 926	2 581	3 345	2 963	0.08
44	镇原县	2	4 617	1 715	2 902	2 309	1.19
45	安西州	1	2 566	2 566	2 566	2 566	0
46	巴燕戎格	1	1 819	1 819	1 819	1 819	0
47	崇信县	1	2 716	2 716	2 716	2 716	0
48	敦煌县	1	4 448	4 448	4 448	4 448	0
49	贵德厅	1	1 242	1 242	1 242	1 242	0
50	花马池厅	1	1 185	1 185	1 185	1 185	0
51	华亭县	1	1 658	1 658	1 658	1 658	0
52	泾州	1	3 538	3 538	3 538	3 538	0
53	隆德县	1	1 732	1 732	1 732	1 732	0
54	玉门县	1	1 152	1 152	1 152	1 152	0
55	庄浪县丞	1	1 761	1 761	1 761	1 761	0
	总 计	686	1 735 186	1 000	59 147	2 590	59.15

(数据来源：宣统甘肃"地理调查表"分村户口数据。宁夏县数据实际包括宁夏、宁朔两个附廓县数据)

从表 8-1 的统计数据来看，宣统甘肃"大村"总数虽然不多，但其分布却比较广泛，在有数据覆盖的 63 个县一级调查单元中，55 个有大村出现，约占总数的 87%。但就各县大村数量而言，则分布相当不均衡，其中超过 65% 的县，大村数量在平均数以下。而数量排名前 10 的厅县，虽不足全部厅县数的 20%，但其大村数量却占了大村总数的 56%。从每个厅县内部来看，大部分厅县中大村人口数相差比较大，其中有 11 个厅县大村人数最大值与最小值差距都在 10 倍以上，其中差距最大的皋兰县，极差高达 58 倍，秦安县极差也超过 28 倍。

表 8-2 分府汇总的数据可以更加简洁地展示宣统大村数据分布的总体趋势及在空间上的分布状态。

表 8-2　宣统调查甘肃地理调查 1 000 人以上聚落分府统计

人口单位：万人

序号	名称	频数	总人数	最小值	最大值	平均值	极差倍数
1	兰州府	145	339 018	1 000	59 147	2 338	58.15
2	西宁府	113	230 977	1 002	18 048	2 044	17.01
3	巩昌府	105	226 859	1 007	12 400	2 161	11.31
4	秦州	78	250 680	1 009	30 107	3 214	28.84
5	甘州府	57	146 694	1 009	20 516	2 574	19.33
6	宁夏府	48	152 262	1 032	13 065	3 172	11.66
7	平凉府	45	118 832	1 042	11 778	2 641	10.3
8	肃州	45	153 684	1 003	21 567	3 415	20.5
9	庆阳府	15	24 972	1 084	3 568	1 665	2.29
10	凉州府	15	49 493	1 027	10 741	3 300	9.46
11	固原州	11	20 273	1 203	3 805	1 843	2.16
12	泾州	4	10 871	1 715	3 538	2 718	1.06
13	安西州	3	8 166	1 152	4 448	2 722	2.86
14	化平川厅	2	2 405	1 195	1 210	1 203	0.01
	合　计	686	1 735 186	1 000	59 147	2 501	59.15

（数据来源：宣统甘肃"地理调查表"分村户口数据）

表 8-2 可见，兰州、巩昌和西宁三府大村数量最多，合计总共有 363 个，超过总数的一半。而排名前 8 的府州中，极差倍数都超过 10，这说明，在这些府州中，大村人口数差别较大。而兰州、秦州、甘州以及肃州诸地，大村人数的散离程度更高，数据更分散。从大村人口平均值来看，超过 3 000 的有 4 个，分别是秦州、宁夏、肃州和凉州，相对其他州府，这些州府中的大村人口较多，规模比较大。为了更好地展示数据在空间上的分布，笔者将这 686 个大村一一进行了空间定位，在叠加 CHGIS1820 年甘肃数据之后，使用 ArcGIS10 进行了空间可视化展示，具体见图 8-1。

从图 8-1 可见，宣统甘肃千人以上大村，虽然覆盖范围很广，但主要集中在四个区域，分别是：其一，甘肃东南角以秦州中心的地区，包括阶州北部、巩昌东北部以及平凉府的西南部一角，这块区域面积最大，大村数量最多，分布也最密集；其二，以省城兰州为中心向西一直到西宁府，这一区域呈长勺状分布，大体覆

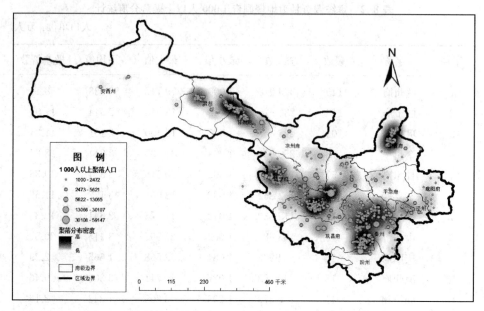

图8-1 宣统调查甘肃地理调查686个1000人以上聚落分布

盖兰州府中部和西宁府的中东部,基本上是沿河湟谷地分布的;其三,以甘州为中心的河西走廊西端,与肃州基本连为一体,包括甘州的中西部,及肃州附近,面积比较小;其四,以宁夏为中心的宁夏平原地带,面积最小,仅有宁夏府的中部一小块地方。

二、大村视角的区域人口迁移空间特征及规律

从上节数据可视化展示图(见图8-1)中,可以比较明显地看到,宣统甘肃大村的空间分布极不均衡。除其中四个非常明显的热点区域外,其他府州大村数量都比较少,分布也都比较零星。而这四个大村分布的热点区域,空间上彼此分割,并没有太多联系,似乎也没有太多的规律可循。表8-3是战争前后甘肃分府人口数,两者对比,很容易就可以看到这些大村分布的热点区域,包括战前人口数量排名靠前的巩昌、兰州、宁夏、甘州等府,但是平凉、庆阳等战前人口较多的府的大村分布并不多;反而排名靠后的肃州、西宁,尤其是秦州、阶州,聚集了大量的千人以上大村。从战时人口损失数量来看,战时人口损失排名靠前的兰州、宁夏、甘州等都是大村分布的热点地区,而人口损失较少的秦州、阶州、西宁以及肃州等,同样也是大村分布的热点区域。

表 8-3 1851—1880 年甘肃分府人口

人口单位：万人

序号	名　称	1851 年人口	1880 年人口	人口变动值
1	巩昌府	410.0	75.9	334.1
2	兰州府	291.2	88.1	203.1
3	平凉府	274.3	32.1	242.2
4	宁夏府	162.9	17.0	145.9
5	凉州府	162.5	45.8	116.7
6	庆阳府	137.5	12.3	125.2
7	甘州府	97.6	18.8	78.8
8	秦州	93.9	93.3	0.6
9	泾州	92.1	23.5	68.6
10	西宁府	78.8	26.4	52.4
11	肃州	48.8	11.6	37.2
12	阶州	41.0	47.1	−6.1
13	安西州	8.4	3.6	4.8
	合　计	1 899.0	495.5	1 403.5

（数据来源：曹树基：《中国人口史》第五卷《清时期》，第 700—701 页）

聚落的核心是人口。战后聚落规模，既与历史的传承，也就是战前该聚落的规模有关，也与战时人聚落人口损失有关，更与战时和战后的人口迁徙行为有关。基于这样一个基本判断，笔者把同治战争期间，甘肃各府州人口损失数量与各府州大村数量进行对比，制成表 8-4。

表 8-4 甘肃分府人口损失与千人以上大村分布统计

人口单位：万人

名　称	1851 年人口数	1880 年人口	战时人口损失数	人口损失比例	千人以上大村数
巩昌府	410.0	75.9	334.1	81.5	105
平凉府	274.3	32.1	242.2	88.3	56
兰州府	291.2	88.1	203.1	69.7	145
宁夏府	162.9	17.0	145.9	89.6	48
庆阳府	137.5	12.3	125.2	91.1	15
凉州府	162.5	45.8	116.7	71.8	15
甘州	97.6	18.8	78.8	80.7	57
泾州	92.1	23.5	68.6	74.5	4
西宁府	78.8	26.4	52.4	66.5	113
肃州	48.8	11.6	37.2	76.2	45

续 表

名 称	1851年人口数	1880年人口	战时人口损失数	人口损失比例	千人以上大村数
安西	8.4	3.6	4.8	57.1	3
秦州	93.9	93.3	0.6	0.6	78
阶州	41.0	47.1	−6.1	−14.9	2
合 计	1 899.0	495.5	1 403.5	73.9	686

（数据说明：平凉府大村数据包括固原州大村数据在内）

表8-4按战时人口损失的绝对数量从高到低倒序排列，可以看到，千人以上大村数据与战时人口损失数量和损失比例，均不完全同步。根据表8-4绘制成折线图8-2。

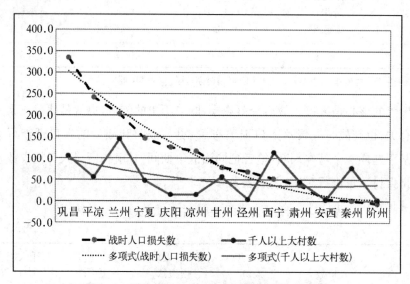

图8-2 同治战时甘肃人口损失数量与大村数量

在图8-2中，可以比较清晰地看到，在人口损失数量按从大到小排列的情况下，大村分布的走势，如同一个扁平的"U"字形，数据基本上是两头高、中间低。并且该线与人口损失线有交叉，泾州以前，大村分布的折线低于人口损失折线，而西宁府以后，大村分布的折线在人口损失折线的上方。两条两阶多项式趋势线更能直观地表明两者的相对关系。

从两条线的走势可以作如下判断：大村分布比较密集的区域，大致可以分为两类：第一类是受战争影响较小、人口损失不太严重的地区，比如秦州直隶州、阶州直隶州以及西宁府等处；第二类是战时饱受战火摧残，人口损失严重的地区，比如兰州府、宁夏府、甘州府以及肃州等地。可视化的地图更能展示这种空间分布的趋势（见图 8-3）。

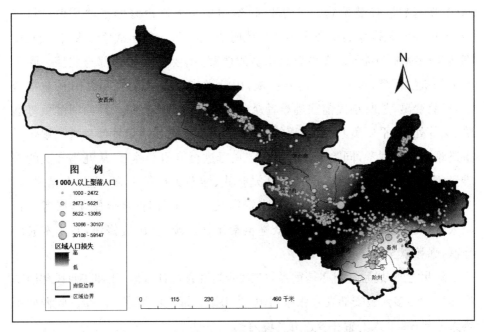

图 8-3　同治战时分府人口损失与宣统大村分布

（资料来源：底图数据使用中国历史地理信息系统（CHGIS）V4 1911 年数据；本图使用了反距离权插值法来展示各府人口损失。由于人们总是喜欢集聚在那些自然和人文条件优越的地区，厌弃相反的地区，所以，人口的空间分布从来都不是均衡的。从逻辑上讲，人口空间可视化不可以使用插值方法，但是本图插值的目的不是为了取值，而仅仅是为了模拟人口损失在空间上的大概分布趋势，这与以行政区划为标准的人口损失可视化类似。并且，因为避免了行政边界的数据突变，可视化效果会好一些）

第一类地区战时受害不烈，战火波及范围及持续时间都比较有限，人口损失较少，而且，更重要的是，战时可能还吸收了部分外来逃难人口，战后可能亦安插了部分难民。总体来讲，战时人口减少有限，战后人口可能基本上维持了同治以前的鼎盛状态，宣统年间人口调查时大村数量较多，属正常现象，比较容易理解。

以大村分布最密集的甘肃东南秦阶地区为例，该区北部，尤其是秦州及所辖各县，回族人口较多。同治年间，陕回沿渭水西撤进入秦州后，该处回族群起响应，因此，打斗亦相当激烈。但战时为害不烈，人口损失亦不多。曹树基认为，主要原因是秦州堡寨林立，易守难攻[①]。这一观点，有一定道理。

---

① 曹树基：《中国人口史》第五卷《清时期》，第 622 页。

秦州号称兰河中坚,关陇重镇,地理位置相当重要,自古以来就是兵家必争的战略要地。志书称其地,"都邑殷阜,聚落相望,地形博敞而雄厚,属县皆襟带关河,秉其厄塞。且自南宋以来常为蜀口要隘,城寨壁壤林立"①。及至明代,堡寨数量有增无减。同治战时,秦州更是大规模修堡寨,"几乎村村有堡,现山头所见残存的堡寨大多数是此时修筑的"②。及至战争结束,仅秦州周围,就有堡寨370个③。这些为数众多的堡寨,主要分布在西部与北部。除了人为修筑的堡寨,秦阶一带河谷纵横,山地尤多,岷山、秦岭两大山系遍布全区,极易躲藏,战时小民前往逃难者众多。比如洮州张寅斗,"同治回乱负母逃阶、文等处,乱平始负归"。狄道的王希学,则与其弟一同带着母亲逃往岷州一带避难。监生刘孝,同治癸亥之乱,亦"负母逃至阶州奉养"。从九马守文的逃难经历更有代表性,"同治回乱与其兄守武、嫂桑氏扶母逃难,遇贼伤兄嫂,守文独负母逃至北乡贾家沟樊家岭,出资集众于山崖凿洞,聚众保守,居者五百余人,历两年悉免于难。后又率众逃至秦州牡丹园,复出资修堡,并作木驳以吓贼,堡赖以全"。

除此之外,战后秦州亦是重要的难民定置和移民迁入地,比如陕西凤翔回军崔伟部1万多人被安插在今张家川镇、龙山镇、弓门乡、阎家乡一带。陕西回军毕大才部3 280人安置在今连五乡境内④。

第二类地区与第一类地区不同,战后大村分布较为集中是战时人口收缩的结果,尤其是河西走廊西端大村密集分布比较直观地体现了战时区域人口由东往西逃徙最终止步于嘉峪关前的空间变动过程和结果。相关问题本章第一节及本书第五章已经做了详细论证,在此不多赘述。

第三节 本章小节

综上所述各种自然条件及人文因素,战后这类地区成为大村分布最为集中的地区比较容易理解。

---

① 光绪《秦州直隶州新志·地域》。
② 天水市地方志编纂委员会编:《天水市志》,北京:方志出版社,2004年,第613页。
③ 光绪《秦州直隶州新志·地域》。
④ 天水市地方志编纂委员会编:《天水市志》,第794—795页。

战时人口损失非常严重的地区,大村分布比较密集,究其原因,主要应该是战争状态下,人口大量减少的同时,小民避难逃生,从一般乡村聚落向较大核心的聚落集中的结果。人口的这一流动趋势,在统计数据上就是村落数量减少,村均人户增多。大村聚集,亦是情理之中。仔细研读宁夏平原及河西走廊的大村分布,就很能说明这一点。宁夏的大村分布,以宁夏府城为中心,分布相当集中,这显示了战时人口往最中心区域收缩的结果。河西走廊的大村分布状态更有意思,完全集中在最西端的甘州与肃州,东部的武威与凉州则相当稀疏。甘肃战事,由东往西推进,大村的这种分布趋势,显示了人口沿河西走廊由东往西迁徙,最终止步于关内的进程。

而大村这种极度聚集的状态也表明,从战争结束一直到清朝末年的三四十年间,整个西北地区的人口仍然相当有限,远没有恢复到战前的状态,诸多战前沃野之区,并没有足够的人口迁入。在区域人口增长主要来自内部自然增长的情况下,人口增加相当有限,不足以在较短时间内,遍及那些曾经人口繁盛的沃野之区。崇信县志称,"迄花门乱起,泾原荼毒尤苦,市井率墟……虽乱后休息时近四十年,然凋敝已甚,民业未获苏复,降及今,而政盖瘉,民益弊,因之以饥馑,师旅、官吏、士民日交困于艰难险阻中"①。这就是这种战后移民进程的真实写照。

而关中地区则不然,战争结束后,很多就有大批东部诸省人口迁入进行垦殖。以大荔县为例,据该县志书记载,道光三十年,该县共8乡292村堡,光绪十一年,有329村堡②。其人口,道光二十九年有"户34 224,口男女大小共200 316"③。光绪五年有户17 955,口男女大小72 679④。战前战后相比,人口减少超过60%,但聚落数量居然增加了37个,超过10%。战后人口锐减,但村落数目却有所增加的情况说明,新来的外来徙民,分布相当散离,他们遍布乡间的无主土地,开荒垦殖。在不进入因战争废弃的原有聚落之时,还有新的聚落产生。这与甘肃多地缺少外来人口机械增长的情况,形成了鲜明的对比。

民国以来,甘肃民间流传"金张掖、银武威,金银不换是天水"之谣,张掖即清代甘州府治张掖县,武威即清代凉州府治武威县,天水则在清代秦州直隶州境。

---

① 民国《重修崇信县志·序》。
② 光绪《大荔县续志》卷四《土地志·保甲村堡新编》。
③ 道光《大荔县志》卷六《土地志·户口》。
④ 光绪《大荔县续志》卷四《土地志·户口》。

从这一时间顺序来看,甘肃、宁夏及河西诸地的大规模的外来人口入迁及区域开发,大概应该是民国之后的事情。另外,那些自然条件优越、适宜农业生产的地区,即使受到战争破坏,人口损失惨重,但经过一定时间的恢复与发展之后,恢复较快,仍然会成为新的人口聚集区。

余论：中国历史上人口与战争

从1861年到1911年，前后不过半个世纪，相对于整个中国人口发展的历史来讲，这半个世纪只不过是弹指一挥间。但是，对于近代西北地区的人口发展来讲，这半个世纪，则是极其惨烈、极其艰难、极其漫长的五十年。同治元年开始的西北战争，前后持续不过十余年，但造成的人口损失却极其严重。这场战争不但完全打断了区域人口发展的历史进程，也彻底改变了西北人口的民族结构。在经历如此沧桑巨变之后，西北地区的城乡聚落人口问题，可谓错综复杂，头绪繁多。但是，从本书所关注的时空范围来看，人口史研究的主线，相对来讲还是比较清晰的，用简单的一句话来讲，那就是一场战争和由此引发的区域聚落人口变动。因此，探讨这场战争究竟是如何影响聚落人口的变动的，战争导致了怎样的聚落人口变动以及这样的人口聚落变动产生了什么样的连锁反应等问题，是这一时期聚落人口史研究的主要工作。

一、人口与战争

在过去相当长的一段时期内，人口过剩与战争的关系曾经是学界讨论的热门问题。众多国内外顶尖的学者，如罗尔纲、王亚南、何炳棣、姜涛、曹树基、王丰、李中清、王国斌、雷伟力（William Lavely）等，都是学术争论的主角。除此之外，还有很多社会政治人物也参与其间。这些争鸣与讨论，不管是理论推理式的，还是个案举证式的，大都以中国历史上的人口与战争为研究个案，最终落脚点也都驻停在对马尔萨斯理论的支持与攻伐上。其中，以李中清等人与曹树基之间的争论，最为突出。

李中清、王丰的研究否定了中国人口严重过剩的现实，他们对中国革命重新进行了解构，认为：至少18世纪以来，中国就有了一个对人口增长有效控制的、建立于复合家庭和集体主义之上的低已婚生育率体系。这种内在性抑制对人口的影响比外在性压力起到了更主要的作用。来源于灾荒、经济退步和传染病等外在性压力是短期性的,从来没有对中国人口形成过马尔萨斯所说的"现实性抑制"①。曹树基认为,李中清等在研究中有意使资料符合于他们理论阐述的需要,实际上,他们关注的地区及人口群体缺乏代表性,研究结论不具备可以信赖的前提②。对于曹树基等人的批评,王丰、李中清也展开了针锋相对的辩驳,认为曹树基等人先入为主地接受了马尔萨斯以来西方关于中国人口的学术观点,对中国人口史采取了简单的人口决定论的思考③。对此,曹树基等人再次著文进行反驳④。在 2011 年发表的另一篇文章中,曹树基等人以浙江松阳石仓文书为核心,对阙氏家族根据经济情况的好坏来主动调节其生育行为,进行了梳理⑤。这种家族人口行为背后的经济驱动力,恰恰是李中清所主张的低已婚生育率体系一个注脚。至此,所有的讨论回归到一个原点。

特定地域的特定人群在特定时期内的自我生育抑制行为,是否具有普遍意义,需要进一步研究。抛开此点不论,人口是具有主观能动性的个体,是流动的具有社会性的群体,从来都不是静止的停留在某一封闭的区域内。所以,单就"人口过剩"这一概念来讲,离开特定的时间、空间和社会发展阶段,泛泛地进行讨论,本身其实是个伪命题。人口是战争的主体,战争的起因当然离不开人的因素。但战争其实是整个社会现象的一部分,它不是孤立的行为,也不会突然发生。战争之所以爆发,一定是某一特定时期内各种错综复杂的社会政治关系引起的⑥。所以,离开具体的个案和特定的社会背景来讨论导致战争爆发的共同因素,既不尊重历史的事实,也缺乏实际的意义。

在相当长的一般时期内,中国历史上的战争,几乎都被纳入"农民起义"范畴

---

① [美]李中清:《人类的四分之一:马尔萨斯的神话与中国的现实,1700—2000》,北京:生活·读书·新知三联书店,2000 年,第 67—86、123—139、156—165、215—220 页。
② 曹树基、陈意新:《马尔萨斯理论和清代以来的中国人口——评美国学者近年来的相关研究》,《历史研究》2002 年第 1 期。
③ [美]王丰、[美]李中清:《摘掉人口决定论的光环——兼谈历史人口研究的思路与方法》,《历史研究》2002 年第 1 期。
④ 陈意新、曹树基:《尊重中国人口史的真实——对〈摘掉人口决定论的光环〉一文之回应》,《学术界》2003 年第 3 期。
⑤ 车群、曹树基:《清中叶以降浙南乡村家族人口与家族经济——兼论非马尔萨斯式的中国生育模式》,《中国人口科学》2011 年第 3 期。
⑥ [德]克劳塞维茨:《战争论》,中国人民解放军军事科学院译,北京:商务印书馆,1982 年,第 23—47 页。

之内,由此带来的是对战争起因、战争性质、战争过程以及战争影响的无休止的争吵与辩论。而在传统人口史那种宏大的、结构性的叙事方式中,战争成为人口变动的一个背影,我们看到的大多是战争导致的人口变动以及与人口变动有关的特点和规律的探讨与总结。相反,对于那些作为战争参与者和受害者的有血有肉的鲜活的个体,则很少能看到。

排除特定时期的某些人为因素,从一个较长的时段来看,造成这种状况的原因应该首先还是和史料的丰富程度有关。对近代以来的战争与人口史研究,因为多源史料充足,我们完全可以往前迈进一步,去关注一下战争状态下,更鲜活、更有情感的个人和群体,也应该关注那些更细致、也更真实的历史人口问题。但是,从另一方面来讲,这种研究往往也会面临新的困难,不利的因素也有很多。相对于那些年代久远的历史时期的战争与人口问题,近代以来的战争与人口研究因为与当下千丝万缕的联系,往往会受到个人情感、团体利益、族群背景、宗教信仰及政治等诸多现实因素的肘掣。

就同治西北战争来讲,其祸源起回汉冲突,与人口压力和人口过剩没太大关系。但在同治以前相当长的一个时期内,回汉两个族群之间同村共井、互为乡梓、融洽共处,局部地区零星发生有单个的、小规模的冲突与摩擦,后来一步步演化成为回汉两个族群之间的严重敌视与对立,并且最终以同治年间那场大规模惨烈屠杀的形式集中释放出来。在这样一个过程中,矛盾冲突是一步步累积的,最终从量变发展到质变。有两个倾向值得关注,那就是打斗双方的武装化与组织化。

长期频繁的冲突与械斗,使得回汉双方都逐渐有意识地购买或打制兵器,武装自己,以便在冲突中占得先机,避免吃亏。而在这一过程中,回汉双方的地方精英阶层也都起到了动员、组织乃至领导的作用。于汉民来讲,由士绅们把持的地方团练日渐膨胀,打着维护和恢复正常的统治秩序的幌子,不断挑战和背离国家期望,在回汉双方的冲突中起了极其恶劣的作用。于回族来讲,掌教阿訇等宗教特权人物权力的扩大和集中,也提高了回族社会的组织化程度,增加了在冲突中表达本族群共同诉求的筹码;但从另一方面来看,客观上也加剧了回汉之间的对立。组织化发展为大规模冲突的爆发提供了可能[1]。

---

[1] 路伟东:《羊头会、乡绅、讼师与官吏:同治以前关中地区回汉冲突与协调机制》,《回族研究》2010年第3期。

通过对19世纪以来兴起于大规模民众叛乱和中西冲突背景的各种地方武装的讨论,孔飞力揭示了晚清社会变革中一种重要趋势,即地方军事化。他认为"军事化既可以看作是一个过程,也可以看作是一系列的类型。它是人们从平民生活制度中分离出来的过程。它也是表示种种可能分离程度的一系列制度的类型。因此,'军事化水平'这一术语表示特定制度离开平民一极而向军事一极接近的程度"①。简单地讲,军事化实际上是一种可以将民间力量动员、组织起来并投入武力行动的组织机制和过程。从这个意义上讲,同治以前,关中地区长期存在的回汉冲突与械斗所导致的双方武装化与组织化,其实也可以看作是一个逐渐军事化的过程。

往更深层次的原因看,肢体冲突背后的文化冲突,尤其是宗教的因素,也应该引起关注。中国传统社会中,儒家文化一直被视为普世文化,儒家的价值观念也一直被视为普世价值。作为外来宗教的伊斯兰教,往往被视为异说。入清以来,尽管在较长的一段时期内,官方对待回族的正式态度尚较宽容,但士大夫阶层中对内地信奉伊斯兰教的回族的偏见和歧视却甚嚣尘上。对于那些通过科举跻身仕途的回族官员们来讲,在充满歧视与偏见官场之中,如何坚守自己的信仰,是一件非常困难的事情。乾隆继位以后,清廷对待回族的态度逐渐发生了变化,当士大夫阶层和各级地方官员中普遍存在的针对回族的文化歧视和宗教歧视上升为国家意志之后,对现实生活产生直接影响的司法歧视便产生了。这些律文、例则使得回族沦为法律意义上的贱民,地方官员在处理回汉诉讼时扬汉抑回的态度大都根源于此,而一般民众对待回族的态度也深受其影响。回看这段历史,肢体冲突背后的这些文化冲突,值得关注。官方与民间在处理相关问题时的态度、政策与具体方法,亦值得反思。尤其在当下,认真总结历史的经验教训,具有重要的现实意义。

二、战争与人口

战争是历史的常态,回顾整个中国人口发展史,给人印象最为深刻的可能就

---

① [美]孔飞力:《中华帝国晚期的叛乱及其敌人——1796—1864年的军事化与社会结构》,谢亮生等译,北京:中国社会科学出版社,1990年,第14页。李恭忠先生在研究土客械斗与华南地方军事化的过程中,对孔飞力的所讲的那种叛乱——平叛模式的军事化与华南土客械斗所体现的军事化模式进行了探讨。笔者借用这一观点来说明清代西北地区的回汉冲突与械斗。请参见李恭忠:《客家:社会身份、土客械斗与华南地方军事化——兼评刘平著〈被遗忘的战争〉》,《清史研究》2006年第1期。

频繁的战争与人口由波峰到谷底的反复波动。实际上,从秦汉以来的两千余年间,中国人口的发展所经历的这种剧烈波动,几乎历次改朝换代期间都会发生。而每次的人口波动,几乎都与战争有直接的关系,每次战争导致的人口损失规模也都动辄以百万、千万计①。对于治史者来说,很多时候,判断战争大小和惨烈程度的标准,往往只是一串冰冷的人口损失数字。但是,对于战争的残酷性与破坏性,则往往为一般人所未知,或未充分认识。

战争对人口发展的影响,首先就是直接造成参战人员和平民的大量死亡。同治西北战争持续的时间不长,前后不过十余年,但人口损失的绝对数量和相对比例均相当惊人。现有研究显示,这场战争造成的西北地区人口损失高达二千万,损失比例超过60%②。其中,回族人口损失绝对数量超过600万,损失比例接近80%。部分省区,如陕西省,战前200万回族,战后仅余西安城内数万口,几乎到了亡族灭种的程度③。实际上,历史上见于记载的诸多战争,对人口造成的伤害,其严重程度丝毫不亚于同治西北战争。

战争除了造成人口的直接死亡外,对人口的影响是多方面的,战争的主体是青壮年劳动力人口,除了直接参战的士兵,还有更多的丁壮从事战争的后勤保障工作,运输粮饷、给养及军械火药等一干所需。从左宗棠西征准备可见,这部分人口的数量,要远远多于士兵的数量。战时青壮男子或战死沙场,或长期离家,不但减少了从事农业生产的人口,也必然会使配偶的生育机会减少。而战争中生产、生活设施的破坏,也使得原来正常的生产经济活动受到影响。这些都不同程度地降低了人口的生育率,提高了人口的死亡率。除此之外,战争对人口生理和心理上更长远的影响,比如新生儿体质、身体发育以及心理病和精神病等,也是现代医学统计所证明的事实。所有这些影响之中,因农业生产无法正常进行造成的粮食短缺,往往引发粮荒,对人口减少的影响尤为直接。而战时人员伤亡引起的疾病蔓延,战争对自然生态扰动造成的传染病流行等原因,造成的人员间接死亡数量,则更是常常远超战时直接死亡的人数。根据1946年5月份的调查数据,冀鲁豫区八年抗日战争期间,直接战死者,仅占死亡人数的13%,而死于战时灾病饥饿的人数超过总数的66%。见表9-1:

---

① 葛剑雄:《中国人口发展史》,第106—259页。
② 葛剑雄主编,曹树基著:《中国人口史》第五卷《清时期》,第717—718页。
③ 路伟东:《清代陕甘回民峰值人口数分析》,《回族研究》2010年第1期。

表 9-1 冀鲁豫区八年抗日战争人口损失统计

单位：

	山东	河北	河南	江苏	总计	占比
被敌杀死	127 204	5 951	26 100	11 001	170 256	12.79%
特务暗害死	4 530	281	804	324	5 939	0.45%
敌灾病饿死	802 767	19 597	26 018	33 993	882 375	66.27%
流亡失踪	48 559	4 286	6 365	1 997	61 207	4.60%
被抓壮丁	177 044	6 184	16 778	11 655	211 661	15.90%
合　计	1 160 104	36 299	76 065	58 970	1 331 438	100.00%

（数据来源：河南省课题组编：《河南省抗战时期人口伤亡和财产损失》，北京：中共党史出版社，2014年，第165页）

相较于第二次世界大战，传统战争状态下，由于武器杀伤力有限，战时人口直接死亡的数量可能更少一些，死于饥饿、疫病的比例会更高。咸同云南回族战争期间，死于鼠疫等传染性疫病的人口超过死亡人口总数的70%[①]。而在1773年至1865年132年间的欧洲大小战争中死亡的800万军人中，直接死于战争本身的人数仅占总数的二成，死于疾病的则超过总数的80%[②]。

除了疫病，灾荒对人口的影响也值得关注。光绪三年(1877年)，还没有从战争废墟中完全恢复的陕西省，又遭到了"光绪大旱灾"的沉重打击。这次旱灾几乎遍及陕西全省，郿县以东，潼关以西，泾洛渭诸河流域的下游平原地带，尤其是关中地区的西安、同州两府被灾最重。该年秋，陕西灾民亦开始外逃求生。渭北各县灾民，"扶老携幼，百十成群，纷向渭南各州县转徙流离"[③]，而渭南的饥民则南下或东出就食。至光绪三四年间，仅逃出潼关的难民就有二十余万[④]。而那些没能逃出的灾民，则只能听天由命。泾、洛一带，投水自杀者日众，以至"洛河漂流死尸，联络不绝"[⑤]。醴泉县"饿死者山积，治城东门外掘两坑埋之，俗称万人坑。始犹以席卷之，继一席卷两人，终至无席。城隍庙、保安寺两处，稚儿耆者，填井为满"[⑥]。蒲城县，至1878年夏，"饿死者三分之二"[⑦]。有些地方甚至出

---

① 李玉尚、曹树基：《咸同年间的鼠疫流行与云南人口的死亡》，《清史研究》2001年第2期。
② 续建宜、刘亚林：《战争对人口的影响》，《西北人口》1998年第2期。
③ (清)柏景伟：《沣西草堂集》卷六。
④ 何汉威：《光绪初年(1876—1879)华北的大旱灾》，香港：香港中文大学出版社，1980年，第33页。
⑤ 梁景先等：《陕西旱灾请妥筹捐赈疏(光绪三年)》，见王云五主持：《道咸同光四朝奏议》，台北：台湾商务印书馆，1970年，第3333页。
⑥ 民国《续修醴泉县志稿》卷一四《杂记》。
⑦ 民国《续修醴泉县志稿》卷一四《杂记》。

现了人相食的悲惨局面,"饿死者既死,家人掩埋不敢痛哭,否则饥民齐来,竞相残食"①。更有甚者"口息未寒,髀肉已被窃割"②。更多的灾民则是成群结队地去哄抢粮食,勒食大户。有些州县,如蒲城、韩城等地甚至出现了灾民袭击官府,杀死官吏的事件③。

通过上面的简单描述,光绪旱灾对陕西人口造成的严重损失,着实让人印象深刻。但是,灾荒对人口和社会的影响,从来都不是单纯的自然原因决定的,而是人与自然角力的最终结果。战争状态下,粮、水等基本生活物资极度匮乏,基层救灾体系亦受到不同程度的破坏,无法发挥应有的作用。所有这些不利情况,都加剧了灾荒对人口的打击;另外,灾时疫病流行,也是造成人口损亡的重要原因,"小民非死于饥饿,即死于疾病"④。而疫病流行,则与尸体无法正常处理有直接关系。由于死亡人数过多,许多尸体大都来不及掩埋,即使勉强埋入者,也往往因为"泥土甚松,入土不深,仍为犬残者不少。尤惨者,垂死饥民,随风吹倒,气息未绝,亦被犬噬"⑤。由此可见,灾荒对人口的影响,与战争类似。造成人口死亡的主要原因,都不是这些特定事件本身,而是由这些特定事件引发的饥饿、疫病等。

除此之外,战争与灾荒对人口的不同影响还表现在:战争期间人口的损失主要表现为绝对数量的减少,即死亡;而灾荒期间人口的损失则主要表现为相对数量的减少,即人口的迁移。对同光年间陕西人口变动的研究显示,战争期间的人口损失占同期人口损失总数的八成强,远超过灾荒期间的人口损失。这表明,历史时期,对人口造成的损失,人祸远胜于天灾。

战后人口的增长模式也是值得关注的问题,李中清等人认为,中国革命摧毁了传统的复合家庭与集体主义,使已婚生育率体系随之崩溃,导致了革命后人口无节制的爆炸式增长。笔者对此观点持怀疑态度,至少,在晚清西北地区的研究,不支撑这一观点。对宣统人口调查甘肃"地理调查表"大村空间分布状态的

---

① 待鹤斋:《劝通商济赈小启》,《万国公报》光绪四年五月初一日(1878年6月1日)。
② (清)丁宝桢:《筹赈末完骤病剧增折》,《丁文诚公(宝桢)遗集·奏稿》卷六。
③ 《清德宗实录》卷五五记载称:"近闻陕西同州府属之大荔、朝邑、合阳、澄城、韩城、白水各县因旱欠[歉]收,麦田不过十之一二,华州潼关等属秋苗尽为田鼠蝗虫所害,粮价骤增,大荔、蒲城等处抢粮伤人之案递出,韩城之白马川,聚人数千,游勇土匪,互相煽乱,并有军械旗帜,请饬分理。"民国《续修陕西通志稿》卷一二九《荒政一》亦记称:"是年蒲城大饥,七月二十六日,土匪胁饥民汇夜入城,焚署劫狱,戕知县黄传坤,大肆抢掠。"
④ (清)曾国荃:《复丁雨生》,《曾忠襄公奏议》卷一一。
⑤ (清)赵翰:《致南中书》,见(清)贺长龄辑《皇朝经世文编》卷三九《户政》。

研究表明,从战争结束一直到清朝末年的三四十年间,整个西北地区,人口数量增长缓慢,人口总量仍然相当有限,远没有恢复到战前的状态,诸多战前沃野之区,因为没有足够的人口迁入,仍然荒草漫漫。由此可见,在区域人口增长主要来自内部自然增长的情况下,战后西北人口增加相当有限,不足以在较短时间内遍及那些曾经人口繁盛的沃野之区。崇信县志称,"迄花门乱起,泾原荼毒尤苦,市井率墟……虽乱后休息时近四十年,然凋敝已甚,民业未获猝复,降及今,而政盖寡,民益弊,因之以饥馑,师旅、官吏、士民日交困于艰难险阻中"[1]。这就是这种战后移民进程的真实写照。

至于在一个更长的时间段内,有没有可能出现李中清教授所声称的"革命后人口无节制的爆炸式增长",需要作进一步的研究。实际上,即使真的存在李中清所说的晚清民国以来,人口无节制的爆炸式增长,其真正原因,也不是中国革命摧毁了传统的复合家庭与集体主义使已婚生育率体系随之崩溃导致的,而是晚清民国以来,中国人口增长模式转变造成的。从"高出生率、高死亡率、低增长率"的原始型人口增长模式转变到"高出生率、低死亡率、高增长率"的传统型人口增长模式,其原因是复杂的,既有自然因素也有社会因素。其中,虽然最终的决定因素是社会经济发展水平,但在人口增长模式转变的初始阶段,现代医疗与公共卫生体系的建立、现代救灾与救灾体系的建立以及现代交通体系的建立等,都发挥了极其重要的作用。

三、现有研究的不足与展望

晚清半个世纪间的西北聚落人口问题是一个非常有意义的课题,不论从研究的时间、空间还是问题本身等方面来看,都相对比较独立,也比较完整,具有清晰的发展主线和内在的叙事逻辑。基于保存相对完整的 7 000 个左右的宣统人口调查甘肃"地理调查表"分村户口数据,笔者进行了较为深入、系统的聚落尺度的区域人口史研究。

对这样一个仅持续 50 年并且发展脉络相当清晰的人口史的研究课题,笔者仍然是只选择了其中一小部分前人关注不多,或虽有较多关注,但仍然能够有所突破和创新的学术问题,比如人口史研究视角的城乡与乡村、与城市等级相吻合的城市人口等级模式、宣统人口调查数据与中国人口史晚清民国期间的衔接、战

---

[1] 民国《重修崇信县志·序》。

时不同空间尺度人口迁移的特征与规律以及大村分布与战争引发的西北人口空间变动趋势等,进行重点研究。

相对于传统中国人口史原来那种宏大的、结构性的工作范式而言,这一工作,至少可以提供一个较大区域的研究个案,增加一种新的叙事方式。通过这样的研究,笔者希望可以部分解决长期以来困扰西北人口史、移民史研究的疑点、难点问题,从而推动相关领域的研究向纵深领域拓展。同时,也希望可以为西北地区社会史、民族史等学科的发展提供一定的参考。

虽然这一研究工作,自始至终都没有轻松过,但就目前已经完成的具体研究而言,这一工作还相当不完善,以人口史研究的六大部分,即人口规模、人口分布、人口迁移、人口构成、人口再生产、人口制度及相关内容进行对照,还有不少重要内容没有涉及。就具体的研究题目来讲,也有许多问题必须给予足够的关注,比如战争与聚落形态的演变、战争与人口的再生产、战争与人口史的书写、战争与人口结构的变化等问题,都很有意思,也应该可以找到足够的史料,研究的可行性比较高。接下来仅以战争与人口结构中的人口性别结构略作引申说明,以期对未来的工作有所展望。

性别比(sex ratio)是人口性别结构(sex structure)的重要内容之一,指是男性人数与女性人数的比值,通常用一个基数为100的数值表示,即每100位女性所对应的男性数目为计算标准,学术界认定的性别比正常值一般在104—107之间。

战争会直接造成大量参战士兵的死亡,由于这些死亡人口大都是成年男性。因此,往往也会导致性别比的波动。现代战争状态下,一般战后会有一个较低的性别比。比如第二次世界大战期间,欧洲死亡人数多达3 000万—3 500万,直到20世纪80年代中期,战时人口死亡最多的德国及前苏联地区,仍是世界上性别比最低的国家[①]。但传统战争状态下的研究,证明的似乎是另一种趋势。战争中,老弱妇孺作为最大的受害者,死亡较多,战后人口性别比畸高。侯春燕在探讨同治西北战后人口结构时,就举了大量的例子来证明这一观点。有些极端的个案,如迪化府,性别比甚至高达190,一般地方也都在130左右[②]。然而,宣统人口调查的数据显示,清末甘肃人口性别比仅为109,与学术界认定的性别比

---

① 刘铮主编:《人口学辞典》,北京:人民出版社,1986年,第351页。
② 侯春燕:《近代西北地区回民起义前后的人口变迁》,《中国地方志》2005年第2期。

正常值非常接近。

在民国以前的传统社会中,人们(至少在中国)似乎很难有能力对出生性别比进行明显的大范围的干预。虽然通过溺婴手段,可以人为干扰实际的人口性别比,但在一个较大区域的人口调查中,想通过人为方式,对统计数据中的人口性别比进行系统性的造假,可能性是很小的。因此,对于人口史学家来讲,性别比是评判某一人口数据是否可靠的重要指标。由此推测,学界对于传统战争状态下男女人口死亡情况的传统认识,可能存在问题。对于性别比这样一个需要通过人口调查和普查数据来进行研究的对象来讲,企图通过个案举例式的方式进行研究,在逻辑上存在问题,在具体的研究实践中,也是行不通的。另外,这样一个个案也说明,传统战争引发的人口性别比变化,可能与现代战争状态下,有较大不同。所有这些问题,需要在以后的研究中继续探讨。

同治西北战争从爆发至今不过150余年。150余年间,因为一场惨烈的战争,西北地区的人口发展经历了后人难以想象的沧桑巨变。当过去变成历史,成为史书里记载的一行行的文字时,很多细节的部分都会慢慢湮没在布满灰尘的史书中。但是,对于千百万曾经生活在这片土地上的战争亲历者以及他们的子孙来讲,曾经的苦难与磨炼,都是以生命为代价换来的。对于过去的记忆,尤其是个体、家庭以及整个族群在战争中所受到的创伤,很难随着史书的泛黄而褪色。

历史是过去的现实,其复杂性与多面性,往往超出人们的想象。面对这种历史的真实,对于坐在书斋里的学者来讲,希望仅仅依靠那些已经布满灰尘的泛黄文献,或者事件经历者充满个人感情色彩的零星记述,抑或是时人和后人道听途说的琐碎记载,就能拼织出历史的原貌,完全了解自己的研究对象,是极不现实的。任何试图简单化、标准化与符号化的所谓特征提炼与规律总结,都存在极大的风险和不确定性。任何非黑即白、非对即错的二元价值评判标准,同样也都是错误的。怀着谦鄙、审慎、尊重与敬畏的态度,去认真审视那些已经发生的人和事,是唯一正确,也是明智的选择。

附　　录

　　为了更好地向读者展示宣统人口调查甘肃"地理调查表"的全貌,本书把"地理调查表"的部分原始图像及整理后的数据表格,作为附录一和附录二附于书后。

　　附录一原始图片选择高台县作为样本,主要原因是该县调查表页数较少,且附有地图,总共仅四张,节省篇幅。另外城内、附城及四乡等调查单位排列很清晰,页面泛黄,污渍明显,也有人为涂改痕迹,比较典型,读者从中可以一窥"地理调查表"的原始情况及目前保存的真实状态。

　　附录二数据表格是兰州府各州县"地理调查表"近1 300个城乡聚落数据,笔者全部整理完毕,现公开出来,以供学者同仁使用。

附录一:《高台县地理调查表》图像

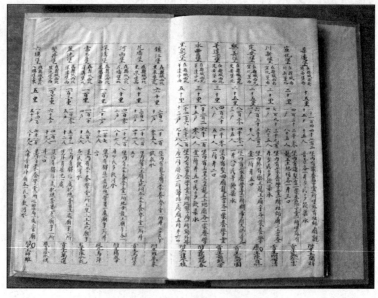

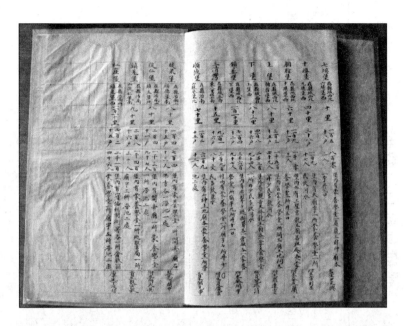

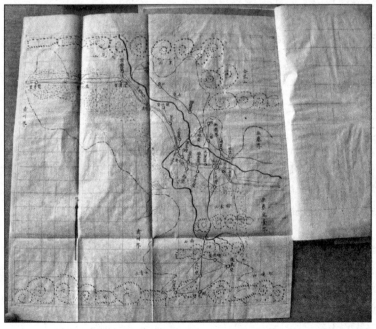

附录二：宣统"地理调查表"兰州府分村户口数据

序号	属县	区别	村镇名目	方向位置	离城里数	户数	人口	附记	承办绅董姓名
1	1	兰省关厢	城内			2 988	9 163	城内有文、武衙署二十八所；统捐、巡警、咨议、通志、军装、机器、商品、陈列各局所十五；检验初级师范、两等中小、蒙养、法、政、文、福音教等学堂十六处；保节堂一处；福音教堂一所；会馆十一处；军库仓厫各一所；庙宇三十四座，内嘉福、普照、庄严三寺，相传建自唐代。道升巷小文庙，相传建自前明。凝熙观，相传系明萧庄花园故址。井共三十九口	附生韩国辅
2	1	兰省关厢	东关			2 279	9 276	戒烟、官医、子药、火药、巡警局五所、小学堂五处、庙宇十五座、仓廒三座、养济院一座、礼拜寺一座	增生王毓麟
3	1	兰省关厢	新关			1 192	5 597	巡警、统捐、税釐等局三处、小教场一处、优级师范、蒙养、小学二十九处、庙宇六座、礼拜寺一座、井十五口	
4	1	兰省关厢	附城			786	1 150	税厘局四处、高等陆军、蒙养学堂七处、织呢局一处、天主堂一处、先农坛一处、庙宇八座、三将军庙一处、相传靠赵邓三公，井九口	
5	1	兰省关厢	南关			558	2 133	广福寺一座、巡警局一处	

续表

序号	属县	区别	村镇名目	方向位置	离城里数	户数	人口	附记	承办绅董姓名
6	1	兰省关厢	拱兰门外	县城正南		190	962		
7	1	兰省关厢	五泉山	县城正南	3	246	1 170	崇庆古刹一座	
8	1	兰省关厢	西关			1 589	6 197	庙宇七座,火祖庙,礼拜寺两处,海神,巡警局一处,龙王,关帝,黄河大渡	
9	1	兰省关厢	上下沟	县城西南	1	0	0		
10	1	兰省关厢	官邑后	县城西南	1	1 879	7 534	庙宇十六座,尼姑庵三处,圣母宫,白道楼,巡警局一处,杨家寺	
11	1	兰省关厢	三岔路口	县城西南	1	0	0	华林寺,白云观,西岳庙,火祖楼,太清宫,张仙祠,酒仙殿,上帝庙	
12	1	兰省关厢	附北城			0	0	铁桥一座	
13	1	兰省关厢	盐场堡		5	1 079	5 506	庙宇九座,瘟庙,文昌,关帝,阎君庙,三官庙	
14	1	兰省关厢	庙滩子			0	0	巡警局一处	
15	1	兰省关厢	凤林关			0	0		
16	1	兰省关厢	镇远关			0	0		
17	1	兰省关厢	金城关			0	0	金山寺	
18	1	兰省关厢	徐家湾	县城西北	3	57	264		
19	1	兰省关厢	十里店	县城西北	10	241	1 321	庙宇五座,龙王,火祖,雷祖,土主,三官庙,墩塘一座	
20	1	兰省关厢	孔家崖	县城西北	20	274	1 512	庙宇三座,马王,火祖,土主庙	
21	1	兰省关厢	费家营	县城西北	25	560	2 460	庙宇三座,马王,马王,土主庙	
22	1	兰省关厢	安宁堡	县城西北	30	325	1 763	庙宇十座,瘟庙,马王,龙王,火神庙	
23	1	附城西川	西园	县城正西	4	86	452	庙宇一座,八腊庙	

续表

序号	属县	区别	村镇名目	方向位置	离城里数	户数	人口	附记	承办绅董姓名
24	1	附城西川	莲花池			0	0	社稷、风云、雷雨坛	
25	1	附城西川	梁家庄		5	56	320	庙一座,龙王庙	
26	1	附城西川	周家庄			0	0		
27	1	附城西川	任家庄		7	25	72	庙一座,道祖庙	
28	1	附城西川	柴家庄			0	0		
29	1	附城西川	柳家庄		8	10	40	庙一座,龙王庙	
30	1	附城西川	王家堡		8	40	155	庙一座,方神	
31	1	附城西川	双营子		8	45	270	庙一座,方神	
32	1	附城西川	龚家湾		10	46	182	庙一座,龙王庙	
33	1	附城西川	土门墩		10	85	248	庙一座,三清殿、三清殿,敦塘一座	
34	1	附城西川	马滩		15	210	456	庙二座,方神、龙王	
35	1	附城西川	崔家崖		20	156	342	庙四座,白云观、菩萨殿,方神、土主	
36	1	附城西川	范家坪		25	80	283	庙一座,后天庙	
37	1	附城西川	牟家坪		20	15	74	庙一座,方神	
38	1	附城西川	彭家坪		20	15	62	庙一座,方神	
39	1	附城西川	蒋家坪		20	15	56	庙一座,方神	
40	1	附城西川	大小经沟		20	18	75	庙一座,方神	
41	1	附城西川	夹家山		30	10	52	庙一座,方神	
42	1	东乡	东岗镇	县城正东柳沟河西北	20	24	149	村内大圣庙、新佛寺、三官楼各一宇,三官楼各一宇、釐金局行台各一所	军功彭立枢
43	1	东乡	柳沟河	县城正东方家泉正南	30	21	153	村内龙王庙一宇	

续 表

序号	属县	区别	村镇名目	方向位置	离城里数	户数	人口	附记	承办绅董姓名
44	1	东乡	柳沟店	县城东南张家河东北	35	32	209	村内娘娘庙一宇	
45	1	东乡	袁家营	县城东南张家河东北	35	60	405	村内方神庙一宇	
46	1	东乡	张家河	县城东南沈家河正北	40	31	245	村内娘娘庙一宇	
47	1	东乡	沈家河	县城东南张家河正南	40	29	175	村内九龙宫一宇	
48	1	东乡	汪家坪	县城东南沈家河正南	40	24	162	村内大清宫一宇	
49	1	东乡	苏家庄	县城东南张家河正东	40	9	73		
50	1	东乡	张子文店	县城东南苏家庄正北	40	42	268	村内圣母宫一宇	
51	1	东乡	徐家营	县城正东猪嘴岭西北	40	33	214	村内龙王庙、祖师楼各一宇	
52	1	东乡	猪嘴岭	县城正东定远镇正西	45	32	248	村内马王庙一宇	
53	1	东乡	定远镇	县城正东猪嘴岭西南	50	63	390	村内关帝庙、象峰山庙、文昌楼、魁星楼、百子宫、药王庙、龙宫祠各一宇	
54	1	东乡	歇家咀	县城东北马启营西北	50	36	215	村内方神庙一宇	

续表

序号	属县	区别	村镇名目	方向位置	离城里数	户数	人口	附记	承办绅董姓名
55	1	东乡	马启营	县城正东塔沟西南	60	27	189	村内娘娘庙一宇	
56	1	东乡	孙家坡	县城东南曳木岔正西	65	7	31	村内娘娘庙一宇	
57	1	东乡	麻家寺	县城东南猪嘴岭正南	100	9	63	村内马家寺一宇	
58	1	东乡	连搭沟	县城正东马连山正西	70	39	255	村内关帝庙、百子宫、龙王庙、祖师楼各一宇	
59	1	东乡	朱典营	县城正东马连山正西	70	32	299	村内龙王庙、祖师殿、灵官殿各一宇	
60	1	东乡	金家营	县城正东马连山正西	70	40	332	村内马王庙、娘娘庙各一宇	
61	1	东乡	马家山	县城正东石头沟正西	75	18	158	村内土地祠一宇	
62	1	东乡	石头沟	县城正东丁家大营正西	80	19	169	村内龙王庙一宇	
63	1	东乡	大坡坪	县城正东三角镇正西	85	15	122	村内山神庙一宇	
64	1	东乡	丁家大营	县城正东周这庄正西	85	46	352	村内卧牛寺一宇	
65	1	东乡	周家庄	县城正东刘猪镇正西	95	27	105	村内雷祖庙一宇	

续 表

序号	属县	区别	村镇名目	方向位置	离城里数	户数	人口	附 记	承办绅董姓名
66	1	东乡	刘楮营	县城正东洪亮营正西	95	19	121	村内娘娘庙一宇	
67	1	东乡	洪亮营	县城正东王保营正南	100	9	54	村内娘娘庙一宇	
68	1	东乡	王保营	县城正东丁官营正南	100	29	178	村内山神庙、娘娘庙、龙王庙、圣仙庙、祖师庙各一宇	
69	1	东乡	丁官营	县城正东缪王营正南	110	31	231	村内娘娘庙、龙王庙、将军庙一宇	
70	1	东乡	三角镇	县城正东缪王营正西	90	61	406	村内龙王庙、娘娘庙各一宇	
71	1	东乡	缪王营	县城正东接驾嘴正南	110	20	139	村内将军庙一宇	
72	1	东乡	接驾嘴	县城正东下彭家营西南	120	32	275	村内关帝庙一宇	
73	1	东乡	方家泉	县城丁东柳沟河正北	30	84	560	村内三官殿、关帝庙、雷雨云祖庙、牛王殿、娘娘庙、山神庙各一宇	
74	1	东乡	桑园子	县城正东冯家湾正西	30	111	793	村内龙王庙、民祠、文昌、山神庙各一宇,蒙养学堂一所	
75	1	东乡	响水子	县城正东冯家湾西北	40	71	265	村内三圣庙一宇、巡警局、戒烟局各一宇	
76	1	东乡	冯家湾	县城正东施家坪正西	50	16	93	村内菩萨殿、九龙庙各一宇	

续表

序号	属县	区别	村镇名目	方向位置	离城里数	户数	人口	附记	承办绅董姓名
77	1	东乡	施家坪	县城正东金家坪正西	50	16	63	村内全神庙一宇	
78	1	东乡	金家坪	县城正东骆驼巷正西	50	15	107	村内全神庙一宇	
79	1	东乡	骆驼巷	县城正东买子堡正西	50	18	119	村内关帝庙一宇	
80	1	东乡	买子堡	县城正东拐角子正西	50	16	89	村内关帝庙、百子楼各一宇，蒙养学堂一所	
81	1	东乡	拐角子	县城正东黄家庄正西	50	9	46	村内白马庙一宇	
82	1	东乡	黄家庄	县城正东上伍营正西	50	24	165	村内莘寺、白马庙各一宇，蒙养学堂一所	
83	1	东乡	上伍营	县城正东	50	13	79	村内太清宫、龙王庙各一宇	
84	1	东乡	施家营	县城正东	50	8	57	村内娘娘庙一宇	
85	1	东乡	郭家庄	县城正东	50	16	120	村内龙王庙、三圣庙各一宇，蒙养学堂一所	
86	1	东乡	过店子	县城正东	70	63	420	武圣宫、文昌宫、地藏寺、雷祖殿、玉皇庙、白马庙、关帝庙、灵官殿、三官殿、奎星阁、观音、马祖殿、三清殿各一宇	
87	1	东乡	夏官营	县城正东	90	117	865	关帝庙、佛阁、文昌宫、财神庙、娘娘庙、龙王庙、祖师庙各一宇，巡警局、初等小学堂一所	
88	1	东乡	塔新营	县城正东	95	109	871	村内方神庙一宇，初等小学堂一所	
89	1	东乡	高王崖头	县城正东	95	41	330	村内方神庙一宇	

续 表

序号	属县	区别	村镇名目	方向位置	离城里数	户数	人口	附 记	承办绅董姓名
90	1	东乡	红柳沟	县城正东	95	98	802	村内马王庙一宇,方神庙一宇	
91	1	东乡	高墩营	县城正东	95	77	587	村内祖师庙一宇	
92	1	东乡	王家营	县城正东	95	29	161	村内雷祖庙一宇	
93	1	东乡	詹家堡	县城正东	95	21	176	村内娘娘庙一宇	
94	1	东乡	下彭家营	县城正东	95	56	482	村内将军庙一宇	
95	1	东乡	龚家圳	县城正东	95	26	201	村内雷祖庙一宇	
96	1	东乡	东古城	县城正东	100	39	311	村内方神庙一宇	
97	1	东乡	台子营	县城正东	100	54	430	村内关帝庙一宇	
98	1	东乡	黑地沟	县城东北	105	30	260	村内祖师庙、山神庙、马王庙、关帝庙各一宇	
99	1	东乡	清水镇	县城正东	100	12	113	村内金龙庙、关帝庙、真武殿、娘娘庙各一宇	
100	1	东乡	杜家嘴	县城正东	110	14	112	村内关帝庙一宇	
101	1	东乡	宁家坪	县城正东	120	18	114	村内龙王庙、山神庙一宇	
102	1	东乡	三墩营	县城正东	125	11	100	村内八蜡庙一宇	
103	1	东乡	甘草店	县城正东	130	228	1 124	村内泰山庙、白衣寺、山神庙、山陕会各一宇,巡警局一所	
104	1	东乡	杨家六营	县城正东	135	29	187	村内龙王庙一宇	
105	1	东乡	张车家庄	县城正东	130	31	225	村内龙王庙一宇	
106	1	东乡	俞家营	县城东南	140	105	144	村内文昌庙一宇	
107	1	东乡	马家集	县城东南	150	26	158	村内雷祖庙一宇	
108	1	东乡	贡马井六社	县城东北	150	90	79	村内龙王庙一宇	
109	1	东乡	贡马井七社	县城东北	160	107	735	社内龙王庙、百子楼各一宇	

续表

序号	属县	区别	村镇名目	方向位置	离城里数	户数	人口	附记	承办绅董姓名
110	1	东乡	贡马井八社	县城东北	180	95	109	社内方神庙一宇	
111	1	东乡	贡马井九社	县城东北	160	67	488	社内东菩萨殿一宇,井一口	
112	1	东乡	贡马井十社	县城东北	190	105	843	社内龙王庙一宇	
113	1	东乡	蒋家营	县城正东	60	106	737	村内百子庙、文昌庙、马社庙、龙王庙各一宇	
114	1	东北乡	泥湾	有县城东北	50	241	1778	三圣宫一座、方神庙一座、雷神庙一座、古寺一座	
115	1	东北乡	什川堡	在县城东北	60	152	1120	祖师殿、文昌阁、城隍庙、三官庙各一座	
116	1	东北乡	河口	在县城东北	60	93	625	方神庙、财神庙各一座	
117	1	东北乡	鸢鸽湾	在县城东北	200	77	485	方神庙一座	
118	1	东北乡	关家沟	在县城东北	200	32	215		
119	1	东北乡	楼霞口	在县城东北	210	33	221		
120	1	东北乡	白茨滩	在县城东北	200	170	1180	娘娘庙、方神庙各一座	
121	1	东北乡	金沟口	在县城东北	180	77	520	广福阁一座、关帝庙一座、巡警分局一所	
122	1	东北乡	聂城崖	在县城东北	210	29	212	方神庙一座、井一口	
123	1	东北乡	麻黄滩	在县城东北	190	8	52		
124	1	东北乡	麦地沟	在县城东北	195	32	215		
125	1	东北乡	大川渡	在县城东北	180	255	1750	北武当祖师庙一座、四圣宫一座、斗母宫一座	
126	1	东北乡	条城堡	在县城东北	185	210	1450	城隍庙一座、老社庙一座、分税局一所	
127	1	东北乡	桦皮川	在县城东北	190	40	282		
128	1	东北乡	腊梅嘴/麻林坪	在县城东北	190	120	840	龙王庙一座	

续表

序号	属县	区别	村镇名目	方向位置	离城里数	户数	人口	附记	承办绅董姓名
129	1	东北乡	蒋家湾	在县城东北	195	180	1 252	三圣宫一座,禅师殿一座	
130	1	东北乡	萱帽塔	在县城东北	160	86	560	老祖庙一座,井一口	
131	1	东北乡	大井子	在县城东北	220	34	225	井一口	
132	1	东北乡	强家湾	在县城东北	170	34	265	方神庙一座,井一口	
133	1	东北乡	王家峁子	在县城东北	130	52	362	祖师庙一座,井一口	
134	1	东北乡	茵草台	在县城东北	130	12	75	井一口	
135	1	东北乡	郝家川	在县城东北	140	22	150	井一口	
136	1	东北乡	黄毛井子	在县城东北	140	5	34	井一口	
137	1	东北乡	西沟	在县城东北	120	20	140	井一口,方神庙一座	
138	1	东北乡	浪喇牌	在县城东北	120	30	200	井一口	
139	1	东北乡	红柳窑沱	在县城东北	110	38	282	井一口	
140	1	东北乡	榆树庄	在县城东北	115	20	140	井一口,方神庙一座	
141	1	东北乡	后长川子	在县城东北	120	32	255	井一口,方神庙一座	
142	1	东北乡	白石宫	在县城东北	120	30	215	井一口	
143	1	东北乡	黄沟	在县城东北	150	30	218	井一口	
144	1	东北乡	江家川/武家川	在县城东北	180	45	285	方神庙一座	
145	1	东北乡	铁江石	在县城东北	210	22	145	方神庙一座	
146	1	西乡	陈官营	在县城西	30	300	1 510	庄四堡三圣庙一宇,北即黄河	
147	1	西乡	西古城	在县城西	40	175	640	城四围三里许,内有祖师殿,南有三官庙,火神庙,西有关帝庙各一宇,井二口,城创于汉,明时重修,有明彭襄毅公重修西古城碑记,学堂一所	举人孙耀枢

续表

序号	属县	区别	村镇名目	方向位置	离城里数	户数	人口	附记	承办绅董姓名
148	1	西乡	瞿家营	在县城西北	40	250	1500	庄内有祖师庙、土主庙各一宇,北面即黄河	
149	1	西乡	钟家河	在县城西北	40	170	530	庄内有祖师庙庙一宇,北即黄河	
150	1	西乡	孙家堡	在县城西	40	20	100		
151	1	西乡	西柳沟	在县城西	50	480	2100	庄有堡内设学堂一处,外有巡警局一所、社师庙一宇	
152	1	西乡	梁家湾	在县城西	50	38	210	庄有古寺一宇	
153	1	西乡	坡底下	在县城西	60	12	32		
154	1	西乡	东河湾	在县城西	65	50	250		
155	1	西乡	马泉堡	在县城西	65	80	420		
156	1	西乡	新城	在县城西	70	300	1500	城内有关帝庙,外有马王庙各一宇,巡警局一所,北即黄河古渡	
157	1	西乡	青石台	在县城西	80	50	250	庄西北即黄河	
158	1	西乡	小泗沟	在县城西	100	10	49	庄北即黄河古渡	
159	1	西乡	抚河湾	在县城西	120	20	122		
160	1	西乡	姚家璇	在县城西	120	80	480		
161	1	西乡	马耳山	在县城西	40	25	120		
162	1	西乡	熊子湾	在县城西	45	12	36		
163	1	西乡	杏胡台	在县城西	45	30	150		
164	1	西乡	徐家大山	在县城西	48	15	45		
165	1	西乡	车家台	在县城西	55	35	100		
166	1	西乡	哳咿哼啰	在县城西南	80	30	105	庄南即巴蜜山,山上有敕封灵感金花仙姑庙一宇	

续表

序号	属县	区别	村镇名名	方向位置	离城里数	户数	人口	附记	承办绅董姓名
167	1	西乡	红岘子	在县城西南	100	15	52		
168	1	西乡	红柳台	在县城西南	100	100	520		
169	1	西乡	古城子	在县城西南	120	200	1 000		
170	1	西乡	乱庄	在县城西南	125	210	1 006		
171	1	西乡	小川	在县城西南	130	205	900		
172	1	西乡	大川	在县城西南	140	220	1 032		
173	1	西乡	沙井驿	在县城西	40	36	152	庄有土围，内高驿站，南临黄河	
174	1	西乡	柴家台	在县城西	55	58	315		
175	1	西乡	柴家川	在县城西	60	121	516	庄南即黄河北岸	
176	1	西乡	河口镇	在县城西北	90	660	3 300	庄南即黄河	
177	1	西乡	达家台	在县城西北	110	24	118		
178	1	西乡	黑嘴庄	在县城西	120	63	340		
179	1	西乡	鸢庄子	在县城西北	125	35	215		
180	1	西乡	河湾	在县城西北	145	83	481		
181	1	西乡	夹滩	在县城西北	160	62	330		
182	1	西乡	崖渠川	县城正北	40	25	130	村内有娘娘庙一宇，水窖十八眼	优附生张步瀛
183	1	西北乡	照壁山	县城正北	45	29	235	村内有土地庙一宇，水窖十二眼	
184	1	西北乡	丰登沟	县城正北	60	80	447	村内有土地庙，马祖庙各一宇，涝池一眼，水窖四十三眼	
185	1	西北乡	沙涝池	县城正北	60	47	265	村内有雷祖庙，老祖庙各一宇，涝池一眼，水窖十六眼	

续表

序号	属县	区别	村镇名目	方向位置	离城里数	户数	人口	附记	承办绅董姓名
186	1	西北乡	大三沟	县城正北	60	35	195	村内有方神庙一宇,水窖二眼	
187	1	西北乡	似兰沟	县城正北	70	20	115	村内有龙王庙一宇,水窖十三眼	
188	1	西北乡	朱家井	县城西北	70	55	195		
189	1	西北乡	水草河	县城正北	70	176	1853	村内有初等学堂一所,关帝庙一宇,灵峰寺一宇,文昌宫一宇,水泉七眼	
190	1	西北乡	沙岗子	县城正北	80	50	401	村内有方神庙一宇,蒙养学堂一所,井一眼	
191	1	西北乡	曾家井	县城正北	82	11	62	村内有土地庙一宇,井一眼	
192	1	西北乡	石涝池	县城正北	85	62	405	村内有雷祖庙一宇,蒙养学堂一所,井二眼	
193	1	西北乡	小薰草沟	县城正北	90	22	250	村内有菩萨殿一宇,水窖三十九眼	
194	1	西北乡	大薰草沟	县城正北	95	96	256	村内有土地庙一宇,井一眼,水窖二眼	
195	1	西北乡	王家沟	县城正北	100	9	55	村内有龙王庙一宇,井三眼	
196	1	西北乡	赵家铺	县城正北	120	32	266	村内有土地庙一宇,井一口	
197	1	西北乡	阳狐峇	县城正北	90	25	364	村内有龙王庙一宇,土地庙一宇,井三口,泉一口	
198	1	西北乡	颜家岘	县城正北	115	75	586	村内土地庙一宇,蒙养学堂一所,井一口	
199	1	西北乡	团庄堡	县城正北	120	36	195	村内有龙王庙一宇,蒙养学堂一所,井二口	
200	1	西北乡	陈家坡	县城正北	122	26	156	村内有关帝庙一宇,井二口	
201	1	西北乡	平定堡	县城正北	125	35	296	村内有关帝庙一宇,雷祖庙一宇,蒙养学堂一所	
202	1	西北乡	陈家井	县城正北	128	22	168	村内有龙王庙一宇,井二口	
203	1	西北乡	巴家坡	县城正北	128	27	200	村内有土地庙一宇,娘娘庙一宇,井三口	
204	1	西北乡	小西岔	县城正北	140	108	676	村内有四神宫一宇,蒙养学堂一所,井二口	

附　录

续　表

序号	属县	区别	村镇名目	方向位置	离城里数	户数	人口	附　记	承办绅董姓名
205	1	西北乡	铧尖滩	县城正北	150	140	865	村内有神宫一宇,文昌宫一宇,蒙养学堂一所,井四口	
206	1	西北乡	段家川	县城正北	155	60	932	村内有秦王庙、雷祖庙一宇,井二口	
207	1	西北乡	石门沟	县城正北	184	25	145	村内有方神庙一宇,井二口	
208	1	西北乡	大横路	县城正北	184	43	228	村内有五龙庙一宇,菩萨殿一宇,雷祖庙一宇,井三口,游池二口	
209	1	西北乡	黄哈赖	县城正北	185	9	36	村内有三清殿一宇,井六口	
210	1	西北乡	山子墩	县城正北	140	120	485	村内有三圣殿娘娘庙各一宇,蒙养学堂一所,井二口	
211	1	西北乡	下四墩	县城正北	150	81	206	村内有三圣庙一宇,圣母宫一宇,蒙养学堂一所,井二口	
212	1	西北乡	上四墩	县城正北	150	48	275	村内有电祖庙一宇,井一眼,蒙养学堂一所	
213	1	西北乡	下中川	县城正北	155	137	956	村内有穆公相一宇,井一眼,蒙养学堂一所	
214	1	西北乡	上中川	县城正北	155	120	863	村内有秦王庙一宇,井一眼,蒙养学堂一所	
215	1	西北乡	火家湾	县城正北	150	31	223	村内有方神庙一宇,井一眼	
216	1	西北乡	五墩子	县城正北	155	100	650	村内有三圣庙一宇,井三眼,蒙养学堂二所	
217	1	西北乡	六墩子	县城正北	160	150	956	村内有龙王庙一宇,电祖庙一宇,土地庙一宇,井四眼,蒙养学堂三所	
218	1	南乡	雷坛河	县城正南	2	223	972		
219	1	南乡	五里铺	县城正南	5	23	99		
220	1	南乡	牟家湾	县城正南	7	43	220		
221	1	南乡	八里窑	县城正南	8	11	50	村内有三圣庙一宇	附生华国丈

续 表

序号	属县	区别	村镇名目	方向位置	离城里数	户数	人口	附记	承办绅董姓名
222	1	南乡	后五泉	县城正南	8	28	160		
223	1	南乡	叶家湾	县城正南	10	35	145		
224	1	南乡	石嘴子	县城正南	13	32	133	村内有方神庙一宇	
225	1	南乡	龚家崖头	县城正南	15	72	421	村内有二郎庙、老君庙各一宇，初等小学堂一所	
226	1	南乡	川堤冈	县城正南	20	35	179	村内有昌沙庙一宇	
227	1	南乡	二十里铺	县城正南	20	71	432	村内有初等小学堂一所，双龙王庙、八蜡庙各一宇。土墩一座曰二十里墩，相传为烽烟墩	
228	1	南乡	花寨子	县城正南	22	32	211	村内有初等小学堂一所，土主庙一宇	
229	1	南乡	侯家峪	县城正南	25	51	141	村内有土主庙、三圣庙各一宇	
230	1	南乡	清水营	县城正南	30	31	208	村内有初等小学堂一所、龙王庙一宇	
231	1	南乡	果园	在县城正南清水营正南	30	62	425	村内有龙王庙一宇	
232	1	南乡	岘口子	在县城正南果园正南	35	22	94	村西天都山有祖师殿、菩萨殿、吕祖殿、财神殿各一宇	
233	1	南乡	阿干镇	在县城正南	40	172	832	村内有初等小学堂三所、城隍庙、三清殿、东山寺、西山寺、龙王庙、关帝庙、嫲呢寺、灵寺各一宇，巡警楼一所，菩萨楼三座	
234	1	南乡	沙子沟	在县城正南	43	30	135	村内有初等小学堂一所、祖师庙、女娲庙各一宇	
235	1	南乡	小山顶	在县城正南	40	27	86	村内有初等小学堂一所、老祖庙各一宇	
236	1	南乡	小山口	在县城正南	30	35	165	村内有土主庙一宇	
237	1	南乡	营门前	在县城正南	25	36	115	村内有白马庙、圣仙庙各一宇	

续 表

序号	属县	区别	村镇名目	方向位置	离城里数	户数	人口	附记	承办绅董姓名
238	1	南乡	杏树湾	在县城正南	40	22	104	村内有龙王庙一宇	
239	1	南乡	柳树湾	在县城正南	40	37	113	村内有初等小学堂一所,娘娘庙、老祖庙各一宇	
240	1	南乡	蒋家湾	在县城正南	45	13	72	村内有白马庙一宇	
241	1	南乡	龙池	在县城正南	45	14	83	村内有福神庙一宇	
242	1	南乡	孙家沟	在县城正南	45	45	265	村内有娘娘庙、志公寺、八蜡庙各一宇	
243	1	南乡	和尚铺	在县城正南	50	55	325	村内有龙王庙一宇	
244	1	南乡	关山岭	在县城正南	60	11	48	村内有将军庙一宇	
245	1	南乡	马圈沟	在县城正南	63	35	116	村内有龙王庙一宇	
246	1	南乡	狼岭	在县城正南	65	38	147	村内有方神庙一宇	
247	1	南乡	高岭沟	在县城东南阿干镇东南	42	12	34	村内有娘娘庙、祖师庙各一宇	
248	1	南乡	大水子	在县城正南高岭沟西南	43	41	125	村内有初等小学堂一所,龙王庙、祖师庙、马王庙各一宇	
249	1	南乡	铁冶	在县城正南	46	51	173	村内有龙王庙、黑虎寺、元都观各一宇	
250	1	南乡	大草圳	在县城正南	48	22	83	村内有将军庙、祖师庙、龙王庙各一宇	
251	1	南乡	深沟掌	在县城正南	50	31	105	村内有初等小学堂一所,老君庙、老爷庙、龙王庙各一宇	
252	1	南乡	山寨	在县城正南	50	33	140	村内有龙王庙一宇	
253	1	南乡	大石头沟	在县城正南	55	12	105	村内有初等小学堂一所,隆庆寺、龙王庙各一宇	
254	1	南乡	高家湾	在县城正南	60	31	131	村内有龙王庙一宇	
255	1	南乡	侯家磨沱	在县城正南	65	32	139		

续 表

序号	属县	区别	村镇名目	方向位置	离城里数	户数	人口	附记	承办绅董姓名
256	1	南乡	丁家庄	在县城正南	70	26	112	村内有将军庙一宇	
257	1	南乡	孙家湾	在县城正南	70	22	113	村内有初等小学堂一所、玉皇殿一宇	
258	1	南乡	峜滩	在县城正南	78	18	51		
259	1	南乡	小水子	在县城正南	80	24	69	村内有初等小学堂一所	
260	1	南乡	斜路洼	在县城正南	80	31	99	村内有福寿寺一宇	
261	1	南乡	旋马滩	在县城正南	80	23	81	村内有三官殿一宇	
262	1	南乡	鸽子塘	在县城正南	80	12	44		
263	1	南乡	大滩	在县城正南旋马滩西南	80	34	163	村内有土主庙一宇	
264	1	南乡	茨坪	在县城正南大滩正北	84	13	51		
265	1	南乡	深壑岘	在县城正南	87	12	54		
266	1	南乡	王家湾	在县城正南	70	9	32	村内有三官殿一宇	
267	1	南乡	打磨沟	在县城正南	72	58	260	村内有关帝庙一宇	
268	1	南乡	侯家庄	在县城正南	74	28	114	村内有菩萨殿、龙王庙各一宇	
269	1	南乡	张家寺	在县城正南	75	44	244	村内有初等小学堂一所、龙泉寺一宇	
270	1	南乡	羊寨	在县城正南	80	205	1105	村内有明肃王建修家佛寺、乾峰庵各一宇	
271	1	南乡	后沟	在县城正南	80	21	106	村内有初等学堂一所、金龙庙、大圣庙各一宇	
272	1	南乡	太平沟	在县城正南	80	41	168	村内有方神庙、山神庙各一宇	
273	1	南乡	马坡	在县城正南	90	75	294	村内有关帝庙、龙王庙各一宇	
274	1	南乡	峜沟	在县城正南	90	42	173	村内有山神庙、三官庙各一宇	

续 表

序号	属县	区别	村镇名目	方向位置	离城里数	户数	人口	附记	承办绅董姓名
275	1	南乡	哈班岔	在县城正南	90	24	95	村内有方神庙一宇	
276	1	南乡	三伏	在县城正南	95	26	118	村内有土地庙一宇	
277	1	南乡	河湾	在县城正南	92	13	57	村内有马王庙一宇	
278	1	南乡	石谷岔	在县城正南	98	12	55	村内有龙王庙一宇	
279	1	南乡	圆谷堆	在县城石谷岔正东	100	9	35		
280	1	南乡	阳洼庄	在县城河湾正南	94	31	158	村内有龙王庙一宇	
281	1	南乡	红庄子	在县城正南	96	12	51		
282	1	南乡	旧庄沟	在县城正南	97	10	45	村内有龙王庙一宇	
283	1	南乡	单家嘴	在县城正南	99	8	42		
284	1	南乡	白家堡	在县城正南	100	35	169	村内有龙王庙一宇	
285	1	南乡	黑羊嘴	在县城正南	96	13	53	村内有龙王庙一宇	
286	1	南乡	杜家庄	在县城正南	97	8	35	村内有山神庙一宇	
287	1	南乡	上庄	在县城正南	97	20	93	村内有龙王庙一宇	
288	1	南乡	黄石坪	在县城正南	140	40	167	村内有方神庙一宇	
289	1	南乡	青稞沟	在县城正南	145	17	71	村内有马王庙一宇	
290	1	南乡	马莲滩	在县城正南	120	42	197	村内有龙王庙一宇	
291	1	南乡	水草滩	在县城正南	125	36	159	村内有方神庙一宇	
292	1	南乡	八门寺	在县城正南	127	28	113	村内有右佛寺一宇	
293	1	南乡	梁家沟	在县城正南	130	13	51	村内有将军庙一宇	

续表

序号	属县	区别	村镇名目	方向位置	离城里数	户数	人口	附记	承办绅董姓名
294	1	南乡	尖山子	在县城正南	135	50	263	村内有关帝庙一宇	
295	1	南乡	新营	在县城正南尖山子正东	130	130	602	校内有初等小学堂一所,城隍庙,财神庙,财神殿,菩萨殿各一宇	
296	1	南乡	头营子	在县城正南所五泉东南	10	34	163	村内有金龙庙一宇	
297	1	南乡	二营子	在县城正南	20	29	143	村内有方神庙一宇	
298	1	南乡	三营子	在县城正南	25	25	137	村内有土地祠一宇	
299	1	南乡	靳家庄	在县城正南	30	23	130	村内有古寺一宇	
300	1	南乡	直沟门	在县城正南	30	32	159	村内有龙王庙一宇	
301	1	南乡	陈家庄	在县城正南	35	23	134	村内有二郎庙一宇	
302	1	南乡	九条路口	在县城正南	30	105	543	村内有金龙庙,娘娘庙,龙王庙一宇	
303	1	南乡	祁家坡	在县城正南	30	80	437	村内有白马庙,三官殿各一宇	
304	1	南乡	兑家山	在县城正南	35	43	232	村内有文昌楼一座,娘娘庙一宇	
305	1	南乡	高蔡营	在县城正南	40	22	114	村内有娘娘庙一宇	
306	1	南乡	刘王庄	在县城正南	42	27	140	村内有牛王庙一宇	
307	1	南乡	谷堆岭	在县城正南	42	25	151	村内有山神庙一宇	
308	1	南乡	大池头泉	在县城正南	43	15	81	村内有雷祖殿,关帝庙各一宇	
309	1	南乡	葛家湾	在县城正南	45	21	107	村内有娘娘庙一宇	
310	1	南乡	花岔三沟	在县城正南	50	35	187	村内有圣母宫一宇	
311	1	南乡	官滩沟	在县城正南花岔沟东南	60	72	373	村内有玉祖殿,马王殿各一宇	

续表

序号	属县	区别	村镇名目	方向位置	离城里数	户数	人口	附记	承办绅董姓名
312	1	南乡	刘家堡	在县城西南	15	20	75	村内有方神庙一宇	
313	1	南乡	禄家庄	在县城西南	18	8	33	村内有娘娘庙一宇	
314	1	南乡	宗家湾	在县城西南	20	28	95	村内有金花庙一宇	
315	1	南乡	靳家河	在县城西南	22	12	39	村内有法宁寺、龙王庙各一宇	
316	1	南乡	宋家沟	在县城西南	25	15	53	村内有法宁寺、龙王庙各一宇	
317	1	南乡	禄家沟	在县城西南	25	19	72	村内有方神庙一宇	
318	1	南乡	冈家营	在县城西南	15	20	83	村内有龙王庙一宇	
319	1	南乡	李赵家狐	在县城西南	35	20	79	村内有八蜡庙一宇	
320	1	南乡	上下石板山	在县城西南	15	33	165	村内有龙王庙一宇	
321	1	南乡	大岭狐	在县城西南	20	15	73	村内有娘娘庙一宇	
322	1	南乡	陶家堡	在县城西南	20	35	183	村内有龙王庙一宇	
323	1	南乡	张杜家岭	在县城西南	21	19	105	村内有方神庙一宇	
324	1	南乡	黑狐	在县城西南	15	12	61	村内有娘娘庙一宇	
325	1	南乡	韩家嘴	在县城西南	20	13	58	村内有方神庙一宇	
326	1	南乡	后营堡	在县城西南	30	113	113	村内有金龙庙一宇	
327	1	南乡	蒋家湾	在县城西南后营堡正南	35	10	48	村内有娘娘庙一宇	
328	1	南乡	尖山子	在县城西南	40	23	105	村内有土主庙一宇	
329	1	南乡	韩家河	在县城西南	10	9	53	村内有娘娘庙一宇	
330	1	南乡	萧家庄	在县城西南	15	8	39	村内有方神庙一宇	
331	1	南乡	牟王家坪	在县城西南	15	25	121	村内有方神庙一宇	

续表

序号	属县	区别	村镇名目	方向位置	离城里数	户数	人口	附记	承办绅董姓名
332	1	南乡	西果园	在县城西南	30	50	234	村内有龙王庙一宇	
333	1	南乡	石家狐	在县城西南	25	13	43	村内有龙王庙一宇	
334	1	南乡	上果园	在县城西南	37	30	158	村内有八蜡庙一宇	
335	1	南乡	青冈岔	在县城西南	40	25	128	村内有蛟龙寺一宇	
336	1	南乡	王家庄	在县城西南	40	22	163	村内有方神庙一宇	
337	1	南乡	大小盘道	在县城西南	40	25	111	村内有方神庙一宇	
338	1	南乡	卷滩	在县城西南	40	22	102	村内有方娘娘庙一宇	
339	1	南乡	华林山	在县城西南	5	35	183	村内有三圣庙一宇	
340	1	南乡	高家沟	在县城西南	10	10	53	村内有方神庙一宇	
341	1	南乡	杨家沟	在县城西南	20	30	71	村内有方娘娘庙一宇	
342	1	南乡	符家沟	在县城西南	20	8	35	村内有方娘娘庙一宇	
343	1	南乡	魏家岭	符家岭正南	25	14	78	村内有八腊庙一宇	
344	1	北乡	小沙沟	在县城东北	25	90	530	村中方神庙二座,小学堂一所,苦水井一眼,塘墩一柱	举人杨遇林
345	1	北乡	泥湾	在县城东北	60	290	1790	村内有神庙三座,小学堂二座,黄河自东南而北上	廪生魏目桢
346	1	北乡	河口	在县城东北	63	75	500	庄外有方神庙二座,小学堂一所,黄河中有路驼石一,土井二	附生魏克魁
347	1	北乡	长川堡	在县城东北	65	289	1870	庄外神庙三座,清泉一,笔架山一,中有小学堂一所,土池塘一	贵生王树仁
348	1	北乡	石洞寺	在县城东北	75	385	1900	村内神庙四座,石洞寺一座,小学堂一所,清泉三南流,河中有石太极一	附生杨监三

续表

序号	属县	区别	村镇名目	方向位置	离城里数	户数	人口	附记	承办绅董姓名
349	1	北乡	魏家堡	在县城东北	75	51	250	庄内有百子宫一所,小学堂一所,泉一,堡一	附生魏文炳
350	1	北乡	豆家庄	在县城东北	73	60	408	村中方神庙二,文昌宫一,小学堂一座,泉一眼	绅董王道乾
351	1	北乡	郭家坪	在县城东北	74	35	210	村内小学堂一所,方神庙一座,泉一眼	附生郭景炎
352	1	北乡	蔡家河	在县城东北	76	15	103	庄内方神庙一座,泉一眼,南山脚有石猴	附生甘映庚
353	1	北乡	杨家坪	在县城东北	76	30	200	村内方神庙一座,北山顶有烽烟墩一,石渠一	绅董陈大忠
354	1	北乡	土龙川	在县城东北	120	11	198	村内方神庙二座,土井一	绅董陈永泰
355	1	北乡	马家湾	在县城东北	130	9	92	村内方神庙一座,土井一	绅董杨士俊
356	1	北乡	王家峪	在县城东北	140	32	160	村内方神庙二座,苦水井一	附生王国宝
357	1	北乡	白崖井	在县城东北董许庄南	150	98	690	村内小学堂一所,苦水井三眼,神庙四座	县丞魏希珍
358	1	北乡	董许庄	在县城东北	160	44	332	村内方神庙四座,小学堂一所,苦水井三眼	附生董秀峯
359	1	北乡	黑石川	在县城东北	185	145	915	村内小学堂一所,神庙三座,苦水井三眼	武生李昌德
360	1	北乡	彭家湾	在县城东北	190	20	141	村内方神庙二座,土井一	绅董彭良玉
361	1	北乡	袁家湾	在县城东北	195	4	38	村内方神庙二座,土井一	绅董袁俊善
362	1	北乡	地喇牌	在县城东北	200	7	43	村内方神庙二座,土井一	绅董李鸿春
363	1	北乡	麻芙潦池	在县城东北	90	18	100	村内山神庙一座,石潦池一,汲水井一	绅董王富达
364	1	北乡	涧沟	在县城东北	100	53	380	村内雷祖庙一座,山神、土地祠各一座,土窑十所,土井二	绅董魏耆朝
365	1	北乡	杨家峪	在县城东北	120	9	50	村内八蜡庙、雷祖庙各一座,宿水石游池四所,石窑六所	绅董杨家发
366	1	北乡	魏家大山	在县城东北	170	62	304	村中方神庙二座,宿水井一眼	绅董魏堂禹

续表

序号	属县	区别	村镇名目	方向位置	离城里数	户数	人口	附记	承办绅董姓名
367	1	北乡	石门川	在县城东北	120	10	50	地外山神庙一座,土地祠一字,土井一眼,土窑六所	绅董魏学勤
368	1	北乡	涧坛	在县城东北	115	15	70	村外山神庙一座,土井一眼	绅董杨晨英
369	1	北乡	石沟	在县城东北	20	75	452	村外雷祖庙一座,石池一所,土井一眼,小学堂一所	绅董陈积孝
370	1	北乡	史门沟	在县城东北	25	22	134	村外方神庙一座,宿水土井一眼	绅董王树号
371	1	北乡	潮泥沟	在县城东北	30	18	110	村外方神庙一座,汲水井一眼,山寨一所	绅董张维信
372	1	北乡	甘沟井	在县城东北	32	10	60	村外方神庙一座,宿水池一所,石喇牌一处	绅董王巨成
373	1	北乡	邵家塘	在县城东北一豁岘南	48	61	145	村外山神庙一座,古水井一眼,塘堞二柱	绅董张联捷
374	1	北乡	老鹳窝	在县城正北	80	50	408	村外方神庙一座,宿水井一眼	绅董王茂涌
375	1	红水分县	宽沟堡	县城正北	300	71	459	有红水分县衙署一处,巡警局,初级小学堂各一处,庙三座,井二口	贡生颜良佑
376	1	红水分县	毛家湾	县城正北	312	38	278	庙一座,井二口	
377	1	红水分县	永泰堡	县城正北	350	111	778	有把总衙署一处,庙三座,井四口,堡外有岳威信公祖茔	
378	1	红水分县	寺儿滩	县城正北	372	41	292	庙一座,井一口	
379	1	红水分县	三眼井	县城正北	395	42	300	有都阃府把总衙署一处,三眼井一座,庙一座,井三口	
380	1	红水分县	脑泉	县城正北	340	156	1 180	初级小学堂一处,庙一座,井四口	
381	1	红水分县	饮圈	县城正北	350	71	510	庙一座,井二口	
382	1	红水分县	红水堡	县城正北	330	110	754	有守备衙署一处,庙二座,井二口	

续表

序号	属县	区别	村镇名目	方向位置	离城里数	户数	人口	附记	承办绅董姓名
383	1	红水分县	芨芨水	县城正北	380	67	456	井一口	
384	1	红水分县	白墩子	县城正北	470	83	610	有监狱局一处,庙一座,井二口	
385	1	红水分县	黄崖	县城正北	240	24	151	井一口	
386	1	红水分县	镇房堡	县城正北分县城西南	190	71	495	有初级小学堂一处,庙一座,井一口	
387	1	红水分县	沙河井	县城正北	170	37	193	井一口	
388	2		宽沟城内		0	60	299	城内衙署一所,旧破庙宇七处,学堂一处	军功姜承选
389	2		附城止宽沟		0	42	219	城外有破庙宇三所	耆民段大篇
390	2		小沟	在厅东	2	10	73		耆民童大儒
391	2		单墩	在厅东小沟东	7	57	411	半新庙宇一处,塾学一处	文生王建章
392	2		郑家湾	在厅东单墩东北	8	16	106		
393	2		王家湾	在厅东郑家湾东	9	26	227	旧庙宇一处	武举张连元
394	2		大疃庆	东、东	15	40	288	破旧庙宇一处,塾学一处	监现蔡文元
395	2		沙滩庄	东、东	16	18	163	破旧庙宇一处	
396	2		双墩庄	东、贼连	16	32	210	旧庙宇一处	武举耿允武
397	2		耿家墩	东、北	20	9	91	旧庙宇一处	
398	2		陈家疃庄	东、东接连	16	19	115	破庙宇一处	
399	2		官草沟	东、东南	20	23	174	破庙宇二处	武生王万链

续表

序号	属县	区别	村镇名目	方向位置	离城里数	户数	人口	附记	承办绅董姓名
400	2		上官草沟	东,接连		7	40	旧庙宇一处	
401	2		煤沟子	东,官草沟接连		4	36	破庙宇一处	
402	2		永泰堡	东,官草沟东	30	130	825	堡内把总衙门一所,新旧庙宇十三处,水井五口,堡外破庙宇一处	监生同兆祐
403	2		牙石头	东,东	30	6	30		
404	2		骟马沟	东,东	40	23	102	破庙宇一处	职员同身安
405	2		太平川	东,东	45	17	93	旧庙宇一处	
406	2		井子子	东,东	30	15	62	旧庙宇一处	武举李尚志
407	2		菅家台子	东,东	60	8	62		
408	2		菱皮水	东,东	50	68	457	旧庙宇一处	从九乔西瑞
409	2		小马连水	东,西南	40	16	134		武生同玉五
410	2		大马连水	东,南	40	12	100		文生张崇贤
411	2		福禄水	东,东	50	64	166	破庙宇一处	武生王彦镰
412	2		大喇牌	东,西南	45	23	117		军功张希孔
413	2		灰圈	东,东南	60	62	331		军功张效孔
414	2		鸾狐山	东,西南	70	26	130		
415	2		白坡子	东,西	70	29	185		武生张珍贤
416	2		青丰墹	东南,东	80	20	150		从九石绳祖
417	2		野狐水	东,东	120	34	181	破庙宇一处	文生苟万德
418	2		赵家水	东,东	130	23	114		文生车维翰

续 表

序号	属县	区别	村镇名目	方向位置	离城里数	户数	人口	附 记	承办绅董姓名
419	2		狼跑水	东、东	90	23	139	旧庙宇一处	绅耆张树位
420	2		中泉	东、东	100	169	1 194	旧庙宇一处	武生陈万钟
421	2		腰子水	东、东	160	27	177		
422	2		下墹马家台毗连	在厅南	10	20	131	旧庙宇一处	文生萧滋芳
423	2		杨家磨	南、东	10	8	48		
424	2		上老虎沟曾家庄毗连	南、东	15	68	502	旧庙宇一处	从九余允中
425	2		下西沟崔家墩毗连	南、东	25	43	377	破庙宇一处	从九崔质洁
426	2		大水窑	南、西南	50	20	105		耆民朱廷海
427	2		峡儿水	在厅西南	40	17	246		耆民苟生春
428	2		红豁岘	南、东南	50	40	262	旧庙宇一处	武生冯献玥
429	2		冯家水	南、南	40	7	39		
430	2		柱子喇牌	南、东	45	54	280	破庙宇一处	文生曾光烈
431	2		黄崖	南、南	50	28	143	旧庙宇一处	耆民曾增福
432	2		曹家山坡	南、南	50	5	30		廪生武绳祖
433	2		兔窝	在厅西曹家山坡南	45	35	113		
434	2		折腰沟井	南、南	50	60	367	旧庙宇一处	文举颜学沫

续表

序号	属县	区别	村镇名目	方向位置	离城里数	户数	人口	附记	承办绅董姓名
435	2		大滩	南,南	60	35	175	旧庙宇一处	武举张佩铭
436	2		细巷子	南,南	70	17	125		耆民苏映檀
437	2		镇房堡	南,东南	50	67	252	旧破庙宇一处	监生石昆山
438	2		沙窝井	南,南	60	8	39		民人孙得元
439	2		甘露池	南,南	70	16	70	旧破庙宇一处	耆民张则馀
440	2		白家墩	在厅西宽沟西	2	7	45		
441	2		匾水庄	西,西	5	33	211	旧破庙宇一处	武举张文蔚
442	2		元庄子	西,西	10	19	130	破庙宇一处	耆民赵清彦
443	2		新墩浦	西,西	20	2	25		
444	2		白茨水即三道塥	在厅城北	30	59	383	破庙宇一处	军功王得崔
445	2		寺儿沟	北,东	40	52	370	半新庙宇一处	耆民马永佰
446	2		三眼井附小营盘水	北,北	60	37	271	旧破庙宇一处,都司衙门一所	从九张兰
447	2		红水堡	北,北	70	142	1870	堡内外新旧破庙宇八处,守备衙门一所,学堂一处	监生王世荣
448	2		摆坝川	北,西南	50	23	169	旧破庙宇二处,学堂一处,土盐局一处	从九雷谦
449	2		白墩子	在厅北红水东南	70	129	801	旧破庙宇一所,高等小学堂一所,初等小学堂三所,巡警局,宝善局各一所,又仓一所	贡生王登甲
450	3	城关区	城内		0	222	878	城内有文武衙署四所,高等小学堂一所,初等小学堂三所,巡警局,宝善局各一所,又仓一所,庙宇共七所,井五口	廪生郭凤藻

续表

序号	属县	区别	村镇名目	方向位置	离城里数	户数	人口	附记	承办绅董姓名
451	3	城关区	附城		0	393	2144	南关有初小学堂一所,有二土堡,南临清源河,河南有龙神祠一所,东偏有坪,曰梁家坪,北关有初等小学堂一所,北依土城有二堡,其一即宋时王韶所筑,有方神庙一,民祠一,因距河稍远,家家凿井汲饮焉	
452	3	城关区	书院庄	在县城东单家泉北	5	82	387	庄东角有统税局一所,方神祠一宇	
453	3	城关区	后河堤	在县城北白塔儿东	5	34	115	庄东有山神庙一所	
454	3	城关区	殊家川	在县城西北曹家岘东	15	136	505		
455	3	城关区	曹家岘	在县城西北辛家沟东	18	22	95		
456	3	城关区	年家河	在县城东书院庄东	14	109	413		
457	3	城关区	梁家坪	在县城南元刘家元东	5	56	320		
458	3	城关区	刘家之角	在县城南梁家坪西	5	20	110		
459	3	城关区	李家湾	在县城南徐家磨南	8	12	51		
460	3	城关区	徐家磨	在县城西南高家堡东南	5	18	81		

续表

序号	属县	区别	村镇名目	方向位置	离城里数	户数	人口	附记	承办绅董姓名
461	3	锹甲区	锹甲铺	在县城东阳坡磨南	15	105	528	村内有土堡一,初等小学堂一,南依小坪,北临渭水,东界陇西,村东有龙神庙一所	廪生张锡麟
462	3	锹甲区	曹家崖	在县城东王家山南	20	40	191	山麓有小坪,人家居焉	
463	3	锹甲区	阳坡磨	在县城东锹甲铺北	16	56	280	庄内有方神庙一所	
464	3	锹甲区	王家山	在县城东曹家崖北	24	35	152		
465	3	锹甲区	单家集	在县城东曹家崖北	8	21	90		
466	3	锹甲区	沙坡儿	在县城东曹家川东北	12	30	182	庄内有方神庙一所	
467	3	锹甲区	曹家川	在县城东南孙家滩北	15	85	405	庄南临锹峪河,有方神庙一所	
468	3	锹甲区	昭林沟	在县城南曹家川西	13	99	448	沟内有山涧水流入,锹峪河人家居涧之两旁	
469	3	锹甲区	二坪	在县城东南	17	8	42		
470	3	锹甲区	盛家坪	在县城东南	19	52	242		
471	3	锹甲区	罗儿坪	在县城东南	20	25	105		
472	3	锹甲区	孙家滩	在县城东南	20	70	338		
473	3	锹甲区	潘家庄	在县城南	22	66	318		
474	3	锹甲区	周家峇	在县城南	18	15	70		

续 表

序号	属县	区别	村镇名目	方向位置	离城里数	户数	人口	附记	承办绅董姓名
475	3	锹甲区	中寨	在县城南	20	49	250	庄东有雷神庙一所,西北角曰营门川	
476	3	锹甲区	锹峪集	在县城南	23	91	455	庄内有初等小学堂一所,方神庙二所	
477	3	锹甲区	萧家庄	在县城南	24	18	102		
478	3	锹甲区	冠子口	在县城南	28	84	450		
479	3	锹甲区	王家沟	在县城南	32	60	290		
480	3	锹甲区	巴树峪	在县城南	29	35	163	庄东有山神庙一所	
481	3	锹甲区	毛家坡	在县城南	40	27	157		
482	3	五竹区	高家堡	在县城西	6	66	312		
483	3	五竹区	火烧寨	在县城西	13	48	241	庄内有方神庙一所	
484	3	五竹区	瓦楼	在县城西	20	225	1 012		
485	3	五竹区	南大寨	在县城西	22	92	451		
486	3	五竹区	王二沟	在县城西	20	34	168		
487	3	五竹区	张家湾	在县城西南	10	54	249		
488	3	五竹区	徒林庄	在县城西南	9	20	101		
489	3	五竹区	朱家堡	在县城西南	15	48	238	庄周围有土墙,高文馀庄南有雷刘庙一所	
490	3	五竹区	马家坡	在县城西南	16	32	150		
491	3	五竹区	柳家寨	在县城西南	18	43	211	庄内有初等小学堂一所,方神庙一所	
492	3	五竹区	黑鸢沟	在县城西南	20	30	112		
493	3	五竹区	绿马滩	在县城西南	22	45	220		
494	3	五竹区	常家湾	在县城西南	25	23	103	庄西有土堡一,庄内初等小学堂一所,庄东角有河神庙一所	
495	3	五竹区	温家川	在县城西南	30	80	392		

续表

序号	属县	区别	村镇名目	方向位置	离城里数	户数	人口	附记	承办绅董姓名
496	3	五竹区	马家庄	在县城西南	35	49	251		
497	3	五竹区	河沿上	在县城西南	38	68	330	庄内有龙王庙一所	
498	3	五竹区	石头沟	在县城西南	40	35	140	庄内有山神庙一所	
499	3	五竹区	石头庄	在县城西南	37	26	102		
500	3	五竹区	年家寨	在县城西南	42	47	230		
501	3	五竹区	红沟里	在县城西南	45	58	249		
502	3	五竹区	崔家坪	在县城西南	50	28	141		
503	3	五竹区	王家庄	在县城西南	45	41	198		
504	3	五竹区	棉柳坪	在县城西南	47	24	95		
505	3	南川区	元寺儿滩	在县城西南	50	44	215		贡生侯自新
506	3	南川区	老户沟	在县城西南	52	51	262		
507	3	南川区	塔儿滩	在县城西南	50	45	235	庄南有塔儿寺一所	
508	3	南川区	那吉	在县城西南	48	44	231		
509	3	南川区	小南川	在县城西	45	103	508		
510	3	南川区	乔家沟	在县城西	50	46	234		
511	3	南川区	乔家沟门	在县城西	65	40	197		
512	3	南川区	童家门	在县城西	60	53	278		
513	3	官堡区	官堡镇	在县城西	70	291	1469	镇内有初等小学堂三所,巡警分局一所,南有石堡、堡内有关帝庙一所,镇东山有文昌宫一所,方神庙一所,镇外东有桥,曰永宁桥,西有桥,曰永安桥,南通岷州,同道有赵土司驻扎	贡生姚震甲

续　表

序号	属县	区别	村镇名目	方向位置	离城里数	户数	人口	附　记	承办绅董姓名
514	3	官堡区	烟雾沟	在县城西	30	36	151		
515	3	官堡区	周花寨	在县城西北	45	88	415		
516	3	官堡区	石家营	在县城西北	48	41	178		
517	3	官堡区	丁家营	在县城西北	55	57	292	庄南有古柳营一座，相传明前明时驻军处	
518	3	官堡区	单家庵	在县城西	75	15	63		
519	3	官堡区	西坡	在县城西	80	75	354		
520	3	官堡区	松树沟	在县城西	85	82	391		
521	3	官堡区	洮河沿	在县城西	100	94	445		
522	3	官堡区	朱家沟	在县城西	95	53	251		
523	3	官堡区	朱家庄	在县城西	90	31	146		
524	3	官堡区	西沟	在县城西	85	20	98		
525	3	官堡区	魏家磨	在县城西	85	12	51		
526	3	官堡区	尖山街	在县城西北	83	69	349		
527	3	官堡区	尖山沟	在县城西北	90	18	89		
528	3	官堡区	单家湾	在县城西北	92	65	305		
529	3	官堡区	马连滩	在县城西北	94	35	161		
530	3	官堡区	张家河	在县城西北	95	16	73		
531	3	官堡区	侯家寺	在县城西北	95	95	388		
532	3	官堡区	麻家庙	在县城西北	98	62	301		
533	3	官堡区	曹家堡	在县城西北	100	23	108		

续表

序号	属县	区别	村镇名目	方向位置	离城里数	户数	人口	附记	承办绅董姓名
534	3	官堡区	高桥	在县城西北	140	81	319		
535	3	官堡区	文家坪	在县城西北	110	21	95		
536	3	官堡区	陈家嘴	在县城西北	115	15	80		
537	3	官堡区	常家坪	在县城西北	115	18	92		
538	3	庆平区	庆平镇	在县城西北	40	65	302	镇内有初等小学堂二所,巡警分局一所,镇东即关夫山,山麓有土桥,镇西依小坪,坪有小土堡,相传宁熙宁间定熙州由东谷进兵其堡即王韶所乐之庆平堡,堡有二郎庙一所	廪生任锡珍
539	3	庆平区	任家磨	在县城西北	41	31	134		
540	3	庆平区	王家川	在县城西北	45	46	205		
541	3	庆平区	李家堡	在县城西北	30	50	238		
542	3	庆平区	辛家沟	在县城西北	25	48	210		
543	3	庆平区	关山沟	在县城西北	35	38	165		
544	3	庆平区	任家老庄	在县城西北	38	29	143		
545	3	庆平区	曹家沟	在县城北	45	40	182		
546	3	庆平区	毛王沟	在县城北	50	40	182		
547	3	庆平区	柳林	在县城北	20	36	160		
548	3	庆平区	青瓦寺	在县城北	25	31	178	庄内有方神庙一所	
549	3	马连区	北大寨	在县城北	40	104	461	庄周围有土墙庄内有初等小学堂一所,龙王庙一所,东依老君山	
550	3	马连区	黄家盐滩	在县城东北	48	46	201		

续 表

序号	属县	区别	村镇名目	方向位置	离城里数	户数	人口	附记	承办绅董姓名
551	3	马连区	郑家川	在县城东北	54	51	221		
552	3	马连区	萧家山	在县城东北	40	28	135		
553	3	马连区	史家沟	在县城东北	35	35	148		
554	3	马连区	马连川	在县城东北	27	73	282		
555	3	马连区	朱家山	在县城东北	20	29	129		
556	3	马连区	那宁沟	在县城东北	28	63	282		
557	3	马连区	白家湾	在县城东北	26	51	220		
558	3	马连区	媛阳口	在县城北	38	18	103		
559	3	马连区	何家岔	在县城北	33	31	141		
560	3	马连区	剪子岔	在县城北	53	71	318		
561	3	马连区	鸢叶川	在县城北	48	49	246		
562	3	马连区	范家川	在县城北	45	23	105		
563	3	马连区	怀岔	在县城北	49	18	86		
564	3	马连区	聆子沟	在县城东北	50	23	110		
565	3	马连区	盐泉沟	在县城东北	58	43	192		
566	3	马连区	甘鄂里	在县城北	68	15	81		
567	3	马连区	大潦子	在县城北	60	14	70		
568	3	马连区	杜家步	在县城北	75	62	259		
569	3	马连区	宽马沟	在县城北	60	46	201		
570	3	马连区	刘家岔	在县城北	60	25	112		
571	3	马连区	黎家湾	在县城西北	70	12	55		

续表

序号	属县	区别	村镇名目	方向位置	离城里数	户数	人口	附记	承办绅董姓名
572	3	马连区	张家堡	在县城北	65	21	105		
573	3	马连区	杨家川	在县城北	60	25	111		
574	3	马连区	白土坡	在县城北	65	18	78		
575	3	马连区	丹树儿	在县城北	68	33	146		
576	3	马连区	陈家嘴	在县城西北	75	15	60		
577	3	马连区	大同千	在县城北	80	44	171		
578	3	马连区	任家川	在县城北	75	22	89		
579	3	马连区	戊家山	在县城北	78	21	95		
580	3	马连区	白崖川	在县城北	80	15	73		
581	3	马连区	瓦泉沟	在县城北	80	18	86		
582	3	马连区	连二湾	在县城西北	90	45	206		
583	3	马连区	廖家寨	在县城西北	80	19	93		
584	3	马连区	们儿里	在县城西北	75	30	125		
585	4		城内		0	163	830	城内有文武衙署四所,高等小学堂一所,蒙养小学堂二所,巡警局一所,庵观寺庙共十所,涝池二	介宾梁克让
586	4		附城		0	299	1 318	北关外有金龙庙一、三官庙一,南关外有玉皇庙一、八蜡庙一,文风塔玉石桥各一	
587	4		郝家庄	在县城西北关西	5	23	135	庄内有山神庙一宇	
588	4		蒲家营	在县城西郝家庄西北	7	29	196	营内有关帝庙一宇	

续 表

序号	属县	区别	村镇名目	方向位置	离城里数	户数	人口	附 记	承办绅董姓名
589	4		上蒲家	在县城西蒲家营西	10	48	240	庄内有关帝庙一宇	
590	4		陶家窑	在县城西上蒲家西北	20	25	144	庄内有土地祠一宇	
591	4		分鏊盆	在县城西	12	34	196	庄内有圣母庙一宇泉一眼	
592	4		梁家湾	在县城西	20	26	282	庄内有山神庙一宇	
593	4		李家庄	在县城西	15	21	283	庄内有山神庙一宇	
594	4		大峡口	在县城西南	14	71	368	村西有兴龙楼云、山上有太白泉、玉液泉、滴水崖、风月岭、上天梯、自在窝、藏书洞、云龙桥、寺庙共四十五	
595	4		麻家沟	在县城西南	10	26	254	庄内有关帝庙、娘娘庙、山神庙、泉一眼	
596	4		樊家山	在县城西南	15	24	318	庄内有将军庙一宇	
597	4		徐家峡	在县城西南	10	26	284	庄内有龙王庙一宇、泉三眼	
598	4		唐家峡	在县城南	18	25	146	村内有山神庙一宇	
599	4		塔营	在县城东北	10	28	171	营内有三圣庙一宇、游池一	
600	4		小兔峪	在县城东南	15	49	312	村内有龙王庙一宇、娘娘庙一宇、泉三眼	
601	4		董家磨	在县城东南	15	18	96		
602	4		郭家营	在县城东南	13	37	267	营内有东庙一座、游池一	
603	4		乱霸子	在县城东南	13	28	162	村内有菩萨庙一宇	
604	4		孟家庄	在县城东南	13	34	186	庄内有雷祖殿一宇、游池一	
605	4		李家营	在县城东	10	33	182	营内有龙王庙一宇、菩萨殿一、游池一	

续表

序号	属县	区别	村镇名目	方向位置	离城里数	户数	人口	附记	承办绅董姓名
606		4	张家咀头	在县城东	13	20	98	营内有菩萨殿一宇,沼一	
607		4	刘家营	在县城东	15	37	176	营内有菩萨殿一宇,沼一	
608		4	孙家营	在县城东	15	31	217	村内有山神庙一宇	
609		4	许驾峇	在县城东	25	25	242	村内有将军庙一宇	
610		4	接驾嘴	在县城东	27	34	236	庄内有三圣庙一宇,游池一	
611		4	东古城	在县城东北	30	21	184	庄内有天齐庙一宇,井一口	
612		4	太子营	在县城东北	30	41	270	营内有文昌庙一宇	
613		4	郝家营	在县城东北	30	26	132	庄内有山神庙一宇	
614		4	彭家营	在县城东北	10	43	283	庄内有圣母殿一宇,游池一	
615		4	凉耳山	在县城南	20	11	48	庄内有山神庙一宇,山有天生井,黑菅窝、黄猴洞,石堡垒子,泉二口	农官赵元科
616		4	苏家堡	在县城东	35	27	109		
617		4	红家坪	在县城南	30	23	126	庄内有土地庙一宇	
618		4	小石峡	在县城东	45	11	55	庄内有关帝庙一宇	
619		4	赵家岔	在县城东	45	16	65	庄内有山神庙一宇,泉一眼,相传汉后将军赵充国屯军时饮马处	
620		4	杨家河湾	在县城东	20	26	120	庄内有文昌庙一宇	
621		4	好地岔	在县城东	40	22	110	庄内有菩萨殿一宇	
622		4	新营镇	在县城南	40	146	776	镇内有隆庙一宇	附生李文郁
623		4	叶家川	在县城南	40	12	62	庄内有白马庙一宇	
624		4	韦家寨	在县城南	45	9	42	庄内有山神庙一宇,泉一眼	

续表

序号	属县	区别	村镇名目	方向位置	离城里数	户数	人口	附记	承办绅董姓名
625	4		马家河	在县城南	45	21	46	庄内有娘娘庙、龙王庙各一孚,泉三眼	
626	4		温家岔	在县城南	45	10	44	庄内有泉一眼	
627	4		魏家河滩	在县城南	40	7	32	庄内有雷祖庙一孚	
628	4		夏家圪	在县城南	50	5	27		
629	4		杨家营	在县城南	40	8	41	庄内有牛王庙一孚	
630	4		黄石坪	在县城南	50	13	56	庄内有菩萨楼一座,圣母殿一孚,泉四眼	介宾杨续虎
631	4		小寨子	在县城南	50	22	126	庄内有龙王庙一孚	
632	4		金家湾	在县城南	45	17	111		
633	4		苟家坪	在县城南	45	28	175	庄内有龙王庙一孚	
634	4		西番岔	在县城南	45	16	66	庄内有山神庙一孚	
635	4		白石坡	在县城南	47	13	51	庄内有三圣庙一孚	
636	4		谢家营	在县城南	50	28	72	庄内有白马庙一孚	
637	4		贾家庄	在县城南	50	12	54	庄内有将军庙一孚	
638	4		王府井	在县城南	45	10	51	庄内有龙王庙一孚,泉一眼	
639	4		红土坡	在县城南	45	11	42	庄内有土地庙一孚	
640	4		马家嘴	在县城南	40	24	117	庄内有娘娘庙一孚,泉二眼	
641	4		黄家峪	在县城东南	40	11	51	庄内有土地庙一孚	
642	4		项家堡	在县城东	35	17	65	庄内有太白庙一孚	
643	4		李家磨	在县城东	35	14	61	庄内有井一口	
644	4		树子沟	在县城东	40	16	69	庄内有龙王庙一孚,泉一眼	
645	4		蔡家沟	在县城东	45	11	47	庄内有武庙一孚	

续 表

序号	属县	区别	村镇名目	方向位置	离城里数	户数	人口	附记	承办绅董姓名
646	4		黄家狐	在县城东	45	5	31	庄内有马王庙一宇	
647	4		水家坡	在县城东	50	27	124	庄内有火神庙一宇	
648	4		乐里岔	在县城东南	50	16	67	庄内有白马庙一宇	
649	4		六十二川	在县城东南	80	19	93	庄内有天济庙一宇	
650	4		鸽子岔	在县城东南	85	16	53		
651	4		大地川	在县城东南	90	5	21	庄内有山神庙一宇	
652	4		马蝗墩	在县城东南	90	18	72	庄内有泉一眼	
653	4		石门子	在县城东南	90	22	83	庄内有三神庙一宇	
654	4		骡子滩	在县城东南	90	15	55	庄内有娘娘庙一宇	
655	4		挂金匾	在县城东南	90	15	54	庄内有火神庙一宇	
656	4		符家匾	在县城东	90	58	220	庄内有庙三宇	
657	4		花寨子	在县城东	95	19	56	庄内有山神庙一宇	
658	4		花川寨	在县城北	120	18	52		
659	4		太平堡	在县城北	30	56	374	庄内有龙王庙,关帝庙各一宇,泉三眼	附生刘元庆
660	4		戴家庄	在县城东	30	28	246	庄内有龙王庙一宇	
661	4		赵家口	在县城东北	35	28	286	庄内有龙王庙,山神庙各一宇	
662	4		宋家窑	在县城北	35	22	216		
663	4		齐家坪	在县城东北	25	22	251	庄内有三官庙一宇,泉二口	
664	4		梁家湾	在县城东北	35	36	223	庄内有娘娘庙一宇,井一口	
665	4		岳家巷	在县城东北	35	51	542	庄内有魁星阁一座,井一口	
666	4		上古城	在县城东北	45	25	154	庄内有文昌庙一宇	

续 表

序号	属县	区别	村镇名目	方向位置	离城里数	户数	人口	附记	承办绅董姓名
667		4	寺背后	在县城北	45	31	315	庄内有圣母庙一宇	
668		4	把石堡	在县城北	50	22	224		
669		4	金家崖	在县城北	40	184	904	村内有关帝庙一宇,财神庙一宇,龙王庙一宇	贡生金佩玉
670		4	陆家崖	在县城北	30	47	332	村内有娘娘庙一宇,泉一眼	
671		4	哈家峪	在县城北	70	19	137	庄内有马王庙一宇	
672		4	平岔湾	在县城北	70	18	134	庄内有山神庙一宇	
673		4	柳井池	在县城北	75	18	149		
674		4	梁家平岔	在县城北	80	14	136		
675		4	大涝池	在县城北	60	15	210	庄内有白马庙一宇	
676		4	偏头沟	在县城北	90	17	124		
677		4	阳坡圈	在县城北	90	17	131	庄内有龙王庙一宇	
678		4	崔家沟	在县城北	90	15	97		
679		4	荒草沟	在县城东北	80	17	137		
680		4	草芽岘	在县城北	85	12	186	庄内有火神庙一宇	
681		4	崔头岭	在县城北	90	22	160		
682		4	小石洞	在县城北	90	17	97	庄内有牛王庙一宇	
683		4	倒回沟	在县城北	90	12	124		
684		4	吕家岘	在县城北	90	11	123	庄内有祖师庙一宇	
685		4	王家岘	在县城北	100	17	142		
686		4	贡马井	在县城北	90	24	120	庄内有关帝庙一宇,马王庙一宇,井一口	
687		4	白家铺	在县城北	90	12	150	庄内有土地庙一宇	

续表

序号	属县	区别	村镇名目	方向位置	离城里数	户数	人口	附记	承办绅董姓名
688	4		马圈湾	在县城北	90	12	100		
689	4		宋石台	在县城北	90	10	94	庄内有山神庙一宇	
690	4		五顺子	在县城北	90	16	84		
691	4		哈吧岘	在县城北	100	21	184	庄内有关帝庙、灵官庙各一宇,碑亭子一座	
692	4		脑达子	在县城北	100	11	64	庄内有财神庙一宇	
693	4		大灰条	在县城北	100	17	152	庄内有土地祠一宇	
694	4		上花岔	在县城北	80	24	139		
695	4		响崖子	在县城北	75	23	168	庄内有山神庙一宇	
696	4		杨家堡	在县城北	110	25	148		
697	4		新庄子	在县城北	110	26	121	庄内有三圣庙一宇	
698	4		韭菜坪	在县城北	110	16	72		
699	4		黄牛岔	在县城北	80	24	140		
700	4		大青羊	在县城北	85	23	187	庄内有圣母庙一宇	
701	4		柏木沟	在县城北	90	16	111		
702	4		王家湾	在县城北	130	23	161		
703	4		庙花岔	在县城北	100	17	120		
704	4		大耳朵	在县城北	130	26	232	庄内有财神庙一宇	
705	4		马耳岔	在县城北	100	26	124	庄内有雷祖庙一宇	
706	4		萧家嘴	在县城北	140	23	183		
707	4		大岔堡	在县城北	140	28	211	堡外有方神庙一宇	
708	4		张家湾	在县城北	140	22	160	庄内有山神庙一宇	

续 表

序号	属县	区别	村镇名目	方向位置	离城里数	户数	人口	附 记	承办绅董姓名
709	4		乃家湾	在县城北	140	19	101	庄内有三清殿、土地祠各一宇	
710	4		朱家沟	在县城北	140	25	260		
711	4		青帘子	在县城北	150	27	132		
712	4		擂窑湾	在县城北	150	17	99	庄内有三圣庙一宇	
713	4		蹶龙里	在县城北	150	23	230		
714	4		绊马岔	在县城北	150	15	162	庄内有灵官殿一宇	
715	4		小岔山	在县城北	160	28	230	庄内有菩萨殿一宇	
716	4		楼子岔	在县城北	160	27	156		
717	4		温圈	在县城北	160	26	213	庄内有山神庙一宇	
718	4		元子岔	在县城北	180	25	110	庄内有王母庙一宇	
719	4		提姓岔	在县城北	180	16	101		
720	4		金家营	在县城北	120	24	103	庄内有井一眼	
721	4		三台堡	在县城北	200	41	320	庄内有娘娘庙、火神庙各一宇	
722	4		金家园子	在县城北	140	27	350	庄内有关帝庙、财神庙、圣母庙各一宇	
723	4		蒋家滩	在县城北	120	26	230	庄内有老君庙一宇	
724	4		王家滩	在县城北	220	17	96		
725	4		黄毛滩	在县城北	120	14	130		
726	4		平滩堡	在县城北	120	18	141	庄内有寿星庵、隍庙、鲁班庙各一宇,井二口	
727	4		缸茬岘	在县城北	120	16	48		
728	4		接官厅	在县城北	120	12	72		
729	4		烧炭沟	在县城北	90	11	42	庄内有山神庙一宇,井一口	

续表

序号	属县	区别	村镇名目	方向位置	离城里数	户数	人口	附记	承办绅董姓名
730	4		什川堡	在县城北	70	210	1 600	村内有煌庙、魁星阁、关帝庙、家祠各一宇	贡生魏德棻
731	4		红岘坪	在县城北	70	23	96		
732	4		苇茨湾	在县城北	90	52	232	村内有龙王庙、火神庙、家祠各一宇	
733	4		一条城	在县城北	100	381	2 420	村内有龙王庙、三圣庙、雷祖庙各一宇,煌庙一座,关帝庙一宇,家祠五宇,井三口,魁星阁一座,蒙养小学堂	
734	4		瓦窑子	在县城北	150	44	226	庄内有玉皇庙、龙神祠各一宇	
735	4		河西坪	在县城北	160	42	236	庄内有祖师庙一宇	
736	4		东滩	在县城北	180	460	2 271	村内有龙王庙一宇、丘祖殿一宇、洞宾庵一宇、魁星楼一座、文昌阁一座,镇外有井一口	
737	4		定远镇	在县城西北	40	84	504	镇内有关帝庙一宇、魁星楼一座,井一口	
738	4		大柳树营	在县城西	30	7	19	村内有家祠一所、圣母庙一座,井一口	
739	4		乔家营	在县城西北	30	13	51	庄内有三神庙一宇	
740	4		安家营	在县城西北	30	16	78		
741	4		蒋家沟	在县城西北	15	8	37		
742	4		牛家庄	在县城西北	20	22	112	庄内有牛王庙一宇	
743	4		阳洼庄	在县城西北	20	14	57		
744	4		石头沟	在县城西北	10	17	65	庄内有关帝庙一宇	
745	4		蒋家营	在县城西北	55	14	57	庄内有山神庙一宇	
746	4		张老营	在县城西北	50	14	49	庄内有八蜡庙一宇	
747	4		谢家嘴	在县城西北	40	20	96	庄内有财神庙一宇	

续表

序号	属县	区别	村镇名目	方向位置	离城里数	户数	人口	附记	承办绅董姓名
748	4		张家坪	在县城西北	40	18	83		
749	4		薛家营	在县城西北	35	13	63		
750	4		魏家营	在县城西北	30	10	52		
751	4		孙家坡	在县城西北	25	18	76	庄内有三官庙一宇	
752	4		咬家河	在县城西北	20	17	47	庄内有山神庙一宇	
753	4		拽木岔	在县城西北	20	12	58	庄内有土地庙一宇	
754	4		黑羊嘴	在县城西	25	7	22	庄内有子齐庙一宇,泉二眼	菅宾赵国灵
755	4		阳狐庄	在县城西	30	11	56	庄内有龙王庙一宇	
756	4		单家嘴	在县城西	30	8	38	庄内有白马庙一宇,泉一眼	
757	4		红庄子	在县城西	30	5	24	庄内有山神庙一宇	
758	4		哈羊岔	在县城西	30	5	25	庄内有将军庙一宇	
759	4		白家堡	在县城西	30	10	50	庄内有观音庙一宇	
760	4		七儿沟	在县城西	30	5	26		
761	4		鹁鸽沟	在县城西	35	5	21	庄内有山神庙一宇,泉三眼	
762	4		中庄	在县城西南	35	10	50	庄内有龙王庙一宇,泉二眼	
763	4		马莲滩	在县城西南	35	8	37	庄内有无量殿一宇	
764	4		原青堆	在县城西南	35	5	24	庄内有大佛寺一座	
765	4		八门寺	在县城西南	35	12	62		
766	4		泥窝子	在县城西南	40	9	46		
767	4		田家崟	在县城西南	40	5	22	庄内有八蜡庙一宇	
768	4		窦家营	在县城西北	60	32	141	庄内有圣母庙一宇	

续表

序号	属县	区别	村镇名目	方向位置	离城里数	户数	人口	附记	承办绅董姓名
769	4		张家湾	在县城北	60	27	101	庄内有三神庙一宇	
770	4		狼儿沟	在县城北	60	17	120	庄内有火神庙一宇	
771	4		上五营	在县城北	60	51	230	庄内有关帝庙一宇	
772	4		寺隆沟	在县城北	60	32	160	庄内有龙王庙一宇	
773	4		郿家湾	在县城北	60	71	356	庄内有白马庙一宇	
774	4		骆驼巷	在县城北	40	27	178	庄内有白马庙一宇	
775	4		冯家庄	在县城北	45	51	281	庄内有祠堂二座	
776	4		响水子	在县城北	50	51	246	庄内有马王庙一宇	
777	4		买子堡	在县城北	50	45	232	镇内有关帝庙二座	
778	4		清水镇	在县城东	30	137	722	庄内有关帝庙一宇	
779	4		稠泥河	在县城东	35	12	55	庄内有娘娘庙一宇	
780	4		侯家沟	在县城东	35	16	69		
781	4		三墩营	在县城东	35	18	96	庄内有三义庙一宇	
782	4		王家湾	在县城东	35	17	73	村内有泰山庙一宇	
783	4		甘草店	在县城东	50	30	143	庄内有五神庙一宇	
784	4		木林沟	在县城东	50	12	55		
785	4		古窑子	在县城东	70	16	75		
786	4		金家庄	在县城东	70	11	53	庄内有白马庙一宇	
787	4		张家庄	在县城东	70	10	46		
788	4		小营	在县城东	70	12	55	庄内有马王庙一宇	
789	4		新窑坡	在县城东	70	11	48		

续表

序号	属县	区别	村镇名目	方向位置	离城里数	户数	人口	附记	承办绅董姓名
790	4		大沟门	在县城东	70	8	37	庄内有龙王庙一宇	
791	4		吴家岔	在县城东	70	6	29		
792	4		裴家岔	在县城东	70	10	45	庄内有山神庙一宇	
793	4		大营川	在县城东	70	18	76	庄内有火祖庙、祖师庙各一宇	
794	4		马家集	在县城东	70	11	55	庄内有土地庙一宇	
795	4		周家牌坊	在县城东	70	12	57		
796	4		高崖	在县城东	70	10	50		
797	4		汪家窑	在县城东	70	7	33	庄内有张仙庙一宇	
798	4		关门口	在县城东	70	10	45	庄内有大圣庙一宇	
799	4		红崖头	在县城东	70	5	25		
800	4		醋儿岔	在县城东	70	6	21		
801	4		刘家岔	在县城东	70	5	28		
802	4		茨笔滩	在县城东	70	11	53	庄内有山神庙一宇	
803	4		贺家铺	在县城东	60	2	11		
804	4		白土窑	在县城东	70	14	60		
805	4		车道岭	在县城东	80	12	51	庄内有方神庙一宇	
806	4		蔡家沟	在县城东	80	10	44		
807	4		崔家大湾	在县城东	70	13	57		
808	4		高家渠	在县城东	70	10	43	庄内有祖师庙一宇,井一口	
809	4		荞面湾	在县城东	70	4	21		
810	4		魏家岘	在县城东	90	7	28	庄内有山神庙一宇	

续表

序号	属县	区别	村镇名目	方向位置	离城里数	户数	人口	附记	承办绅董姓名
811	4		景家泉	在县城东	70	5	26		
812	4		安家墩	在县城东	80	8	38	庄内有菩萨殿一宇,井一口	
813	4		韦家营	在县城东	90	22	52	庄内有三圣庙一宇	
814	4		孙家岔	在县城东	80	10	41		
815	4		龙家沟	在县城东	80	5	22		
816	4		骆家川	在县城东	80	7	25	庄内有王母宫一宇	
817	4		李家坪	在县城东	80	5	27	庄内有龙王庙一宇	
818	4		大丰堡	在县城东	90	11	22		
819	4		武家峁	在县城东	90	5	52	庄内有白马庙一宇	
820	4		汉家岭	在县城东	60	5	25	庄内有井一口	
821	4		全家岔	在县城东	60	3	22	庄内有山神庙一宇	
822	4		老牛湾	在县城东	70	11	14		
823	4		邵家川	在县城东	50	12	45	庄内有圣母殿一宇	
824	4		柯老庄	在县城东	50	3	47	庄内有关帝庙一宇	
825	4		楼子岔	在县城东	40	14	13	庄内有马祖庙一宇	
826	4		杜家嘴	在县城东	40	13	59	庄内有药王庙一宇	
827	4		寇家老庄	在县城东	40	5	52		
828	4		小岔	在县城东	60	7	25	庄内有山神庙一宇	
829	4		李家岔	在县城东	40	11	35		
830	4		瓦房川	在县城东	40		46	庄内有将军庙一宇	

续表

序号	属县区别	村镇名目	方向位置	离城里数	户数	人口	附记	承办绅董姓名
831	5	城内		0	551	3 167	城内文武衙署五所,高等小学堂一所,蒙养小学堂九所,劝学堂一所,庵观寺庙共十三所,巡警局一所	廪生赵廷魁
832	5	附城		0	325	1 684	东西关庵、观寺庙五所,忠贞祠一所,初等小学堂一所	监生范振纪
833	5	乱肚子	在县城正东大坝渠西南	10	75	496	村内龙王庙一所	同上
834	5	大坝渠	在县城东北砂梁堡西北	20	55	352	村内马王庙一所	同上
835	5	砂梁堡	正东正西	25	94	577	村内方神庙一所	同上
836	5	瓜园儿	东北正西	25	31	193	村内娘娘庙一所	同上
837	5	湾子里	东北西南	30	177	1 091	庄内城隍、龙王庙各一所,初等小学堂九所	同上
838	5	红柳泉	东北西南	40	142	874	村内马王庙一所	同上
839	5	冯家园	正东西南	40	16	94	村内小泉一眼	同上
840	5	新墩儿	东北西南	50	1	7	村内土城一座,剥蚀倾颓,相传系宋代柳州城	同上
841	5	磁窑儿	正东西南	90	31	166	村内磁窑二所,所烧磁器粗劣无花纹	同上
842	5	苦水堡	正东正西	110	36	342	村内方神庙一所,水窨四眼	同上
843	5	板窑沟	正东正西	130	7	34	村内水窨二眼	同上
844	5	白崖子	正东板窑沟正西	140	12	56	村内水窨一眼	同上
845	5	烟洞沟	东南西北	10	3	14	村内井二眼	同上
846	5	宋家铺	东南西北	20	9	39	村内井一眼	同上

续表

序号	属县	区别	村镇名目	方向位置	离城里数	户数	人口	附记	承办绅董姓名
847	5		住家寨	东南西南	50	43	271	村内关帝庙一所	监生范振纪
848	5		展家岘	东南正西	60	17	131	村内井二眼	同上
849	5		大白草原	东南正北	70	90	627	村内水窖八眼	同上
850	5		贾家岸	东南正西	85	10	85	村内水窖一眼	同上
851	5		文家崖	东南正西	80	3	38	村内水窖一眼	同上
852	5		李家寨	东南正西	100	23	129	村内水窖一眼	同上
853	5		刘家寨	东南正北	110	12	45	村内水窖一眼	同上
854	5		论马川	东南正东	100	48	236	村内水窖三眼	同上
855	5		陈王堡	东南论马川正西	94	4	25	村内水窖一眼	同上
856	5		郭家集	东南陈王堡正西	85	6	46	村内水窖一眼	同上
857	5		高原	东南郭家集西北	80	13	33	村内水窖一眼	同上
858	5		桶都原	东南东北	60	13	83	村内井二眼	同上
859	5		高家河	东南桶都原西南	70	21	116	村内井三眼	同上
860	5		十五里铺	西南正北	15	8	42	村内方神庙一所	贡生宋廷献
861	5		黑城子	正南正西	35	32	250	村内方神庙一所井二眼	生员路正义
862	5		野米川	正南正东	40	25	160	村内水窖二眼	同上
863	5		大路子	正南正北	40	58	371	村内东岳庙一所,初等小学堂四所	同上

续 表

序号	属县	区别	村镇名目	方向位置	离城里数	户数	人口	附记	承办绅董姓名
864	5		下右所	正南正北	50	69	399	村内方神庙一所,水窖七眼	生员路正义
865	5		兴靖堡	西南西北	60	50	335	村内方神庙一所,水窖三眼	同上
866	5		三里原	正南正西	100	2	9	村内水窖一眼	同上
867	5		小白草原	正南正北	72	76	528	村内方神庙一所,水窖八眼	同上
868	5		蒋中滩	正南小白草原正南	80	59	405	村内方神庙一所,水窖六眼	同上
869	5		扇马原	西南东北	50	80	541	村内方神庙一所,水窖七眼	同上
870	5		靳家山	西南西北	60	5	40	村内水窖一眼	同上
871	5		聂家原	西南西北	60	103	843	村内方神庙一所,水窖十三眼	同上
872	5		小中所	西南西北	60	6	42	村内水窖三眼	同上
873	5		大羊营	西南三百户东北	70	46	287	村内方神庙一所	同上
874	5		苕笠原	西南聂家原西南	70	14	109	村内方神庙一所,水窖二眼	同上
875	5		花儿岔	西南苕笠原西南	80	3	13	村内水窖一眼	同上
876	5		大深沟	西南花儿岔西南	90	4	17	村内水窖一眼	同上
877	5		受家原	西南正北	80	15	85	村内水窖三眼	同上
878	5		海都原	西南受家原正南	80	19	148	村内水窖三眼	同上
879	5		二寨子	西南正西	90	16	79	村内方神庙一所	同上

续 表

序号	属县	区别	村镇名目	方向位置	离城里数	户数	人口	附记	承办绅董姓名
880	5		头兼子	西南正北	80	16	66	村内水窑二眼	生员路正义
881	5		吕小堡	西南正南	100	7	32	村内水窑二眼	同上
882	5		冯家堡	西南东北	100	22	181	村内方神庙一所,水窑三眼	同上
883	5		九百户	西南三百户正南	90	6	64	村内水窑一眼	同上
884	5		小羊营	西南九百户正东	90	37	214	村内水窑三眼	同上
885	5		三百户	西南九百户正北	80	27	102	村内水窑三眼	同上
886	5		和保口	正西正南	20	78	486	村内方神庙一所	生员贾承毂
887	5		独石头	正西东北	20	32	162	村内方神庙一所,濒临黄河,内有石独立志乘所谓中流砥柱是也	生员黑耀彩
888	5		营防滩	正西正南	25	99	702	村内方神庙一所	同上
889	5		中图子	正西正东	25	90	616	村内方神庙一所	同上
890	5		寺儿湾	正西正东	35	6	41	村内古寺一所	同上
891	5		天字壕	正西正东	40	87	629	村内方神庙一所	同上
892	5		高崖子	正西正东	45	140	997	村内娘娘庙一所	同上
893	5		古城驿	正西正东	50	143	944	村内夫帝庙一所,驿站驻之	同上
894	5		北湾	正西东北	60	350	2 276	庄内方神庙一所,初等小学堂七所	同上
895	5		北崖	正西东北	70	138	796	村内方神庙一所	同上
896	5		四龙口	正西平滩堡西北	80	23	125	村内方神庙一所	同上

续 表

序号	属县	区别	村镇名目	方向位置	离城里数	户数	人口	附记	承办绅董姓名
897	5		车路沟	正西四龙口西北	90	2	8	村内汛墩一座	生员黑耀彩
898	5		平滩堡	正西西南	70	410	2 790	村内城隍、雷祖庙各一座,初等小学堂八所	同上
899	5		蒋家滩	正西平滩堡东北	60	222	1 382	村内娘娘庙一所	同上
900	5		碾子湾	西北正南	10	15	68	村内方神庙一所	同上
901	5		酸水儿	西北尾泉东南	40	1	6	村内井二眼	同上
902	5		刘家川	西北酸水儿正西	40	5	24	村内井二眼	同上
903	5		尾泉	西北东北	70	24	127	村内咸小泉一眼	同上
904	5		张家台	西北东南	65	2	9	村内井二眼	同上
905	5		曾家湾	西北正东	70	6	29	村内咸小泉一眼	同上
906	5		西番窑	西北东南	80	38	195	村内方神庙一所	同上
907	5		锁罕堡	在县城西北一条山西南	150	165	914	村内方神庙一所	同上
908	5		糜子滩	在县城正北三角城西南	10	394	2 037	村内将军龙王庙各一所,初等小学堂一所	生员何其泰
909	5		三角城	正北正西	30	516	3 580	村内庵观寺庙共九所,初等小学堂五所	廪生张新翰
910	5		陡城堡	东北正南	50	228	1 669	庄内方神庙一所,初等小学堂五所	同上
911	5		一碗水	东北正南	60	9	57	村内小泉一眼	同上
912	5		迭烈逊	东北东南	70	115	835	村内祖师殿一座,系前明时巡检司驻防之处	同上

续表

序号	属县	区别	村镇名目	方向位置	离城里数	户数	人口	附记	承办绅董姓名
913	5		小黄沙湾	正北东南	70	11	75	村内方神庙一所	廪生张新翰
914	5		白杨林	正北东南	80	8	48	村内方神庙一所	同上
915	5		马缠嘴	正北东北	110	88	678	村内清凉寺一所,方神庙一所,初等小学堂二所	同上
916	5		老龙湾	正北东南	110	123	796	村内石隥一道,系通西番窑,大路形势险隘,俗名天桥闸	同上
917	5		常生窑	正北正东	130	62	418	村内方神庙一所	同上
918	5		胡麻水	正北正西	130	67	451	村内方神庙一所	同上
919	5		哈思吉	正北东南	120	288	2 105	村内城煌、方神庙各一所,初等小学堂二所	同上
920	5		索桥	正北东南	150	12	91	濒临黄河索桥,商税于此征收,俗传省城浮桥,先年设此,现设官渡,以利往来	同上
921	5		小芦塘	正北正东	160	215	1 205	村内祖师庙一般	同上
922	5		大芦塘	正北正东	170	423	2 647	村内土城一座,游击于总各一员,驻马庵观寺庙共三所,初等小学堂五所	同上
923	5		一条山	西北大芦塘正西	180	45	253	村内盐局一所	同上
924	5		水泉堡	东北西北	70	148	1 122	村内城煌庙一所,初等小学堂一所	同上
925	5		大红沟	东北西南	100	12	88	村内井二眼	同上
926	5		小红沟	东北西南	140	15	115	村内盐局一所	同上
927	5		白屹嗒	东北西南	140	5	52	村内水窑二眼	同上
928	5		芦沟堡	东北大庙堡东南	160	128	889	村内方神庙一所,外委一员	同上

续 表

序号	属县	区别	村镇名目	方向位置	离城里数	户数	人口	附记	承办绅董姓名
929	5		裴家堡	东北西南	110	52	258	村内方神庙一所	廪生张新翰
930	5		永安堡	东北正南	120	317	2 008	村内土城一座,把总经制一员驻焉,城隍、祖师庙各一所	同上
931	5		刘家寺	东北大庙堡西南	140	97	622	村内方神庙一所,初等小学堂一所	同上
932	5		论古村	东北芦沟堡西南	130	176	1 001	村内城隍、娘娘庙各一所	同上
933	5		发余堡	东北正南	160	240	1 697	村内龙王、娘娘庙各一所,初等小学堂三所	同上
934	5		五方寺	东北正北	180	528	3 512	村内庵观、寺庙共五所,初等小学堂五所	同上
935	5		车木峡	在县城东北小芦塘正东	170	7	57	村内方神庙一所	同上
936	5		沙金坪	东北正西	170	38	204	村内方神庙一所	同上
937	5		大庙堡	在县城东北沙金坪正东	180	524	3 496	村内庵观寺庙共五所,初等小学堂九所	同上
938	6		城内		0	1 025	3 878	城内有文武简署五所,高等小学堂一所,蒙养小学堂十二所,庙观寺庙共二十六所,邮政局一所,巡警一所,水井五一口,沼无	举人陈希世
939	6		附城		0	110	1 120	东关外有岳麓山一座,上有忠愍祠一座,高等小学堂一所,南关外南城角寺一字,西关外有西城角寺一字,北关外有白马庙一字	贡生魏呈
940	6		二十里铺庄	在州城正东三十里铺庄正西		89	452	庄内有山神庙一字	监生张生成

续表

序号	属县	区别	村镇名目	方向位置	离城里数	户数	人口	附记	承办绅董姓名
941		6	三十里铺庄	在州城正东二十里铺庄正东		79	422	庄内有方神庙一宇	监生史祖鱼
942		6	四十铺庄	在州城正东	40	56	285	庄内有山神庙一宇	附生张泽民
943		6	畲店庄	在州城正东	45	66	282	庄内有达家堡庙一宇	附生姚德
944		6	徐家铺	在州城东南	60	59	249	庄内有金龙庙一宇	军功缪希明
945		6	五户庄	在州城东南	50	53	230	庄内有冯家寺一宇	监生王珍
946		6	乔家庄	在州城东南	60	53	229	庄内有土地祠一宇	廪生张国栋
947		6	庆宫	在州城东南	70	72	389	庄内有山神庙一宇	监生李元
948		6	瓦窑	在州城正南	5	52	255	庄内有娘娘庙一宇	监生乔彩
949		6	烟房堡	在州城正南	10	64	304	庄内有太平观	附生张瑞玉
950		6	白塔庄	在州城正南	20	98	500	庄内有山神庙一宇	附生张瑞彩
951		6	南园庄	在州城东南	30	195	981	庄内有方神庙一宇	武生何进桃
952		6	唐泉集	在州城西南	30	65	370	庄内有关帝庙一宇	监生乔孝
953		6	宋家坪	在州城东南	40	49	257	庄内有方神庙一宇	附生魏清川
954		6	岚观坪	在州城东南	40	72	305	庄内有白马庙一宇	附生赵联玺
955		6	抹邦河	在州城西南	40	50	266	庄内有山神庙一宇	监生赵振芳
956		6	朱家坪	在州城东南	45	61	333	庄内有龙王庙一宇	监生张元
957		6	松树沟	在州城正南	50	106	555	庄内有土地庙一宇	附生王万全
958		6	石镜岩	在州城正南	60	37	254	庄内有娘娘庙一宇	武生贾登科
959		6	安下川	在州城正南	70	183	1 222	庄内有山神庙一宇	廪生王伍才

续 表

序号	属县	区别	村镇名目	方向位置	离城里数	户数	人口	附记	承办绅董姓名
960	6		高石崖	在州城正南	60	55	301	庄内有金龙庙一宇	监生牛占彪
961	6		官堡镇	在州城东南	70	34	298	庄内有方神庙一宇	监生陈启文
962	6		白沙寨	在州城正南	80	66	398	庄内有山神庙一宇	附生王玉度
963	6		阶子坪	在州城正南	80	54	355	庄内有白马庙一宇	附生王秉成
964	6		宗丹沟	在州城正南	80	56	321	庄内有方神庙一宇	附生侯尔维
965	6		黑店峡	在州城西南	80	72	451	庄内有龙王庙一宇	附生陈希周
966	6		李家台	在州城正南	90	32	210	庄内有山神庙一宇	武生岳正元
967	6		罗家磨	在州城正南	100	40	277	庄内有方神庙一宇	武生周继武
968	6		硖城	在州城正南	100	48	350	庄内有娘娘庙一宇	附生同登威
969	6		久莫山	在州城正南	110	41	279	庄内有山神庙一宇	武生蔡宗佐
970	6		久莫峡	在州城正南	120	53	240	庄内有方神庙一宇	附生李达佐
971	6		宝石口	在州城正南	120	53	375	庄内有山神庙一宇	附生郜武
972	6		黄岘口	在州城东南	150	180	538	庄内有土地庙一宇	监生陈连奎
973	6		边泉湾	在州城西北	40	193	1214	庄内有大郎庙一宇	武生陈殿元
974	6		张家寨	在州城西北	30	144	794	庄内有方神庙一宇	武生刘建
975	6		卧龙寺	在州城西北	50	90	433	庄内有山神庙一宇	监生陈元
976	6		新路坡	在州城西北	60	78	280	庄内有土地庙一宇	文生曹延杰
977	6		三十铺	在州城西北	30	120	644	庄内有娘娘庙一宇	附生边燮黄
978	6		三岔河	在州城西北	20	110	636	庄内有山神庙一宇	监生李成烈
979	6		筶头	在州城正西	5	167	636	庄内有方神庙一宇	附生同耀文
980	6		二十铺	在州城正西	20	99	492	庄内有土地庙一宇	监生陈王英

续 表

序号	属县	区别	村镇名目	方向位置	离城里数	户数	人口	附记	承功绅董姓名
981	6		段家河	在州城正西	30	150	744	庄内有山神庙一宇	武生王林
982	6		滴平川	在州城正西	30	97	624	庄内有方神庙一宇	监生边玉林
983	6		姬家林	在州城正西	40	66	399	庄内有山神庙一宇	监生刘怀王
984	6		辛家集	在州城正西	40	151	743	庄内有山神庙一宇	监生瞿月桂
985	6		五达子	在州城正西	50	143	783	庄内有方神庙一宇	监生陈太元
986	6		西坪	在州城正西	5	73	377	庄内有龙王庙一宇	监生李达栋
987	6		巴马峪沟	在州城西南	30	137	752	庄内有方神庙一宇	监生王延富
988	6		马家集	在州城正西	50	105	498	庄内有娘娘庙一宇	农官陈文学
989	6		马巴寺	在州城正西	60	101	558	庄内有方神庙一宇	监生陈有元
990	6		葱滩	在州城西南	70	83	466	庄内有方神庙一宇	监生牟世才
991	6		庄头庙	在州城西南	60	52	374	庄内有土地庙一宇	武生任沛元
992	6		麻山沟	在州城西南	60	78	363	庄内有山神庙一宇	监生何如荣
993	6		陆家洞	在州城西南	70	120	531	庄内有菩萨殿一宇	监生苟怀德
994	6		郭家沟	在州城西南	60	87	464	庄内有乌龙庙一宇	监生郭玉田
995	6		朱家山	在州城西南	60	119	409	庄内有关帝庙一宇	监生赵春华
996	6		潘家集	在州城西南	50	28	165	庄内有文昌阁一宇	监生何蒙德
997	6		红道峪	在州城西南	50	85	423	庄内有方神庙一宇	监生马成元
998	6		都工峪	在州城西南	60	95	452	庄内有磊郎庙一宇	武生岳能太
999	6		朱家河	在州城西南	60	123	531	庄内有娘娘庙一宇	武生高月桂
1000	6		五户滩	在州城西南	70	62	321	庄内有金龙庙一宇	附生任沛森
1001	6		草滩	在州城西南	80	42	215	庄内有菩萨殿一宇	监生任希魁

续 表

序号	属县	区别	村镇名目	方向位置	离城里数	户数	人口	附记	承办绅董姓名
1002	6		景古城	在州城西南	80	124	425	庄内有龙王庙一宇	附生线满麟
1003	6		线家滩	在州城西南	90	173	723	庄内有山神庙一宇	监生丁炳离
1004	6		甯哈河	在州城西南	90	82	435	庄内有金龙庙一宇	监生景秀
1005	6		野木河	在州城西南	100	99	625	庄内有龙王庙一宇	附生苏国芳
1006	6		足谷川	在州城西南	10	71	324	庄内有方神庙一宇	附生锡禄
1007	6		大湾	在州城东北	20	90	428	庄内有菩萨殿一宇	监生陈远鸿
1008	6		十八盘	在州城东北	40	62	318	庄内有显神庙一宇	监生何进德
1009	6		沙沟沿	在州城东北	30	52	231	庄内有金龙庙一宇	监生王大元
1010	6		红土崖	在州城东北	40	71	322	庄内有山神庙一宇	武生陈殿元
1011	6		白土坡	在州城东北	50	121	627	庄内有关帝庙一宇	监生马有成
1012	6		羊嘛川	在州城东北	60	121	453	庄内有方神庙一宇	附生王锡仁
1013	6		漫洼	在州城东北	70	75	315	庄内有菩萨殿一宇	附生边铺清
1014	6		缪家山	在州城东北	90	90	445	庄内有娘娘庙一宇	监生何克科
1015	6		胡麻岭	在州城东北	70	96	516	庄内有山神庙一宇	武生咸玉连
1016	6		老池沟	在州城东北	80	73	427	庄内有方神庙一宇	附近生马成良
1017	6		站滩	在州城东北	60	82	491	庄内有财神庙一宇	监生赵音
1018	6		辛集	在州城东北	50	89	488	庄内有菩萨殿一宇	附生马希珍
1019	6		杜家峡口	在州城东北	70	94	452	庄内有显神庙一宇	监生杜占元
1020	6		李家磨	在州城东北	40	121	515	庄内有娘娘庙一宇	武生李正芳
1021	6		八里铺	在州城正北	8	127	627	庄内有太白庙一宇	附生刘源清
1022	6		苟家铺	在州城正北	15	132	653	庄内有金龙庙一宇	附生苟希圣

续表

序号	属县	区别	村镇名目	方向位置	离城里数	户数	人口	附记	承办绅董姓名
1023	6		二十铺	在州城正北	20	52	323	庄内有菩萨殿一宇	附生苟鹤龄
1024	6		皇后沟	在州城正北	30	71	327	庄内有山神庙一宇	监生陈元祥
1025	6		三十铺	在州城正北	30	31	211	庄内有护神庙一宇	武生师进德
1026	6		小柳林沟	在州城正北	40	52	314	庄内有方神庙一宇	监生陈元清
1027	6		大柳林沟	在州城东北	50	21	115	庄内有龙王庙一宇	附生师道立
1028	6		漆家沟	在州城东北	60	41	234	庄内有方神庙一宇	贡生漆克泰
1029	6		蒲家寺	在州城东北	80	35	123	庄内有娘娘庙一宇	武生王骏烈
1030	6		何家川	在州城东北	80	24	124	庄内有山神庙一宇	监生陈满
1031	6		半坡子	在州城东北	90	30	225	庄内有金龙庙一宇	监生陈有元
1032	6		小石马	在州城东北	90	40	266	庄内有山神庙一宇	武生王作宾
1033	6		大石马	在州城东北	95	48	282	庄内有土地庙一宇	附生杜明德
1034	6		杨柳庙	在州城东北	60	40	282	庄内有菩萨殿一宇	监生陈正清
1035	6		好水沟	在州城东北	80	31	141	庄内有山神庙一宇	附生曹大德
1036	6		新添铺	在州城正北	40	24	121	庄内有关帝庙一宇	武举龙伏海
1037	6		孙家家	在州城正北	60	28	154	庄内有方神庙一宇	监生梁海宽
1038	6		康家崖	在州城正北	70	53	284	庄内有白马庙一宇	监生康永明
1039	6		东结河	在州城正北	70	64	312	庄内有娘娘庙一宇	监生欧阳魁
1040	6		师家崖	在州城正北	80	31	150	庄内有金龙庙一宇	附生欧阳邦彦
1041	6		上营庄	在州城正北	90	50	211	庄内有关帝庙一宇	廪生王家相
1042	6		马嘞山	在州城正北	90	36	117	庄内有山神庙一宇	武生刘成选
1043	7		城内		0	0	0	城内有文武衙署二所、城隍庙、土地祠各一宇	

续 表

序号	属县	区别	村镇名目	方向位置	离城里数	户数	人口	附 记	承办绅董姓名
1044	7		附城		0	12	56	城外东角有高、初两等小学堂一所	
1045	7		龚家庄	在厅城东北王府庄正西	1	42	210	庄东角有关帝庙一宇	职员龚效先
1046	7		刘家街	在厅城东南王府庄西南	1	20	85		
1047	7		王府庄	在厅城正东白土坡正西	3	51	231	庄南角有龙王庙一宇	附生刘华春
1048	7		白土坡	在厅城正东红岘庄	10	76	250		
1049	7		红岘庄	在厅城东北下中铺西南	20	14	68		
1050	7		涧坪庄	在厅城东南昌木沟正北	20	45	179		附生马成骏 马成骥
1051	7		昌木沟	在厅城东南涧坪庄西北	22	7	37		
1052	7		五户庄	在厅城正东上沟正西	25	65	232		
1053	7		上沟庄	在厅城正东下中铺正南	28	14	41		
1054	7		下中铺	在厅城东北上中铺西南	30	72	224	村西角有中孚山庙一宇	州同龙协麟
1055	7		上中铺	在厅城东北关沟门西南	30	85	343	村南角有菩萨殿一宇	附生杨映溪

371

续表

序号	属县	区别	村镇名目	方向位置	离城里数	户数	人口	附记	承办绅董姓名
1056	7		关沟门	在厅城东北白崖庄西南	40	21	84		
1057	7		白崖庄	在厅城东北杨家沟西北	40	15	54		
1058	7		杨家沟	在厅城正东中咀庄正西	50	36	94		
1059	7		中咀庄	在厅城正东任子沟西南	50	12	56		
1060	7		任子沟	在厅城正东中咀庄东北	45	56	243		
1061	7		杨家庄	在厅城正南朱家窑正北	1	19	87	庄内有井一口	举人后怀清
1062	7		朱家窑	在厅城正南沙崂街正北	6	18	81		
1063	7		沙崂街	在厅城正南太石铺正北	8	113	466		贡生于衡谊 职员于福中 附生于协华 石芝
1064	7		太石铺	在厅城正南水泉庄正北	12	133	626	村东乡有双泉寺一宇	附生郑椿萱 杨涵雯
1065	7		水泉庄	在厅城正南	15	98	365	庄东角有泰山庙一宇	贡生张培新
1066	7		裴家湾	在厅城正南	18	24	91		附生裴春泰

续 表

序号	属县	区别	村镇名目	方向位置	离城里数	户数	人口	附 记	承办绅董姓名
1067	7		辛店镇	在厅城正南	30	132	440	镇内有关帝庙一宇	贡生朱文耀、向永清、石峻峰,附生张宝善
1068	7		牛头沟	在厅城东南	30	15	70		
1069	7		桑南家沟	在厅城东南	32	61	184		廪生南乡桑明,附生张旭东
1070	7		朱家沟	在厅城东南	35	40	153		
1071	7		石家坡	在厅城东南	36	14	66		
1072	7		王家圈	在厅城东南	36	10	31		
1073	7		杨家嘴	在厅城东南	37	13	41		
1074	7		上下寨子	在厅城东南	38	15	73		
1075	7		乾沟庄	在厅城东南	40	13	66		
1076	7		大湾庄	在厅城东南	41	17	72		
1077	7		西沟岭	在厅城东南	32	25	91		
1078	7		祁家土堆	在厅城东南	34	19	83		
1079	7		晏家土堆	在厅城东南	35	6	27		
1080	7		石杨家山	在厅城东南	28	10	66		
1081	7		寺儿沟	在厅城正南	40	27	126		
1082	7		文家庄	在厅城正西	1	10	47		
1083	7		李家寨	在厅城正西	2	20	78		

续表

序号	属县	区别	村镇名目	方向位置	离城里数	户数	人口	附记	承办绅董姓名
1084	7		安家嘴	在厅城西南	5	36	161		附生安邦彦,安国忠
1085	7		李家湾	在厅城西北	6	51	295	村内有井一口	附近生李天锡,李争荣
1086	7		何家庄	在厅城西北	8	70	224	庄西角有井二口	附生马祖植,马佩烈
1087	7		巴下寺	在厅城西北	10	46	224	庄西角有井一口	
1088	7		牟家庄	在厅城西北	14	12	73	庄东角有灵石寺一宇,西角有井一口	附生朱克忠,朱生明
1089	7		上马家庄	在厅城西北	15	27	165		附生马兆乾,马玉佩,马名骥
1090	7		朱家沙滩	在厅城西北	20	53	308		
1091	7		红嘴庄	在厅城西北	25	30	129		
1092	7		石巴湾	在厅城西北	30	17	107		附生杨治钧,杨流芳
1093	7		杨家嘴	在厅城西北	32	14	45		
1094	7		洪济桥	在厅城西北	35	5	19		
1095	7		柳沟庄	在厅城西北	36	22	116		
1096	7		白坡根庄	在厅城西北	37	29	106		
1097	7		下王家庄	在厅城西北	40	12	74		附生王铭鼎

续表

序号	属县	区别	村镇名目	方向位置	离城里数	户数	人口	附记	承办绅董姓名
1098	7		何家湾	在厅城西北	45	15	47		附生何镛
1099	7		峡口上庄	在厅城西北	50	48	246	庄东角有正觉寺一字	
1100	7		峡口下庄	在厅城西北	55	24	73		
1101	7		红柳沟门	在厅城西北	10	16	47		附生石辉林
1102	7		摩云关	在厅城正北	51	7	25		
1103	7		杨家山	在厅城正北	52	12	31		
1104	7		马家山	在厅城正北	52	49	179		附生马培锦
1105	7		康家山	在厅城正北	52	36	150		附生康晋锡
1106	7		毛牛圈	在厅城正北	54	14	46		
1107	7		白蟹岘	在厅城正北	55	4	22		
1108	7		马家圈	在厅城正北	55	7	26		
1109	7		漫坪街	在厅城正北	55	15	68		附生何其敏
1110	7		楼子庄	在厅城正北	68	23	99		
1111	7		王家沟	在厅城正北	58	8	37		
1112	7		芝麻庄	在厅城正北	58	15	63		
1113	7		兔兔庄	在厅城东北	50	22	114		
1114	7		嘴头庄	在厅城东北	50	6	25		
1115	7		何家山	在厅城东北	40	7	30		
1116	8		城内		0	2 985	12 099	文武衙署十二所,文庙,关帝庙,文昌,城隍各庙二十二所,高等小学堂一所,两等学堂一所,初等学堂三所,万寿宫一所	岁贡生郭述义

续表

序号	属县	区别	村镇名目	方向位置	离城里数	户数	人口	附记	承办绅董姓名
1117	8		南关		0	1 280	5 186	统捐局一所、邮政局一所、白衣寺一所、初等小学堂一所、龙王庙一所	附生马鸣珂
1118	8		陈方家庄	在州城正东南林家庄西南	7	1 471	3 795	初等小学堂一所,福神庙一所	贡生苟秉珠
1119	8		林家庄	在州城正东陈方家庄东北	15	542	2 612	初等小学堂一所,福神庙一所	同上
1120	8		柳树湾庄	在州城正东邓家庄西南	20	235	1 103		同上
1121	8		邓家庄	在州城正东柳树湾东北	25	213	1 301	福神庙一所,焚毁无存	同上
1122	8		考房庄	在州城正东西南	30	222	1 310		同上
1123	8		关家庄	在州城正东考房庄东北	35	218	1 703		同上
1124	8		新同庄	在州城正东	38	230	1 147	初等小学堂一所,福神庙一所(焚毁)	同上
1125	8		镇南坝集	在州城正东	40	441	2 367	初等小学堂一所,福神庙一所(焚毁)	同上
1126	8		秆勾湾庄	在州城正东	50	333	1 611		同上
1127	8		仓房庄	在州城正东	60	125	594		同上
1128	8		大湾头	在州城正东	75	331	1 601		同上
1129	8		唐汪集	在州城正东	90	482	2 472	集内有汛官衙署一所、初等小学堂二所、关帝庙、古佛寺庙二所、红塔寺一所	同上

续 表

序号	属县	区别	村镇名目	方向位置	离城里数	户数	人口	附记	承办绅董姓名
1130	8		平庄	在州城正东	40	226	1 267		贡生苟秉珠
1131	8		瓦房庄	在州城正东	51	242	1 501		同上
1132	8		南关庄	在州城正东	50	251	1 376		同上
1133	8		那力庄	在州城正东	62	328	1 611	初等小学堂一所	同上
1134	8		苏黑庄	在州城东南	70	223	1 234		同上
1135	8		高山庄	在州城东南	68	252	1 361		同上
1136	8		高家庄	在州城东南	70	142	807		同上
1137	8		武家庄	在州城东南	71	239	1 467		同上
1138	8		池思拉庄	在州城东南	80	372	1 812		同上
1139	8		汪白户庄	在州城东南	78	594	3 341		同上
1140	8		红牛滩庄	在州城东南	80	123	611		同上
1141	8		陈何家庄	在州城东南	85	431	2 514		同上
1142	8		陈家庄	在州城东南	85	122	594		同上
1143	8		曳松大板庄	在州城东南	100	241	1 310		同上
1144	8		果园庄	在州城东南	100	145	693		同上
1145	8		红庄	在州城东南	110	237	1 332		同上
1146	8		麻太庄	在州城东北	50	227	1 291		同上
1147	8		苏池庄	在州城东北	48	131	673		同上
1148	8		哈扎大巴庄	在州城东北	50	446	2 817		同上
1149	8		白庄	在州城东北	50	553	2 810		同上
1150	8		范家庄	在州城东北	50	239	1 212		同上

续表

序号	属县	区别	村镇名目	方向位置	离城里数	户数	人口	附记	承办绅董姓名
1151	8		马家庄	在州城东北	60	112	549		贡生苟秉珠
1152	8		赵家庄	在州城东北	60	237	1 210		同上
1153	8		长川庄	在州城东北	75	259	1 301		同上
1154	8		陈家庄	在州城东北	80	496	3 521	福神庙一所	同上
1155	8		田家庄	在州城东北	90	332	2 710		同上
1156	8		照壁山庄	在州城东北	95	441	3 031		同上
1157	8		他石沟庄	在州城东北	100	337	2 196		同上
1158	8		白嘴庄	在州城东北	100	245	1 247		同上
1159	8		拱白庄	在州城东北	100	244	1 321		同上
1160	8		大王家庄	在州城正南	8	571	3 623	古佛寺二,福神庙一所	廪生马恕
1161	8		石必湾庄	在州城正南	15	259	1 401	福神庙一所	同上
1162	8		王家庄	在州城正南	20	301	1 529	福神庙一所	同上
1163	8		朱家庄	在州城正南	30	254	1 501		同上
1164	8		买家集	在州城正南	30	341	1 811	古佛上下寺二所	同上
1165	8		段家庄	在州城正南	65	213	1 203		同上
1166	8		刘家庄	在州城正南	68	194	1 023		同上
1167	8		虎家庄	在州城正南	30	157	599	茨湾河,古佛寺一所	同上
1168	8		松树庄	在州城正南	40	326	1 610	福神庙一所	同上
1169	8		尕庄	在州城正南	71	273	1 333	川撒吧,咱牙塘,古佛寺三所	同上
1170	8		台子街庄	在州城正南	41	314	1 521	初等小学堂一所	同上
1171	8		祁陈家	在州城正南	40	259	1 501		同上

续 表

序号	属县	区别	村镇名目	方向位置	离城里数	户数	人口	附记	承办绅董姓名
1172	8		郎庄泉	在州城正南	60	412	2 511	松鸣崖古佛寺一所	廪生马恕
1173	8		鲁班洞庄	在州城正南	70	567	2 901		同上
1174	8		官平庄	在州城正南	70	321	1 802	初等小学堂一所,麻臧寺一所,福神庙一所	同上
1175	8		宁河集	在州城正南	45	512	2 557	在汛厅一所,高等,初等小学堂三所,关帝庙,文昌,城隍,福神庙四所	同上
1176	8		庄窠集	在州城正南	60	426	2 306	福神庙一所	同上
1177	8		李家寺庄	在州城正南	60	328	1 593	初等小学堂一所,福神庙一所	同上
1178	8		张王家庄	在州城正南	75	410	2 512		同上
1179	8		他山子庄	在州城正南	80	290	1 091		同上
1180	8		王家庄	在州城正南	70	377	1 829	福神庙一所	同上
1181	8		张家庄	在州城正南	82	211	1 060		同上
1182	8		曾家庄	在州城正南	85	232	1 311		同上
1183	8		乔家庄	在州城正南	80	317	1 812	福神庙一所	同上
1184	8		梁家庄	在州城正南	80	301	1 701		同上
1185	8		车道庄	在州城正南	90	349	1 833		同上
1186	8		买家巷	在州城正南	90	321	1 511	初等小学堂一所,福神庙一所	同上
1187	8		何家庄	在州城正南	100	412	2 271		同上
1188	8		太子寺城	在州城东南	70	501	3 201	城内有文武衙署三所,初等小学堂二所,关帝庙,太子庙三所	同上
1189	8		康家庄	在州城东南	70	421	1 993	初等小学堂一所,福神庙一所	同上
1190	8		双侯子	在州城东南	150	567	3 101		同上

379

续表

序号	属县	区别	村镇名目	方向位置	离城里数	户数	人口	附记	承办绅董姓名
1191	8		李家庄	在州城东南	75	377	2 011	初等小学堂一所,关帝庙一所	廪生马恕
1192	8		改河川庄	在州城东南	160	219	1 132		同上
1193	8		张家庄	在州城西南	20	113	612	福神庙一所	同上
1194	8		马家庄	在州城西南	30	229	1 321	福神庙一所	同上
1195	8		裴家庄	在州城西南	40	421	2 571		同上
1196	8		年家川	在州城西南	40	197	994	福神庙一所,相传年大将军驻兵于此	同上
1197	8		中川庄	在州城西南	40	213	1 231		同上
1198	8		邓家庄	在州城正西	5	722	2 213	万寿观一所,寺庙一所(焚毁)	附生李作规
1199	8		白家庄	在州城正西	5	613	1 831	福神庙一所	同上
1200	8		杨家庄	在州城正西	15	531	1 603	初等小学堂一所,福神庙一所	同上
1201	8		双城集	在州城正西	20	742	2 142	福神庙一所	同上
1202	8		磨川庄	在州城正西	45	521	2 012		同上
1203	8		韩家集	在州城正西	50	671	2 101	普刚、永兴古佛寺二所,初等小学堂一所	同上
1204	8		赵家庄	在州城正西	30	533	1 521		同上
1205	8		萧家庄	在州城正西	40	311	1 112	范家庙一所(焚毁)、力观吉祥太乐寺一所	同上
1206	8		铜匠庄	在州城正西	10	701	1 520	古佛寺一所,福神庙一所	同上
1207	8		康家庄	在州城正西	15	673	1 402	福神庙一所	同上
1208	8		四十里铺集	在州城正西	40	523	1 612	湫池庙一所	同上
1209	8		居家集	在州城正西	40	497	1 501	敦平、红崖古佛寺二所,初等小学堂一所,端言寺一所	同上
1210	8		乩臧庄	在州城正西	65	703	1 609	昂口、乩臧、哈东寺三所	同上

续 表

序号	属县	区别	村镇名目	方向位置	离城里数	户数	人口	附 记	承办绅董姓名
1211	8		茌州城西瞒	茌州城正西	50	555	1 613		附生李作规
1212	8		林家庄	茌州城正西	50	597	1 413		同上
1213	8		下银川庄	茌州城正西	50	557	1 603	福神庙一所	同上
1214	8		上银川庄	茌州城正西	55	394	1 193	福神庙一所,初等小学堂一所	同上
1215	8		邓家庄	茌州城正西	60	723	2 123	福神庙一所	同上
1216	8		吹麻滩庄	茌州城正西	70	518	1 009	初等小学堂一所,福神庙一所	同上
1217	8		焦红庄	茌州城正西	80	339	1 125	福神庙一所(焚毁)	同上
1218	8		哈新庄	茌州城西北	90	561	1 612		同上
1219	8		石家嘴庄	茌州城西北	300	501	1 439	福神庙一所	同上
1220	8		陶家庄	茌州城西北	100	594	1 701		同上
1221	8		大河家庄	茌州城西北	120	379	995	初等小学堂一所	同上
1222	8		刘家集	茌州城西北	100	450	1 112	福神庙一所,禹王宫一所(焚毁)	附生陈步云
1223	8		崔家庄	茌州城正北	5	243	462	福神庙一所	同上
1224	8		孟家庄	茌州城正北	5	122	211	福神庙一所	同上
1225	8		车家坪庄	茌州城正北	10	95	181	福神庙一所	同上
1226	8		北小顺庄	茌州城正北	15	201	301	福神庙一所,初等小学堂一所	同上
1227	8		丁韩家庄	茌州城正北	15	229	299	福神庙一所	同上
1228	8		徐家庄	茌州城正北	20	202	302	福神庙一所	同上
1229	8		大刘家庄	茌州城正北	20	151	327	福神庙一所	同上
1230	8		俞王家庄	茌州城正北	20	132	168	福神庙一所(焚毁)	同上
1231	8		封唐家庄	茌州城正北	40	163	344		同上

续表

序号	属县	区别	村镇名目	方向位置	离城里数	户数	人口	附记	承办绅董姓名
1232	8		石家庄	在州城正北	30	91	271	古佛寺一所,福神庙一所,初等小学堂一所	附生陈步云
1233	8		马家庄	在州城正北	45	75	239	福神庙一所	同上
1234	8		苏孟家庄	在州城正北	35	199	377	福神庙一所,初等小学堂一所	同上
1235	8		孙家庄	在州城正北	50	161	305	福神庙一所	同上
1236	8		潘家庄	在州城正北	40	64	122	福神庙一所	同上
1237	8		俺歌集	在州城正北	40	183	344	古佛寺一所,福神庙一所,初等小学堂一所	同上
1238	8		张安家庄	在州城正北	40	189	359		同上
1239	8		莲花集	在州城正北	40	239	509	集内有汛官衙门一所,两等学堂一所,财神庙一所	同上
1240	8		崇王家庄	在州城正北	65	171	325		同上
1241	8		尕祁家庄	在州城正北	40	94	178		同上
1242	8		张家庄	在州城正北	40	75	143		同上
1243	8		韩家庄	在州城正北	40	101	212		同上
1244	8		祁杨家庄	在州城正北	70	184	329	福神庙一所	同上
1245	8		扎木池庄	在州城正北	80	185	352	石沟观一所,古佛寺一所,初等小学堂一所	同上
1246	8		红崖子庄	在州城正北	90	79	152	福神庙一所	同上
1247	8		大王家塬庄	在州城正北	65	123	233		同上
1248	8		金家池庄	在州城正北	75	134	251		同上
1249	8		何家堡	在州城正北	63	101	190		同上

续表

序号	属县	区别	村镇名目	方向位置	离城里数	户数	人口	附记	承办绅董姓名
1250	8		红泉庄	在州城正北	75	181	344	福神庙一所	附生陈步云
1251	8		黄李庄	在州城正北	60	162	294	福神庙一所	同上
1252	8		徐马庄	在州城正北	65	157	299	福神庙一所	同上
1253	8		白塔寺庄	在州城正北	68	201	401	古佛寺一所,福神庙一所,初等小学堂一所	同上
1254	8		红庄	在州城正北	70	103	185	福神庙一所	同上
1255	8		马家寨庄	在州城正北	90	94	179	古佛寺一所	同上
1256	8		李家川庄	在州城正北	72	175	353	福神庙一所	同上
1257	8		罗家庄	在州城正北	100	98	186	古佛寺洞一所	同上
1258	8		白家庄	在州城正北	100	38	93		同上
1259	8		魏家庄	在州城正北	88	68	129	福神庙一所	同上
1260	8		沈家庄	在州城正北	70	101	205	刚沟古寺一所	同上
1261	8		董家沟庄	在州城正北	80	112	223		同上
1262	8		他拉坪庄	在州城正北	100	124	236	冰灵寺一所	同上
1263	8		伸庄	在州城正北	90	99	198		同上
1264	8		孔家寺庄	在州城正北	110	189	368	古佛寺一所	同上
1265	8		罗家台庄	在州城正北	115	114	227	福神庙一所	同上
1266	8		王家台庄	在州城正北	110	110	213		同上
1267	8		小岭庄	在州城正北	120	95	179		同上
1268	8		董家沟庄	在州城正北	120	89	171	弘化寺一所	同上

续 表

序号	属县	区别 村镇名目	方向位置	离城里数	户数	人口	附 记	承办绅董姓名
1269	8	砂子沟庄	在州城正北	120	75	143		附生陈步云
1270	8	松家沟庄	在州城正北	130	102	194		同上
1271	8	尕马坪庄	在州城正北	140	113	205		同上
1272	8	三角滩集	在州城正北	140	87	155	古佛寺一所	同上
1273	8	川城庄	在州城正北	150	128	242	古佛寺一所	同上
1274	8	马家川庄	在州城正北	150	110	209		同上
1275	8	寺那沟庄	在州城正北	160	85	171		同上
1276	8	康家堡庄	在州城正北	150	123	234		同上
1277	8	陈家湾庄	在州城正北	140	97	159	福神庙一所	同上
1278	8	周家庄	在州城正北	150	48	115		同上
1279	8	王家坪庄	在州城正北	152	77	147		同上
1280	8	白家庄	在州城正北	158	137	260		同上
1281	8	伏子川庄	在州城正北	160	151	287	福神庙一所	同上
1282	8	黄茨滩庄	在州城河口庄西南	170	103	209	福神庙一所	
1283	8	焦家河口庄	在州城正北黄茨滩庄东南	180	120	201	古佛寺一所	同上

(属县编号：1.皋兰县；2.皋兰县红水分县；3.渭源县；4.金县；5.靖远县；6.狄道州；7.狄道沙泥洲判；8.河州)

参 考 文 献

（按时间顺序排列）

一、原始文献

1. "地理调查表"

（清）姚钧编：《抚彝厅地理调查表》，甘肃省图书馆藏，索书号：671.65/417.79。
（清）余重寅编：《金县地理调查表》，甘肃省图书馆藏，索书号：671.65/109.79。
（清）沈潮云编：《靖远县地理调查表》，甘肃省图书馆藏，索书号：671.65/107.78。
（清）联瑛编：《狄道州地理调查表》，甘肃省图书馆藏，索书号：671.65/115.791。
（清）李少棠编：《沙泥州判地理调查表》，甘肃省图书馆藏，索书号：671.65/119.78。
（清）张庭武编：《河州地理调查表》，甘肃省图书馆藏，索书号：671.65/123.79。
（清）张时熙编：《隆德县地理调查表》，甘肃省图书馆藏，索书号：671.65/307.78。
（清）陈源滉编：《安化县地理调查表》，甘肃省图书馆藏，索书号：671.65/311.781。
（清）阮士惠编：《宁州地理调查表》，甘肃省图书馆藏，索书号：671.65/313.78。
（清）杨丙荣编：《泾州地理调查表》，甘肃省图书馆藏，索书号：671.65/321.791。
（清）宋运员编：《镇原县地理调查表》，甘肃省图书馆藏，索书号：671.65/325.79。
（清）张文泉编：《崇信县地理调查表》，甘肃省图书馆藏，索书号：671.65/323.791。
（清）姚钧编：《海城县地理调查表》，甘肃省图书馆藏，索书号：671.65/331.79。
（清）噜增荣编：《打拉池县丞地理调查表》，甘肃省图书馆藏，索书号：671.65/107.781。
（清）杨修德编：《硝河城判地理调查表》，甘肃省图书馆藏，索书号：671.65/329.791。
（清）周裕杭编：《陇西县丞地理调查表》，甘肃省图书馆藏，索书号：671.65/131.792。
（清）刘春堂编：《安定县地理调查表》，甘肃省图书馆藏，索书号：671.65/111.795。
（清）帷康：《会宁县地理调查表》，甘肃省图书馆藏，索书号：671.65/139.78。
（清）吴通权编：《宁远县地理调查表》，甘肃省图书馆藏，索书号：671.65/215.78。
（清）张彦笃：《洮州厅地理调查表》，甘肃省图书馆藏，索书号：671.65/137.79。
（清）黄国琦编：《秦安县地理调查表》，甘肃省图书馆藏，索书号：671.65/203.78。

（清）刘炳堃编：《清水县地理调查表》，甘肃省图书馆藏，索书号：671.65/205.79。
（清）张鉴渊编：《宁朔县地理调查表》，甘肃省图书馆藏，索书号：675.75/103.79。
（清）胡炳勋编：《花马池厅地理调查表》，甘肃省图书馆藏，索书号：675.75/107.79。
（清）单忠贤编：《大通县地理调查表》，甘肃省图书馆藏，索书号：676.55/105.79。
（清）林寿钧编：《碾伯县地理调查表》，甘肃省图书馆藏，索书号：676.55/109.79。
（清）余承曾编：《贵德厅地理调查表》，甘肃省图书馆藏，索书号：676.55/117.79。
（清）孚慧编：《丹噶尔厅地理调查表》，甘肃省图书馆藏，索书号：676.55/121.791。
（清）冯卓英编：《永昌县地理调查表》，甘肃省图书馆藏，索书号：671.65/403.76。
（清）陈长龄编：《平番县地理调查表》，甘肃省图书馆藏，索书号：671.65/409.781。
（清）刘秉权编：《庄浪茶马厅地理调查表》，甘肃省图书馆藏，索书号：671.65/409.78。
（清）张瀛学编：《山丹县地理调查表》，甘肃省图书馆藏，索书号：671.65/415.78。
（清）恩光编：《肃州地理调查表》，甘肃省图书馆藏，索书号：671.65/501.79。
（清）李应寿编：《高台县地理调查表》，甘肃省图书馆藏，索书号：671.65/505.79。
（清）萧德元编：《高台毛目县丞地理调查表》，甘肃省图书馆藏，索书号：671.65/507.79。
（清）张秉倬编：《王子庄州同地理调查表》，甘肃省图书馆藏，索书号：671.65/503.78。
（清）侯葆文编：《安西州地理调查表》，甘肃省图书馆藏，索书号：671.65/509.78。
（清）周彝章编：《玉门县地理调查表》，甘肃省图书馆藏，索书号：671.65/513.78。
（清）陈泽藩编：《敦煌县地理调查表》，甘肃省图书馆藏，索书号：671.65/511.791。
（清）崔纯祖编：《化平川直隶厅地理调查表》，甘肃省图书馆藏，索书号：671.65/333.79。
（清）赖恩培编：《皋兰县地理调查表》，甘肃省图书馆藏，索书号：671.65/103.78。
（清）张金镶编：《渭源县地理调查表》，甘肃省图书馆藏，索书号：671.65/113.78。
（清）张孝慈编：《通渭县地理调查表》，甘肃省图书馆藏，索书号：671.65/213.785。
（清）陈谨编：《三岔厅地理调查表》，甘肃省图书馆藏，索书号：671.65/133.79。
（清）陈问诠编：《西宁县地理调查表》，甘肃省图书馆藏，索书号：676.55/101.79。
（清）任肇新编：《循化厅地理调查表》，甘肃省图书馆藏，索书号：676.55/113.79。
（清）李九波编：《古浪县地理调查表》，甘肃省图书馆藏，索书号：671.65/407.79。
（清）朱远缮编：《张掖县地理调查表》，甘肃省图书馆藏，索书号：671.65/411.78。
（清）谢祖植编：《正宁县地理调查表》，甘肃省图书馆藏，索书号：671.65/315.78。
（清）沈廷彦编：《庄浪县丞地理调查表》，甘肃省图书馆藏，索书号：671.65/309.79。
（清）易襄编：《环县地理调查表》，甘肃省图书馆藏，索书号：671.65/319.78。
（清）黄家模编：《陇西县地理调查表》，甘肃省图书馆藏，索书号：671.65/131.791。
（清）雷光旬编：《伏羌县地理调查表》，甘肃省图书馆藏，索书号：671.65/217.79。
（清）黄万春编：《礼县地理调查表》，甘肃省图书馆藏，索书号：671.65/211.785。

（清）朱秉仁编：《宁夏县地理调查表》，甘肃省图书馆藏，索书号：675.75/101.79。
（清）曾麟绶编：《灵州地理调查表》，甘肃省图书馆藏，索书号：675.75/105.783。
（清）饶守谦编：《宁灵厅地理调查表》，甘肃省图书馆藏，索书号：675.75/117.79。
（清）钟文海编：《巴燕戎格厅地理调查表》，甘肃省图书馆藏，索书号：676.55/119.79。
（清）李支芳编：《静宁州地理调查表》，甘肃省图书馆藏，索书号：671.65/305.79。
（清）廖元佶编：《平凉县地理调查表》，甘肃省图书馆藏，索书号：671.65/301.79。
（清）汪宗翰编：《华亭县地理调查表》，甘肃省图书馆藏，索书号：671.65/303.78。
（清）万庆昌编：《灵台县地理调查表》，甘肃省图书馆藏，索书号：671.65/327.78。
（清）秦瑞珍编：《平远县地理调查表》，甘肃省图书馆藏，索书号：675.75/119.79。
（清）张其霂编：《两当县地理调查表》，甘肃省图书馆藏，索书号：671.65/209.79。
（清）刘秀石编：《红水县丞地理调查表》，甘肃省图书馆藏，索书号：671.65/105.78。
（清）佚名编：《平罗县地理调查表》，见平罗县志办公室编：《平罗县志资料》第14集，1987年，第23—29页。

2. 主要文献

奕䜣等编修：（清）《钦定平定陕甘新疆回匪方略》，光绪二十二年铅印本。

中国史学会主编：《回民起义》，上海：神州国光社，1952年。

马长寿主编：《同治年间陕西回民起义历史调查记录》，西安：陕西人民出版社，1993年。

（清）左宗棠：《左宗棠全集》，刘泱泱、廖运兰校点，长沙：岳麓书社，1996年。

3. 一般文献

（明）马理：《溪田文集》，乾隆十七年补修本。

（清）福隆安：《皇朝礼器图式》，乾隆三十一年刻本。

（清）王鑫：《王壮武公遗集》，光绪十八年刻本。

（清）魏源：《圣武记》，道光二十二年刻本。

（清）严如熤：《三省边防备览》，道光九年刻本。

（清）庐坤编：《秦疆治略》，道光木活字本。

（清）顾寿祯、顾家相：《孟晋斋文集》，同治五年刻本。

（清）梁份：《秦边纪略》，同治十一年刻本。

（清）余庚阳：《池阳吟草》，光绪五年刻本。

（清）刘长佑：《刘武慎公遗书》，光绪十七年刻本。

（清）贺瑞麟：《清麓文集》，光绪二十五年刻本。

北京政学社编：《大清法规大全》，北京：北京政学社，宣统二年。

（清）刘光贲：《烟霞草堂文集》，民国四年铅印本。

柏堃编：《泾献文存》，民国十四年铅印本。

陇海铁路管理局主编：《陕西实业考察》，上海：汉文正楷印书局，1933年。

明驼：《河西见闻记》，上海：中华书局，1933年。

慕少堂：《甘宁青史略》，广文书局，1937年铅印本。

（清）昆冈等纂：《钦定大清会典事例》，民国抄本。

（东汉）许慎：《说文解字》，北京：中华书局影印本，1963年。

太平天国历史博物馆编：《吴煦档案选编》，郭毅生、史式主编，南京：江苏人民出版社，1983年。

（清）李岳瑞：《春冰室野乘》，上海：上海书店出版社，影印本，1994年。

（清）薛福成：《庸庵文续编》，上海：上海古籍出版社，影印本，1995年。

（清）魏源：《海国图志》，上海：上海古籍出版社，影印本，1995年。

中华书局编：《清末教案》，北京：中华书局，1996年。

甘肃省档案馆编：《甘肃历史人口资料汇编》（第一辑，先秦至1911年），兰州：甘肃人民出版社，1997年。

（清）王先谦：《东华续录·同治朝》，上海：上海古籍出版社，2002年。

国家图书馆分馆编：《清代边疆史料抄稿本汇编》，北京：线装书局，2003年。

李德龙主编：《新疆巡抚饶应祺稿本文献集成》，北京：学苑出版社，2008年。

《筹夷务始末》，上海：上海古籍出版社，2008年。

上海商务印书馆编译所编纂，李秀清等点校：《大清新法令1901—1911》，北京：商务印书馆，2010年。

曾国藩：《曾国藩全集》，长沙：岳麓书社，2011年。

二、古今方志

嘉靖《高陵县志》，嘉靖二十年刊本。

顺治《西镇志》，顺治十四年刻本。

康熙《庄浪县志》，康熙六年刻本。

康熙《三原县志》，康熙四十四年刻本。

康熙《西乡县志》，康熙五十七年刻本。

雍正《重修高陵县志》，雍正十年刻本。

乾隆《五凉全志》，乾隆十四年刊本。

乾隆《盐茶厅志备遗》，乾隆十七年抄本。

乾隆《口北三厅志》，乾隆二十三年刊本。

乾隆《续商州府志》，乾隆二十三年刻本。

乾隆《续耀州志》，乾隆二十七年刊本。

乾隆《汾州府志》,乾隆三十六年刻本。
乾隆《临潼县志》,乾隆四十一年刊本。
乾隆《西安府志》,乾隆四十四年刊本。
乾隆《循化厅志稿》,乾隆五十七年抄本。
道光《敦煌县志》,道光十一年刻本。
道光《神木县志》,道光十一年刻本。
道光《平罗记略》,道光十三年刊本。
道光《续修山丹县志》,道光十五年刊本。
道光《榆林府志》,道光二十一年刻本。
道光《大荔县志》,道光三十年刻本。
咸丰《朝邑县志》,咸丰元年刻本。
同治《河曲县志》,同治十一年刻本。
光绪《续修蓝田县志》,光绪元年刻本。
光绪《临潼县续志》,光绪十六年刻本。
光绪《平远县志》,光绪五年抄本。
光绪《三原县新志》,光绪六年刻本。
光绪《补修徐沟县志》,光绪七年刻本。
光绪《荣河县志》,光绪七年刊本。
光绪《大荔县续志》,光绪十一年刻本。
光绪《高陵县续志》,光绪十年刻本。
光绪《新修菏泽县志》,光绪十一年刻本。
光绪《永寿县志》,光绪十四年刊本。
光绪《秦州直隶州新志》,光绪十五年刻本。
光绪《富平县志稿》,光绪十七年刻本。
光绪《长治县志》,光绪二十年刊本。
《泾阳乡土志》,光绪二十三年稿本。
光绪《肃州新志》,光绪二十三年抄本。
光绪《靖边县志》,光绪二十五年铅印本。
光绪《洵阳县志》,光绪二十八年刻本。
光绪《蒲城县新志》,光绪三十一年印本。
《兴平县乡土志》,光绪三十三年活字本。
光绪《洮州厅志》,光绪三十三年刻本。
光绪《甘肃新通志》,光绪三十四年修,宣统元年刻本。

光绪《合水县志》,光绪三十四年修,民国三十六年抄本。

《鄠县乡土志》,光绪末年抄本。

光绪《陇西分县武阳志》,光绪三十四年抄本。

宣统《重修泾阳县志》,宣统三年铅印本。

民国《重修漳县志》,民国十一年重刊本。

民国《兴平县志》,民国十二年铅印本。

民国《重修盩厔县志》,民国十四年铅印本。

民国《澄城县附志》,民国十五年铅印本。

民国《重修崇信县志》,民国十五年手抄本。

民国《朔方道志》,民国十五年铅印本。

民国《创修渭源县志》,民国十五年抄本。

民国《新疆志稿》,民国十九年铅印本。

民国《重修咸阳县志》,民国二十一年铅印本。

民国《重修鄠县志》,民国二十二年铅印本。

民国《续修陕西通志稿》,民国二十三年铅印本。

民国《万全县志》,民国二十三年刊本。

民国《重修灵台县志》,民国二十四年铅印本。

民国《重修隆德县志》,民国二十四年石印本。

民国《续修礼泉县志稿》,民国二十四年铅印本。

民国《重修镇原县志》,民国二十四年铅印本。

民国《甘肃通志稿》,民国二十五年稿本。

民国《古浪县志》,民国二十八年铅印本。

民国《创修临泽县志》,民国三十二年刊本。

民国《平凉县志》,民国三十二年抄本。

高陵县地名工作办公室编:《高陵县地名志》,西安八七二八五部队印刷厂,1984年。

神木县志编辑委员会编:《神木县志》,北京:经济日报出版社,1990年。

芮城县志编纂委员会编:《芮城县志》,西安:三秦出版社,1994年。

甘肃省地方志编纂委员会编纂:《甘肃省志·公安志》,兰州:甘肃文化出版社,1995年。

泾源县志编纂委员会编:《泾源县志》,银川:宁夏人民出版社,1995年。

平凉市志编纂委员会编:《平凉市志》,北京:中华书局出版社,1996年。

榆林市志编纂委员会编:《榆林市志》,西安:三秦出版社,1996年。

郭琦、史念海、张岂之主编,周伟洲著:《陕西通史·民族卷》,西安:陕西师范大学出版社,1997年。

商州市地方志编纂委员会编：《商州市志》，北京：中华书局，1998年。

陕西省地方志编纂委员会编：《陕西省志》，西安：陕西人民出版社，1999年。

高陵县地方志编纂委员会编：《高陵县志》，西安：西安出版社，2000年。

秦安县志编纂委员会编：《秦安县志》，北京：方志出版社，2001年。

天水市地方志编纂委员会编：《天水市志》，北京：方志出版社，2004年。

高陵县地方志编纂委员会办公室编：《高陵名村》，高陵：高陵县地方志编纂委员会办公室，2008年。

光绪《宁灵厅志》，佚名编，胡建东校注，银川：宁夏人民出版社，2008年。

三、研究专著、论文集

刘安国：《陕西交通挈要》，上海：中华书局，1928年。

王金绂：《西北之地文与人文》，上海：商务印书馆，1935年。

范长江：《中国的西北角》，天津：大公报馆，1936年。

汪公亮：《西北地理》，南京：正中书局，1936年。

[美]卜凯(J. Lossing Buck)主编：《中国土地利用》，金陵大学农业经济系译，南京：金陵大学农学院农业经济系，1941年。

乔启明：《中国农村社会经济学》，上海：商务印书馆，1945年。

马霄石：《西北回族革命简史》，上海：东方书社，1951年。

何汉威：《光绪初年(1876—1879)华北的大旱灾》，香港：香港中文大学出版社，1980年。

[德]克劳塞维茨：《战争论》，中国人民解放军军事科学院译，北京：商务印书馆，1982年。

洪俊、宁越敏：《城市地理概论》，合肥：安徽科学技术出版社，1983年。

[美]珀金斯(D. H. Perkins)著，宋海文等译：《中国农业的发展(1936—1968)》，上海：上海译文出版社，1984年。

刘石吉：《明清时代江南市镇研究》，北京：中国社会科学出版社，1987年。

中华续行委办会调查特委会编：《1901—1920年基督教调查资料》，蔡永春、文庸、段琦、杨周怀译，北京：中国社会科学出版社，1987年。

金其铭：《农村聚落地理》，北京：科学出版社，1988年。

赵文林、谢淑君：《中国人口史》，北京：人民出版社，1988年。

[美]何炳棣：《1368—1953年中国人口研究》，葛剑雄译，上海：上海古籍出版社，1989年。

樊树志：《明清江南市镇探微》，上海：复旦大学出版社，1990年。

李文海：《近代中国灾荒纪年》，长沙：湖南教育出版社，1990年。

牛平汉主编：《清代政区沿革综表》，北京：中国地图出版社，1990年。

［美］孔飞力：《中华帝国晚期的叛乱及其敌人——1796—1864年的军事化与社会结构》，谢亮生等译，北京：中国社会科学出版社，1990年。

［美］施坚雅主编：《中国封建社会晚期城市研究——施坚雅模式》，王旭等译，沈阳：辽宁教育出版社，1991年。

葛剑雄：《中国人口发展史》，福州：福建人民出版社，1991年。

郭焕成主编：《黄淮海地区乡村地理》，石家庄：河北科学技术出版社，1991年。

张天路、宋传升、马正亮：《中国穆斯林人口》，银川：宁夏人民出版社，1991年。

姜涛：《中国近代人口史》，杭州：浙江人民出版社，1993年。

吴松弟：《北方移民与南宋社会变迁》，台北：文津出版社有限公司，1993年。

杨宽：《中国都城制度史研究》，上海：上海古籍出版社，1993年。

董国柱编著：《高陵碑石》，西安：三秦出版社，1993年。

袁林：《西北灾荒史》，兰州：甘肃人民出版社，1994年。

［美］杜赞奇：《文化、权力与国家——1900—1942年的华北农村》，王福明译，南京：江苏人民出版社，1995年。

李纲：《陕西商帮史》，西安：西北大学出版社，1996年。

葛剑雄主编，葛剑雄、吴松弟、曹树基著：《中国移民史》（六卷本），福州：福建人民出版社，1997年。

郭琦、史念海、张岂之主编，周伟洲著：《陕西通史》第13卷《民族卷》，西安：陕西师范大学出版社，1997年。

王国杰：《东干族形成发展史——中亚陕甘回族移民研究》，西安：陕西人民出版社，1997年。

［美］施坚雅：《中国农村的市场和社会结构》，史建云、徐秀丽译，北京：中国社会科学出版社，1998年。

马正林编著：《中国历史城市地理》，济南：山东教育出版社，1998年。

邱心田、孔德骐：《中国军事通史》第16卷《清代前期军事史》，北京：军事科学出版社1998年。

［美］施坚雅主编：《中华帝国晚期的城市》，叶光庭等译，北京：中华书局，2000年。

夏明方：《民国时期的自然灾害和乡村社会》，北京：中华书局，2000年。

［美］李中清、王丰：《人类的四分之一：马尔萨斯的神话与中国的现实，1700—2000》，北京：三联书店，2000年。

［英］梅休（Susan Mayhew）主编：《牛津地理学词典》，上海：上海外语教育出版社，2001年。

葛剑雄主编,葛剑雄、冻国栋、吴松弟、曹树基、侯杨方著:《中国人口史》(六卷本),上海:复旦大学出版社,2001年。

薛平栓:《陕西历史人口地理》,北京:人民出版社,2001年。

[美]塞缪尔·亨廷顿著,周琪等译:《文明的冲突与世界秩序的重建》,北京:新华出版社,2002年。

葛庆华:《近代苏浙皖交界地区人口迁移研究》,上海:上海社会科学院出版社,2002年。

李伯重:《多视角看江南经济史(1250—1840)》,北京:生活·读书·新知三联书店,2003年。

[英]R.J.约翰斯顿主编,柴彦威等译:《人文地理学辞典》,北京:商务印书馆,2004年。

闫天灵:《汉族移民与近代内蒙古社会变迁研究》,北京:民族出版社,2004年。

[德]马克斯·韦伯(Max Weber)著,康乐、简惠美译:《非正当性的支配——城市的类型学》,桂林:广西师范大学出版社,2005年。

刘景纯:《清代黄土高原地区城镇地理研究》,北京:中华书局,2005年。

韩敏:《清代同治年间陕西回民起义史》,西安:陕西人民出版社,2006年。

吴宏岐:《西安历史地理研究》,西安:西安地图出版社,2006年。

张萍:《地域环境与市场空间:明清陕西区域市场的历史地理学研究》,北京:商务印书馆,2006年。

赵冈:《中国城市发展史论集》,北京:新星出版社,2006年。

张利荣:《清末民初甘肃的警政建设》,广州:暨南大学,博士论文,2007年。

方荣、张蕊兰:《甘肃人口史》,兰州:甘肃人民出版社,2007年。

李孝聪:《中国历史城市地理》,济南:山东教育出版社,2007年。

王卫东:《融会与建构:1648—1937年绥远地区移民与社会变迁研究》,上海:华东师范大学出版社,2007年。

史红帅:《明清时期西安城市地理研究》,北京:中国社会科学出版社,2008年。

成一农:《古代城市形态研究方法新探》,北京:社会科学文献出版社,2009年。

王社教主编:《黄土高原地区乡村地理研究(1368—1949)》,西安:三秦出版社,2009年。

王绚:《传统堡寨聚落研究:兼以秦晋地区为例》,南京:东南大学出版社,2009年。

周振鹤主编,傅林祥、林涓、任玉雪、王卫东著:《中国行政区划通史·清代卷》,上海:复旦大学出版社,2009年。

张雪梅:《中国西部民族地区乡村聚落形态和信仰社区研究》,成都:四川人民出版社,2010年。

河南省课题组编:《河南省抗战时期人口伤亡和财产损失》,北京:中共党史出版社,2010年。

路伟东:《清代陕甘人口专题研究》,上海:上海书店出版社,2011 年。

贾建飞:《清乾嘉道时期新疆的内地移民社会》,北京:社会科学文献出版社,2012 年。

史念海:《史念海全集》,第 7 卷,北京:人民出版社,2013 年。

郑发展:《民国时期河南省人口研究》,北京:人民出版社,2013 年。

赵之枫:《传统村镇聚落空间解析》,北京:中国建筑工业出版社,2015 年。

Susan Mayhew, *Oxford Dictionary of Geography*, The Second Edition, Oxford University Press, 1997.

Derek Gregory, Ron Johnston, Geraldine Pratt, Michael Watts, Sarah Whatmore, *The Dictionary of Human Geography*, The 5th Edition, John Wiley and Sons Ltd., 2009.

Gilbert Rozman, *Urban Networks in Ch'ing China and Tokugawa Japan*, Princeton University Press, 1973.

Hsiao Kung-chuan, *Rural China: Imperial Control in the nineteenth Century*, University of Washington Press, Seattle, 1960.

四、研究论文

陈长蘅:《人口》,民国实业部《中国经济年鉴》,上海:商务印书馆,1934 年。

陈长蘅:《清末民政部户口调查之新研究》,《统计论丛》,上海:黎明书局,1934 年。

王华棠、刘锡彤、吴树德:《黄河中游调查报告》,华北水利委员会,1934 年。

胡焕庸:《中国人口之分布》,《地理学报》1935 年第 2 期。

王士达:《民政部户口调查及各家估计》,《社会科学杂志》1935 年第 6 卷第 2 期。

原玉印:《陕西泾阳县概况调查》,《农本半月刊》1940 年第 46 卷第 7 期。

〔日〕鹤见尚弘:《明代乡村支配》,《岩波讲座·世界历史》1971 年第 12 卷。

陈树平:《玉米和番薯在中国传播情况研究》,《中国社会科学》1980 年第 3 期。

周源和:《清代人口研究》,《中国社会科学》1982 年第 2 期。

马建春、郭清祥:《金城关回民居住区的历史和现状》,文史资料委员会编:《兰州文史资料选辑》第 9 辑,1988 年。

张庆五:《中国城乡划分与城镇人口统计问题》,《人口与经济》1989 年第 3 期。

姜涛:《人口与太平天国革命——问题与回答》,《社会科学》1991 年第 1 期。

张善余:《中国历史人口周期性巨大波动的自然原因初探》,《人口研究》1991 年第 5 期。

〔日〕中田吉信撰,张和平、周忠瑜译:《对同治年间西北回民起义领导者的评价》,《青海民族研究(社会科学版)》1993 年第 1 期。

华立:《乾嘉时期新疆南八城的内地商民》,《西域考察与研究》,乌鲁木齐:新疆人民出版社,1994年。

吴松弟:《宋代靖康乱后江南地区的北方移民》,《浙江学刊》1994年第1期。

邓亦兵:《清代前期的粮食运销和市场》,《历史研究》1995年第4期。

李映发:《清代州县财政亏空》,《清史研究》1996年第1期。

吕小鲜:《乾隆初西安巡抚崔纪强民凿井史料》,《历史档案》1996年第4期。

曹树基:《太平天国战前的中国人口》,《中国经济史研究》1997年第2期。

侯春燕:《同治回民起义后西北地区人口迁移及影响》,《山西大学学报(哲学社会科学版)》1997年第3期。

姜涛:《马尔萨斯:重要的是提出了问题——为马尔萨斯〈人口原理〉发表200周年而作》,《人口研究》1998年第4期。

钞晓鸿:《晚清时期陕西移民入迁与土客融合》,《中国社会经济史研究》1998年第1期。

范毅军:《明清江南市场聚落史研究的回顾与展望》,《新史学》1998年9卷3期。

葛剑雄、曹树基:《是学术创新,还是低水平的资料编纂?——评杨子慧主编〈中国历代人口统计资料研究〉》,《历史研究》1998年第1期。

行龙:《人口流动与近代中国城市化研究述评》,《清史研究》1998年第4期。

姜涛:《传统人口的城乡结构——立足于清代的考察》,《中国社会经济史研究》1998年第3期。

张利民:《近代华北城市人口发展及其不平衡性》,《近代史研究》1998年第1期。

续建宜、刘亚林:《战争对人口的影响》,《西北人口》1998年第2期。

侯杨方:《宣统年间的人口调查——兼评米红等人论文及其他有关研究》,《历史研究》1998年第6期。

王东平:《〈大清律例〉回族法律条文研究》,《回族研究》2000年第2期。

张晓虹:《陕西历史聚落地理研究》,《历史地理》第16辑,上海:上海人民出版社,2000年。

曹树基:《清代北方城市人口研究——兼与施坚雅商榷》,《中国人口科学》2001年第4期。

韩敏、李希哲:《清代乾隆年间西安城四乡回民六十四坊考》,《伊斯兰文化研究》2001年第3期。

李玉尚、曹树基:《咸同年间的鼠疫流行与云南人口的死亡》,《清史研究》2001年第2期。

任放:《二十世纪明清市镇经济研究》,《历史研究》2001年第5期。

曹树基:《清代江苏城市人口研究》,《杭州师范学院学报(社会科学版)》2002年第4期。

余新忠:《咸同之际江南瘟疫探略——兼论战争与瘟疫之关系》,《近代史研究》2002年第5期。

张晓虹:《同治回民起义与陕西天主教的传播》,《复旦学报(社会科学版)》2002年第6期。

曹树基、陈意新:《马尔萨斯理论和清代以来的中国人口——评美国学者近年来的相关研究》,《历史研究》2002年第1期。

[美]王丰、[美]李中清:《摘掉人口决定论的光环——兼谈历史人口研究的思路与方法》,《历史研究》2002年第1期。

陈意新、曹树基:《尊重中国人口史的真实——对〈摘掉人口决定论的光环〉一文之回应》,《学术界》2003年第3期。

刘鸿亮:《明清之际红夷大炮的威力概述》,《河南科技大学学报(社会科学版)》2003年第1期。

路伟东:《清代陕西回族的人口变动》,《回族研究》2003年第4期。

路伟东:《同治光绪年间陕西人口的损失》,《历史地理》第19辑,上海:上海人民出版社,2003年。

白先春、凌亢、郭存芝、金志云:《中国城市化:水平测算与国际比较》,《城市问题》2004年第2期。

陈彦光:《城市化:相变与自组织临界性》,《地理研究》2004年第3期。

李建国:《论近代西北地区城市的特点及其影响》,《西北民族大学学报(哲学社会科学版)》2004年第1期。

李艳:《清末民初甘肃的城市近代化》,《兰州学刊》2004年第6期。

任放:《施坚雅模式与中国近代史研究》,《近代史研究》2004年第4期。

姚大力:《"回回祖国"与回族认同的历史变迁》,《中国学术》2004年第1辑。

宋华、黄正东、赵育新、陈文敏:《现代战争性群体心理应激与防御应对探讨》,《解放军预防医学杂志》2005年第3期。

侯春燕:《近代西北地区回民起义前后的人口变迁》,《中国地方志》2005年第2期。

胡英泽:《河道变动与界的表达——以清代至民国的山、陕滩案为中心》,《中国社会历史评论》第7卷,天津:天津古籍出版社,2006年。

胡英泽:《水井与北方乡村社会——基于山西、陕西、河南省部分地区乡村水井的田野考察》,《近代史研究》2006年第1期。

李辉:《甘肃人口城镇化问题研究》,《西北民族大学学报(哲学社会科学版)》2006年第1期。

李恭忠:《客家:社会身份、土客械斗与华南地方军事化——兼评刘平著〈被遗忘的战争〉》,《清史研究》2006年第1期。

张萍:《城市经济发展与景观变迁——以明清陕西三原为例》,《中国社会历史评论》第7

卷,天津：天津古籍出版社,2006年。

路伟东：《农坊制度与雍正敦煌移民》,《历史地理》第22辑,上海：上海人民出版社,2007年。

许檀：《清代后期晋商在张家口的经营活动》,《山西大学学报（哲学社会科学版）》2007年第3期。

陈彦光：《三个城市地域概念辨析》,《城市发展研究》2008年第2期。

邵天杰、赵景波：《关中平原近200年来洪涝灾害研究》,《干旱区研究》2008年第1期。

张颖：《抗战时期人口内迁对陕西民众社会生活的影响》,《西安社会科学（哲学社会科学版）》2008年第4期。

赵景波、李艳芳、董雯、王娜：《关中地区清代干旱灾害研究》,《干旱区研究》2008年第6期。

刘鸿亮、孙淑云、李晓岑、李斌：《鸦片战争时期中英铁炮优劣的调查研究》,《海交史研究》2009年第2期。

鲁西奇、马剑：《空间与权利：中国古代城市形态与空间结构的政治文化内涵》,《江汉论坛》2009年第4期。

僧海霞：《晚清陕甘回民起义与关中地区汉人信仰的变迁——以寺庙宫观的新建、重建和废弃为中心》,《北方民族大学学报（哲学社会科学版）》2009年第4期。

魏华：《陕西渭北农家窖式仓储考查》,《重庆科技学院学报（社会科学版）》2009年第9期。

张萍、吕强：《明清陕甘交通道路的新发展与丝绸之路变迁》,《丝绸之路》2009年第6期。

安介生：《略论先秦至北宋秦晋地域共同体的形成及其"铰合"机制》,《人文杂志》2010年第1期。

侯杨方：《20世纪上半期中国的城市人口：定义及估计》,《上海师范大学学报（哲学社会科学版）》2010年第1期。

路伟东：《羊头会、乡绅、讼师与官吏：同治以前关中地区回汉冲突与协调机制》,《回族研究》2010年第1期。

路伟东：《掌教、乡约与保甲册——清代户口体系中的陕甘回民人口》,《回族研究》2010年第2期。

路伟东：《宣统人口调查"地理调查表"甘肃分村户口数据分析》,《历史地理》第25辑,上海：上海人民出版社,2011年。

罗翠芳：《西方学者论20世纪上半期中国城市化与城市现代化》,《西南大学学报（社会科学版）》2011年第4期。

王蕾：《甘肃城镇化问题分析及思考》,《兰州交通大学学报》2011年第4期。

车群、曹树基:《清中叶以降浙南乡村家族人口与家族经济——兼论非马尔萨斯式的中国生育模式》,《中国人口科学》2011年第3期。

岱峻:《卜凯和他的农经学派》,《书屋》2012年第2期。

潘威、孙涛、满志敏:《GIS进入历史地理学研究10年回顾》,《中国历史地理论丛》2012年第1期。

王晓伟、何小芊、戈大专、龚胜生:《中国历史聚落地理研究综述》,《热带地理》2012年第1期。

肖爱玲、周霞:《西安市阎良区关山镇历史文化资源考察》,《中国人文田野》第5辑,成都:巴蜀书社,2012年。

安介生:《略论明代山陕地域共同体的形成——基于边防、区域经济以及灾荒应对的分析》,《历史地理》第28辑,上海:上海人民出版社,2013年。

胡恒:《清代甘肃分征佐贰与州县分辖》,《史学月刊》2013年第6期。

路伟东:《高陵十三村回民聚落群与清代陕甘回民人口分布格局》,《历史地理》第28辑,上海:上海人民出版社,2013年。

张萍、杨蕊:《制度与空间:明清西北城镇体系的多元建构与经济中心的成长——以西安、三原、泾阳为中心的考察》,《人文杂志》2013年第8期。

任吉东、原惠群:《卫生话语下的城市粪溺问题——以近代天津为例》,《福建论坛·人文社会科学版》2014年第3期。

张连银:《自然灾害、仓储与清代甘肃的粮价(1796—1911)》,《兰州学刊》2014年第8期。

路伟东:《清末民初西北地区的城市与城市化水平——一项基于6 920个聚落户口数据的研究》,《历史地理》第32辑,上海:上海人民出版社,2015年。

路伟东:《晚清甘肃城市人口与北方城市人口等级模式》,《复旦学报(人文社会科学版)》2015年第3期。

孟文科:《同治回民战争后的民众信仰、记忆与社会整合》,《贵州民族研究》2015年第5期。

赵珍:《清代河湟地区城市格局》,《中国历史地理论丛》2015年第1期。

后　记

2005年秋,在经过统一的笔试和面试之后,我有幸投在葛剑雄先生门下,攻读人口史的博士学位。感谢先生毫无保留地传授治学心得,耳提面命,金针渡人,我才得以正式踏进学术的门槛,从此开始有了真正属于自己的一个研究课题。

在搜罗博士论文资料期间,因为极偶然的机缘,我得知甘肃省图书馆收藏有大批宣统人口调查原始档案"地理调查表"。为了获得这批文献的完整信息,当年暑假我前往金城,在宾馆里租住了半月之久,每日早出晚归,步行前往甘肃省图书馆进行翻查抄录、汇总整理。开学汇报研究进展,先生当即指出这批文献的重要价值。但限于时间、精力和论文篇幅,其实更多是限于自己的研究能力和水平,我当时并不清楚究竟应该如何利用这批珍贵的文献。最终结稿的博士论文,仅在最后一章对这批文献作了简单的汇总和说明,并未进行深入分析和研究。现在出版的这本小书,主体内容是我博士毕业这些年来对这批原始文献不断挖掘研究的结果,因此,可以看作是我博士论文的延续。

这本小书是我出版的第二部学术专著,连同已经正式出版的《清代陕甘肃人口专题研究》(上海:上海书店出版社,2011年)和已经付梓的《清代西北回族人口和回族经济》,在清代西北人口这一研究领域,到目前为止,我已经完成了三部专著,以及支撑这三部专著的三十余篇已经发表和尚待发表的学术论文。这些论文和专著林林总总加起来,也有一百数十万字了。在学术生命最旺盛的年龄,穷一纪之久,仅仅取得这点成果,显然是远远不够的。究其原因,主要还是我自己不够勤奋和努力,当然也的确不够聪颖和智慧。唯一内心可以稍安者只有坚持,虽然走得很慢,但却从未停止不前。人文研究需要时间的累积,也需要阅历的沉淀。或许也正因为如此,像我这样的比较鲁钝之人也可以慢慢参透纸面文字背后的真实含义，做一点点的研究工作。完成一本专著的困难程度要远甚于写一篇论文，这是因为学术专著不是面面俱到的教科书，除了要有扎实的文献支撑和足够的学术创新之处，题目大小也要合适，内容框架更要完整。这本小书谈不上有多大的学术贡献，但是，和自己艰难完成的博士论文以及匆忙出版的第一部专著相比，还是有了长足的进步。

进入复旦大学史地所读书时，曹树基先生讲授移民史课程，聆听教诲，收获颇多。构成本书章节的部分文章，曾面呈曹先生批阅，尽管部分结论颇多与其相左之处，但仍得到先生的鼓励与肯定，在此深表谢意。后辈学者的研究能够精进，首先是因为站在了前辈学者的肩膀上。而新史料的发现和新研究方法的引入，则为学术创新提供了可能。这十几年的研究，除了专注于从前辈学者那里继承的文献考据，还醉心于将历史 GIS 的技术理论与方法引入传统人口史的研究中来，尝试去发现和解决通过传统方法无法发现或解决的问题。这本小书的部分章节集中展现了我近年来在这方面的努力和探索。

非常幸运能够在复旦史地所这样一个国内顶尖高校的顶尖研究机构里谋得一份教职。并且，可以在几乎没有任何考核压力和外来干扰的情况下从事自己喜欢的研究工作。对此，本人心存感激，衷心感谢各位师长的教诲与各位同仁的帮助。我的兄长樊如森教授，囊萤映雪，牛角挂书，是我学习的榜样，本书能够顺利成稿离不开他不厌其烦的督促和鼓励。古人云"闲居无事，翻书度日"，实际上，在上海这个国际大都市能够有一间斗室，安心看书是一件极奢侈的事情。在此，我要感谢我的爱人朱小锋律师，人到中年，家与亲人是最坚实的依靠。

本研究受国家社会科学基金项目(11CZS036)和复旦大学历史地理研究中心重大攻关研究项目资助，在此致谢！感谢甘肃省图书馆张丽玲老师在资料收集方面给予的帮助。感谢我的师兄复旦大学出版社总编辑王卫东和责任编辑关春巧老师，因为他们的细致工作，才使得本书能以现在的面貌和大家见面。

本书献给我的家人！

路伟东

2017 年 8 月 29 日　于复旦光华楼

图书在版编目(CIP)数据

晚清西北人口五十年:1861—1911:基于宣统"地理调查表"的城乡聚落人口研究/路伟东著.
—上海:复旦大学出版社,2017.9
(复旦史地丛刊)
ISBN 978-7-309-13173-4

Ⅰ.晚… Ⅱ.路… Ⅲ.人口分布-研究-西北地区-1861-1911 Ⅳ.C922.2

中国版本图书馆 CIP 数据核字(2017)第 189136 号

晚清西北人口五十年:1861—1911:基于宣统"地理调查表"的城乡聚落人口研究
路伟东 著
责任编辑/关春巧

复旦大学出版社有限公司出版发行
上海市国权路 579 号 邮编:200433
网址:fupnet@fudanpress.com http://www.fudanpress.com
门市零售:86-21-65642857 团体订购:86-21-65118853
外埠邮购:86-21-65109143 出版部电话:86-21-65642845
常熟市华顺印刷有限公司

开本 787×1092 1/16 印张 25.75 字数 412 千
2017 年 9 月第 1 版第 1 次印刷

ISBN 978-7-309-13173-4/C·352
定价:65.00 元

如有印装质量问题,请向复旦大学出版社有限公司出版部调换。
版权所有 侵权必究